“重写电影史”视野下的张石川研究

Zhang Shichuan and His Filmmaking: Perspectives on Re-writing Film History

艾青 著

内容提要

张石川(1890—1953)的从影生涯横跨民国历史,既是1949年之前电影作品数量最多的导演,又是多家私营电影公司的创办人、制片人和经营人,为中国早期电影开疆拓土的重要人物。本书在“重写电影史”的研究视野下,从电影生产经营和导演创作等方面将张石川作为“民国电影第一人”进行全息式的人物研究,着重对张石川在经营理念、制片策略与美学惯例上对中国电影商业性的开拓以及他与早期上海电影生态的复杂关联进行重新阐释,在此基础上客观认识和评价张石川之于中国电影发展的经验与教训。

图书在版编目(CIP)数据

“重写电影史”视野下的张石川研究 / 艾青著. —上海:上海交通大学出版社,2021

ISBN 978-7-313-24318-8

Ⅰ.①重… Ⅱ.①艾… Ⅲ.①张石川-人物研究 Ⅳ.①K825.78

中国版本图书馆CIP数据核字(2021)第059605号

“重写电影史”视野下的张石川研究

CHONGXIE DIANYINGSHI SHIYEXIA DE ZHANGSHICHUAN YANJIU

著　　者:艾　青

出版发行:上海交通大学出版社　　地　　址:上海市番禺路951号

邮政编码:200030　　电　　话:021-64071208

印　　刷:当纳利(上海)信息技术有限公司　　经　　销:全国新华书店

开　　本:710mm×1000mm　1/16　　印　　张:17.75

字　　数:308千字

版　　次:2021年6月第1版　　印　　次:2021年6月第1次印刷

书　　号:ISBN 978-7-313-24318-8

定　　价:78.00元

国家社科基金后期资助项目
出版说明

后期资助项目是国家社科基金设立的一类重要项目，旨在鼓励广大社科研究者潜心治学，支持基础研究多出优秀成果。它是经过严格评审，从接近完成的科研成果中遴选立项的。为扩大后期资助项目的影响，更好地推动学术发展，促进成果转化，全国哲学社会科学工作办公室按照“统一设计、统一标识、统一版式、形成系列”的总体要求，组织出版国家社科基金后期资助项目成果。

全国哲学社会科学工作办公室

序

在中国电影发展史上，张石川(1890—1953)是一位不可被遗忘的重要的电影企业家和电影导演艺术家，作为中国电影的开创者和奠基者之一，他曾为早期中国电影的发展作出过很大贡献，被称为“民国电影第一人”。

首先，作为一名颇有成就的电影企业家，张石川参与创办或担任过一定职务的电影公司主要有：新民公司(1913)、民鸣新剧社(1913—1914)、幻仙影片公司(1916)、明星影片公司(1922—1937)、国华影片公司(1938—1942)、中华联合制片股份有限公司(1942—1943)、中华电影联合股份有限公司(1943—1945)、大同电影公司(1948—1950)等。其中在中国电影史上成就最显著、贡献最突出的当然是明星影片公司。1922年，张石川与郑正秋、周剑云、郑鹧鸪、任矜萍等人发起创办了明星影片公司，他担任了公司的总经理和主要导演，肩负起公司的经营管理和电影拍摄的两副重担。从1922年至1937年，明星影片公司经历了艰难曲折的创业和拓展历程，在十分困难的条件下，先后创作拍摄了200多部影片，不仅成为当时经营时间最长、出品影片最多、社会影响最大的电影公司，而且还为中国电影史留下了一批高质量的精品佳作，从而为中国电影传统和民族美学风格的形成作出了突出贡献。同时，也为中国民族电影工业的发展和电影企业的经营管理留下了一些宝贵经验。该公司是中国现代电影史上一家名副其实的“明星”电影企业，它以自己的创作生产成就和社会影响在中国电影史上留下了辉煌篇章。作为明星影片公司的主要负责人和主要导演，张石川自然功不可没。但是，由于上海沦陷后，在当时特殊而又复杂的政治文化环境里，张石川先后在与日方合作成立的“中联”(中华联合制片股份有限公司)和“华影”(中华电影联合股份有限公司)内任职，继续从事电影活动，所以在抗战胜利后，他曾以“汉奸”罪被指控；虽然最终虚惊一场，没有被定罪，但却使他在精神上受到了很大打击，同时也留下了难以抹去的“污名”。

其次，作为一名电影导演艺术家，张石川一生共编导了150多部长短影片，是中国电影史上第一代导演的代表人物，他拍摄的一些影片在中国电影史上曾创造了多个第一。例如，1913年，他和郑正秋联合导演了由郑正秋编剧的短故事片《难夫难妻》，该片是中国故事片创作拍摄之滥觞，并凸显了反对封建包办婚姻的主题，已被载入中国电影史册。1916年，张石川将上海新舞台演出的文明戏《黑籍冤魂》改编拍摄成了故事片，他不仅担任导演，而且还饰演了影片里的一个角色。由于该片通过一个封建大家庭因吸食鸦片而导致家破人亡的悲剧，揭露了帝国主义在中国贩卖鸦片造成的严重危害，所以是最早具有明显反帝倾向的影片，受到了当时广大观众的欢迎，在中国电影史上也具有重要的价值和地位。1922年，张石川导演了郑正秋编剧的短故事片《劳工之爱情》(又名《掷果缘》)，这是第一部劳工题材的爱情喜剧片，也别具特色，对此后国产喜剧片的创作产生了一定的影响。1923年，张石川又执导了由郑正秋编剧的故事片《孤儿救祖记》，是一部宣扬“教孝”“惩恶”“劝学”和提倡“义务市民教育”的正剧长片，它开了中国社会伦理片的先河，并奠定了中国电影的“影戏”传统。该片上映后反响强烈，有史料记载：“未二日，声誉便传遍海上，莫不以一睹为快”，且“营业之盛，首屈一指；舆论之佳，亦一时无两”。1931年，张石川还导演了由洪深编剧、以蜡盘配音的中国第一部有声故事片《歌女红牡丹》，为国产有声电影的创作发展作出了贡献。凡此种种，中国电影史上均有记载，故在此不逐一赘述。

综观张石川的思想发展和电影创作，可以说思想有起有伏，作品良莠不齐。他早年曾倡导拍电影应“处处惟兴趣是尚”，注重电影的商业价值；后来与郑正秋合作，两人在电影创作上互补，既重视影片的社会性，也重视影片的娱乐性，形成了“营业主义上加一点良心”的电影制片路线。在左翼电影时期，他不仅同意邀请夏衍等左翼作家进入明星影片公司担任编剧顾问，并促使该公司创作拍摄了不少有影响的左翼影片，而且他自己也相继导演了《脂粉市场》《前程》《女儿经》(合作导演)、《压岁钱》等一些左翼影片。1932年上海“一·二八”事变后，张石川组织摄制组在昆山乡下按照实战搭建场景，拍摄完成了表现十九路军抗战的纪录片《上海之战》；但1933年他又奉蒋介石之命率摄制组到江西拍摄了另一部纪录片。由此可以看出，社会历史的复杂性也反映在张石川的思想性格和电影创作之中，故而很难简单地对其做一个定位和判断。

正因为如此，所以新中国成立以来，中国电影史研究领域里，张石川是一个有争议的人物；对张石川及其影片的研究和评论虽然也有一些学术成果，但全方位、有深度、有影响的学术成果很少。如今，艾青博士的论著"'重写电影史'视野下的张石川研究"作为国家社科基金后期资助项目已经完成，并即将正式出版，此乃可喜可贺之事。该书在"重写电影史"的研究视野下，从电影生产经营管理和导演艺术创作等方面对张石川作了全方位、系统性的深入研究，是"重写电影史"的一项重要学术成果。她在著作中曾这样阐述其写作主旨："基于'重写电影史'的视野，本书将主要采用历史研究、文本分析、社会—文化研究等方法，力图回到历史的'考古现场'，通过发现、梳理、鉴别和整合相关史料，对'民国电影第一人'张石川的电影生产经营与导演创作进行全面的实证研究，并厘清张石川与上海电影传统、中国早期电影发展之间的内在联系与相互作用，以微观的人物志研究切入中国电影'大历史'的书写；最后将对历史现象的描述与阐述与当下中国电影产业、美学及文化发展相对照，获取经验教训和启示意义。"笔者通读其著作样稿后，觉得她已经很好地实现了这一写作目标。该书内容充实、论述全面、资料翔实、评析也较为精当，体现了较鲜明的创新意识。书后的附录《张石川重要事件年表》和《张石川所著文章（公开发表）》更具有文献资料价值。

艾青在复旦大学随我攻读博士学位时，就开始注重中国电影史的研究，她曾阅读了不少相关书籍，查阅了很多文献资料；2010 年她博士毕业时的学位论文《中国电影事业的开拓者——明星影片公司研究》（后正式出版时改题目为《明星影片公司探析》），在论文评审和答辩时曾获得各位专家学者的一致好评，2011 年曾被评为复旦大学优秀博士论文和上海市优秀博士论文。此后，该论文作为我主编的"中国现代电影产业与电影创作研究丛书"之一种（其他 5 种为《联华影业公司探析》《天一影片公司探析》《新华影业公司探析》《艺华影业公司探析》《电通影片公司探析》）由中国出版集团东方出版中心于 2017 年正式出版后，受到了各方面的广泛好评。艾青在此基础上又对明星影片公司的主要创始人郑正秋、张石川进行了深入、全面的系统研究，先后发表了多篇学术论文，产生了一定的影响。如今，她的第二部学术专著《“重写电影史”视野下的张石川研究》也即将出版，说明她在这一领域里确实下功夫“挖了一口深井”，这样的学术研究是应该提倡和鼓励的。因为从事这样的学术研究，往往需要有甘于寂寞“坐冷板凳”的精神，需要在扎扎实实地搜集、发掘、整理和鉴别大量史料的基础上，综合运用各种理论知识进行深入论析，以充分阐述自己的观点和见解，由此形成的学术成果是很有价值和意义的。

作为中国电影史研究领域里的“后浪”，艾青博士已经通过自己的学术成果展现了其实力和潜力，如果用一个成语来概括的话，那就是“后生可畏”。我相信她不会就此止步，一定会再接再厉，继续在中国电影史研究领域里继续耕耘、不断拓展，并奉献出更多高质量的优秀学术成果。对此，我期待着。

是为序。

周斌

复旦大学电影艺术研究中心主任、教授、博士生导师

2020 年 10 月 15 日于上海兰花教师公寓

目录

绪　论

一、研究问题的提出

近年来,“重写电影史”逐渐在中国电影研究界掀起高潮,并且成为当下中国电影史学界的一个基本共识。国内一些重要的电影史学机构和高校都相继召开与“重写电影史”有关的学术会议,将这一理论实践不断推向深入。其中,影响较大的如中国电影艺术研究中心自2012年起举办的中国电影史年会,每一次的主题都注重细化中国电影的分阶段研究;再如,中国艺术研究院与上海大学联合举办的“纪念《中国电影发展史》出版50周年”学术会议,中国电影史学界重要人物均有出席,广泛讨论并结集《重写电影史:向前辈致敬》,以“重写”与“致敬”这对充满张力和对话的概念把握当下中国社会政治、经济、文化、思想发展的新时代。1963年程季华主编的《中国电影发展史》虽囿于时代原因主要采用革命史的史学范式,但今天的电影史研究者依然可以从中获取丰富的养料和重要的借鉴;而另一方面,中国电影史研究亟待突破创新,重建历史视野与学术心态,对传统的再写甚至“重写”亦是时代进步的紧迫要求。

这其中,随着各类史料的开放、研究视野的拓展以及越来越多海内外学者的努力,重写中国早期电影史已成为当前一个全球性的研究热点和前沿话题。“‘重写’电影史的研究不仅有基于不同的切入角度和评价标准对历史的重新讲述,更有大量对以往忽视的历史现象的开拓性发掘和运用更广阔的理论视野对电影历史的重新审视。”①尽管相比其他门类的人文艺术历史,没有几个历史研究领域像电影史研究一样在发展年代上如此之短,然而,沉入这样的重修史学工程中,有许多学者感叹:成为“失踪者”的

①钟大丰、刘小磊主编:《“重”写与重“写”——中国早期电影再认识(上)》,北京:东方出版社,2015年,第10页。

电影历史人物其实很多[①]；中国电影历史研究的“考古现场”，仍有大面积的严重荒芜[②]；大量重要的“历史细节”还尘封在历史的角落，从而导致我们对电影史上的诸多历史事件无法给出令人信服的解释，电影史叙述的链条时常发生断裂[③]。例如，张石川（1890—1953），中国电影的早期拓荒者，从影生涯横跨民国历史，是 1949 年之前电影作品数量最多（共拍摄长、短故事片 160 部）的导演，并以《难夫难妻》《孤儿救祖记》《空谷兰》《火烧红莲寺》《歌女红牡丹》等作品铭刻在中国电影史的里程碑上；同时，作为多家私营电影公司的创办人、制片人、经营人，在中国电影史诸多重要时期和事件中“在场”甚至占据“中心”，为早期电影工业发展做出突出贡献，对这样一位甚至可称为“民国电影第一人”的学术研究，情形大致就是如此。在中国电影史话语中，虽然同为中国电影的拓荒者，但张石川的名望及地位远不及他的创业搭档郑正秋。如《中国电影发展史》在记述早期电影人“摄制中国影片的尝试”一节中，着重强调了“郑正秋和讽嘲封建婚姻制度的短片《难夫难妻》”，张石川的贡献被一带而过；而张、郑的合作一度分离后，张石川拍摄的电影则被划为“脱胎于没落期文明戏的若干短片”“低级无聊”[④]。20 世纪末，陈墨为刘思平所著的传记《张石川从影史》作序，写道：“中国电影史研究界忽视甚至忘却张石川久矣”，“抑张（石川）而扬郑（正秋），成为一种‘历史定评’，成为许多后学者的‘历史共识’。”[⑤]如今二十年过去，中国电影史研究界依旧没有出现一部关于张石川的研究专著。对张石川的全面研究被学界所忽视，对其与中国早期电影发展的关系更是尚未厘清。因而，今天“重写电影史”，对其中占据重要地位的张石川进行重新发现、认知和评价，具有重要的研究价值和意义。

电影史学家李少白先生写道：“电影人物研究是电影历史研究十分重要的部分。中国‘二十四史’，就是以人物为主体的。电影历史研究，也应把人物研究放在重要的位置。因为，历史上的事变或事件，同时也是历史现实的人的活动。”[⑥]本书的研究对象是作为“民国电影第一人”的张石川，

---

①丁亚平：《电影史学的兴起与发展》，《当代电影》2009 年第 4 期。

②陈墨：《电影史学发展谈：细节・建构・环境》，《当代电影》2009 年第 4 期。

③余纪：《历史即财富——主编的话》，见彭骄雪：《民国时期教育电影发展简史》，北京：中国传媒大学出版社，2008 年，第 1 - 7 页。

④程季华主编：《中国电影发展史》，北京：中国电影出版社，1963 年，第 17 - 23 页。

⑤陈墨：《不该忽视，更不能忘却——序〈张石川从影史〉》，见刘思平：《张石川从影史》，北京：中国电影出版社，2000 年，第 1 - 2 页。

⑥李少白：《影心探赜——电影历史及理论（增订本）》，北京：中国电影出版社，2000 年，第 30 页。

张石川的电影活动上溯民国肇始[①]，贯穿20世纪10年代初至40年代末，是民国电影史上诸多重要时期和事件中的"在场"与"中心"。对张石川的重新书写，不仅直接关系到中国电影民族性的生发、电影工业雏形的搭建、商业电影话语范式及主流银幕形态的生成流变等电影史学的基础理论问题，而且对于分析总结中国电影在此历史过程中形成的优良传统、积累的成功经验和应该汲取的主要教训，也大有裨益。进一步来说，立足史料，多维度地、综合地展开电影人物志的历史研究，有助于拓宽当前在西方学院派命题对"重写电影史"的束缚下中国早期电影研究的思路和方法，呈现影史书写和话语构建的别种可能性。

鉴于此，本书希望通过发现、梳理、鉴别和整合相关史料，在"重写电影史"的视野下对张石川进行全面的、实证的人物志研究，以微观研究还原电影历史的具体性，以期尝试对民国电影历史的人物专题研究"补缺接断"；在此基础上，以电影史上具有代表性的人物为研究视角，史论结合，深化、细化中国电影史学的基础理论研究。

本研究植根历史，亦可以观照当下。今天电影产业不断全球化，中国已稳坐全球第二大电影市场之位甚至很快将跃居首位，国产电影高歌猛进，民营电影企业已成为生机勃勃的市场主力军，但与此同时，是国产电影的"普遍亏钱"，较大面积的亏损背后折射出中国电影的质量与市场竞争力亟待优化与提升，在与惯敌好莱坞电影及近年升温的印度电影等外片争夺本土观众的激烈竞争中，中国商业电影的痼疾也在逐渐暴露。回到张石川与其开垦的中国商业电影滥觞、勃兴、瓶颈、拐点的历史现场，他依靠其"财商"，创建了中国早期电影史上最具范式意义的电影公司，在电影业基本的商业逻辑发展过程中摸爬滚打、审时而动，探索出一条具有成功示范性的本土化电影制作与市场生存之路，成为中国早期电影界的头牌企业家和制片人，但经营之路也曾几度起伏，充满变数，最终混入历史浊流走向悲剧性宿命；他创作生产的商业电影在当时完全开放的市场环境下与国外电影分庭抗礼，长时期风靡于民国的本土观众，所摸索实践的美学惯例展示了早期中国商业电影的现代性特征，但其在审美趣味上唯商业至上的本质也使得他难以超脱低俗旧文化的狭窄空间，在商业电影浪潮走向混乱失序、恶性竞争的过程中难以自持，以及到后期创作逐渐落伍于时代。本研究以史

---

①张石川在《自我导演以来》中写道："远在民国元年，我正在从事一种和电影毫无关系的事业。忽然我的两位美国朋友，叫做依什儿和萨佛的，预备在中国摄制几部影片，来和我接洽，要我帮他的忙。"参见张石川：《自我导演以来》，中国电影资料馆编：《中国无声电影》，北京：中国电影出版社，1996年，第401页。

为鉴，尝试进行张石川之于中国电影历史的价值重估，希望借此可以拓宽当代中国电影运用自身文化资源为本土观众提供新的想象、讲好中国故事提升文化自信的新思路，在此基础上探索创新中国电影的生产与消费，促进中国电影走上一条良性发展的生态平衡之路。同时，也可以为兼营电影创作与经营的中国当代电影人提供一种可资借鉴的范式经验。

二、研究现状综述

对张石川的重新研究，离不开“民国电影史”这个更具有广阔阐述空间的学术概念和述史框架。20 世纪 90 年代以来在文学研究领域，“重写文学史”的冲动在“建构民国文学史”的领域得到了具体而多样化的实践，从“民国史视角”“民国视野”“民国机制”等概念的提出，到“民国史观”在“中国现代文学”“20 世纪中国文学”“现代中国文学”或“民国文学”等领域的阐发。而近年来更多研究者发表学术文章，对文学研究中的“民国文学史”“民国史视角”“民国视野”与“民国机制”等进行了较全面多元的分析和探讨，并逐渐形成了引人注目的学术热。①与此同时，关于民国电影的研究也开始陆续出现，如民国史学者汪朝光发表了与民国电影检查制度、民国时期电影市场、上海电影及其现代化进程等相关的数篇论文，推动了中国早期电影史研究向民国电影史研究的转变。民国电影首先是一个断代的历史研究，学者们从民国历史、民国社会、民国报刊、民国文化等维度，对中国早期电影特定的公司、影片、人物或相关的早期电影活动积累了许多微观、细化、深度的研究成果，整体而言，这些话题都可以被纳入中国电影现代化的议题之中。

在民国电影的历史建构上，海内外学者的跨域交流与对话越来越频繁。近年来在海外学者对早期中国电影史与现代性的关系以及跨文化理论的探讨中，涌现了一些极具影响力的理论模式，如王德威的“被压抑的现代性”说、周蕾的“原初激情”说、李欧梵的“上海摩登”史论、米莲姆·汉森及其学生张真、包卫红发展出的“白话现代主义”理论以及鲁晓鹏提出的跨国华语电影研究概念，还有张英进、傅葆石等学者的研究等，使中国/上海

① 如参见，张福贵：《从意义概念返回到时间概念——关于中国现代文学的命名问题》，《文学世纪》2003 年第 4 期；秦弓：《现代文学的历史还原与民国史视角》，《湖南社会科学》2010 年第 1 期；李怡：《民国机制：中国现代文学的一种阐释框架》，《广东社会科学》2010 年第 6 期/《中国现代文学史的叙述范式》，《中国社会科学》2012 年第 2 期；王学东：《“民国文学”的理论维度及其文学史编写》，《中国现代文学研究丛刊》2011 年第 4 期；周维东：《中国现代文学研究中的“民国视野”述评》，《文艺争鸣》2012 年第 5 期等。

早期电影成为一个全球性的话题，电影史研究进入了跨学科、跨媒体研究的视野。正如台湾学者廖金凤指出，这些海外研究大致可以是一个“共时取向”(synchronic)的方法策略。[①] 采用这样跨国、跨界的研究方法，他们的论述势必牵涉“中国之外”，从而使得民国电影的研究可以更为多元、丰富。如海德堡大学博士黄雪蕾的近期专著《上海电影生产：跨越边界与联结全球，1922—1938》(2014)以张石川创办的明星影片公司的电影生产与电影作品为案例，在全球本土化媒介景象(glocal mediascape)的理论视野下讨论20世纪20、30年代上海电影生产的一系列跨界实践，包括鸳鸯蝴蝶派、左翼、右翼的政治跨界，印刷、舞台、电影的媒体跨界，本土的、国族的、全球的地理跨界等，亦给予本书一个更广的研究架构启发。在民国文化场域中，张石川正是一位具有多重身份的人，他的电影活动在不同时期与文明戏人士、鸳鸯蝴蝶派文人、左翼文人、现代派文人、戏剧电影学专业“海归”、青帮、政府官员之间均建立了值得探究的跨界关系。

正如李道新指出，“民国电影的概念认定与历史建构，可在中华民国与民国文化文学研究以及中国早期电影研究与中国电影通史观念等进行不断讨论与反复观照的过程中，获取相应的合法性并发挥预期的有效性”，“只有充分尊重民国历史与民国电影的丰富性、复杂性与延展性，通过对历史现场的回归与电影生态的还原，才能发现民国电影自身的多重张力，寻求理论与历史话语的创新”[②]。民国电影史的视野有可能为“重写电影史”带来转型的契机，本书希望在这样一种宽阔的视野与机制下对“民国电影第一人”的张石川进行历史现场的回归与电影生态的还原，并从中发现民国电影内部的多重张力，包括认真考察张石川在复杂的战争与沦陷背景下的电影活动，探究其殖民性与抗争性，克服简单的价值判断。但与此同时，立足本土历史语境与电影文本及史料，对创作生命从20世纪10年代初跨越到40年代末的张石川进行全面研究，并厘清他与中国电影格局的关联，同时进一步审视这些西方理论的阐释适用度，也将成为本书深入拓展研究的重要方面，尝试在“国族论述”与“民国体验”的历史叙述中推进中国电影史不可或缺的主体性与持续展开的对话性。

具体到张石川的专题研究，刘思平的《张石川从影史》(2000)是填补该项研究空白的国内第一部著作，以较详尽的第一手文献史料介绍了张石川

---

①廖金凤：《论海外民国电影史的研究现状和方法》，《南京艺术学院学报(音乐与表演版)》2013年第3期。

②李道新：《民国电影：概念认定与历史建构》，《南京艺术学院学报(音乐与表演版)》2013年第3期。

的毕生从影历史，具有开拓性贡献。该书侧重于史料整理，按照时间顺序串联起张石川与电影有关的大量活动及相应时期内创作的电影作品，基本上涵盖了张石川从影史中的诸多重要时间节点与事件概貌，如20世纪10年代初涉影坛，与亚细亚影戏公司合作，拍摄《难夫难妻》，组织幻仙影片公司，拍摄《黑籍冤魂》；20—30年代，创办明星影片公司，从制片方针的抉择、拍摄《孤儿救祖记》到国产电影运动的激浪、武侠神怪片的火红年代，再到试验有声片，与左翼合作，几经起伏到明星公司最后的艰难岁月；“孤岛”时期，为恢复明星公司的多次奋争，受聘主持国华影片公司，加入古装片的竞争浪潮；上海沦陷后，加入“中联”（中华联合制片股份有限公司），此后又被任命为“华影”（中华电影联合股份有限公司）的制片部长。也正因此，在战争结束后，张石川经历了“汉奸”的指控……大量第一手的珍贵文献梳理以及对张石川研究的坚持，正是《张石川从影史》留给中国电影史研究的最大价值，为后辈学者重新评价、研究张石川电影史地位提供了较为扎实的史料基础。然而限于“从影史”的写作题目，其不足之处也在于以述为主，述大于评，因而缺乏从一定的理论高度和社会、经济、文化的广度及深度对张石川在中国电影史上的地位及存在意义进行学理上的分析思考和研究总结。

魏霄飞的硕士论文《张石川电影研究》(2012)是近年来较为系统地研究张石川的专论成果。该论文以时间为线索，以明星公司的成立和结束为分水岭，重点从明星公司时期张石川电影的美学特征和经营管理为角度切入早期电影文本，分析张石川作为电影创作者和管理者的双重身份，同时也兼顾了“前明星公司时期”和“后明星公司时期”，对与张石川电影生涯有关的重要作品和事件进行分析。该研究有意识地通过对一些事件、场景的追溯和阐释，进入早期电影史研究，为电影人物研究提供了一个较好的路径，也给本书写作带来了启发。但由于其对史料的掌握程度，以及囿于论文篇幅未能进一步展开等原因，魏霄飞的研究更加聚焦张石川的电影导演活动，并且仅围绕目前电影史研究公认的重要作品和事件论述张石川，尤其是对“后电影公司时期”的张石川研究展开还不充分；此外，民国上海都市文化和商业主义语境给张石川的创作制片带来的种种复杂样态，以及张石川电影与当时的社会思潮、文化心理之间的互动关系等，对本论题来说应该是值得深入挖掘而魏霄飞还未进行考察的方面。

此外，近年来国内张石川研究的学术论文仅有少数几篇，还有一些论述散见于中国电影通史类论著中，这些研究主要集中于两种路径。

路径一是，基于对一部或多部电影作品的分析，探讨张石川的电影导演风格和艺术特点。如李晋生通过张石川 1924—1927 年的电影创作，总结其创作倾向、导演方法和镜头调度程式①；包燕以西方打闹喜剧为精神同类，审视了张石川的《劳工之爱情》在娱乐诉求与道德诉求上的失衡问题②。

路径二是，立足于历史发展的视野，评价张石川对中国电影的意义。如杨远婴简述张石川 1913—1937 年的电影活动，认为他最早开拓了中国电影的生产市场③，张凤铸、李朝阳提出要以历史唯物主义的眼光评价张石川④，竹潜民提出要从“票房价值观”这把双刃剑入手评价张石川⑤，李宗刚认为要将张石川置于和郑正秋同一系统中来理解其对中国电影的贡献⑥，包燕论述了明星影片时期的张石川电影实践及其对电影的大众文化身份的体认⑦，并将张石川及明星制片放在鸳鸯蝴蝶派的文化场域中，阐释了他们在文化视野上立足旧派的市民伦理的同时又关注新派的大众启蒙，在审美趣味上立足电影的道德教化的同时又释放大众的娱乐快感，从而满足了受众的多维诉求⑧。笔者在专著《明星影片公司探析》中，将张石川对电影商业性的追求视作为对中国电影商业美学的一种先驱式的贡献，分阶段探讨了张石川在明星公司时期的电影创作及其商业美学范型⑨。

这些研究成果表明，在电影史上长期“失语”的张石川正在浮出历史地表，可见国内电影史学界一种走向宽容与开放的研究势态，但与此同时，对张石川的研究仍然存在诸多尚待厘清之处，例如张石川的电影生产经营实践究竟对中国电影工业的生长发展起到了什么样的作用；创作生命历时 30 余年的张石川电影为中国早期电影发展提供了什么样的美学模式及贡献；进而言之，张石川与上海电影传统、中国早期电影格局之间存在什么样

①李晋生：《论张石川对中国早期电影发展的贡献》，《电影艺术》1995 年第 2 期。

②包燕：《娱乐诉求与道德诉求的失衡——重新审视张石川电影〈劳工之爱情〉之大众性》，《电影文学》2009 年第 12 期。

③杨远婴：《电影作者与文化再现：中国电影导演谱系研寻》，北京：中国电影出版社，2005 年。

④张凤铸、李朝阳：《评中国电影先驱张石川》，《南京师范大学文学院学报》2008 年第 2 期。

⑤竹潜民：《票房价值：悬在一代先驱头顶的双刃剑——兼论张石川在中国电影史上的地位》，《宁波经济（三江论坛）》2008 年第 5 期。

⑥李宗刚：《郑正秋、张石川二元互补性与中国早期电影》，《山东师范大学学报（人文社会科学版）》2009 年第 4 期。

⑦包燕：《守旧与逐新——大众文化视阈下张石川与明星影片公司的电影实践及意义》，《浙江工业大学学报（社会科学版）》2011 年第 4 期。

⑧包燕：《张石川及明星影片公司的文化策略及价值重估——在“鸳鸯蝴蝶派”的文化场域中》，《浙江学刊》2012 年第 2 期。

⑨艾青：《明星影片公司探析》，上海：东方出版中心，2017 年，第 127－173 页。

的关联，以及张石川所代表的第一代上海电影人在现代电影文化建构及中国现代社会转型进程中的作用等，本书将尝试对这些问题进行深入考察。

三、研究思路、方法与内容

对“民国电影第一人”张石川的研究，显然是充满挑战的，这也许可以解释为何至今学界还没有出现全面研究张石川的学术专著。

挑战之一在于影片拷贝的大量缺失。电影史首先建立在电影胶片等介质不断消散、毁损、散失这一事实之上①，所以，长期以来借鉴文学研究中的文本分析方法是中国电影史研究的主流范式。然而，仅依赖影片的剧本文字很难确切还原影片的叙事结构以及可能只有影像才能传达的意涵，正如近几年来《盘丝洞》《风雨之夜》《海角诗人》等早期电影拷贝的失而复得，有效更新了电影史学界对 20 世纪 20 年代中国电影的许多固有认知。以张石川来说，他是 1949 年之前电影作品量最多的导演，但目前能找到的影片拷贝，仅有《劳工之爱情》《啼笑因缘》(部分集数，残片)、《脂粉市场》《女儿经》《空谷兰》(有声版，残片)、《压岁钱》《西厢记》(有声版)等，仅是沧海一粟，这些对于本研究来说是有限可见的珍宝。本书在梳理张石川电影的美学流变时，会对其中一些有个案意义的电影“经典”展开深入的文本分析，从而对张石川之于中国电影发展的贡献与价值进行重估。正如汤姆·甘宁在《电影史与电影分析：时间流程中的单部电影》里认为，对于个别电影的分析“为考察历史与理论的关系提供了实验室”，因为个体文本通常会显示出“在处理个体生产的诸多细节与体制和理性之间的矛盾时，所产生的张力”，“蕴含着新旧表现方式冲突的”“过渡文本”，更是昭示着某个特定情境之下“历时性轴线”与“共时性切片”互相影响与渗透的范本②。

对于早期电影史来说，在大部分影片拷贝遗失的情况下，美国学者罗伯特·艾伦与道格拉斯·戈梅里在《电影史：理论与实践》中写下的这段话无疑是鼓舞人心的，电影史令人兴奋的一点在于“它几乎可以从任何一个地方着手研究”的特质，“电影是一种过去和现在都是多面性的现象，它同时是艺术形式、经济机构、文化产品和技术系统”③。因而，对张石川这位身兼电影导演、制片人、电影企业决策者多重身份的电影人物进行微观层

---

①保罗·谢奇·乌塞：《电影历史、文化记忆与数位时代》，《电影欣赏》2004 年第 4 期。

②GUNNING T. Film history and film analysis: the individual film in the course of time [J]. Wide Angle, 1990, 12(3): 5.

③罗伯特·C.艾伦、道格拉斯·戈梅里：《电影史：理论与实践》(插图修订版)，李讯译，北京：世界图书出版公司，2010 年，第 2－3 页。

面的研究时，需注意整体把握电影的四重身份。正如高小健指出："好的微观研究永远不可能仅仅局限于对一个具体对象的了解，一定要引入更广泛的东西来认识、分析这个对象所处的环境，并通过大量的史料阅读才有可能建构出其真实的历史面貌。就是说首先要有一个整体的史学观，才能把握具体事件的真实性质。"①因此，本书在讨论张石川的电影时，将电影史看作一个整体的生态系统，尝试将影片之外的一些历史材料汇入更大的文本领域，而不是仅仅归类于影片生产的"历史背景"，在这一文本领域内，与电影互动的文学、文化、社会经济等诸种机制，关于生产、放映和观众的电影化体验，都融入电影之中，穿梭于不同的美学和文化标准之间，从而改变和形成观众的预期。在进行文本分析的同时，重视"经典"文本周边的"互文本"和"上下文"，以探讨"经典"的生成机制，重新审思。

搜索这些影片之外的历史材料，一是着手于张石川本人所有公开发表过的文章以及往来信件档案，其中能找到全文的文章共计两万余字，除了经常被电影史研究者引用的如《自我导演以来》《传声筒里》《革新之路》等文，还找到了张石川对电影人才的见解，如《导演与人选》《才难(不其然乎)》《造就电影新人才》等，以及几篇导演创作阐述，如《〈歌女红牡丹〉的成功不是一桩偶然的事》《重摄〈空谷兰〉的经过》《我是怎样导演〈秦淮世家〉的》等，还有1928年上海法租界商界总联合会举行游艺会，作为电影组主任的张石川为此留下历史档案《游艺部之组织》，由此张石川在民国上海的人际交往网络也可见一斑了。二是1936年至1940年张石川及明星影片公司与上海交通银行总行及其业务部的往来文书，这对于重新考察明星公司后期经济危机的真实状况有重要参考。特别值得一提的是，张石川的重要制片观点"处处惟兴趣是尚，以冀博人一粲，尚无主义之足云"，经由程季华在《中国电影发展史》中引述而广为人知，但其出处《敬告读者》(1922)一文始终难见其真面目，笔者历经广泛查找，终于在北京杂书馆国学馆收藏的《晨星》创刊号孤本上找到原文。

此外，张石川的亲人、电影同行的口述资料、回忆录以及历史现场对他的访问及评述文字，也是本书所搜集参考的重要原始资料。这其中，重要的有：张石川妻子何秀君口述的《张石川和明星影片公司》，张石川的女婿何兆璋的《"明星"杂忆》，沈芸对张石川女儿的回忆文章《张姨：不露声色的美丽》，郑正秋的《张石川小传》《自我导演以来》，钱化佛的《亚细亚影戏公司的成立始末》，胡蝶的《胡蝶回忆录》，龚稼农的《龚稼农从影回忆录》，王

---

①高小健：《对中国电影史研究的思考》，《当代电影》2009年第4期。

汉伦、宣景琳等的《感慨话当年》，袁丛美的《袁丛美从影七十年回忆录》，包天笑的《钏影楼回忆录》及续篇，洪深的《我脱离电影界的原因》，夏衍的《懒寻旧梦录》，程步高的《我这几年来导演的经过》《影坛忆旧》，沙基的《中国电影艺人访问记》，关文清的《中国银坛外史》，以及童月娟口述的《童月娟回忆录暨图文资料汇编》等。

当然，更多的碎片化史料，如记录张石川的活动报道、电影拍摄花絮、有关作品的影评文章，以及这一时期中国电影的相关状况，还大量散布于民国报纸杂志。上海图书馆联合国家图书馆出版社汇编的《民国时期电影杂志汇编》收入20世纪20至40年代出版的电影期刊计影印版共167册，以及上海图书馆开发的"全国报刊索引——民国时期全文数据库(1911—1949)"和研究图书馆中心全球资源网络(Center for Research Libraries, Global Resources Network)开发的"晚清民国报纸全文数据库"(Late Qing and Republican-Era Chinese Newspapers)，此外还有民国重要的报纸如《申报》《大公报》《民国日报》《晨报》等，拓展了本书对中国早期电影历史以及银幕影片世界之外所指向更为丰富的社会文化图景的认知。笔者对这些资料上有关张石川的活动报道及电影拍摄花絮以及对他的访谈和对他电影作品的评论文章进行了全覆盖性的搜索，获取了许多重要的第一手数据。与此同时，也须注意的是，有些报刊的宣传报道文过饰非，夸大其词，甚至存在错误信息并以讹传讹，在研究过程中就需要对史实进行甄别和再考证。正如汉学家伊懋可(Mark Elvin)指出，"重构事实故事"(the reconstruction of factual "stories")和"客观澄清事实"(the unsentimental clarification of what it is)仍旧是理论学者和汉学专家的首要任务，在此基础上方可进行更广泛的问题探讨①。因此，借助于历史研究方法，侧重原始资料的使用与史实考证，仍然将是本书采用的一个基本研究路径。

挑战之二在于对失语的历史人物的重新评定。长期以来的中国电影史述中，张石川都是处于相应地位的缺席。抑张(石川)而扬郑(正秋)成为一种"历史定评"，一种似乎不言自明的研究共识，往往因为张石川是"问题人物"而自设"雷区""不便研究"，或者总是因意识形态偏见将他的商业主义置于被批判的位置而不深入探寻他所遭遇的矛盾、暧昧的复杂体验及其原因。这种种被"误读"和被"遮蔽"，背后当然有更深的时代语境和政治文化动因。所以，对历史人物的重新评定，也关涉到如何在特定时代的社会

①转引自黄雪蕾:《中国第一?〈难夫难妻〉与它的"经典化"》，黄爱玲主编:《中国电影溯源》，香港:香港电影资料馆，2011年，第13页。

个体的历史想象与书写中还原历史现场。

当今随着中国电影史学研究的深入，在"重写电影史"的思路下重启张石川研究，或许可以将对"问题人物"的研究以问题意识为反向驱动力展开，这些问题包括：个体生存与社会承担、政治立场与身份认同、早期电影所整合的传统与现代、商业与艺术的关系等。张石川是老上海电影传统的重要代表，他成长于斯，发展于斯，消亡于斯，对张石川的研究也就成了在有关上海电影文化生产的理论和历史分析中定位个体的问题。正如贺桂梅在研究20世纪40—50年代转折时期的现代作家时提出要形成宏观与微观、"大环境"与"小环境"、文化史问题与作家论考察之间的平衡关系①。在这种思路的启发与问题意识观照下，本书尝试将张石川这样的中国第一代电影人如何从零开始操纵电影这一新兴媒介，立足本土文化与娱乐传统开掘电影商业性潜能的微观历史，与上海电影传统的形成发展以及中国电影现代化进程的宏观历史勾连在一起，那么，对张石川的商业电影话语范式的探讨，就可以被纳入中国电影理论建构，乃至我们当下正在展开的"中国电影学派"②的讨论中去。

另一方面，来自法国"年鉴派"史学思想体系中开辟的心态史研究，也可以为我们应对这一挑战提供启发。例如在第三代"年鉴派"史学家雅克·勒高夫看来，"心态，是指个人或人群无意识的精神内涵和不由自主的心理行为。史学家发现，每个人身上几乎都贮存着一些既成的观念，人的很大一部分思维和行动的习惯便由这些既成的观念所构成"③。所以心态史不仅聚焦上层建筑及社会政治精英所主导的历史事件和历史阐释，更为关注社会结构中普通社会群体的经济、文化及心理的存在。例如卜万苍导演在1943年这样评论张石川的电影："在一般人的目光看来，(张石川的作品)非但不幼稚，而且还是非常受人欢迎的""在中国电影界中，张先生的作品受人欢迎，正可以反映出观众水准的如何低落了"④。从心态史的角度来看，这就不能简单地被作为评定张石川电影低俗的证据，而是值得我

---

①贺桂梅：《问题意识和历史视野》，《南方文坛》2004年第4期。

②参见《电影艺术》2018年第2期发表的一组文章，王海洲：《"中国电影学派"的历史脉络与文化内核》，李道新：《郑正秋与中国电影学派的发生》，陈犀禾、翟莉滢：《国家理论：电影理论中的中国学派和中国话语》，贾磊磊：《中国电影学派建构的反向命题》，周星：《中国电影学派：多样性建设呈现的思考》。

③雅克·勒高夫：《〈年鉴〉运动及西方史学的回归》，《史学理论研究》1999年第1期。

④《卜万苍评论张石川》，《影剧》1943年第9期。

们通过“重建有人的历史现场”①，去审视其中的原因及问题：对于第一代电影人张石川来说，他是如何培养和制造当时中国普通民众对于中国电影的趣味，而这个趣味对民国电影（或者说“老上海电影”）的特质又有怎样的影响？再譬如，置身民国这一巨变复杂的大历史情境中，尤其近现代中国社会频频被外来力量打破正常的发展道路，外来移民、洋行买办、跨界商人、电影导演、制片人、电影企业决策者、“附逆影人”等多重社会—文化身份是如何作用于张石川复杂的主体构成和心态变迁，这不仅需要通过阅读分析他的电影文本和史料较为全面地了解，同时还更“设身处地”地理解他在上海城市文化空间中的生活状态、情感结构、行为逻辑的复杂面貌。为了尝试解决这些问题，本书希望在整理民国报纸期刊上与张石川及其电影有关的文献史料及相关人物口述、回忆录的基础上，重新审视张石川电影被生产、被理解或被误解的种种状况，从观影史与心态史的角度探寻张石川电影与当时的社会思潮、文化心理之间的互动关系。

基于“重写电影史”的视野，本书将主要采用历史研究、文本分析、社会—文化研究等方法，力图回到历史的“考古现场”，通过发现、梳理、鉴别和整合相关史料，对“民国电影第一人”张石川的电影生产经营与导演创作进行全面的实证研究，并厘清张石川与上海电影传统、中国早期电影发展之间的内在联系与相互作用，以微观的人物志研究切入中国电影“大历史”的书写；最后将对历史现象的描述和阐述与当下中国电影产业、美学及文化发展相对照，获取经验教训和启示意义。

按照以上研究思路和方法，本书以“民国电影第一人”张石川的个体呈现为经，以早期电影与上海都市文化为纬，主要内容如下。

绪论部分首先阐明论题的提出意义、国内外研究现状述评、史料准备及本书的研究思路方法。

正文部分共分为上、下两篇，分别深入张石川的电影生产经营与电影导演创作。

上篇：张石川的电影生产经营研究。共分三章，沿着张石川作为电影公司经营者与电影制片人的事业轨迹：新民公司（1913）、民鸣新剧社（1913—1914）、幻仙影片公司（1916）、明星影片公司（1922—1937）、国华影片公司（1938—1942）、“中联”（1942—1943）、“华影”（1943—1945）、大同电影公司（1948—1950），通过还原机构变迁、人际合作、技术发展、文本生产

①吴冠平：《心态史观与〈大众电影〉（1979—1989）研究》，《北京电影学院学报》2008年第6期。

与消费的丰富语境，探讨他的电影生产经营对早期中国电影工业的意义。

第一章，回溯了民国初年的张石川身兼数职的跨界实践，在对现代资本文明的追逐和对城市文化的紧密跟踪中呈现卓越的财商，并且在多样化的跨地域、跨文化的合作中扩大了交际网络，把自己从一个“洋行小鬼”推到上海娱乐业圈子的中心。

第二章，梳理了张石川电影事业生涯最重要的阶段，即自1922年力邀编导演、筹办明星公司至1937年明星公司消亡的历史，重点探讨了他提出的“人才合作法”的经营理念和“处处惟兴趣是尚”的商人精神，以此带领明星公司发展成战前中国电影工业的翘楚，也使自己成为早期中国电影的资深制片人；并深入1935年开始的张石川与周剑云的主持权争夺以及公司后期的经济危机，剖析明星公司最终消亡的主客观原因。

第三章，重访了张石川通常被判定为“问题人物”的一段暧昧历史，即1937年淞沪战争爆发后继续留守上海从事电影业，先后在“孤岛”“沦陷”的“灰色上海”夹缝求生存，也因此在抗战后经历了“附逆影人”清算案的这些特殊时期，从历史语境出发深入探寻张石川遭遇的复杂体验及其应对；梳理他人生最后阶段的电影活动，在战后重新复苏的电影市场中主持大同公司的制片，并在1949年政权更迭之际，亲历传统私营电影制被新生的国家电影生产体制取代这一“新旧转换”历史的开端。

下篇：张石川的电影导演创作研究。共分四章，从商业美学的范畴观照张石川为中国电影商业性发展作出的先驱式贡献，将他的电影放置在更大的历史情境中作为如甘宁提出的“历时性轴线”与“共时性切片”互相影响与渗透的范本进行讨论。在中国商业电影开局并逐渐发展壮大的时代，张石川积攒了卓有成效的美学惯例，他的电影创作与一个广阔电影世界的形成与演进相互交叠，为早期电影的银幕形态奠定了一种主流范型。

第四章，借用“可操纵的审美”概念，归纳了张石川电影在商业美学的“共时性切片”上呈现三种可操纵惯例：具有吸引力的“噱头”、调动情绪体验的情节剧模式、结合特定故事类型的女明星。

第五至七章，沿着张石川贯穿20世纪上半叶近40年电影美学风格变化的“历时性轴线”展开分析。

第五章，借用“巧匠”——始于人类学、后被用于电影史研究的术语，回溯从第一部短片《难夫难妻》到20年代末明星公司从手工作坊迈向初具规模的现代电影企业期间，张石川从文明戏的机械复制、打闹喜剧的杂耍游戏到长故事片的导演技巧成型，以《孤儿救祖记》奠基早期中国叙事电影的主流形态，再到与鸳鸯蝴蝶派文人合作，在视觉效果上把握观众流行趣味和都市图景;并对《火烧红莲寺》进行案例分析,以此作为他"电影巧匠"长成的标识。

第六章,进入多种意识形态和美学倾向并存的30年代,将张石川电影文本作为一贯的商业美学惯例与竞争性的意识形态话语协商的场所考察。本章以电影文本中的声音技术、摩登女性与新的风景这三种具有异质性的新资源为例,辨析其中存在的不同层次的意义竞争及协商,探讨张石川如何力图在互为博弈的意识形态话语之间争取更多义性的电影化表达,小心翼翼地趋利避害,力图使影片既赚钱又不担风险。

第七章,去政治化的战时娱乐电影创作。探讨30年代末到40年代上海电影文化高度政治化的这一段时期张石川的导演创作,无论置身何种性质的制片机构,始终以"娱乐至上"为首要的创作策略,如利用"金嗓子"周璇的银幕面孔和歌唱技能,将"孤岛"初期流行的古装片更新为更具商业性的古装歌唱片类型;始终围绕恋爱、家庭题材,尤其以自我牺牲的女性为主要表现对象,运用过去数十年在摄影场积攒起的可操纵惯例保持商业电影的高产,但也因缺乏创新而表现出落后于时代的创作局限性。

最后结语部分,既总结全书观点,也进一步探讨张石川与上海电影传统的关联。张石川是老上海电影的重要代表,他成长于斯,发展于斯,消亡于斯,对张石川的研究也是对上海电影文化个案的研究。从张石川置身民国时期上海城市文化语境中的人际交往活动切入,如与文明戏人、鸳鸯蝴蝶派作家、左翼文人、现代派文人、青帮、政商界之间人际关系的建立及流通,探讨在此过程中他获得的经济资本、社会资本、文化资本等,进一步明晰上海电影传统中不同群体之间的聚合动因;归纳他的重商主义制片传统是如何协调时代潮流、主流价值与大众趣味,寻找到最稳妥的文化生产内容,追寻上海电影传统在华语文化传承中的历史踪迹。在总结以张石川为代表的第一代上海电影人对中国电影作出的开拓性贡献基础上,进一步对照历史与现实,获取启示意义和经验教训。

上篇　张石川的电影生产经营研究

张石川，原名张伟通，字蚀川（后改为石川），1890年出生于浙江宁波蚕茧小商人之家，从小帮助父亲料理商务，磨炼务实的经商作风和管理才能。少年时代，他跟随舅父经润三到上海谋生，从洋行买办起家，对新事物有着强烈的兴趣，广泛涉猎文明新剧、娱乐业，民国初年"触电"后又一头扎进电影界，为中国电影耗尽毕生心血。作为电影公司经营者与电影制片人，张石川先后历经新民公司、幻仙影片公司、明星影片公司、国华影片公司、"中联""华影"、大同电影公司等，并且都留下了各具时代印记和个人特色的导演作品。40年影坛生涯拳打脚踢，这位中国电影事业的"开疆拓土功臣"①，始终是以勤奋苦干的形象立足影坛，以一人之行踪基本勾勒出民国电影发展的起伏脉络。仅从这方面，张石川在民国电影业的"第一人"地位和名望无人能及。没有这位"民族事业的开拓者"②，民族电影志的第一页也将改写。

---

①龚稼农：《龚稼农从影回忆录》，台北：传记文学出版社，1980年，第12页。

②杨远婴：《电影作者与文化再现——中国电影导演谱系研寻》，北京：中国电影出版社，2005年，第20页。

早期电影在中国经常被作为一种短期投机或者“游戏事业”①,由于电影资金、技术与人才匮乏,影片公司此起彼伏,电影制作缺乏长远规划,行业间的恶性竞争不断,加之外国资本长期控制和垄断中国电影的放映和发行市场,这些都是中国电影业初创阶段的基本情境。当时,介入电影业的中国人都具有一定的偶然性,能坚持下来的极少,张石川就是其中的领军性人物。他多年的搭档郑正秋这样评价,“石川读书不多,而有兼人之才识,富进取心,复勇于任事,辛勤艰险,皆不足以挫其坚韧不拔之气”②。在强大的生存压力面前,张石川展示出他在观念和实践上敏锐的“财商”。他从手工作坊式的电影生产起步,在民族影业尚处于边缘地位的境地中争取自身的发展空间,凭借实干精神和对时机的把握,遵循商业规则,追寻时代新潮,揣摩观众心理,在复杂政治生态环境与残酷的电影市场考验中,带领他的核心团队,以及凝聚起来的影戏界人才队伍,做着筚路蓝缕的开拓性工作,努力建立并维持了自己的一套电影生产经营秩序。本篇将沿着张石川的事业轨迹,通过还原机构变迁、人际交往、技术发展、文本生产与消费的丰富语境,探讨他的电影生产经营活动对早期中国电影工业的发生与发展所产生的意义。

---

①周剑云:《中国影片之前途》,《电影月报》1928年第4期。

②郑正秋:《张石川小传》,《明星特刊》1925年第2期。

第一章　民国初年的跨界实践与财商初显

1905年，刚刚丧父、失去生活保障的张石川从宁波来到上海，与几十万操着不同方言、离根的邻省人一样，以移民身份构成了这个城市人口的主体。对于这位处于城市中下阶层的青年来说，迫于生计，同时又是主动寻求出路，上海成为他能够摆脱其先赋出身的阴影而通过其努力争得前程的地方。民国时代学者王孝通曾谈到当时上海移民的重要来源——浙江人表现出来的"性机警、有胆识、具敏活之手段，特别之眼光""不墨守成规，而能临机应变"的特质[①]。在沪的浙江人中，尤又以宁波帮为标志，如时人阐述：

> 宁波帮财力虽则不及山西帮，但谨慎、精密和勤俭，却跟山西帮相仿佛，而没有一点顽固，宁波帮是进步的；又虽则没有广东帮那么的果断决断，能在国外国内活跃，但宁波帮却稳健而着实的，和广东帮正旗鼓相当。在这贸易总汇新式企业中枢的上海，宁波帮种下了根。[②]

张石川的两位舅舅经润三、经营三都在上海经商，其中房地产巨商经润三是号称上海三个半大滑头中间的一个[③]。张石川到上海后，进入经润三所在的华洋公司——一家美国商人在上海经营房地产生意的洋行，从一名"小写"（即抄写员）开始苦干。他白天上班，晚上去夜校学英文。不到两年，就能讲一口洋泾浜的英语，直接应对美国人，由此当上了上海美化洋行广告部买办。从19世纪下半叶开始，上海租界出现了如学者指出的"精英文化真空的情形"[④]，富有的投资实业家大量涌现，上海发达的经济、以逐

---

①王孝通：《中国商业史》，上海：商务印书馆，1936年，第22页。

②上海通社编：《旧上海史料汇编（下）》，北京：北京图书馆出版社，1998年，第280页。

③何秀君：《张石川和明星影片公司》，中国电影资料馆编：《中国无声电影》，北京：中国电影出版社，1996年，第1517页。

④叶晓青：《上海洋场文人的格调》，《二十一世纪》1992年第2期。

利为目的的商业文化使买办、商人成为城市中极有势力、最为活跃的阶层，而英语是能得以受雇的一个基本素质要求。洋行对买办的遴选，首要条件是对洋行东家绝对忠诚，再者看其是否有广泛的商业关系和发展业务的能力，这其中懂外文且知洋务是发展业务能力的关键①。由于中外人员接触密切，洋泾浜英语由此产生，“这是一种以英语和上海话为基础的特殊的地方语言，其中还夹带着一些法语、葡萄牙语、西班牙语、粤语等，学起来相当方便。开埠后不久，洋泾浜英语就在实际上成为上海地区广为流行的一种交际语言”②。能讲洋泾浜英语，某种程度上可以说具备了跨文化交际的双语能力，使张石川在洋行迅速从底层上升，成为年轻的买办，也赋予了他一种杂糅世界性与本土性的开阔视野，为他接下来的发展机遇提供了条件。

当时的中国，“既要在大陆内地小心谨慎地保存其意识形态结构，又要以其国内贸易用沿海地区为中介，进入发展中的商业—军事世界的关系网中。这个商业—军事世界，包括主要为欧洲资本主义服务的海上贸易、民族竞争、殖民主义和技术革新。”③正如钟大丰所论：“大量新移民的到来改变着上海的人口的文化构成，也推动了世纪之交上海诸多新的文化现象的出现，特别是商业性文艺的迅速发展。”④1912 年，“民国肇造，百业维新，应运而生之文明剧，乃风发云涌，全国景从”⑤，在洋行从事广告宣传、媒体业务的张石川在媒体界不断扩大自身的关系网，并结识了一生中最重要的合作伙伴——后来在新剧界声名大噪的郑正秋。

郑正秋从 1910 年 11 月 26 日在《民立报》发表《丽丽所剧评》开始，先后担任《民立画报》《民权画报》等副刊编辑兼撰稿人，并于 1912 年 11 月 9 日起自办《图画剧报》⑥。郑正秋回忆，“在民国二年的时候，我正在〈图画剧报〉，因为和上海小报社的张石川君很有交情，所以他常来跟我谈话”⑦。

①《上海对外经济贸易志》上册，上海：上海社会科学院出版社，2001 年，第 112 页。

②于醒民、唐继无：《从闭锁到开放》，上海：学林出版社，1991 年，第 324 页。

③费正清编：《剑桥中华民国史 1912—1949(上卷)》，杨品泉等译，北京：中国社会科学出版社，1994 年，第 21 - 22 页。

④钟大丰：《辛亥前后商业大众文化中的现代性呈现》，钟大丰、刘小磊主编：《“重”写与重“写”：中国早期电影再认识(下)》，北京：东方出版社，2015 年，第 27 页。

⑤徐耻痕：《中国影戏之溯源》，中国电影资料馆编：《中国无声电影》，北京：中国电影出版社，1996 年，第 1326 页。

⑥木子：《郑正秋生平系年》，《当代电影》1989 年第 1 期；《郑正秋先生小传》，《明星半月刊》1935 年第 2 卷第 2 期。

⑦郑正秋：《自我导演以来》，中国电影资料馆编：《中国无声电影》，北京：中国电影出版社，1996 年，第 398 页。

这个时候，上海华洋人寿保险公司经理依什儿和另一位在上海经商的美国人萨佛接盘了美籍商人布拉斯基于1909年成立的亚细亚影戏公司（当时亦有写作“亚西亚影戏公司”），预备在中国拍摄几部影片，想聘请中国人来打理拍片业务，就通过翻译杜俊初找到了经营三和张石川。张石川就想到了郑正秋，“因为是拍影‘戏’，自然就很快地联想到中国固有的‘戏’上去。我的朋友郑正秋先生，一切兴趣正集中在戏剧上面，每天出入剧场，每天在报上发表丽丽所剧评，并且和当时的名伶夏月姗、夏月润、潘月樵、毛韵柯、周凤文等人混得极熟。自然，这是我最好的合作者了”[①]。于是，早期中国电影生产与制作最重要的一对合作伙伴诞生了。

张石川之所以能被这两个美国人选中担任亚细亚影戏公司的中国顾问，是因为他“能讲英语，人又聪慧，办事又有能力，关系众多，人缘极好”[②]。而张石川也看到了这个发展机遇，尽管电影业对当时大部分中国商人来说都非常陌生，更不要说对其巨大商业潜能的认知，这就给“性机警、有胆识、具敏活之手段，特别之眼光”“不墨守成规，而能临机应变”的浙江人提供了一个历史机缘。于是，“为了一点兴趣，一点好奇的心理，差不多为连电影都没有看过几张”[③]，张石川便答允下来，从此横跨商界与伶界。当时“中国人把外国人叫洋鬼子，在外国洋行办事的中国人，称之为洋行小鬼”[④]，因而，张石川被视为“洋行小鬼起家的文化商人”[⑤]。

从以上对张石川从影史前史的简要概述，实际上可解读出张石川在一系列跨界实践中所积攒起来的经验在此后他作为民国第一电影人身份登场，并活跃于20世纪前半叶的中国电影生产与经营过程中所具有的跨地域、跨文化与跨媒介的范式意义：作为从宁波到上海的跨地移民与作为舶来品在上海落地生根的中国电影，都面临着在严酷的社会环境和竞争压力下必须谋求利润以求生存的境地，在筚路蓝缕、开疆拓土的意义上具有同构性；从“洋泾浜”经验生发出来的混杂性跨文化视野，与商业、半殖民、租界这些代表上海特性的标签挂钩，在“世界的上海，上海的世界”的语境下自觉保持“向外看”的意识的同时又能回望本土传统[⑥]；印刷纸媒的报业广

①张石川：《自我导演以来》，中国电影资料馆编：《中国无声电影》，北京：中国电影出版社，1996年，第401页。

②刘思平：《张石川从影史》，北京：中国电影出版社，2000年，第7页。

③张石川：《自我导演以来》，中国电影资料馆编：《中国无声电影》，北京：中国电影出版社，1996年，第401页。

④程步高：《影坛忆旧》，北京：中国电影出版社，1983年，第40页。

⑤陆弘石主编：《中国电影：描述与阐释》，北京：中国电影出版社，2002年，第120页。

⑥艾青：《明星影片公司跨文化交往混杂性特质》，《当代电影》2015年第1期。

告人结交新剧界人士共同合作办中国影戏,此种跨越媒介的人际交往和文化实践,则可视为早期中国电影生产过程中不断吸纳纸媒、文明新剧的跨媒介经验的缩影。

第一节　文明新剧社的更迭竞争与跨界先锋

1913 年 9 月 27 日,上海《申报》第 12 版刊登了一则题为《请看上海战争活动影戏:亚西亚影戏公司假座新新舞台,开演从来未有之中国影戏》的广告,预告影片将于两天后(1913 年 9 月 29 日)的夜戏首映。内容摘抄如下:

亚西亚影戏公司布告

活动影戏为欧美电学大家所发明……年来输入中华　观者同声赞美　至于中国之种种色色　从未摄入影片　引以为憾　本公司有鉴于此　爰将最近淞沪战事暨社会新剧摄影制片　先行试演以饱沪人士眼福　所有二大特色详列于后

特色(一) 淞沪战事

……本公司特派写真专家冒险亲赴战地　摄取各种惨状……大费手续制成活动影片　本公司珍如拱璧　不肯示人　且美大总统威尔逊君来电催索 即欲携归美国……

特色(二)改良新剧

本公司前次厚资聘请新民社诸君扮演中国戏剧如家庭新剧《难夫难妻》滑稽新剧《三贼案》《风流和尚》《横冲直撞》《赌徒装死》等出无不惟妙惟肖　尽善尽美　且目睹斯剧定必拍手叫绝　较之舞台演戏有过之无不及　此中国演剧摄入影片 洵为海上破天荒之第一次也

根据黄德泉的考证:由美商开办的上海亚细亚影片公司,从 1913 年春夏成立至 1915 年年初解散,公司业务涉及影片的摄制、发行、放映以及进出口,其中放映工作由专门附设的亚细亚影戏公司负责。出品的新剧电影短片均由新民社的新剧名家编演,继而由民鸣社负责①。

“亚细亚”拍摄中国影戏的合作伙伴,由以郑正秋为核心的新民社编演

①黄德泉:《亚西亚中国活动影戏之真相》,《当代电影》2008 年第 7 期。

名家更迭为以张石川为核心的民鸣社，发生于1913—1914年，对张石川本人以及萌芽期的中国电影来说都是一件意义非凡的事情。

1914年5月1日出版的《新剧杂志》第一期刊登了管义华撰述的《一年来上海之新剧》，详细记录了这一更迭过程：

> 去夏，美人某在上海摄各处风景欲携回本国作影片用，事竣有余具，杜君俊初因影片仅有西人演摄，欲集中国人创办，商之于经君营三、张君蚀川。二君以为然，言之美人，美人亦然之。于是组织新民公司专摄影戏，张君赴宁镇各处，遍请新剧中人教之演戏，更请郑君正秋为之编戏。郑君夙于新剧有经验者也，于是事成。月余影片尽，会二次革命起，上海有战事，因此辍演。此时之新民公司，困苦异常，各艺员茹苦含辛，百折不挠，新民公司乃能生存于狂风骤雨之中。至月余益不支，郑君发议开演新剧以为补助，经君等甚以为是。初欲演于沪南新舞台，未果。杜君乃假爱提西戏院演剧两天，所演者为正剧《恶家庭》，郑君手编也。时当新剧屡败之后，沪人对于新剧颇有一种不信任之心，故各艺员虽竭尽心力，而观者寥寥。因是愈困，尝往观剧者，辄称赞不绝口，各报亦皆为之揄揭。郑君甚以为有机可乘也，谓为背城借一之举，爰假谋得利戏园试演。方其初也，观者并不踊跃，天雨之日，座中只有十余人。而各艺员不少懈怠，一如平昔，其毅力为不可及。匝月，信用渐溥，观者有增靡已，而新民社办事人存居奇之心，欲排去旧同志，郑君不能阻，因是各艺员亦多为之不欲。经、张、杜三君不善新民社之行也，另行组织民鸣社，不满意于新民社之艺员群焉从之，更由资本家经君润三同出襄助，钱君病鹤亦为办理一切，假座歌舞台开幕……

根据此文以及当时其他一些史料可见，新民社的前身是张石川、经营三和杜俊初组织的新民公司，原计划将当时在新舞台上演、且上座率很高的文明剧目《黑籍冤魂》拍摄为电影。但实施过程遇阻：一是美方认为这个题材会影响美国人在华的鸦片生意，二是张石川原本通过郑正秋找到新舞台的名伶夏月珊等人，想让文明剧的原班表演人马出演电影，但夏月珊索要3万元(银元)，超出了依什儿的预算，计划只好作罢。张石川随后邀请有新剧经验的郑正秋加入进行原创题材的编写。在合作方式上，"亚细亚"供给拍片资金及影片发行放映，新民公司负责拍片业务，雇用了"一班半职业半业余的新剧家”[①]作为演员。

郑正秋回忆，当张石川来邀请他一起与“亚细亚”合作的时候，“我本来是三天倒有两天在戏院子听戏的人，对于这种工作，当然十二分的有兴趣，所以一口答应，马上编成功一部《难夫难妻》的社会讽刺剧”[②]。在分工上，张石川负责“指挥摄影机地位的变动”，郑正秋则负责“指挥演员的表情动作”[③]。而据付永春挖掘出的新史料，“亚细亚”的摄影师威廉·林奇担当了张石川和郑正秋的“启蒙者”角色，教授他们操作电影设备以及运营电影公司的知识[④]。这期间共拍摄了前文《申报》广告中提及的家庭新剧《难夫难妻》、滑稽新剧《三贼案》《风流和尚》《横冲直撞》《赌徒装死》等短片，摄完一个多月后，胶片用尽。

此时上海战事起，即前文提及的 9 月 27 日《申报》的影片广告中的“淞沪战事”，为声讨袁世凯，始于 1913 年 7 月 23 日的“攻打制造局”之战役，亚细亚公司还“特派写真专家冒险亲赴战地”拍摄了《上海战争》，由此与新民公司的合作中断[⑤]。新民公司的演员失业，生活无着，陷入困境。其间郑正秋提供他们吃住，他在《新剧经验谈》中提及此事：“适亚细亚影戏公司邀我作主任，乃召新派剧人应之，时在癸丑。新剧人大抵落魄穷蹇，我乃赁居居之，推食食之。影戏停映三月，吃住仍无一日辍。闲来无事，演讲修身之道，治家之义，居然大诸成效。”[⑥]于是郑正秋将新民公司团体改组为新民社，1913 年 9 月初起开演新剧创收以供给演员的生活。新民社排演的都是郑正秋编剧的正剧，以家庭剧为主，逐渐赢得观众，获利颇多，也因此促成了接下来的新剧“甲寅中兴”。但同时因利润分割，新民社内部的人事矛盾出现。于是经营三、张石川和杜俊初退出新民社，在经润三的资助下另立民鸣社排演新剧，并“以重价挖了新民社大部分社员”，“于 1913 年即民二癸丑十一月”[⑦]成立，成为新民社的重要竞争对手。

关于这次团体分裂的原因，《新剧杂志》虽声称“非欲推崇民鸣社”，但

---

①张石川：《自我导演以来》，中国电影资料馆编：《中国无声电影》，北京：中国电影出版社，1996 年，第 401 页。

②郑正秋：《自我导演以来》，中国电影资料馆编：《中国无声电影》，北京：中国电影出版社，1996 年，第 398 页。

③张石川：《自我导演以来》，中国电影资料馆编：《中国无声电影》，北京：中国电影出版社，1996 年，第 401 页。

④付永春：《威廉·林奇与亚西亚影戏公司》，《电影艺术》2019 年第 2 期。

⑤陈建华：《新闻片〈上海战争〉与“二次革命”——兼论“攻打制造局”史料与电影史建构问题》，《电影艺术》2017 年第 6 期。

⑥正秋：《新剧经验谈》，周剑云主编：《鞠部丛刊》，上海：交通大学图书馆，1918 年，第 52 页。

⑦朱双云：《初期职业话剧史料》，上海：独立出版社，1942 年，第 17 页。

杂志本身是张石川、经营三和杜俊初于1914年5月创办，态度上偏向张石川等人是很有可能的。时论为郑正秋鸣不平亦有之，如1913年11月15日《时报》上有文称，新民社新剧上演一个月后受观众热烈欢迎：

> 而新民社初组织时之主其事者三人亦出场要求再行加入矣　正秋以为既不能同遇患难既无合享权利之资格　乃不许　于是彼等遂下种种卑劣手段　忽而令流氓围场　忽而向谋得利挖租剧场　今又以巨金邀去该社社员数人另觅剧场与郑正秋作营业竞争之举动矣　虽然去者多饭桶　新民社人才济济　依旧无恙也①

究竟哪种说法更符合历史事实，现已很难考证，何况两位当事人在1935年各自写下的导演回忆录里对此事都语焉不详。但从这些史料记载中可以推测，推促张石川等人另立民鸣社的重要动力，显然是他们见识到了文明新剧在当时正在兴起的城市观众中的受欢迎度及其在盈利上的潜力。与郑正秋组织新民社的艰难起步不同，张石川既获得来自经润三的民间商业资本的支持，同时与“亚细亚”一度停顿的影戏合作也在此时重新启动了。1913年底“亚细亚”运来胶片，张石川和民鸣社成为这一时期其在中国拍摄影片的合作伙伴。管际安回忆，“那年（即1913年）冬天，亚细亚公司影片（即胶片）续到，再由经营三、张石川出面管理，重复摄取影片，一面组织民鸣新剧社前后两次摄成十余本影戏。大半是属于滑稽性质，比较的略有情节就是《杀子报》《蝴蝶梦》一类的旧剧”②。张石川组织民鸣社，使用同一班人马，白天在“亚细亚”租在香港路5号的露天摄影场拍电影，晚上在民鸣社与亚西亚影戏公司共同办公地——位于法租界的歌舞台演出文明戏③，所拍成的短片本身也取材文明新剧，同时作为晚上公演文明戏前或演出间隙穿插以调节气氛的“节目”，如《申报》记载，“（1913年）11月28日，张石川等主办的民鸣社开幕，歌舞台的主要任务便改为演出新剧，‘活动’影戏成为加演的节目”④。

真人表演与银幕放映轮番出现，这种特殊的映演方式道出了亚细亚影

---

①《戏剧随便谈》，《时报》1913年11月15日。

②管际安：《影戏输入中国后的变迁》，中国电影资料馆编：《中国无声电影》，北京：中国电影出版社，1996年，第1314页。

③参见谷剑尘的《中国电影发达史》：“据我亲眼见过亚细亚这块招牌在当时上海三洋泾的歌舞台（当时民鸣社即在此地，后来才迁到三马路大新街）。”中国电影资料馆编：《中国无声电影》，北京：中国电影出版社，1996年，第1361页。

④参见《申报》1913年11月28日广告。

戏公司与张石川的民鸣社拥有相比此前与新民公司更为实质性的跨地域、跨文化的合作关系。据张石川的妻子何秀君和民鸣社的演员钱化佛回忆，依什儿和亚细亚公司还将这批短片发行到了南洋群岛，映给当地华侨看，获得大宗收入①；而且，萌芽期的中国电影捆绑着受市民观众追捧的文明戏作为额外赠品推出，成为民鸣社与新民社竞争的一个重要吸引力，为培育中国电影的市民观众打下基础，也为此后早期中国电影长时期受到文明戏的跨媒介经验性培植埋下生长基因。1905 年以来，一批文明新剧专业剧社先后组建，汪优游、王钟声、朱双运、陆镜若、徐半梅、任天知等人活跃于此②，但张石川无可置疑地在其中成为早期文明新剧跨界电影的先锋实践者。

民鸣社是以商业资本介入新剧界，在与新民社的竞争过程中，也是通过种种方法，“挖新民社人才、上演新民社编的剧目、请名人编剧、投合观众嗜好演弹词戏、宫闱戏、加演电影、降价、观剧中大奖……”③如周剑云在《新剧概论》中称其为“更有效托辣（拉）斯之举动，以垄断新剧界者”④。争夺编剧、演员等人力资源、以观众喜好为创作风向、广泛采用市场营销等也是后来张石川在电影生产与经营过程中屡试不爽的商业手段。这次竞争结果是，新民社在经济上渐渐不能周转，1915 年 1 月在张石川等人的主动邀请下并入民鸣社求生存。1 月 18 日，郑正秋在《申报》上登告《新剧进步之先声，民鸣新民成一家》：“民鸣张君蚀川、经君营三等，绞脑索肠，求所以挽救之方，乃创合并之议，经六月之磋商，始克底于成功。……二社合而为一，则向之新民，办事上、彩景上每多缺点者，入民鸣而可以悉臻完备，民鸣手续上、布置上犹嫌不足者，并新民而可以无美不备。”⑤合并的标志性事件为 1 月 19 日起，聚两社人员合并演剧，以民鸣社的名义演出新民社的代表剧目《空谷兰》，陆续演至 2 月 18 日。

民鸣社兼并新民社实质上是商业资本与观众娱乐要求占了上风的胜利。合并后的民鸣社成为最具实力的新剧社，实行经理负责制，张石川任经理，郑正秋、顾无为任编演部正、副主任。从新民公司成立及改组新民社，到民鸣社另起炉灶，再到新民社并入民鸣社，其间经历数度分合，揭示

①何秀君：《张石川和明星影片公司》，中国电影资料馆编：《中国无声电影》，北京：中国电影出版社，1996 年，第 1518 页；钱化佛：《亚细亚影戏公司的成立始末》，中国电影资料馆编：《中国无声电影》，北京：中国电影出版社，1996 年，第 1456 页。

②参见袁国兴：《早期话剧研究的态势和潜能》，《社会科学研究辑刊》2001 年第 1 期。

③王凤霞：《新民社始末》，《学术研究》2011 年第 7 期。

④剑云：《新剧概论》，《繁华杂志》1914 年第 3 期。

⑤正秋：《新剧进步之先声 民鸣新民成一家》，《申报》1915 年 1 月 18 日。

出商业主义法则在此时期文明新剧社更迭竞争中运作的轨迹，也彰显了张石川善于把握时机的财商，而民鸣社的发展壮大充分显示了张石川的经营管理才能。郑、张二人也迅速化解了矛盾，郑正秋继续从事新剧革命直至20年代被张石川重新召集与之合作创办电影公司，而张石川在接下来的几年，先后运营新剧社、制作电影、经营游艺场、筹建交易所、供职洋行，身兼数职，在各种跨界实践中积攒了人脉，扩大了交际网络，把自己从一个"洋行小鬼"推到了上海娱乐业界的中心。

第二节　上海娱乐业界的多面手

1914年7月，第一次世界大战爆发，第二年初亚细亚影戏公司停业，依什儿也回国去了，民鸣社与"亚细亚"的电影合作宣告结束。郑君里指出"亚细亚"失败的本质原因是资本贫弱，"亚细亚公司的歇业表面上是胶片来源的断绝，而实质上在于小资本的企业基础的周转不灵（因为，除了德国，当时未参战的美国亦生产胶片）。它既不能产生规模较大的出品战胜土著的文明戏，也不能进一步侵入外商的连环影院正面与舶来品竞争"①。从20世纪10年代后半期到20年代初，逐渐步入而立之年的张石川成家立业，在上海娱乐业界有了一席之地，这与他这一时期多样化的跨界实践及其显示出来的卓越财商密不可分。

10年代后半期，张石川在上海新剧界的活跃度依然不减，他所经营的民鸣社营业状况超过了新民社，成为当时最大的新剧社。在演出内容上，民鸣社将神秘的清廷宫闱生活搬上舞台，满足了上海市民观众的猎奇心理，尤其是1914年10月10日，首演《西太后》后盛极一时。该剧成为民鸣社的保留剧目，常演不衰，"二年零三个月寿命之初期民鸣社，得获利至十万元以上者，完全是《西太后》的力量，故当时社会上不谈民鸣则已，谈到民鸣社，必及《西太后》"②。1916年3月，民鸣社的租地合同期满，租金上涨而超出负担能力，民鸣社"在1916年3月18日演出《情潮》后一时中止了演出"③。而原在民鸣社演出的重量级剧人朱双云、汪优游、徐半梅等随后

---

①郑君里：《现代中国电影史略》，中国电影资料馆编：《中国无声电影》，北京：中国电影出版社，1996年，第1391页。

②朱双云：《初期职业话剧史料》，上海：独立出版社，1942年，第17－18页。

③参见濑户宏：《论新民、民鸣社》，《中国话剧研究》2007年第11期。据濑户宏考证，民鸣社于1916年8月25日才恢复演出。

租下中华笑舞台更名为“笑舞台”专演新剧，既是剧场，又是演出团体，郑正秋、欧阳予倩也曾加盟，一时人才济济。1916 年冬，经营三集资组织新剧界“托拉斯”大声公司收购笑舞台，作为公司在上海新剧演出的剧场，“公司下设 4 个班，轮流在上海、南京、天津、汉口四大城市的固定剧场演出”①，张石川在民鸣社解散后，又到笑舞台帮忙经营三打理剧场事务。但在笑舞台一干新剧元老级人物的反对下，笑舞台一度摆脱了商业资本的控制，而经营三的大声公司也很快解散。1919 年，张石川又创办了和平社新剧部，进驻笑舞台演出，以郑正秋编剧的《新青年》为首演剧目。至 1922 年，和平社在三年间共编演了 25 部新闻实事剧，以《凌连生杀娘》《老五殉情记》和《莲英被难记》三部最为出名。1922 年初，笑舞台因债务问题再次易主，来自宁波的另一移民商人邵醉翁接手了笑舞台，并邀同乡张石川等加盟，聘请张石川为顾问、张石川弟弟张巨川为前台经理，郑正秋为后台经理。②但不久，张石川、郑正秋等人退出笑舞台，创办了后来的明星影片公司，而邵醉翁在 1925 年也以笑舞台演员为基础创办了天一影片公司。文明戏谢幕、电影登台，上海大众娱乐趣味更迭转场，一个新的时代要到来了。

由于同处新剧界人际网络，张石川结识了新剧家管海峰。两人都对拍电影兴趣浓厚。1916 年初美国生产的胶片在上海市场上露面，张石川看到时机到来，于是和管海峰合作创办了幻仙影片公司，正好这时，“公共租界的会审公堂里，有位出名的意大利律师穆安素，女婿名劳罗，好摄影，自置一架安纳门摄影机，苦无献身手之地，想找人合作拍电影。后由穆安素翻译夏某介绍，与管海峰相识，三人遂由兴趣而结合”③。在筹拍资金上，“幻仙”采用向朋友招股方式，有凭朋友交情，有凭一时兴趣：如一位开德祥银器楼的广东人邓某答应出资搭建一座玻璃摄影棚（后来这个棚搭在曹家渡的林家花园里），又有个常混迹于蜜莱利西餐馆酒吧的朋友愿出三千元认股。最后共得资金六千元，凑齐一部影片之用。张石川提议将此前与“亚细亚”合作流产的《黑籍冤魂》作为拍片项目，其他合作者亦看到了此剧的商业价值，于是一拍即合。他们原本想请《黑籍冤魂》在新舞台演出的原班文明戏演员出演电影，但因对方索价三万过高，只得作罢。但张石川凭着在新剧界的人脉，迅速找到了张利声、徐寒梅、查天影、洪警铃等众多演员。于是，张石川负责导演，管海峰负责剧务工作，劳罗担任摄影师，这又

①李晓主编：《上海话剧志 · 大事年表》，上海：百家出版社，2002 年，第 16 页。

②以上关于笑舞台的历史，参见黄爱华：《上海笑舞台的变迁及演剧活动考论》，《南京大学学报（哲学 · 人文科学 · 社会科学版）》2011 年第 6 期。

③程步高：《影坛忆旧》，北京：中国电影出版社，1983 年，第 103 页。

是张石川的一次跨地域、跨文化、跨媒介的实践，因兴趣而创建公司拍片，圆梦当年未尽之事。

《黑籍冤魂》"曾在上海及其附近有电影院的城镇放映多日"①，也受到了观众的一阵追捧，待股东分红后，盈利远不足够支撑下一部影片的运转，幻仙公司也就退出了历史舞台。但与此前在与"亚细亚"合作中仅需考虑拍片而不用管资金和市场的模式不同，张石川在这次实践中有了从筹集资金到招兵买马，最后将影片推向市场的一次完整的电影生产与经营体验，也为后来明星公司的运营管理积累了经验。

在创办"幻仙"前后，张石川还协助经营经润三与黄楚九 1915 年共同投资的新世界游艺场。后来经润三去世，舅母汪国贞接管"新世界"后与合伙人黄楚九因争权夺利而闹翻，黄楚九另办"大世界"与之形成竞争。"幻仙"结业后，张石川被汪国贞委派担任新世界游艺场经理对付黄楚九。他出了一个奇思妙想，建议舅母扩大业务，将"新世界"对面的空地拿下，办"新新世界"，除了戏曲、杂耍、溜冰场、弹子房……还开"花榜"，选举上海名妓作"花国总统"，用以抵制黄楚九聘请名妓的"群芳合唱"节目。"新世界"和"新新世界"仅隔一条马路，张石川原想架一座空中天桥把两处接连起来，用一张票玩两处游艺场的办法招徕顾客，但没得到工部局的准许。于是，他就从天上想到地下，在车水马龙繁华热闹的西藏路地下开了一条地道，沟通南北两部，实现自己的幻想。② 当时很多股东对此提议加以劝阻，张石川说道："开辟地道的工程虽然浩大，然而越是艰难的工程，越会促起人们的注意。越是新奇的花样，不怕没有伟大的新收获。"③游艺场正式开放时，确实赢得大量游客，"人山人海，水泄不通"，但因为人太多，效果也大打折扣，"挤在一起，寸步难行。轧得衣衫扯破者有之，鞋履失落者有之，小孩子挤得喊救命，老婆婆险些给踩死，扒手趁火打劫，流氓乘机非礼"，亲身体验过的程步高称"曾游过一次，视为畏途"④。后来加上排水问题没能解决，地下通道不断冒水，游客渐少，最终导致游艺场的失败。结果虽然不如意，但展现了张石川在大众娱乐经营领域的财商，他对大众好奇心背后的商机有着敏锐的感知，善于不断发掘出推陈出新的噱头作为吸引受众的手

---

①何秀君口述、肖凤记：《张石川和明星影片公司》，中国电影资料馆编：《中国无声电影》，北京：中国电影出版社，1996 年，第 1519 页。

②何秀君口述、肖凤记：《张石川和明星影片公司》，中国电影资料馆编：《中国无声电影》，北京：中国电影出版社，1996 年，第 1519 页。

③《明星五虎将（上）》，《中国影讯》1940 年第 1 卷第 13 期。

④程步高：《影坛忆旧》，北京：中国电影出版社，1983 年，第 103 页。

段，并有毅力地大胆实践，这种财商对于作为一种创意工业的电影来说，是极为重要的制胜法宝。此时已经在上海娱乐界很有名气的张石川需要的只是等待时机。

1920年前后，上海有名的大皮货商何泳昌进入了张石川的人际网络，后来成为张石川的岳父。何泳昌有着洋行买办的资深经验，有意为女儿何秀君择婿，“一见石川就很喜欢他，说他精明强干，有进取心，将来能成大事，就存心要栽培他”[①]。新世界游乐场失败后，张石川经何泳昌推荐去了外资的瑞慎洋行做买办，因聪明灵活很受外国老板赏识。这个时候，上海开设交易所之风甚盛，“民国十年夏上海华洋物品证券交易所一举而获利五十万元，随后在九月内全国先后成立了一百四十余间交易所”[②]。张石川也跃跃欲试，何泳昌即送给他两千元以支持。于是，张石川约上旧朋新知，在贵州路民康里租了一栋石库门房屋，并于1921年10月19日，在《申报》上为拟办的“大同日夜物券交易所股份有限公司”刊登招股启事。张石川的二弟张巨川、三弟张伟涛也加入此行列，后来成为著名摄影师的董克毅，当时年仅16岁，在交易所黑板上缮写股市行情的涨跌。“旧交新知，联袂参加者，计有郑正秋、周剑云、郑鹧鸪、任矜苹等。群策群力，积极进行”[③]。张石川作为筹备主任，于11月27日下午，在宁波同乡会四楼举行大同交易所创立会，50名发起人均出席并投票选出理事会，张石川当选为理事长，另有陈志梅、郑正秋、何泳昌、郑介诚、任矜苹、萨弗为常务理事[④]。但这个时候，上海经济史上著名的“信交风潮”爆发了：所有交易所刮起一片倒闭之风，破产者甚多，“昔之以发起人、理事自豪者，今则争延律师，宣告脱离关系；昔日唯恐股票不易获取，今则惟恐无法脱手；而经纪人的破产者、投机人的自杀者，亦时有所闻”[⑤]。1921年11月底登记在册的112家交易所到1922年3月一息尚存的仅剩下12家[⑥]。张石川凭借他的机敏，以及前些年经商所积累的经验，果断改变主意，停止大同交易所的运作。剩余的资金如何处理？交易所人员如何安置？电影梦又回到张石川的脑

①何秀君口述、肖凤记：《张石川和明星影片公司》，中国电影资料馆编：《中国无声电影》，北京：中国电影出版社，1996年，第1519页。

②郑君里：《现代中国电影史略》，中国电影资料馆编：《中国无声电影》，北京：中国电影出版社，1996年，第1400页。

③程步高：《影坛忆旧》，北京：中国电影出版社，1983年，第65页。

④《大同交易所创立会纪》，《申报》1921年11月28日。

⑤纪峰：《一九二一年上海的信交风潮》，《上海金融》1985年9月28日。

⑥丁日初主编：《上海近代经济史》（第二卷1895—1927），上海：上海人民出版社，1997年，第239－240页。

中。此时的中国电影与十年之前相比有了质的飞跃,1920—1921年间,一批独立制片公司相继出现在上海、香港等地,尤其是中国人拍摄的三部长故事片《阎瑞生》《红粉骷髅》《海誓》获得了相当瞩目的商业成功,“自是厥后,中国影戏足以获利之影像,始深入华人之脑”①,也给了张石川直接刺激。

张石川在与郑正秋、周剑云、郑鹧鸪、任矜苹等人商议后,在贵州路民康里大同交易所原址,取下交易所牌子,换上明星影片股份有限公司的牌子。张石川人生中最重要的一个篇章由此掀开,明星公司也成为伴随张石川被铭刻在历史上的一个重要关键词。

从对文明戏市场的介入、对股票市场的关注、对电影业的开拓等,民国初年的这些多样化的跨界实践都可见渴望成功的张石川对现代资本文明的追逐,以及对城市文化和流行趣味的紧密关注中呈现出卓越的财商。“一战”结束后,上海经历了一个经济相对复苏、民族资本与工业发展比较迅速、都市化进程加速的时期,逐渐迈向一个工具理性(即对财富与利润的追求)统治的商业社会。在这个社会中,一切以实效至上,利字当头,在金钱资本的指引下进行角逐,如当时《申报》上的广告会告诉人们,“上海是一个充满竞争的社会”,而且社会越发展,“世界愈文明,生存竞争愈剧烈”②。竞争“成为所有成功和渴望成功的男性不可或缺的品质,甚至被认为是一种美德”③。传统的社会等级和身份在这个移民社会里消失了,人们必须依靠个人奋斗去向上攀爬,争夺资源、获取资本以求取生存并证明自己的存在,重新为自己创造身份和地位。富有的上海投资阶层大量出现,将娱乐消费与社会交际、商业交易相关联,“直接带来的是一种娱乐消费风气的转变与崇洋消费观念的形成”④,例如让电影的消费成为一种可能。而与富商阶层的娱乐消费风气不同,中产阶层的买办阶层没有实业和厚实的家底,但渴望以最少的资金建立自己的实业公司,与此同时他们也可以利用自己的职务之便和交际网络实现资金周转、进行投资。从宁波来到上海“混码头”的张石川,怀着出人头地的欲望,在各种跨界实践的竞争中锻炼财商、开阔视野、积攒经验。新兴的电影满足了现代都市化变革进程中的

①徐耻痕:《中国影戏大观》,上海:合作出版社,1927年,第27页。

②《申报》,1922年11月4日。

③许纪霖、王儒年:《近代上海消费主义意识形态之建构——1920至1930年代〈申报〉广告研究》,姜进主编:《都市文化中的现代中国》,上海:华东师范大学出版社,2007年,第255页。

④刘小磊:《电影传奇:当电影传入中国》,上海:上海三联书店,2016年,第95页。

商业社会及生活在其中的人们对于消费媒介兼有娱乐、宣泄和学习的多方面期待，很快占据了上海乃至中国最主要的大众性商业媒体的地位，而张石川也终于在一个恰当的历史时刻抓住了引领中国电影工业兴起的良机，向上攀升，成就了自己。

第二章　明星影片公司的创办与商海浮沉

1933 年，张石川在一篇题为《传声筒里》的文章里写道：

> 就我的地位而言，应该是一个 producer，在纷繁的公司事业上，我整天时间，除了为整个事业的进展策划以外，还要来做导演，实在是一件辛劳的事情。但是，我所以要如此做的理由，第一，自然为了“希望由我的努力而能够促进新的人才的努力”，第二，自然为了“公司方面我所负担的责任的重大，而事实上更不容许我做一种固定的工作。”①

通常，电影史都将《传声筒里》一文作为以“生意眼”为宗旨的张石川在 1933 年明星公司受左翼思潮影响开始变革后对以往创作路线作出检讨的例证。然而，这篇短文在张石川为数不多的公开文字中信息量非常丰富，例如以上这段他对自身在电影公司的地位的明确认识：Producer，制片人。《中国电影大辞典》中，有关电影“制片人”的词条是：“一般指电影公司的老板或资方代理人。负责统筹指挥影片的筹备和投产，有权改动剧本情节，决定导演和主要演员的人选等。制片人大多懂得电影艺术创作，了解观众心理和市场信息，善于筹集资金，熟悉经营管理。”②所以，如张石川所言，这份工作对象是一种综合性的内容，不是“固定”的，对公司“所负担的责任的重大”。尤其是在草创期，张石川“凡编剧、分幕、撰说明、想布景、管理大小各部，事必躬亲，日夜操作，不辞劳瘁，名为导演，实则无一事不顾问也，人皆叹为龙马精神”③。商海沉浮 16 年，张石川带领明星公司发展成为战前中国电影工业的翘楚并创造了诸多辉煌纪录，也使自己成为早期中国电影的资深制片人。

---

①张石川：《传声筒里》，《明星月报》1933 年第 1 卷第 1 期。

②张骏祥等主编：《中国电影大辞典》，上海：上海辞书出版社，1995 年，第 1345 页。

③郑正秋：《张石川小传》，《明星特刊》1925 年第 2 期。

张石川在《传声筒里》最后写道：

自然，一切的困难，我们都要来克服。但，更多的"人"才，更多的"财"，更多的"力"，期待着精诚的合作和共同的努力。①

重视合作的"人"、不断扩大再生产的"财"，以及苦干实践的"力"，正是张石川在创办和经营明星影片公司的过程中、在每一次公司发展战略抉择时所紧紧关注和把握的，也是他在民国电影商海浮沉中财商经验的凝练。

第一节 "人才合作法"的经营理念

1922年，刚刚成立的明星影片公司出资买下《影戏杂志》的版权，发行了第三期，在这一期上刊登的《明星影片股份有限公司组织缘起》一文中，张石川等人在公司的"特别优点"里提到了对各种"人才"的募集："影戏易做，人才难得。中国人所办之制片公司，其所以不能媲美欧美者，实因人才不完备耳，同人第一步着手即为收罗人才"，包括营业人才、编剧人才、制片人才、导演人才、配景人才，基本涉及了电影制作的主要环节②。1935年，张石川在回顾从事电影事业的二十多年历程写下的文字里，专门单列"人才合作法"③一节进行叙说，可见他对经营电影公司罗致人才的重视。郑正秋曾高度评价张石川乐于结交人才的宽大胸襟："当今之世，血性男子，有几人哉？乃有一人焉。无论民党巨子、在野名流、新闻记者、骚人文士，一一乐与之游，而醉心艺术之徒，又心悦诚服乐为之用，拥戴之为唯一之首领，此其人当必有大志，必有大智，必有大过人之处者在。"④

正是在张石川称为"人才合作法"经营理念的运作机制下，明星公司植根于有限的物质条件与资本环境，又突破既定系统，以宽容的态度促使由文明戏人、鸳鸯蝴蝶派文人、电影海归、左翼作家、右翼文人等来自不同阵营的多种力量构成不断更新的生产群体，将电影艺术家与电影商人各自的潜力调动起来，以获取大多数中国人的情感认同为旨归，动态地释放与社

①张石川：《传声筒里》，《明星月报》1933年第1卷第1期。

②《明星影片股份有限公司组织缘起》，《影戏杂志》1922年第1卷第3号

③张石川：《自我导演以来》，中国电影资料馆编：《中国无声电影》，北京：中国电影出版社，1996年，第406页。

④郑正秋：《张石川小传》，《明星特刊》(小朋友号)1925年第2期。

会、与城市互动的艺术想象力，让艺术家借助于电影工业实现或部分实现艺术理想，同时也让商人借助于电影艺术实现其经济效应，每于资本匮乏与经营困顿的绝境处为中国电影创造多次票房神话。以下将选取一些相关案例进行阐释。

一、核心权力层的合作与制衡

首先是明星公司经营的核心权力层。围绕张石川而形成的是被称为“明星五虎将”①的团体，即五位创始人张石川、郑正秋、周剑云、郑鹧鸪、任矜苹。1934 年明星公司供稿的《明星影片公司十二年经历史——和今后努力扩展的新计划》中写道：“明星影片公司最初创建成立，是在民国十一年，发起人是张石川、郑正秋、郑鹧鸪、周剑云、任矜苹(任君后因自办新人影片公司，中途退出)、张巨川诸君，试办的资本，暂定四万元，完全由首创发起人分向亲友募集而成，并没有公开招股。”②

但更多资料显示，明星公司创办之初曾公开招股，只不过并未达成目标，所以这篇文章否认了首次招股一事。

当张石川提出改大同交易所为明星影片公司的想法时，首先得到了郑正秋、周剑云、郑鹧鸪、任矜苹几位核心人物的大力支持，因为他们对创立电影公司的目标和作用达成了这样的共识：“凡一公司之隆者、于创办人之脑力心思、至有关系、同人中颇多平素研究今其娱乐者、于此影戏事业、自然能得心应手、必可大著良效、既不蹈他人覆辙及旧习、则非独有利于公司各股东、抑且有利于国、盖以中国影片而替代外国影戏、而能推销至于泰东西、其所塞漏卮、必有可观者在焉、若夫补家庭教育暨学校教育之不及、尤为中国不可或缓之社会大事业、利于己又利于人、此项事业、可不为乎、凡我各界士女、如有同情、盍兴乎来。”③正如有研究者提出，明星公司的创办人以对同一职业或爱好的“同好”形成群体，因此“在利益一致的前提下，其活动就会具有较强的一致性、持久性和稳定性”④。他们兴趣相投，尤其是张石川、郑正秋、周剑云和郑鹧鸪，“我们四个人，都是爱好戏剧，由理论到

①《明星五虎将》(上)，《中国影讯》1940 年第 1 卷第 13 期。

②《明星影片公司十二年经历史——和今后努力扩展的新计划》，中国电影资料馆编：《中国无声电影》，北京：中国电影出版社，1996 年，第 31－32 页。

③《明星影片股份有限公司组织缘起》，中国电影资料馆编：《中国无声电影》，北京：中国电影出版社，1996 年，第 27－29 页。笔者注：民国报刊原文即用顿号来断句。

④张华：《新组织 旧圈子——早期中国电影圈的构成及其管理模式简析》，《当代电影》2009 年第 3 期。

实践，才共同结合，发起举办明星公司，不自量力地做了中国电影事业的拓荒者”①。而任矜苹虽未和民国初年的新剧运动有直接联系，但他与张石川有同乡之缘②，并且曾任上海民生女学教务长、商报馆广告部主任，为人善辞令、懂社交，被称为“交际博士”。于是，鉴于每个人此前的工作经验，公司初期分工是：张石川主持内政兼导演，郑正秋为协理兼编剧，郑鹧鸪任剧务，任矜苹任宣传兼交际，周剑云任文书。

但是，原先交易所的股东们对新生的电影业前景并不看好，即使张石川反复奔波游说，也没有阻挡他们悉数收回对大同的投资，“所以在明星创始之初的经济是非常困难，幸赖他（指张石川）下了绝大的决心来苦干”③。在资金告急的情况下，筹备中的明星公司向社会公开招股筹资，1922 年 2 月 18—23 日的《新闻报》和 2 月 19—24 日的《申报》上先后连续刊登了《明星影片股份有限公司招股启事》：“公司总资本为 10 万元，分 2 万股，每股 5 元，由发起人认购半数，即 5 万元，其余 1 万股由社会各界认购。”《招股启事》中的筹备主任是一个叫丁伯雄的人，除了《申报》，另有一报道注明他是“由津来沪”“约张郑二君联合同志发起明星影片公司及明星影戏学校”④的友人。或可推测，作为发起人之一又被列在首位，丁伯雄应当认购了明星公司份额最大的股份。张石川任副主任，筹备员有郑正秋、任矜苹、舒慰萱、何懋堂、张伟涛、郑介诚（即郑鹧鸪）、周剑云、张巨川、詹松山、丁治新。

而所谓的“试办的资本，暂定四万元”，实际上仅有一万余元，张石川的妻子何秀君曾回忆，“五人一共凑了万把元，对外号称五万资本”，而张石川的两千元还是何秀君的父亲何泳昌资助他筹办大同交易所的本金⑤。她的描述虽较模糊也可作为旁证，更确切的数字应该在 15 000 元左右。根据 1923 年 11 月 1 日《申报》上的新闻《明星影片公司之股东会》所载：“昨日下午二时，明星影片公司假座西藏路宁波同乡会四楼，开第一届股东会，各股东先后莅会，至开会时，计共到会股东股权三千一百三十四权。”⑥根据《招股启事》中“每股 5 元”，可推算明星公司共招到的股金应当为 15 670 元，这其中已经包括了张石川、郑正秋、郑鹧鸪、周剑云、任矜苹等发起人的

---

①周剑云《怀正秋兄》，《明星半月刊》1936 年第 6 卷第 2 期。

②据《申报》1922 年 5 月 12 日消息：宁波旅沪同乡会为筹备庆祝新会所一周年纪念日，第二科监邀请筹备员叙餐商议，推定张石川为委员长，任矜苹为副委员长。

③《明星五虎将（上）》，《中国影讯》1940 年第 1 卷第 13 期。

④《筹备中的明星影片公司》，《申报》1922 年 2 月 21 日。

⑤何秀君口述、肖凤记：《张石川和明星影片公司》，中国电影资料馆编：《中国无声电影》，北京：中国电影出版社，1996 年，第 1520 页。

⑥《明星影片公司之股东会》，《申报》1923 年 11 月 1 日。

份额。此外，在这篇报道中，“公推张石川君为主席”，丁伯雄的名字已经去除，在此后明星公司提供的资料中也不曾出现，故推测是此人已将投资金撤除的缘故，很有可能是明星公司在接下来1923年间面临第一次经济危机几近停业的时候。也就是说，明星公司最初基本是以合伙人集资的形式创办，但核心权力层的确立和分工权责，实际是到明星公司第二次公开招股成功之后。

1923年10月31日召开的这次股东会已决定“扩充公司范围，招足股本十万元”“股东应得之官利红利一分二厘，悉数化于扩充股份，按照总数，分别填给新股票”[①]。紧接着，《孤儿救祖记》在12月公映，轰动全国，明星公司的基础奠定；第二年3月20日，在明星公司新迁入的白尔部路霞飞路摄影场举行了扩充招股委员会议，任矜苹代表公司报告了招股计划，以投票方式选举了袁履登、方淑伯、劳敬修为委员长[②]。此三位新加盟的大股东皆为当时上海的商界名人。4月3日又召开第二次扩充招股委员会，对外宣布已有43人入股[③]。4月8日，《申报》上刊登《明星影片股份有限公司扩充招股第一号》，公布扩充招股的方式：“十万元分为一万股，每股十元，除已收股银四万三千元，续招股五万七千元”，此后又分别在4月15日、6月18日、7月4日的《申报》上发布第二、三、四号“扩充招股公告”。

这次招股则进展顺利，股东甚至远至华南，“要算广州的麦君博先生独认三万元，为最多数——此三万元之数，麦君系将自己所有之摄影机、炭精灯等机械多种，折价充做股款者”[④]。至此，明星公司股本达到10万元，1925年5月，照章组织股份有限公司，并向农商部注册，组建了袁履登、王云甫、何泳昌、邵子眉等人的董事会。核心权力层由此明确：张石川任总经理和导演，主持一切内部行政；任矜苹因担任1924年扩股的负责人，立下大功，如商界名人袁履登、劳敬修等人就是靠任矜苹邀请入股，而且在公司内部行政上也贡献了不少的计划，所以“论功行赏席上，由郑老夫子推让他升上‘协理’的第二把椅”[⑤]；原负责剧务的郑鹧鸪在4月13日因病去世，而由郑正秋担任剧务主任，周剑云任发行主任，张巨川任会计主任。

但经历了初创时期的困难，各项业务进入正轨后，任矜苹与张石川却

---

①《明星影片公司之股东会》，《申报》1923年11月1日。

②《明星公司扩充招股委员会纪》，《申报》1924年3月22日。

③《明星公司扩充招股》，《申报》1924年4月4日。

④《明星影片公司十二年经历史——和今后努力扩展的新计划》，中国电影资料馆编：《中国无声电影》，北京：中国电影出版社，1996年，第33-34页。

⑤《明星五虎将(下续)》，《中国影讯》1940年第1卷第16期。

起了摩擦且矛盾日益升级。两人分崩的导火线是1926年的"《新人的家庭》事件"。任矜苹在广泛参与影片宣发业务(如创办晨社、编《晨星》和《电影杂志》等)后,也开始了导演角色的尝试。他的处女作选择了包天笑的小说《新人的家庭》,在制片上大胆创新,利用自己的人脉,突破公司的界限邀请当时上海各界颇有地位的明星、名人共同参与演出,如除了本公司的张织云、王汉伦、宣景琳、郑小秋、王献斋等人外,还邀请了其他公司的汪福庆、王元龙、张慧冲等,甚至片中安排了一段跳舞厅戏,参加群演的就有"文学家:包天笑、严独鹤、周瘦鹃、毕倚虹等;美术界:丁悚、郑曼陀、杨清馨、张光宇、孙雪泥、张振宇等;戏剧家:欧阳予倩及其夫人"①。最后,任矜苹还想尽办法使影片在"对于中国影片、选择非常慎重"的卡尔登影戏院首映,并预定连演三日夜②;尔后又续演三天。

这种制片方式,就是后来张石川在《自我导演以来》总结的明星公司"人才合作法"的第一次尝试,但他却将之作为反面教训警示,因为《新人的家庭》所花成本和时间都非同一般。张石川举了三个笑话证明:"第一,《新人的家庭》摄取外景的是马勒花园,全片尚未拍成,而马勒花园却已经沧海桑田,被它的旧主人转售给日本人了。第二,是剧中所用的一辆马车,直等到马死了,马车被车主人卖去了,片子还未拍好。第三,王元龙最初拍戏所穿的一套灰色西服,等到后来补戏时,元龙早已把它赠送给了他的令弟,改小了,再拿来穿时,式样不称身得令人见而喷饭,为掩饰这缺点,补拍一二个镜头,真是费尽了苦心!"③此时明星公司的拍摄场地并不宽裕,而且由于人员众多,"这些明星们未免时有不能准时到场拍摄的毛病,每使搭着的布景占据了摄影场而致妨碍到其余明星新片的赶制,因此就使张老板不满,而引起了两巨头的摩擦"④。到1936年张石川写回忆文章时,仍然对此耿耿在心:"盛名之下,其实不副",他们做戏都极随便,因此往往没有好的效果,而且这片子所花的资本,是超过了以前的纪录,尤其是摄制的时间特别长⑤。

张石川与任矜苹在制片理念上的分歧,以任矜苹出走告终,可见张石川仍然是明星公司最有话语权的掌管者。核心权力层内部因经营理念不

---

①《〈新人的家庭〉开映消息》,《申报》1926年1月4日。

②《〈新人的家庭〉将开演》,《申报》1925年11月29日。

③张石川:《自我导演以来》,中国电影资料馆编:《中国无声电影》,北京:中国电影出版社,1996年,第407页。

④《明星五虎将(下续)》,《中国影讯》1940年第1卷第16期。

⑤张石川:《自我导演以来》,中国电影资料馆编:《中国无声电影》,北京:中国电影出版社,1996年,第407页。

同而出现矛盾，对于合伙人组成的企业来说最容易导致分裂。此种情形在30年代中期张石川与周剑云的主持权争夺中再次上演，后文将述。与明星公司相比，天一公司在创业之初即确定了家长制管理形式，邵醉翁既是企业经营的实际掌管者，又是电影生产的策划者，一呼百应，所以决策面上的统一高效贯穿了天一公司十余年的历史，未曾有过明显的内部分裂。但另一方面，明星公司更具股份制企业的现代性，既有伙伴群体为利益而紧密团结，又以“合作”方式杜绝了张石川的个人独裁。

而任矜苹离开“明星”后紧接着成立了新人影片公司，“该公司有灯光摄影场一所，玻璃摄影场一所，露天摄影场两所。其规模和组织，在上海影业中也有相当的地位。至于公司人才，也超出各公司之上。因任既退出明星，另组‘新人’，而当时有名的导演程步高、陈寿荫，以及不少的明星，凡是因任之提携而成名的，无不闻风协助”①。但是没过几年，新人公司就面临经济压力，最终在1930年宣告停业。任矜苹自陈：“余在中国影戏界中，亦为主持影戏业务之一人，余所主持之公司，所受经济之痛苦，未尝稍异于他公司，论其情状，或且较其他公司为严重。”②而明星公司则挺过了多次危机，二者相比，也显示出了立足于20年代中国电影的作坊式生产规模，张石川在公司经营上以效率为先而保障利益的实干为民族电影工业闯出了一条生存之道。

20年代后期，随着郑鹧鸪的病逝、任矜苹的离去，“五虎将”剩下张石川、郑正秋、周剑云。周剑云的话语权提升，核心权力层基本稳固，也就是影界所谓的“明星三巨头”之说：张石川既是公司的主要导演，同时负责决策、主持公司行政；郑正秋任编剧导演、公司协理；周剑云担任制片，负责公司的对外交际及影片的国内外发行，如1926年开始，明星公司成立了华北、华南、华中三个发行机构，在南京、北平、天津、汉口、广州等城市设立分支机构，这些都由周剑云统筹，后周剑云又任董事会董事兼经理、营业部长等职务，掌管公司的财政大权。

鼎足而三，团结合作，互相制衡，三人核心权力体的形成对明星公司的持续发展起到了十分重要的作用。尤其是郑正秋，周剑云评论他“好像是石川兄的总参谋长兼秘书长，后来办笑舞台，办明星公司，石川兄都倚正秋

①谷剑尘：《中国电影发达史》，中国电影资料馆编：《中国无声电影》，北京：中国电影出版社，1996年，第1367－1368页。

②任矜苹：《论中国影戏事业》，《申报》1928年1月5日。

兄如左右手，不可一日分离，直到正秋兄逝世为止”。[1] 在时人关于张石川印象的文字里，张石川的火爆性格常常被提及：“张石川是一个出名的火爆头将军，性情躁急，心直口快，动不动就和人吵起来”[2]；“明星公司张石川，性情暴躁”[3]；“拍戏场张氏之面目，与平时判若两人，有撼山岳，走雷霆之势。举凡职工演员，无不侧目而视，屏息而听。上以墨索里尼之尊号，盖非倖致。演员或表情有乖剧旨，置景或不合剧情，有时运其巨灵之掌，以餉达意者，受者无不贴然诚服。明星公司得有今日，悉张氏一戎衣而有天下，所造成者也”[4]。然而，郑正秋却看到了张石川坏脾气的另一面：不拘小节、性情直爽敏捷、对家人尽孝、对朋友仗义，具有赏罚分明的原则性：

（图片来源：《中国艺坛画报》1939 年第 31 期）

生平作事，专从大处落墨，不拘拘于小者近者，见人锱铢必较，往往笑其迂腐。思想之敏捷，又为人不可及，会议席上，设有难题，得其一言，纠纷立解。人与其料事也，初犹疑其神经国民，迨后应验，则又惊其预测之神。尤有一事，最足为吾侪之矜式者，则其事母以至孝闻也。年十五，严父见背，即以月俸养家，老母弱弟小妹，衣食住未尝或缺，是亦人所难能者。十余年来，爱才若渴，见有一艺之长，必敬之礼之，又有鲍叔分金之美德，久久弗衰。遇有怠惰偾事者，则虽亲如手

①于丽：《中国电影专业史研究：制片、发行、放映卷》，北京：中国电影出版社，2006 年，第 20 页。

②《张石川变成一个好好先生》，《电声》1938 年第 7 卷第 32 期。

③《张石川出口伤人》，《电声》1934 年第 3 卷第 41 期。

④《大老板风采之张石川》，《北洋画报》1933 年第 20 卷第 981 期。

足，必痛惩之不稍宽假。①

张石川与郑正秋之所以能够成就中国电影史上的第一对黄金组合，不仅仅是后人所详加阐述的出于电影制片理念上的娱乐论与启蒙论的平衡，两人多年的无间合作更得益于他们水火相济、互为补充的性格，以及相互理解支持的惺惺相惜。如有人评价，“（郑正秋）这个和平使者的力量，的确能把石川先生引动的肝火顿时平了下去，所以张先生的创业幸得这位好好先生的臂助，当时明星的人员都说这两位先生‘水火相济’”②。

张石川在郑正秋病逝后，悲痛地写下《哭正秋老哥》一文：“正秋老哥跟我相识到现在，差不多已将近三十年，我们最初是朋友，后来又一同合作事业，再进而结为异姓弟兄。在我们三十年相交共事的过程中，经过了不少好的环境坏的环境，也经过了很多快乐的时候与困难的时候，彼此之间，始终没有发生过一次不谅解的事情，尤其是没有一次为了自己的权利而起争执，我们虽然不是‘管鲍’，但我们也可以算是真正的心同志和情逾骨肉的朋友。”③

二、创作生产体的合作与更新

明星影片公司之所以能长期盘踞早期影业翘楚之位，得力于它所合作吸收的创作生产群体总是不断处于跨界合作与更新换代之中，保持着时代活力。

公司创办之初，“张石川—郑正秋”组合担当了导演、编剧的所有工作，所以首先要解决的“人”的问题是技术人才和演员。

最早的技术人才来自跨地域的合作，明星公司对外宣传“特约美国著名技师、用最新式方法摄影而洗片”④。其中渊源，实际上是来自张石川与“亚细亚”合作时结交的朋友萨佛，“亚细亚”结业，但留在中国的萨佛却仍然在张石川后来的电影事业中扮演了协助者角色：如他将有摄影机、印片机和暗房的好友郭亚达介绍给张石川，张石川聘请郭亚达担任摄影师，并租用了他的所有设备，后来又租借了曾经合作拍过影片的意大利人劳罗的玻璃摄影棚，作为公司的拍摄场地⑤。在公司刚成立、演职员缺乏的情况

①郑正秋：《张石川小传》，《明星特刊》1925 年第 2 期。
②《张石川印象记》，《游艺画刊》1941 年第 2 卷第 5 期。
③张石川：《哭正秋老哥》，《明星半月刊》1935 年第 2 卷第 2 期。
④《明星影片股份有限公司组织缘起》，《影戏杂志》1922 年第 1 卷第 3 号。
⑤刘思平：《张石川从影史》，北京：中国电影出版社，2000 年，第 34 页。

下，先利用这些技术，张石川指挥拍摄了一批新闻纪录片如《欢迎霞飞将军访沪》《沪太长途汽车游行大会》《爱国东亚两校运动会》《徐国良出殡》《江苏童子军联合会》《万国商团会操》等。萨佛还将正在中国旅行的朋友、弗劳罗电影公司的电影家及著名的电影教授葛谷雷介绍给张石川①。张石川抓住机会向葛谷雷请教了很多摄影洗片等技术问题，并获赠了一些关于电影的书籍，同时得以了解，当时好莱坞所用的电影剧本格式和明星公司摸索的剧作形态差不多②。在最初的滑稽短片时代，除了郑正秋、郑鹧鸪，其余的主要演员大都是临时拉来帮忙的，如《滑稽大王游沪记》中扮演卓别林的李却·倍儿原先是马戏团的小丑扮演者，当时正服务于张石川主持的新世界游艺场，自告奋勇主演了这部短片③。这些人际交往与人才合作的发生，都与前文所指出的张石川从"洋泾浜"经验生发出来的混杂性跨文化视野密切相关，这种跨文化视野又进而赋予了他所创办经营的明星公司在吸纳人才上的包容性和文化生态的混杂性。

明星公司成立的同时，一家名为明星影戏学校的机构在与公司相同的地址上也开办了。1922 年 2 月 19 日《申报》上并排刊登了《明星影片股份有限公司招股启》和《明星影戏学校招生》的广告。影戏学校的想法最早由郑正秋提出，而张石川当时正被两个问题困扰，燃眉之急是大同交易所突然关门，原先招徕的人员强烈要求他安排工作发薪水，再者上海能称得上导演和演员的人才实在太少。据该校教员、后任明星公司布景科主任、总务部长的董天涯回忆，4 月 2、3、4 日为明星影戏学校第一届新生入学考试日，那些天，"轰动了全上海，人们认为这是新鲜事，围着看热闹的人，真是人山人海，阻塞了贵州路和南京路的交通，引起了英国工部局的干涉"④。4 月 14 日正式开学，郑正秋任校长，教员有郑鹧鸪、周剑云、唐豪、萨佛等，共招录 87 位学员，三个月通过毕业的仅有 34 人，包括后来分别在《滑稽大王游沪记》和《劳工之爱情》中出演的王献斋和余瑛。此后 1924、1925、1926 年，明星影戏学校又陆续开办过多期。但总体来说，当时中国电影的生产制作尚在摸索之中，师资更是乏善可陈，所以经由影戏学校训练而弥补明星公司人才缺失的方法并不奏效。这些毕业生中后来较有成就的也

---

①付永春：《威廉·林奇与亚西亚影戏公司》，《电影艺术》2019 年第 2 期。

②张石川：《自我导演以来》，中国电影资料馆编：《中国无声电影》，北京：中国电影出版社，1996 年，第 403 页。

③张石川：《自我导演以来》，中国电影资料馆编：《中国无声电影》，北京：中国电影出版社，1996 年，第 403 页。

④谭春发：《开一代先河——中国电影之父郑正秋》，北京：国际文化出版公司，1992 年，第 243 页。

只有李萍倩，其于30年代回到明星公司任导演。

进入长片时代后，尤其是通过《孤儿救祖记》的生产制作，明星公司的基本演员队伍逐渐搭建起来。张石川在《自我导演以来》中介绍了王汉伦、王献斋、黄君甫、杨耐梅、宣景琳、张织云、朱飞、阮玲玉、胡蝶等演员加入明星公司的过程及对他们的简略评价①，从中亦可见张石川网罗人才的经验和能力。

前文提到，任矜苹以导演《新人的家庭》开始了“人才合作法”的首度尝试，虽然工作态度和效率引起了张石川极大的不满，但张石川对于跨界合作的方式是十分认同的，所以他将自己导演的《空谷兰》作为“人才合作法”的重点实践。《空谷兰》是鸳鸯蝴蝶派作家包天笑所译的小说，张石川和郑正秋在组织新剧社时曾将其改编为文明戏。为了再将它搬演上银幕，郑正秋在张石川的授意下出面约请包天笑加盟明星公司。据《包天笑日记》所载，1925年7月24日，包天笑前往都益处（当时沪上有名的川菜馆）赴宴，设宴的主人就是张石川，同时出席的还有郑正秋、任矜苹等，在此次宴会上，包天笑以编辑主任的名义、月薪一百元受聘于明星公司②。1925—1926年间，包天笑就为张石川提供了7部电影剧作，他的著名小说《一缕麻》也由郑正秋改编为电影《挂名的夫妻》，其中张石川导演的《空谷兰》创造了默片时代的票房神话，使明星公司保持了电影界的领头地位，并带动了此后三年通俗言情片创作风潮。与包天笑的合作成为明星公司从新剧圈转向文学圈寻求人才的成功跨界案例，张石川开始广交文人墨客，更多的鸳鸯蝴蝶派文人与明星公司有了合作关系，如以侦探小说成名的程小青为明星公司编写了剧本《窗上人影》《慈母》《可爱的仇敌》《国魂的复活》等；人称“笑匠”的徐卓呆曾参与编剧《母亲的秘密》；张恨水的小说《啼笑因缘》由著名报人严独鹤改编，张石川导演；而宋痴萍、范烟桥也长期在明星公司担任编辑。

同一年，经谷剑尘介绍，张石川、郑正秋又认识了从美国哈佛大学毕业回国的洪深，并邀请洪深进入明星公司任编导，兼任教明星影戏学校。作为当时中国戏剧电影界少有的经过系统科班学习的编导人才，洪深为明星公司在编导方面输入了新风格，创作了《冯大少爷》《早生贵子》《四月底蔷薇处处开》《爱情与黄金》《卫女士的职业》《少奶奶的扇子》和《同学之爱》等

---

①张石川：《自我导演以来》，中国电影资料馆编：《中国无声电影》，北京：中国电影出版社，1996年，第404-406页。

②HUANG X L. Shanghai filmmaking, crossing borders, connecting to the globe, 1922—1938[M]. Leiden, Boston: Brill, 2014: 86-87.

影片，在明星公司的对外宣传中被称为“留美戏剧专家”[①]。何秀君回忆，张石川对洪深“佩服得五体投地”“二人一见如故”[②]。尽管20年代洪深在明星公司创作的电影票房并不高，张石川反倒安慰他：“你将来必会有大大成功的一天。”这种盛意，让洪深甚为感动。1928年洪深决定离开电影界时这么写道：“我从前所学习研究，只是戏剧文学与舞台艺术，对于电影，本来是门外汉。……现在我居然有一知半解了，所有接片子、夹字幕、放镜头、配灯光，这种种本事，哪一样不是在明星学会的？……我对公司——说句落伍者的话——只有知己之感……”“我不能拿了人家的血本，来供给我学习试验，以博我将来未可必的成功。所以即使公司对我尚未失望，我觉得很对不住公司。”[③]

所以，30年代洪深重新回到明星公司，创作有声电影剧本《歌女红牡丹》，替公司赴美国采购有声摄影器材和聘请技师，成为明星公司由无声片向有声片创作转变的巨大推手；在旧派鸳鸯蝴蝶电影走向衰落、明星公司面临破产危机的境地下，也是洪深向张石川建议要转变方向，邀请夏衍等左翼作家进入明星公司任编剧顾问，颇受张石川信任的洪深亦被时人看作明星公司的“三大亨”之一[④]。1934年末，洪深离开上海电影界，举家迁往青岛，任山东大学外文系主任。但当1935年郑正秋去世后，张石川再度求助洪深，洪深鼎力相助，提供了剧本《劫后桃花》。张石川带着《劫后桃花》摄制组到青岛拍摄外景时，约请洪深在旅店促膝长谈。洪深后来著文：“张先生希望我能编几个剧本，不过，在编剧原则上，要注意的，是要与现社会中一般人有着密切的关系，要使多数的观众有‘切肤之感’。我很同意张先生的提议。”[⑤]1935年11月15日，张石川电请洪深来上海商讨剧本创作和公司诸问题，洪深欣然前往，又为明星公司写了《新旧上海》《女权》《社会之花》《梦里乾坤》《四千金》等剧本，还为张石川筹到贷款，解决公司的危急，当时的报纸亦有评语，“洪深于明星虽未正式担任要职，其间关系终亦相当密切也”[⑥]。

张石川在制片生产上所秉行的“人才合作法”，使明星公司在20年代

---

①《冯大少爷》，《新闻报》1925年9月23日。

②何秀君口述、肖凤记：《张石川和明星影片公司》，中国电影资料馆编：《中国无声电影》，北京：中国电影出版社，1996年，第1524页。

③洪深：《我脱离电影界的原因》，李亦中主编：《银海拾贝》，北京：北京大学出版社，2006年，第9－15页。

④《明星公司的“三大亨”与“三小亨”》，《电声》1932年11月16日。

⑤洪深：《〈新旧上海〉编剧者言》，《明星半月刊》1936年第5卷第2期。

⑥《洪深于明星公司之关系》，《电声》1936年第5卷第1期。

不断跨界扩充力量，不仅在编、导、演等主创层面人才济济，更使整个制片系统趋于完善。进入 30 年代后，继续坚持这一经营理念，又使得张石川能及时抓住此时随着社会生态环境的急速变化、中国各方政治力量对电影业愈加重视所出现的多重时机，并且跨越这其间的在意识形态分野上或左或右、或友或敌的界限，不断更新明星公司的创作生产群体，深刻影响了早期中国电影的格局和发展走向。

1932 年夏，在洪深的促成下，左翼文人夏衍、阿英、郑伯奇被邀请参加了明星公司的第一次编剧会，参加者有“三巨头”张石川、郑正秋、周剑云，以及洪深和明星公司的主要导演程步高、李萍倩、徐欣夫。张石川作了开场白，对夏衍等人表示欢迎和希望。洪深谈了“一·二八”以后的国内形势和中国电影的当前危机，并提出一定要进行电影革新。据夏衍回忆，洪深特别放大了声音说：“工部局、市党部对电影都要审查，但是‘没有一个定律没有例外’（这句话讲的是英文），没有一个条例没有空子可钻，所以，请你们三位先研究一下审查条例，然后想出一些对付它的办法。”而张石川、郑正秋也微笑点头，表示同意洪深的这一席话①。左翼作家进入明星公司组成编剧委员会，仅 1933 年就推出了《狂流》《春蚕》《铁板红泪录》《女性的呐喊》《压迫》《脂粉市场》《上海二十四小时》等二十多部左翼电影和在左翼影响下的电影，明星公司在美学风格上转向一种现实主义的风格，在电影评论界获得了正面肯定。

1933 年 5 月，张石川被蒋介石约见谈话。蒋介石询问上海电影界情形，说道：“听说近来有许多过激分子，混入上海的影片公司，利用电影来作他们的宣传，如某某人等，是不是有这样的事情？你在上海，又是在电影界中，当然可以知道，尽可以详细地告诉我。”张石川的回答非常巧妙：“这情形也许是实在的，但是我们没有真实的凭证，所以不敢贸然地指明谁是谁不是。”②蒋介石的话可视作一种警告，紧接着 1933 年底国民党中央电影检查委员会改组，加强了对左翼电影的检查，在一定程度上限制了左翼电影的拍摄与放映，1934 年 11 月明星公司撤销编剧委员会，夏衍等人也退出了公司。

程季华的《中国电影发展史》等传统电影史述将这个时期张石川和明星公司的政治倾向表述为“徘徊动摇”③。因为一方面，明星公司表面上解

---

①夏衍：《懒寻旧梦录（增补本）》，北京：生活·读书·新知三联书店，2000 年，第 154－155 页。

②王乾白：《赣行纪实》，《明星月报》1933 年第 1 卷第 4 期。

③程季华主编：《中国电影发展史（第一卷）》，北京：中国电影出版社，1963 年，第 308 页。

散了编剧委员会，但实际上许多左翼影人仍以个人名义参与影片创作，仍旧与明星公司保持合作和创作上的友谊，夏衍回忆周剑云当时诚恳地对他说："这是一种'遮眼法'，实际上你们依旧是顾问，依旧可以替明星公司写剧本，车马费照发，不过今后编剧会议不在公司开就是了。"①当然这一切是在明星公司拥有最高决定权的张石川的首肯之下。而另一方面，明星公司在国民党的威胁利诱下，"接受了反动派御用文人和官老爷塞过来的电影剧本"，"以张石川、姚苏凤为代表的右翼势力，则更为抬起头来"②。关于姚苏凤进入明星公司，夏衍在《懒寻旧梦录》中写道，1933 年五六月间，有一次周剑云找他谈话，说自《狂流》《铁板红泪路》公映之后，潘公展（国民党在上海专管文教的特务头子）曾两次对他警告，前几天还打电话给他，说明星公司如不改变作风，今后就不能得到银行贷款……他和张石川商量后，专门去向潘公展作了解释（后来有一种传说，说周曾向潘公展送了礼——明星公司的股票），最后潘提出了条件，他也要介绍一个人来当编剧顾问③。夏衍回忆，周剑云告诉他这个人是姚苏凤。这可能就是程季华指出张石川等"接受了反动派御用文人和官老爷塞过来的电影剧本"的依据。

现已有学者指出，夏衍所忆与客观事实可能有所出入，姚苏凤原为苏州"星社"成员，带有鸳鸯蝴蝶派文人背景，颇受包天笑提携。早在 1930 年就与张石川等人结交，开始在明星公司任职，担任宣传科长，只是 1933 年又加上了"编剧"之职，如 1933 年 1 月 1 日，张石川、郑正秋、周剑云在《申报》上以明星公司名义发表题为《一九三三年的两大计划》作为变革宣言；不久，"两大计划"内容再次在 1 月 23 日《晨报》头版刊登，题为《明星影片公司民国廿二年新贡献》，与此同时还罗列了公司的董事、职员、导演、演员等，可谓是明星公司的通版广告。《晨报》是由潘公展 1932 年 4 月在上海主持创刊，这张广告商所列出的明星公司编剧既有田汉（陈瑜）、夏衍（丁谦平和蔡叔声两个化名）、洪深、张凤吾，也有严独鹤、张恨水、周瘦鹃、姚苏凤等。而姚苏凤也确实与潘公展有密切交集，他早在 1928 年主持《民国日报》副刊《电影周刊》时，就开始兼任国民党上海特别市教育局的自然科学教学视察员，而潘公展后来曾任上海市教育局局长。1932 年，姚苏凤又开始担任潘公展主办的《晨报》副刊《每日电影》的主编④。姚苏凤为明星公司相继写出了《残春》《妇道》《路柳墙花》《青春线》《夜会》等剧本，并导演了

①夏衍：《懒寻旧梦录（增补本）》，北京：生活·读书·新知三联书店，2000 年，第 177 页。
②程季华主编：《中国电影发展史（第一卷）》，北京：中国电影出版社，1963 年，第 309 页。
③夏衍：《懒寻旧梦录（增补本）》，北京：生活·读书·新知三联书店，2000 年，第 162 页。
④张华：《姚苏凤和 1930 年代中国影坛》，北京：北京大学出版社，2014 年，第 67－69 页。

《青春线》。而姚苏凤的这几部电影，也进入了1934年“软硬之争”的论战视野，尤其是因《路柳墙花》剧作引起与左翼影评人凌鹤之间的“凤鹤之争”，此后《每日电影》在1934年底由一个极具左翼色彩的影刊转而为“软性论者”的阵地。姚苏凤的履历和人际交往足以说明此人在媒体界、文化圈都拥有较强的话语权。

除了姚苏凤，明星公司在1935年10月又聘请刘呐鸥、黄天始这两位在左翼话语中有着恶名声的软性论者、右翼文人为编剧，重建编剧科，而与他们同时聘入明星公司的共事者还有左翼文人欧阳予倩①。10月25日，张石川与周剑云、程步高、李萍倩、徐欣夫、沈西苓、吴村、欧阳予倩、刘呐鸥、黄天始共同参加了编剧科成立后的第一次编导会议，讨论了编剧科提出的六个剧本②。后来刘呐鸥为明星公司编写了剧本《永远的微笑》，由吴村导演、胡蝶主演，1937年上映后为明星公司赢得了很高的票房：仅上海一地就有五万多元，而相比之下，同期上映的欧阳予倩编剧、程步高导演的《小玲子》在南京只卖了五千元，沈西苓编导的《十字街头》在南京和上海两个地方共卖了三万元③。

1936年7月，明星公司革新改组，张石川发表《革新之路》再次提到“专门人才的缺乏”，要“对工作阵线扩充”④，明星二厂正式成立，原电通公司的一部分电影编导演悉数进入二厂成为主创，《明星半月刊》特地刊载《我们的新伙伴》，图文并茂，一一加以介绍新人。7月3日，在宣布革新后的第三天，明星公司在枫林桥总厂召开了一次全体员工大会，以迎接新起点。

这次革新改组实为张石川和周剑云的一次权力分割，本章第三节会加以详述，所以这次全员大会的氛围其实有些尴尬。而张石川作为总经理的演说选择了用爽快幽默的方式，特别提到新人旧人互相合作的必要。他说，大家要抛弃个人成见和门户之见，精诚团结，“在习惯的不同上，也许有不甚融洽之处，但如有这种情形发生，大家要开诚布公地讨论，以便合作，万不可先起争执。辟如我在南京站上看见过一个北方人和一个宁波人打

---

①参见《明星日记》：“本公司决于廿五年起，增加出品产量，提高作品水准，除聘定欧阳予倩、刘呐鸥、黄天始三先生担任编剧科经常事务及编制电影剧本，复向各作家征求外，并在报上登巨幅广告，公开征稿。以收集思广益之效。”《明星半月刊》1935年第3卷第2期。

②《明星日记》，《明星半月刊》第3卷第3期。

③《周剑云谈国产电影》，《电声》1937年第6卷第20期。

④张石川：《革新之路》，《明星半月刊》1936年第6卷第1期。

架，双方阵势汹汹，而其实处于误会，一经说明，大家也就客客气气了”①。在介绍公司的主要创作人员时，张石川也是特意以轻松幽默的口吻模糊新人、旧人之间的界限。例如有人提议让程步高、李萍倩、徐欣夫、吴村四导演讲话，他们不肯讲，因为这几位都是明星一厂的导演，张石川就解围说："这是四大金刚，金刚当然不开口。"而介绍到沈西苓时，张石川说："这是沈西苓先生，他是老店新开。"因为沈西苓是 1933 年明星公司"向左转"后被引进的编导，1936 年春曾离开明星公司前往广西专科师范学校教授戏剧课程，此时再回公司加入了更具有左翼氛围的明星二厂。同样，张石川对陈波儿的介绍是"《青春线》的女主角，也是旧人"②。《青春线》正是前文论述的姚苏凤在明星公司导演的电影，而此次陈波儿是从电通公司转入明星二厂。

在真实生动的历史现场，每个人的身份是如此的多重错综。尽管扩大生产线的革新改组因为日渐恶劣的生态环境和明星公司的经济困境而很快流产，但从公布的《明星影片公司重要职演员表》③来看，这些来自不同领域/阵营的人名集合应当视作"人才合作法"一次极具开放性的实施，对重审早期电影生产也具有重要意义。

正如有学者指出，"现代中国知识分子的共同体，基本上是以各种政治和文化的意识形态为基本分野"④。与此同时也应看到，"现代知识分子……不能垄断教化，他们来自各个阶级……他们以知识、思想和文化的生产或传播作为职业，在国家权力和意识形态之外，相当一部分知识分子实际上更多地服从着市场的法则"⑤。而张石川，作为私营电影公司的经营者和管理人，始终以公司的长远发展和影片盈利为目标，更多地服从着市场法则，可以不带有任何政治倾向性地将有着不同意识形态背景的戏剧界、文学界、印刷出版界的知识分子拉拢进明星公司进行人才合作，出品受时代观众欢迎的电影，从而不断更新着明星公司的生命力，获得生产与再生产。正如黄雪蕾指出的，明星公司这种跨越不同党派政见和美学趣味分野的运作，完全符合该公司长期的方针，即平衡人际关系、商业利益和公司

①《枫林桥畔星光闪烁，明星公司召开全体大会》，《电声》1936 年第 27 期。

②《枫林桥畔星光闪烁，明星公司召开全体大会》，《电声》1936 年第 27 期。

③《明星影片公司重要职演员表》，《明星半月刊》1936 年第 6 卷第 1 期。

④许纪霖：《近代中国知识分子的公共交往》，上海：上海人民出版社，2008 年，第 17 页。

⑤高瑞泉：《近代价值观变革与晚清知识分子》，《华东师范大学学报》（哲学社会科学版）2004 年第 1 期。

名声三个要素[①]。张石川所主张的这种“人才合作法”背后其实也折射出民国电影界复杂的人际关系和文化地形，历史现场发生的种种跨界实践，所谓的鸳蝴文人和新派文人，左翼人士和右翼文人之间，并不像后来的电影史话语所“铭刻”的那样泾渭分明。当然这里并不是一味要夸大张石川的远见卓识，他作为一个电影商人，很多情况下作出的抉择和采取的行动也脱不了情势所逼，如《明星半月刊》编辑约请张石川写《自我导演以来》，张石川听后苦笑着说：“好，我替你写，只有十二个大字：自我导演以来，弄得走投无路！”这一句话多少也透露出来他经营明星公司十多年里在不同的政治势力和文化力量之间反复周旋的感慨。所谓人才合作，并不一定每一处都是精诚所至，更多时候呈现为一种驳杂生态和动态平衡，最终效果也使得明星公司在早期中国电影异常激烈的竞争中数度起死回生，渡过难关，在历史发展的风口浪尖处，始终成为引领潮流的重要角色。

第二节 “处处惟兴趣是尚”的商人精神

电影工业的发生和发展源自大众文化的商业性与消费性本质，“消费变成了快乐工业的意识形态”[②]。因此电影生产必然要走向市场以实现资本增值。作为中国早期电影工业的拓荒者，张石川对电影娱乐消费本性的坚定认识与对电影商业主义实质的认同实践，贯穿于他毕生的电影生产与经营，开启并推动了中国电影的商业化进程。

1922 年 8 月，位于天津路 320 号的晨社出版了第一期《晨星》，创刊号的一系列文章，作者分别是张石川、郑正秋、任矜苹、郑鹧鸪等人。张石川发表的是一篇短小的文字《敬告读者》，程季华的《中国电影发展史》引述其中的一句话——“处处惟兴趣是尚，以冀博人一粲，尚无主义之足云”——对张石川的投机牟利思想和低级趣味作了定论[③]。后来的电影史述也多是在转引的基础上论证他的娱乐论策略。笔者经过多番查阅，在《晨星》创刊号上找到全文（见本书附录）。

关于《晨星》杂志的创办和它的刊物总编辑任矜苹，后来周剑云在第三

---

①HUANG X L. Shanghai filmmaking, crossing borders, connecting to the globe, 1922—1938[M]. Leiden, Boston: Brill, 2014:125.

②霍克海默・阿道尔诺：《启蒙辩证法》，渠敬东、曹卫东译，上海：上海人民出版社，2006 年，第 143 页。

③程季华主编：《中国电影发展史（第一卷）》，北京：中国电影出版社，1963 年，第 57 - 59 页。

期发表的文章《导言》上这么写道:"这本特刊,为什么要叫《晨星》呢,原来任君既是晨社经理,又是明星公司的交际主任,一方面要借新影片传布的能力,显出广告的效用,另一方面也要趁此机会,竭力介绍新影片的内容,使得观众格外明白些。"①的确,《晨星》刊发的都是宣传报道明星公司出品新片的文章,从编辑撰稿人员到发行内容,可以推知,《晨星》是明星公司的机关刊物。例如《晨星》的创刊号,又名"中国影戏号",着重介绍的就是明星公司最早完成的两部故事短片《滑稽大王游沪记》和《劳工之爱情》。

张石川的这篇短小文字,阐明了这么几层意思:第一,他提出创办国片公司是适应时代与中国观众的需求,且得到各位创办人的"共谅",这个过程充满了艰难困苦;第二,明星公司已摄制完毕第一批电影,《滑稽大王游沪记》和《劳工之爱情》,但仅仅算是在技术上完成洗印、光色、剪接、布景、服饰、人物动作等基础层面的尝试之作,只为能娱乐观众,还谈不上是有"主义"(思想内涵),如有不雅,请各地观众包涵;第三,明星公司也已经编好了"有主义之正剧",只是要循序渐进地推出,将来国片事业大有可为。

如果将张石川的这几层意思与郑正秋同期发表的文章《明星未来之长片正剧》对照起来看,则更好理解明星公司创办之初的市场语境。郑正秋写道,他认为明星公司应先摄制教化社会的"长片正剧",但却遭到了其他创办人的反对,究其原因,是拍摄的实际困难所在,"理想与现实,往往弗克吻合",例如《滑稽大王游沪记》拍摄一共耗费五千多尺胶片,但经过剪辑后不到三千尺能使用,"于此可以知正剧之制,若非预备工深,其牺牲必更倍蓰,明星以滑稽影片为创作,岂无故哉?"②前文已证,明星公司初始资金仅筹集到1万余元,而20年代初制作一部长片的平均成本在4 000~6 000元③。也就是说,创始之初的明星公司尚不足以承受两部长片的成本,这就是郑正秋所写的"理想"与"现实"之不合。如有学者所阐明的,"电影的特殊模式上是其集体性,因为电影生产与消费是一项商业活动,在市场取向的经济环境下,必须注意'一般物质生产基础',也就是要顾及电影制作的成本。'一般物质生产基础'如何构成,直接影响电影的生产模式"④。

而且,在张石川阐述的各层意思中,都或明或隐预设了一个核心目标:观众。1921年《阎瑞生》在夏令佩克影戏院上映一周的收益达到4 000元以上,突破了中国人对于电影商业价值的想象,随着专业电影院在上海的

①周剑云:《导言》,《晨星》1922年第3期。

②郑正秋:《明星未来之长片正剧》,《晨星》1922年第1期。

③ZHANG Y J. Chinese national cinema[M]. New York: Routledge, 2004:30, 45.

④郑树森:《电影类型与类型电影》,南京:江苏教育出版社,2006年,第9页。

涌现和观影模式的巩固，电影制片必须重视一个多样化的群体和不可预期的市场。植根于自身的阶层以及此前文明剧团的经营经验，张石川所预想的观众群体是处于这个城市中下层的大众，或者说庞大的市民阶层。张真认为，组成上海这个城市的血肉和中坚力量的是小市民，尽管在社会地位上被冠以“小”字，但在数量上是庞大的，并且拥有巨大的社会政治潜力，并且她还剖析了小市民的文化品位或是商业敏锐度趋向折中、猎奇和世俗。小市民阶层整体文化取向中庸实际，却不乏幻想①。而这个群体的趣味就是张石川所钻研的“兴趣”。同样，郑正秋虽外号“老夫子”，但不迂腐执拗。特别是，1913 年他组建新民社最直接的原因就是要养活 16 位演员，本身有鲜明的市场目的，必须获得观众的认可才能成功，所以他没有效仿进化团编演政治宣传的新剧，也没有学习春柳社编演社会问题剧，而是编写了家庭受难剧《恶家庭》，这个拥有众多人物、跌宕起伏、充满巧合的故事吸引了小市民观众的注意。新民社的成功随后带动了新剧运动“甲寅中兴”，进入商业市场的郑正秋完成了从一个新派知识分子向大众创作者的转变，这种站在民间视野、平民立场的转变也为他之后的电影创作积累了宝贵的观众经验。所以，郑正秋更具体地阐释了张石川提出的“兴趣”，即本质上是为了满足处于乏闷日常生活的小市民对快乐的迫切追求：“处沉闷之社会，而获劳动之余暇，自不可无术以愉快其精神，是故网罗兴味之趣事，用美的表演以引人入胜，亦属当务之急”，并且明确表态，“从诸同志后，将趣剧作尝试之初步”②。

郑正秋在文章的后半部分介绍了一部探讨婚姻问题的“长片正剧”《重婚》，称“造意取景，以及配人诸大端，悉已经过多次之会议，多数之赞同，而公定之矣”③，亦验证了张石川文末所说的明星公司已经编好了“有主义之正剧”，也可见明星公司诸位合伙人有关拍摄影片有过多次慎重的讨论，最后选择滑稽短片更多出于实际的财力和技术条件考虑，以滑稽短片作为试水，以为长片制作做准备。

两个月后的端午节，《滑稽大王游沪记》与《劳工之爱情》在上海夏令佩克影戏院两剧连场首映。在此之前，明星公司就在《申报》上为《滑稽大王游沪记》与《劳工之爱情》造势宣传，并在刊登的广告词上特别罗列出两部短片的七大“有趣”，在张石川“处处惟兴趣是尚”的策略下，影片的“兴趣”

①张真：《银幕艳史：都市文化与上海电影 1896—1937》，沙丹、赵晓兰、高丹译，上海：上海书店出版社，2011 年，第 85 - 87 页。

②郑正秋：《明星未来之长片正剧》，《晨星》1922 年第 1 期。

③郑正秋：《明星未来之长片正剧》，《晨星》1922 年第 1 期。

点被量化，力求迎合中下层市民观众追求新奇、热闹、滑稽、打斗的观影趣味。

《滑稽大王游沪记》：（一）滑稽大王脚踏两汽车同二女郎一路讲情话，冒险情节非常有趣；（二）滑稽大王到公司惹出一个大胖子来，造成几场奇巧的打局，翻出几多奇巧的筋斗，非常有趣；（三）滑稽大王下乡，大座其通天轿，一双大皮鞋脚露出在轿肚底下，一步步跟着走，更加非常有趣；（四）田间一个小宝宝，能够斗牛车棚中一只老黄牛，听他的号令，非常有趣；（五）滑稽大王被踏水车的乡下夫妻，大吊其田鸡，非常有趣；（六）滑稽大王作客绅士家，吃也闹笑话，悃也闯穷祸，把衣橱当作床铺，非常有趣；（七）一对滑稽夫妻，异想天开，弄得真假滑稽大王两碰头，非常有趣。

《劳工之爱情》：（一）郑木匠做水果店老板，拿木匠家伙刨甘蔗、锯西瓜，又用墨斗代吊床，常饱祝姑娘口福，非常有趣；（二）内中一个祝医生，一派江湖郎中腔调，着实描摹得相像，连连触霉头，一次又一次，情节非常有趣；（三）木匠大闹老虎灶，堂倌跌在热锅里，非常有趣；（四）一大群小把戏，大闹水果店，笑的笑，哭的哭，也是非常有趣；（五）木匠想心思，拼命拆造活络扶梯，以及全夜俱乐部之打局，祝医生之医治跌伤朋友等等，一概非常有趣；（六）布景既好，又复选本地风光，处处引人入胜，看看非常有趣；（七）人材有文有武，有正派有滑稽，有活泼的女郎，有玲珑的小孩，一个个做来，都非常有趣。①

在此引入一个有趣的对照——来自法国导演梅里爱的《太空旅行记》（*Voyage à travers l'impossible*，1904）。有研究者指出，这部 24 分钟短片的目录说明就“十分系统地凸显了不同场景所呈现的奇观效果”，例如：第 21 幕——苦味的药丸。火车全速到达，冲进太阳嘴里。在一系列滑稽的鬼脸之后，由于这颗意外的“苦味药丸”导致消化不良，太阳开始烦躁发怒。第 22 幕——可怕的撞击。奇幻的太阳景观带来炫目的效果。火车坠落在太阳上。火车头、煤水车和车厢堆积在一起，陷入无法形容的混乱之中。这场灾难在太阳表面引发了剧烈爆炸，燃烧的烈焰和四溅的火花带来了绝妙的修饰效果（这个戏法完全是新奇的）②。

①《〈劳工之爱情〉广告》，《申报》1922 年 10 月 3 日。

②转引自弗兰克·凯斯勒：《吸引力电影作为装置》，《电影艺术》2019 年第 5 期。

由此可见，不断挖掘影片的兴趣并将之量化，不惜剧透地一一告知观众，在早期世界电影中是共通的，因为早期电影（“吸引力电影”）与观众世界所建立的关系不同于后来的叙事电影所要强调的是一个引人入胜的故事，而是不断展示它的视觉奇观，以此抓住观众的注意力。

然而必须指出的是，张石川在公司制片第一步如何走的决策判断上是保守的。1920—1921年，《阎瑞生》《海誓》《红粉骷髅》陆续出世，中国电影生产已经开始了从短片向长片的过渡，而《滑稽大王游沪记》《劳工之爱情》虽场景情节更为丰富曲折，但仍然只是对近十年前“亚细亚”时期滑稽短片经验的化用。而那时上海还没有出现规模化的专业影院，张石川制作的短片往往都是作为文明戏上演前的加映节目，并不需要过多考虑上映场所的问题。但明星公司的滑稽短片就遇到了影院排片的困难，当时上海最大的电影放映商安东尼奥·雷玛斯以不能单独放映短片的理由，向明星公司提出高价承租旗下影院并自负盈亏的放映条件。明星公司将《滑稽大王游沪记》和《劳工之爱情》两部短片合并为一场放映，1922年10月5日在夏令佩克影戏院首映时，夜场楼座票价也只有一元二角。相比较，《阎瑞生》1921年7月1日在夏令佩克首映时楼座票价为一元五角。而且，这两部滑稽短片有浓厚的好莱坞喜剧的类型移植，在当时更受市场欢迎的法国、美国喜剧电影的竞争压力下，并未显示差异化优势。所以，除去付给雷玛斯公司的租金，明星公司的盈利无多。

但张石川懂得及时调整方向，始终秉持以中下层市民观众趣味为导向，使他能敏锐关注电影市场的讯息变化，很快转向叙事电影的制作，鸳鸯蝴蝶派电影的流行、神怪武侠片的狂热、有声歌唱片的尝试乃至和左翼的率先合作，明星公司后来的这些历史也的确证明，张石川首先是站在商人立场上显示出灵活性。“处处惟兴趣是尚”在他十几年的明星公司经营之路始终从两个层面践行着。

“惟兴趣是尚”，表达了他对商业文化的认同和对电影商业本性的坚定认识。如上文所阐述的，张石川的电影制片在市场观念的引导下追逐于观众的“兴趣”，趋向于服从中下层市民的文化娱乐需求，出品了多部创造票房神话的现象级电影，通过“以电影养电影”的原始积累方式不断增加可用于扩大再生产的“财”，维持公司资金运转进而开拓电影经营。在民国上海的电影市场中，“以电影养电影”是明星公司和当时许多制片公司的共同境遇，20年代由于几次招股和高票房的进账，明星公司基本未显现出经济上的问题，但是30年代，实力雄厚的联华公司崛起，与天一公司一起抢占了相当的市场份额，加之电影市场日渐萧条，明星公司的电影票房受到影响，也就直接关联到公司的资金状况。明星公司不得不举债拍片,《姊妹花》虽然缓解了一次危机,但到了30年代中后期这种票房神话未能再出现,债务累累成为明星公司继续发展的瓶颈,这也就不难理解张石川为何如此重视观众对电影的喜好需求,因为票房收入成为各个电影公司赖以维持生存的救命稻草,对于明星公司电影的制片方向起着决定性的影响。

与此同时,在早期中国电影竞争异常激烈的环境下,"处处"也意味着时刻不能懈怠,坚守理念并诉诸实践,彰显出中国商人的传统敬业精神,张石川曾反复强调工作中的苦干、实干精神:"假如我办事精神还有几分好处,那就只是一股硬干的蛮劲"①。本质上,这体现的是中国商人伦理的"勤恳",他始终以百折不挠、苦干实践的"力"勤勉工作,鼓舞士气,使明星公司在几番危境中逢生再崛起。有学者指出,"张石川的勤勉是与宋明新儒家推崇的'执事敬'的原则分不开的。朱熹将'敬'解释为'随事专一',后世所谓的'敬业'精神便由此而来"②。明星公司创业于艰苦环境,并没有雄厚的资金后盾,但能在早期中国电影异常激烈的竞争中始终保持领先地位,与张石川勤勉苦干的工作热忱和实干的商业精神分不开。

在何秀君眼中,张石川"像一架日夜不停的机器","他的时间整个商品化了":

> 抽足大烟,他的精力确实过人,几天几夜在水银灯下拍片子,喊叫起来,总是身震屋宇。讲起电影故事来更是眉飞色舞,绘影绘声,经常吸引一群与拍戏不相干的人来'听总经理说书'。但是这一切都是在摄影场上,一离开拍戏的场合,他就变成另外一个人了。他不爱人情来往(但为了挖掘人才,天涯海角也去),他受不了悠闲(他嫌慢慢地品茗、饮酒浪费时光),他反对消遣,不会休息(他像一架日夜不停的机器,除了出毛病总是轰轰乱转),他的时间整个商品化了。因此,他的生活过得极其单调,除了拍戏,还是拍戏。回到家里,不是床上一躺,就是马桶上一坐,干什么?看鸳鸯蝴蝶派的小说,想法子编剧本!我说这话千真万确。确实有许多由他编导的电影是他坐在马桶上想出来的(譬如我就要谈到的《火烧红莲寺》)。他唯一的嗜好就是看美国电影,目的也在偷学东西。总之,他心里总共只有一件事情:拍电影。

①张石川:《自我导演以来》,中国电影资料馆编:《中国无声电影》,北京:中国电影出版社,1996年,第404页。

②安燕:《中国早期商业电影:儒家伦理与商业精神——一种思想史的视角》,《电影艺术》2016年第2期。

除此之外,什么也吸引不了他。①

张石川的高效率、工作狂作风,在早期中国电影人中间实属楷模。例如,同样身为私营电影公司老板兼导演的罗明佑就显得散漫和不负责得多,据称:"有一年,(联华)公司已经没有出粮两个多月,及端午节临近,照例要发欠薪。他在上海对各厂长说,回香港筹钱,怎知回香港后日日去游泳,对筹钱的事忘得一干二净。至最后关头他遛往南洋游玩,留下筹款的难题给发行部处理了事。他最喜欢搭船和旅行,上海与香港间的来往航程,是他每月的例行公事。但他必候至最后一秒钟,有多次到达码头,船已启碇,结果不是搭船而是送船。"②

不但严于律己,张石川也将这种工作作风带到整个摄制团队。为提高生产效率,他实行了"三八制"的管理制度:将一天二十四个小时分成三段,第一段八小时是搭布景,第二段八小时拍第一组戏,第三段八小时拍第二组戏,从而保证员工不拖时间,达到"月出二片"的目标③。在影片摄制过程中强调组织纪律,任何人不得擅离职守、迟到早退,对所有工作人员一视同仁,不论是哪位大明星,迟到都会进行当众责骂,不论工作时间早晚,以完成摄制计划为准。所以性格暴躁的张石川"对于演员和职员的容有错误的地方,每每易于引起他的'肝火'。小则骂得人家狗血喷头,有时竟会演成'出手',而造成僵局"④。徐耻痕曾评论:"其指挥演员,一取严厉主义,不假辞色,表演稍不惬意,则责令再演,必至满意而后已。演员惮其威,亦莫不兢兢业业,俯首帖耳以从。君在明星,掌握全权,处事方严公正,对人恩威并施,故公司中职演员以及土木工人,上下何止百数,咸能互相侧面,努力从公,君策划有度,驾驭有方之功效也。"⑤

张石川带领明星公司从制片起业,凭借制片业绩逐渐完成原始资本积累,同时开始有意识地布局,为保证自身出品的市场份额而拓展电影发行与放映。明星公司的发行部最初由张石川主持,为打开第一部长故事片《张欣生》的商业市场,张石川与周剑云赴天津开拓发行路线,之后张石川

①何秀君口述、肖凤记:《张石川和明星影片公司》,中国电影资料馆编:《中国无声电影》,北京:中国电影出版社,1996年,第1525页。

②关文清:《中国银坛外史》,香港:广角镜出版社,1976年,第132页。

③《明星公司的三八制》,《电声》1936年第5卷第34期。

④《明星五虎将(上)》,《中国影讯》1940年第1卷13期。

⑤徐耻痕:《中国影戏大观》,上海:合作出版社,1927年,第56页。

又独自转战汉口，《孤儿救祖记》的故事轮廓也就是这时被张石川构思出来的[①]。从《孤儿救祖记》开始，明星公司很早就注重东南亚华侨的观众市场，并且领先于众多国片公司。如30年代中期，已经将影片发行开辟到了印度尼西亚的巴达维亚（即今日的雅加达）。巴达维亚全城仅有三间电影院，放映的中国电影较少，“约两三星期，始放映一次”，“其间明星出品最多，胡蝶主演者，颇受欢迎。其次则为联华片，今年仅有《天伦》《四姊妹》两片。中央摄影场出品，此间仅映过一部《战士》，其他如艺华、新华、天一等出品则简直从未见过”[②]。

1925年后，周剑云任公司发行部主任，主持发行工作。而张石川则主抓电影制片，但他对国片市场的发行布局依然保持敏锐的洞察力。例如，1932年，张石川率明星公司摄影队在山东拍摄外景时，接到周剑云的来信报告，大意说：联华公司正积极筹拍一部配音片《渔光曲》，拍片预算甚高，如进行顺利，上演档期可能与胡蝶主演的《姊妹花》冲突。张石川接信后，认为《渔光曲》显示“联华”将积极发展有声片，按其发展速度与制作水准要求来推测，确具威胁。但从青岛一地的国片放映纪录上，可以看出“明星”的发行虽仍待努力推展，但较“联华”与“天一”的基础好。张石川曾预言，“联华”如不在发行上建立基础，进而强化发行网，可能是营业上一大致命伤，所以他回信周剑云，指示公司要加强《姊妹花》的宣传，准备与《渔光曲》档期冲突时的必要措施，并提供国片在青岛的市场情形、电影院设备与观众水准等资料，供周剑云作影片发行的参考。龚稼农回忆这些时写道：如果说张石川是一个有创造性而长于业务管理的制片人，更是早期影业中集编、导与摄影场各项技术知识于一身的杰出人物，实不为过[③]。

与此同时，张石川注意审时度势，为明星公司抓住了开拓早期国片放映链的良机。申江亦舞台被百代公司购入，张石川之弟张巨川亦是明星公司的重要股东，与百代公司张长福联合将开演京剧的申江亦舞台改做电影院，易名中央大戏院，此后成为20年代明星公司的首轮影院，也为其他国产片的放映打开了一扇大门，被誉为“国片之宫”。1926年3月，张石川、张长福等又抓住机会承租了雷玛斯公司旗下几大影院，在此基础上组织成立中央影戏公司。中央公司是当时中国电影界几家制片公司合资创办，扩大国产片销路的合办性企业，但明星公司作为大股东以及20年代最大的

---

①谭春发：《开一代先河——中国电影之父郑正秋》，北京：国际文化出版公司，1992年，第262页。

②《国产电影在吧城之情形》，《电声》1936年第5卷第46期。

③龚稼农：《龚稼农从影回忆录》，台北：传记文学出版社，1980年，第275-276页。

制片公司，在中央公司决策权上相对拥有很大的势力，率先为本公司建成了出品影片的影院产业链。

长期以来的中国电影史往往因张石川倡导并实践的“处处惟兴趣是尚”的电影观念，将其书写为唯利是图的商人。近年来越来越多的研究开始正视中国早期电影人对商业性的追求，正如有学者指出，“张石川的创作实践和电影观念一再证明了他对电影的认识是来自对其内在商业规律的把握与尊重，而非对外在律令的执行。他那几乎是出自本能的商业自觉和对电影与生俱来的商业本性的领悟，他自成一体的创作、生产、经营之道，如果能够在中国电影发展的历史中获得更多的理解与宽容、审辨与吸纳，也许中国商业电影的发展和繁荣不会延迟至 21 世纪”①。在“重写电影史”的视野下，当我们重建张石川提出“处处惟兴趣是尚”时的历史现场，重审草根起家的明星公司资金窘困的真实情境，我们须更正视张石川数十年积极进取的商人精神及其苦干实干对于民族电影工业从无走向有的重要贡献，以及他本质上以观众趣味为中心的制片理念对于早期中国电影商业性曾经到达的高度所发挥的重要作用。然而不可否认的是，始终为维护自身的商业利益，迎合中下层观众的趣味而进行重复性的快速生产总是会以牺牲对电影艺术新境界的大胆探索为代价，并且基于个体利益出发，张石川在电影生产经营上的保守，使他缺乏像后来居上者罗明佑那样将“国片复兴”上升到民族利益的思想高度，也间接导致了明星公司在急速变化的时代面前渐显的颓势，这是张石川的历史局限性。

第三节　主持权争夺与公司后期的经济危机

一直以来，张石川作为总经理主持制片工作，周剑云则实际掌管了明星公司的经济、行政、发行大权，被称为“财神爷”，两人互有不满。尤其是在 1935 年郑正秋去世后，领导层缺少了第三人的制衡和缓冲，张石川与周剑云的分歧进一步凸显，常常发生争执。1935—1937 年的民国报刊上时常出现张石川、周剑云之间罅隙的小道消息，如有报道，张石川请亲信间接要求周剑云将经济权交给张石川的弟弟张巨川，而周剑云很直率地向说客

①安燕：《中国早期商业电影：儒家伦理与商人精神——一种思想史的视角》，《电影艺术》2016 年第 2 期。

表示不能①。周剑云还曾一度有设立分厂的计划，张石川也专电邀洪深从青岛来沪商量分厂的事宜②。

张石川、周剑云的主持权之争与明星公司在30年代始终无法脱身的经济困境密切相关。尤其是30年代中期以后，上海及江浙一带的电影市场均显出疲软的态势。仅以无锡一地为例，1930年无锡大戏院刚开幕时，明星公司出品、胡蝶主演的《一个红蛋》，“竟把一蓬风的无锡，在寒冬冰雪的天气里吸引得观众如痴如狂”，而30年代中期后无锡电影事业日益没落，以往首轮影片的座价在三角、四角左右，而现在两角的票都卖不出去，连在电影院买一送一的促销活动刺激下，看客也寥寥无几③。明星公司的经济情形一直未让张石川的眉头舒展，其间数度遭逢财政危机，1932年亏损47 310.62元，1933年亏损85 687.39元，直到1934年《姊妹花》热映，终于扭亏为盈，使这一困境得到暂时的松缓。

然而紧接着而来的1935年，对于张石川和明星公司的命运来说是一个极为重要的转折年份。这一年，明星公司在杜美路的房屋租期在即，张石川决定在华界枫林桥路用10万元购地22亩建设新厂和有声摄影棚，其间又用4万元盘下亚尔培路玉成影片公司的地基并添置小摄影棚作临时之用，如此房产、设施的添置很大程度上有赖于《姊妹花》的票房收入，但也构成了公司资金的巨额支出。这一年，“明星”三巨头之一的郑正秋去世，明星公司又一次陷入了剧本荒，作品质量滑坡，加之市场不景气，影片票房收入减少。这一年，公司因拖欠薪水，爆发员工索薪风潮，最后在300人的员工中宣布裁去100多人④。留下的演职人员工资分别减去15%～34%不等，并完全按影片的营业收入作为酬劳的标准。⑤ 这些都是明星公司经济危机的显性表现。

所以1935年后，张石川、周剑云的主持权争夺的筹码就在于谁能将公司从经济困窘的泥淖中解救出来，如时人评论，“明星公司自从‘一二八’沪战以后，受了社会不景气的影响，就渐渐地衰落了下去。有几个时期，甚至有关门的危险，这时便由周剑云想尽了方法，四处拉钱来将明星公司维持下去，度过这些难关，明星公司能够存在到今日，我们可以说，大半是周剑

①《张石川要求周剑云交出经济权》，《电声》1936年第5卷第14期。

②《张石川专电召洪深，将与讨论明星分厂事》，《电声》1935年第4卷第46期；《张石川托洪深活动结果，一银团投资十五万，周剑云张石川决携手合作》，《电声》1935年第4卷岁暮增刊。

③《日益没落的无锡电影事业》，《电声》1936年第5卷第40期。

④《明星公司之索薪风潮》，《电声》1935年8卷23期。

⑤《明星公司酬劳制度根本改变》，《电声》1935年9卷6期。

云的功劳”[①]。这也是周剑云长期掌握明星公司主持权的根基所在。

在1935年购地建厂后，明星公司已无多余资金，不但积欠工程款项，还有两座有声摄影场(共造价3万元)需要完工，新厂的电气、装修等需花费3.5万元，拍片难以为继，连欠薪也无法解决，甚至员工的伙食都成问题。当时曾有报道，张石川委托洪深向金融界活动，获得了某银团的15万元投资，周剑云前期要设立分厂的计划也将取消[②]。但此事后来未见报道，可见明星公司并没有真正拿到银团的资金，最后的结果是周剑云向时任江苏省政府主席陈果夫求援。在陈果夫的推荐，明星公司董事、上海商界名人袁履登的担保下，1936年6月19日，明星公司与上海交通银行订立借款抵押契约：明星公司以枫林桥新厂地契及全部机器作为抵押物，从交通银行获得16万元贷款；双方约定，利息九厘，规定“第一年只还利息，第二年开始除利息外每年拨本7 000元，第三年拨本9 000元至期满时全部清偿”，此外还要求明星公司将1937年2月1日起摄制的一切影片及其发行权都抵押给银行[③]。

获得银行贷款之后，明星公司于1936年7月对外发布宣言，开始了革新改组运动。这次革新改组亦可看作是张石川和周剑云的权力分割。张石川发表《革新之话》，提出“(要)对工作阵线扩充，是增加生产，供应市场”[④]。扩充的阵线便是明星二厂，以亚尔培路的小摄影棚为制作基地，主要由“电通”转过来的编、导、演以及部分技术人员组成，如导演有沈西苓、袁牧之、应云卫、欧阳予倩以及陈波儿、龚秋霞、英茵、吴茵、白杨、赵丹等十九名演员；一厂由“明星”原有的导演张石川、程步高、吴村、李萍倩、徐欣夫等导演以及基本演员男女各十五人进行拍片，以枫林桥总厂的有声摄影棚为制作基地。张石川为总经理兼任制片部长，周剑云为经理、厂长兼营业部长，实际上分别成为一厂、二厂的最高领导。

为庆祝这一次革新改组，并在上海电影界重振公司同仁的士气，明星公司原本预定举行一次盛大的革新纪念游艺大会，在《明星半月刊》上预告，“招待各界来宾到公司参观，晚间并有游艺表演”，并向来宾赠发“参观”“茶点”“赠品”“参观二厂”四种联券[⑤]。然而，这次活动实际上日期一改再

①《明星公司主持易人，张石川取周剑云而代之》，《电声》1937年第6卷第16期。

②《张石川托洪深活动结果，一银团投资十五万，周剑云张石川决携手合作》，《电声》1935年第4卷岁暮增刊。

③上海档案馆，档案号Q55-2-1371。

④张石川：《革新之话》，《明星半月刊》1936年6卷1期。

⑤《明星革新纪念：招待各界参观 举行游艺大会》，《明星半月刊》1936年第6卷第4期。

改，最后不了了之，实则暴露出明星公司危机并没有真正得到缓解：从最初计划的9月20日因“筹备不及”改期到10月10日；后又因10月10日为“双十节”，“适逢国庆”各界举行庆祝，恐怕来宾不多，又改为10月11日；然而10月7日的《新闻报》上，明星公司刊出启事，“兹以国难严重暂缓举行”，同时又发宣传稿，“明星公司原定十月十日国庆节举行之革新纪念招待会，经月余之筹备布置，已一一就绪，原可如期实现，兹以国难严重，人心惶惶，大会在此非常时期举行，恐多牵掣，而明星公司总厂厂址在华界枫林桥，地处僻壤，又诸多不变，爰经招待委员会议决延期，候时局评定，再定期举行，与各界人士尽一日之欢，各界惠赐之赠品，则妥为保存，明星半月刊及明星实录订户应得之参观券，定期举行时，决仍照发。”但据内幕人传出消息，“一言以蔽之：经济问题耳。明星公司本身原没有钱，筹备举行革新典礼之初，曾向某机关请求巨额补助。九月二十日将近，某机关之款迟迟未下，而其间适有中秋节关，不得已乃延期至十月十日，希望在双十节之前把补助费领到。双十节未到而时局突呈紧张，明星当局再向某机关请款，某机关乃以国难为挡箭牌拒绝补助，明星多方设法，期能勉强举行，终因告贷无门，一筹莫展，不得已登报声明暂缓举行。”①

在与交通银行订立的借款合同上，明星公司宣称，在借款前平均每2个月可出有声片3部，新厂成立后每月至少可出片2部。按照以往明星公司“以电影养电影”的盈利模式，影片的出租收入在江苏一省，最多时每月可收30 000元，最少可收10 000元，平均是15 000元。何况增加出片后，收入会相应增加，那么应付交通银行这笔贷款不是难事②。但实际上，明星公司所借的16万元并没有用作扩大再生产的流动资金，而是“预备先把10万元还清地皮押款，而另外的6万元，则作为发付职员欠薪及零碎小借款之用”③。没有资金投入，改组后的明星公司出片并没有达到预想水平。根据中央电影检查委员会公报的资料，1936年6月至1937年4月的11个月之间，明星公司仅上报审查影片14部，与此前的生产规模相比并无增加，没有影片产出量的保证，公司的营业状况也没有得到改善。另一方面，与日俱增的贷款按揭又成为一个沉重的负担④。明星公司还没开始偿还

①《明星革新典礼流产之苦衷》，《电声》1936年第5卷第41期。

②李培德：《中国早期电影公司的发展模式和经营问题》，黄爱玲主编：《中国电影溯源》，香港：香港电影资料馆2011年，第176-178页。

③幸人：《明星公司向交通银行巨额借款》，《电声》1936年第5卷第25期。

④付永春：《昨夜星沉：明星影片公司覆亡原因分析（1936—1940）》，《电影艺术》2013年第1期。

本金的时候就出现经济拮据。而明星二厂仅存活了7个月,完成四部影片《生死同心》《清明时节》《十字街头》《马路天使》,生产进度远落后于预定计划,而且也因整个不景气的市场,票房不理想,张石川、周剑云只得将两厂合并,并再次裁员紧缩,亏损已然巨大。

历年亏蚀的结果是,除向银行借款外,明星公司的他处亏欠亦多。例如据报道披露,明星公司积欠中央影戏公司就达48 000元:包括1931年8月13日向中央公司借款15 000元,月息一分,后在1932年12月30日又借20 000元,至1926年6月底结算本利欠中央公司43 000元,此外还要归还中央公司的保证金5 000元。1937年1月29日,张石川、周剑云被中央公司起诉,派律师代理到庭说明:因市面不景气,影片业一落千丈,就是原告之中央公司亦受影响停业,况中央公司与明星公司很有密切关系,明星之股东即中央之股东,如同自己告自己,故请求改期在外和解,分期拨付①。1个月后,明星公司又收到了交通银行通知还付本季度利息的催信。内外交迫,张石川、周剑云只能再度奔波寻找资金招股。最终,张石川找到曾投资摄制影片《海棠红》的老板、亦是中央公司的股东姚豫元获得投资。姚豫元组织星光影业社给明星公司投资65 000元,请其代摄三部影片《社会之花》《梦里乾坤》《古塔奇案》。1937年5月4日,张石川给交通银行回信还款时,提到了这一新的还款计划,以从星光影业社获取的片酬还银行的借款利息,但代拍的影片所有权归星光影业社所有。这与当初的借款合同规定是背离的,经过一番交涉,交通银行只能同意明星公司的代摄行为,但警告下不为例②。

正是因为通过张石川的人脉,明星公司获得了新的投资,主持大权重新回到了张石川手里。公司新拍的影片也归星光影业社所有,不再与周剑云主持的、原负责公司影片发行的华威公司发生关系。而为了维持明星公司的生存,张石川与周剑云的关系也渐渐和解,经过一番开诚布公的晤谈,在互相谅解之下,两人共同合作,努力振兴明星公司③。

但明星公司的营业状况仍然十分困难,只能从节流上着手,一切开销必须从省,如以前布景板,用过一次就扔弃,现在必须经张石川签字后,才

---

①《明星公司被债权人控诉,张石川周剑云均不到庭》,《电声》1937年第6卷第6期。

②付永春:《昨夜星沉:明星影片公司覆亡原因分析(1936—1940)》,《电影艺术》2013年第1期。

③《周剑云张石川言归于好前途转佳,明星公司的新经济背景:姚豫元组织另一银团为之调理一切》,《影与戏》1937年第1卷第25期;《电影动态:周剑云、张石川互相谅解,明星又将有新发展》,《春色》1937年第3卷第11期。

能舍弃不用。而且为了维持公司的生存，必须继续请星光影业社垫款代为摄片。不久，姚豫元又为张石川拉了另一银团来接管明星公司的运营和影片发行。每月 1 号、15 号按时给演职员发薪，但薪水有了不同程度的缩减折扣，如张石川的薪金过去每月 2 000 元，现在打对折为 1 000 元，但每个工作人员毕竟都有了收入，不再欠薪。张石川写信请求银行允许明星公司代为摄片的相关情况，并且告知银行，明星公司预定“9 月份起，按月奉缴息金 1 200 元，再行拨本 2 000 元”[①]。

然而还没到 9 月，淞沪会战即爆发，战火持续到 11 月，上海电影业陷入完全停顿，明星公司也宣告停业。30 年代的中国电影工业从 20 年代的家庭作坊式逐渐步入制片规模化，单纯靠某部电影的票房神话不再能拯救一个危机重重的电影公司，而明星公司在 30 年代中期以后的经济状况始终在持平和亏损之间徘徊，流动资金不足，积欠员工薪水等时有发生，加上大兴土木，资金缺口更大。张石川和周剑云争夺主持权的关键也在于谁能找到一笔巨资作“救兵”，但实际上明星公司已经步履艰难，显现出经营颓势，即便获得借款也会失去经营的主动权，例如交通银行和星光银团都要求明星公司出品影片的所有权，因此即使没有爆发战争，负债累累的明星公司也恐难重现曾经的辉煌。

---

①1937 年 7 月 20 日，明星影片公司致上海交通银行总行的信，上海档案馆，Q55－2－1371。

第三章 “灰色上海”的夹缝生存与战后的落幕

1937 年 8 月 13 日至 11 月 12 日的三个月战争后，上海的华界以及公共租界位于苏州河以北的地区都落入日本手中。在这场保卫战中，城市遭到重创，美国历史学家魏斐德认定，“上海乃是二次大战中第一个被摧毁的世界大都市”[①]。上海电影业与这个城市的其他工业一样被大幅度毁坏。据《申报》记载，当时有 4 998 家工厂、作坊的设备被毁坏，上海丧失了 70% 的工业能力。大量难民涌进只有 10 平方英里的公共租界和法租界[②]。战前声名卓著的明星、联华、天一三大影片公司的时代成为历史，闸北区的拍摄场地和电影设备被战火摧毁，许多电影导演和演员逃亡异乡，昔日的“东方好莱坞”临近崩溃边缘。11 月 13 日，公共租界工部局总董樊克令代表租界当局宣称，在中日战争中租界实行中立，不偏袒任何一方，对交战双方在租界内的权益一视同仁[③]。鉴于复杂的国际情势，日军一时难以通过军事手段占领租界。由此，处于日军包围中的租界地区形成一个特殊的“孤岛”，范围包括东至黄浦江，西至法华路（今新华路）、大西路（今延安西路），北至苏州河以南，南至肇嘉浜路以北的地区。随着“孤岛”偏安一隅相对稳定局面的形成，电影业重新恢复并异常繁荣起来。记者陶菊隐写道：“苏州河一水之隔，一边是炮火震天，一边是笙歌达旦，每当夜幕降临，租界内彻夜通明的电炬，透过幽暗的夜空，与闸北的火光连成一片，映红了半边天。这一状况维持了四年之久。”[④]1941 年 12 月 8 日上午 10 点，黄浦江上的英国炮舰“海燕”号被炸，日军旋即占领租界，上海全部沦陷，电影人的处境也发生巨大变化，这种状况直到 1945 年 8 月 14 日下午，南京路跑马场广播

①魏斐德：《上海歹土——战时恐怖活动与城市犯罪 1937—1941》，上海：上海古籍出版社，2003 年，第 1 页。

②《虹口杨浦及沪西越界区的公共租界工厂的损失率》，《申报》1937 年 11 月 22 日。

③熊月之、周武编：《上海——一座现代化都市的编年史》，上海：上海书店出版社，2009 年，第 412 页。

④陶菊隐：《大上海的孤岛岁月》，北京：中华书局，2005 年，第 89 - 90 页。

裕仁天皇投降之后才得以改变。

在特殊的社会形态及战时环境下，留守上海"孤岛"的电影人制作、发行、放映了近三百部电影，一度造就了类似经济大萧条时期好莱坞电影蓬勃发展的产业奇观，魏斐德这么记录："上海出现了奇特的繁荣，……人们几乎无法预订到一个房间(华懋饭店除外)，以致若要看一场周末电影也得预先订票，夜总会则鳞次栉比"[①]。当然这不是正常轨道上的市场成果，而是在特殊的政治、经济、文化、社会条件交汇产生的一次畸变。困在"孤岛"的民众需要电影制造梦幻帮助他们度过难以支撑的现实，编剧叶逸芳回忆："当时影院的生意真是旺盛，没有新片映旧片，观众一样上门。片商和海外发行商都迫切需要新片"[②]。与此同时，留守"孤岛"以及后来上海沦陷时期的电影人及其电影活动，在长期以来建立于民族主义和抗战政治立场上的电影史话语里被遮蔽甚至污名化，电影制作本身成为所谓的"历史罪证"。

近年来随着研究视野的拓宽，学术界更加客观看待这一时期电影人的生存状态，对个体的区别性评价有了丰富的发展。许多研究者借用犹太裔作家、纳粹大屠杀幸存者普里默·莱维提出的"灰色地带"[③]生存方式，即软弱、不可避免的行为不一致，甚至某种程度的妥协，还有尊严和道德勇气，这种状况是任何一个试图面对敌人而幸存下来的人都经历过的，进一步丰富了"灰色"理论：如魏斐德特别专注于日占区普通百姓的生存需要，强调"生存问题的紧迫，使他们在'抵抗'与'通敌'之间徘徊，许多人处于灰色区域中内的混沌状态"[④]；而在这种混沌状态中，日本学者古厩忠夫详细建构了"灰色"说的理论模型，将战时上海居民划分为四类人群：一为抗日救国的人们；二为地方上层及民族资产阶级；三为大多数"弱者"；四为对日协力者。并且进一步将"对日协力者"细分为 A、B、C 三种人群：A 类是指积极对日协力者；C 类是指为了生计而不得不替日、伪工作的普通民众；B 类是最值得争议的，指那些原本就是城市精英，虽在政治上并不积极投靠日伪，但战争期间却不得不与他们发生联系的人。对于这一类人，要分清

---

①魏斐德：《上海歹土——战时恐怖活动与城市犯罪 1937—1941》，上海：上海古籍出版社，2003 年，第 59 - 60 页。

②苏雅道(叶逸芳)：《论尽银河》，香港：博益书店，1982 年，第 89 - 90 页。

③LEVI P. The drowned and the saved, Trans. ROSENTHAL R[M]. New York: Vintage, 1989:36 - 69.

④魏斐德：《上海歹土：战时恐怖活动与城市犯罪：1937—1941》，上海：上海古籍出版社，2003 年，第 59 - 60 页。

是非黑白是很困难的，他们的身上存在相当一部分“灰色”①；傅葆石也用“灰色”来形容1937—1945年的上海知识分子置身于个人生存与公共道德的两难选择中的复杂性和暧昧性，以取代对日据时期各种道德选择被简化为抵抗/通敌界限分明的二元模式化观念②，他不仅分类讨论了战时上海文人隐退、反抗和合作的三种行为，并且提供了一种“抵抗性合作”的解释模式来研究战时上海电影人，并以这段时期上海电影的关键历史人物张善琨为案例，认为他在“孤岛”与日本人的合作中获得了相当部分的自治权，控制了上海的电影市场，后来随着战争的推移，实质上也逃避了沦为日本侵略者宣传机器的命运，在沦陷的主题下标识出一片娱乐的空间③。

这些理论的提出对民族主义的分析框架提出了挑战，关注大历史中那些被“脸谱化”的个体，突出了原先为政治意识形态覆盖下的个体选择，展现出更多的微妙差异和模糊性，也为我们重新梳理始终留守在战时上海的张石川的电影活动提供了更为丰富多元的观察视角。

第一节　复兴“明星”的多重努力

淞沪战争爆发后，位于华界枫林桥、刚新建不久的明星总厂被日军占领，明星公司宣告暂停营业。张石川把全家搬到公共租界静安寺路静安别墅128号，为了生计，凑钱在徐家汇开了一个造纸坊，用稻草造纸，但因为销路不好很快就关闭了，后来又在上海邑庙市场投股以赚取红利。

1938年初，张石川终于还是决定重拾电影制片，因为此时上海的娱乐生活开始恢复，电影业首当其冲，张善琨主持的新华公司首先复业。短短三个月内，仅有10平方公里之大的租界人口从150万人骤然增至1937年底的500万人，促成了当时所谓的经济“畸形繁荣”④。正如编剧叶逸芳回忆：“战争过后，在租界内的各种饭店和夜总会就算加时营业，也仍然人满为患。当时影院的生意真是旺盛，没有新片映旧片，观众一样上门。片商

①转引自王春英：《统制与合作：中日战争时期的上海商人（1937—1945）》，复旦大学博士论文，2009年。

②傅葆石：《灰色上海，1937—1945：中国文人的隐退、反抗与合作》，张霖译，上海：上海三联书店，2012年，第4页。

③傅葆石：《双城故事——中国早期电影的文化政治》，刘辉译，北京：北京大学出版社，2008年，第76-78、171页。

④傅葆石：《双城故事——中国早期电影的文化政治》，刘辉译，北京：北京大学出版社，2008年，第29页。

和海外发行商都迫切需要新片。"①在某种意义上，比张石川小17岁的张善琨有着与张石川相似的人生轨迹和跨界实践，也是自浙江移民到上海，从影之前曾在与张石川的舅父经润三并称上海滩"三个半大滑头"的黄楚九的洋行担任经理和广告部主任，之后又负责经营"大世界娱乐厅"和"共舞台"，拥有卓越的财商和胆识，在上海娱乐界颇有地位。1934年，张善琨用"共舞台"的赢利投资组建新华影业公司，在"明星""联华""天一"三足鼎立的垄断格局下，利用他的人际关系和宣传手腕，使新华公司迅速在强手林立的上海电影圈站稳脚跟并走上规模扩张之路，发展为有实力的大公司之一。张善琨也因此在1937年夏被推举为"上海电影制片业同业公会"主席团主席②。和明星公司一样，新华公司也在银行支持下在华界兴建了一座新摄影棚，然而落成仅一天，淞沪战争即爆发，新华公司被迫关闭。但敢于冒险的张善琨敏锐地把握到了孤岛初期电影娱乐消费需求的商机，趁影坛凋敝、无人竞争的机会恢复拍片。新华公司最初租用位于沪西的小摄影棚，拍摄了两部低成本影片《飞来福》和《乞丐千金》，获得很好的票房回报，鼓励了张善琨发展新华公司成为上海电影业霸主的信心，同时也刺激到了张石川重回电影"战场"，他不甘心放弃自己经营了十几年的心血，为复兴明星公司而重整旗鼓。

虽然周剑云和公司大部分员工在战争爆发后都已陆续离去，但张石川的复兴计划并非没有可能，很重要的原因在于战争之前，他和周剑云就将明星公司的大部分机器、胶片、设备等运往法租界恩派亚剧院的二楼，由交通银行监管储藏，留在枫林桥路的仅为木器、布景板等③。作为公司的法人代表，张石川留守"孤岛"，开始了复兴"明星"的多重努力。

1. 大同摄影场包工摄片

虽然大部分摄影机件免于战火，但依据战前与上海交通银行的贷款合约，这些作为质押品的设备已归交通银行所有，张石川如果要继续使用任何一件物品，必须得到银行许可④。

---

①苏雅道(叶逸芳)：《论尽银河》，香港：博益书店，1982年，第89－90页。

②左桂芳、姚立群编：《童月娟——回忆录暨图文资料汇编》，台北电影资料馆，2001年，第49页。

③付永春：《昨夜星沉：明星影片公司覆亡原因分析(1936—1940)》，《电影艺术》2013年第1期。

④例如1937年11月5日，张石川就曾给交通银行去信，"公司现在先行需用'地白雷'摄影机全副(计镜头50.50./48655三只、三脚架一副、暗盒八只、木箱一只)，用特函请贵行派员会同检点以资影用后需要机件，当随时奉还。"参见：上海档案馆，档案号Q55－2－1371。

1938年3月25日，张石川以明星公司的名义致信上海交通银行总行，请求使用这些摄影机件，他首先想到的策略是包工摄片，积累资金。因为明星公司还欠着交通银行的贷款，所以他以通过出租这些摄影机件以及使用它们摄片来赚取利润，由此可以支付银行押款利息来进行说服：

自南市沦陷以后，敝公司即被日军占作司令部，迭经商请外侨领事代为交涉发还，尚未办到，现仍继续进行，以期实现。所有房屋及摄影场等现均存在，未遭损毁。敝公司惨淡经营十有余载，遭此浩劫损失甚巨。数百员工虽于沪战爆发之初，即行遣散，而一部分留守人员既遭战争之颠沛，复受失业之痛苦类多，嗷嗷待哺，一再恳请维持。敝公司既无力复业，又不忍坐视，差幸一部分制片机件早已搬运安全区域，尚属无恙。再三筹议，于无法之中勉力募集数人，租用法租界甘世东路天一影片公司摄影场，改组大同摄影场，专代摄制影片。敝公司一部分制片机件亦可出租收费，但在此非常时期，经济竭蹶，制片成本异常短绌，机件租金每部只能支付国币二百元，收来为能推广，摄片二部可收租金四百元，三部可收六百元，惟每月至少须摄片一部，计租金国币二百元，在敝公司少数员工既能暂维现状，而一部分制片机件亦可稍事生产，是项租金自当呈奉。

贵行查收在摄片时所用机件，仍可派员莅临管理，以昭郑重。贵行维护，敝公司素具热忱，对于失业员工谅表同情，必能俯予赞同，特相应函达至祈。①

得到交通银行的答复许可后，1938年5月26日，张石川派人会同交通银行督管员郑宗涵，逐件点查摄影机件，并移存于甘世东路大同摄影场。明星公司在此租用大小两座摄影场地，每月支付租金国币650元；此外，每月向交通银行支付200元的偿付押款利息，外加40元给银行督管员郑宗涵的薪金②。

张石川将摄影场取名“大同”，是“为追念二十年前大同交易所股本移办明星公司之纪念意义”③。他原本打算通过转手零星出租场地给其他公司(连同摄片机械与若干技术员在内)，每天收60元，这样每月须得1 800

①上海档案馆，档案号Q55-2-1371。

②上海档案馆，档案号Q55-2-1371。

③《电声周刊》第45期，1938年12月2日。

元,除去成本,这生意应该是“万无一失”[①]。并且还可以代拍影片,“与各资方订立之代拍合同,每片所有开支一律包尽,计法币 8 000 至 9 000 元为限。如有超过,由代拍者自理”[②]。

然而,与新华公司迅速建立起来的较为完备的管理系统相比,大同摄影场仅是一个为一些小公司代拍片或出租场地设备的制片方,生意并不好做。这期间,仅替星光公司代拍《歌儿救母记》,替天声公司代拍《桃色新闻》《红花瓶》。1938 年 8 月 12 日出版的《电声周刊》报道:大同摄影场开办后的实际情况是有时几家公司同时拍戏,既属地位有限,不敷分配;而有时没人租用,场地全空,毫无收入;在以前两个多月的过程中,空场的日子占及三分之一,不免无利可图或须竟至亏本了[③],并且透露,张石川表示目前既已颇多亏损,前途又极其暗淡,所以决定延至 9 月 15 日止,便须停办[④]。

1938 年 8 月 2 日,上海交通银行向明星公司催款,自 1937 年 7 月至 1938 年7 月间,明星公司按照合同应向交通银行还款本息共计 10.48 万元[⑤]。11 月 5 日,交通银行再次致信明星公司,催交明星公司归还银行代为垫付的火险保费共计3 412.49元[⑥]。但明星公司没有任何能力负担这些债务。11 月 12 日,张石川在答复银行的信里陈述了大同摄影场的困窘实情:“当开拍之初,物价当低核计预算,差可维持,讵料合同订立之后,外汇飞涨,各种物料因之逐步昂贵,以致时有捉襟见肘之憾,即每片拨付,贵行二百四十元之本息,亦系勉为其难计,自承租迄今,反而亏损甚巨。”[⑦]可见,张石川通过大同摄影场出租场地或是代拍摄片,都实难扭转困境,带来明星公司的复业。

2.《火烧红莲寺》重映风波

重新开业的新华公司号称资金过 50 万元,招徕了留在上海众多最好的演员、导演和技术人员,雄踞“孤岛”电影业之首。而张石川要重振明星公司,既缺资金又缺人才。

---

①《如意算盘打错了,大同摄影场寿终正寝,两月来空场日子占三分之一》,《电声周刊》1938 年第 7 卷第 25 期。

②上海档案馆,档案号 Q55-2-1371。

③《如意算盘打错了,大同摄影场寿终正寝,两月来空场日子占三分之一》,《电声周刊》1938 年第 7 卷第 25 期。

④《如意算盘打错了,大同摄影场寿终正寝,两月来空场日子占三分之一》,《电声周刊》1938 年第 7 卷第 25 期。

⑤上海档案馆,档案号 Q55-2-1371。

⑥上海档案馆,档案号 Q55-2-1371。

⑦上海档案馆,档案号 Q55-2-1371。

这个时候，国民党中央政府电检委考虑到电影界挣扎多艰、整体困难的时局，特地允许当年禁片重检后放映作为救市之举。张石川立即想到了当年的“票房神话”《火烧红莲寺》，与明星公司同仁一起具名向电检委请求解除《火烧红莲寺》的禁令。在申请信中，明星公司陈述理由：“战事打击过重，损失不赀，无法支持，新片既无力开拍，旧片至应准予开映，以收入所得，挽救垂危之局”；加之，明星公司的员工“时局平静，有工作可做时，职工等欠薪已为数不少，生活亦无法维持。今既受战事打击，失业之余，生路顿绝，当无救济办法，行将流为饿殍”①。电检委因体恤商艰，批示“姑予准映”，“惟片中涉及神怪之处，仍须完全删除”②。张石川得到批示后，连日进行修剪，将复兴明星公司的希望寄托在重映《火烧红莲寺》上。然而，重映过程风波不断。

当时，《火烧红莲寺》要在上海开映，还须得到租界工部局电影处复审通过，中间经过了种种曲折。工部局主持工作的外国人先是声称片中有过多侮辱僧侣的表演，佛教协会业已提出反对，要求禁映。于是，张石川特地在功德林做东，邀请佛教会领袖屈文六(映光)，以及多位居士名僧，并当场放映《火烧红莲寺》。经此交际活动，佛教协会备函转至工部局证明态度，认为《火烧红莲寺》并没有不良影响。然而问题之外，又有问题。工部局又推说，明星公司还未拿到国民党中央政府开具的许可执照，不便批准上映。待张石川好不容易拿到许可执照，工部局又回复，因不是主任委员罗刚签发，而是代理人签发的，不予承认。张石川只得再次四处活动，一方面请纳税华人会全体华委去函解释，证明确是中央许可执照，另一方面，向外国影片公司借到新近领到的同样许可执照，资以对证。工部局调查属实，这才允许受检，召集全体委员会同审阅，《火烧红莲寺》最终通过解禁③。

张石川先将《火烧红莲寺》的前六集修剪好，配上音乐，称为“全新拷贝，标准音响”，还在影片送检交涉时，就开始物色公映的影院。1930年代中期以来，在上海影院中，开映首轮国产新片的有金城和新光两家。明星公司从1935年《船家女》开始便与金城合作，将之作为出品新片的首轮影院。鉴于《火烧红莲寺》在市民观众中的噱头效应，柳中浩、柳中亮主持的

①《〈火烧红莲寺〉重映，职工分润四分之一，其余均用以抵还旧债》，《电影周刊》1938年第2期。

②《当局姑予准映，火烧红莲寺通过难关，佛教会一度干涉，结果已获谅解》，《电声周刊》1938年第7卷第6期。

③《明星公司生命线，火烧红莲寺复检之始末，曲曲折折不知费了多少唇舌》，《电声周刊》1938年第7卷第13期。

金城戏院即表示愿意放映。1938年9月开始，第一集在金城连演八天，张石川“对昔年中兴诸功臣，如夏佩珍、郑小秋、萧英等，为略表心意计，故在影片公映之日，在金城设宴，请夏等及新闻界叙餐，聊志点缀云”①。第一、二集映过以后，每集的收入均超过3万元。利润分成上，明星公司与金城戏院采用拆账性质，盈余多少，双方各拿一半②。依此算下来，全部十八集预计将有60万元的收入，不仅可以还掉欠款，还能为复兴明星公司准备一笔资金。张石川于是与金城约定，将《火烧红莲寺》全部放在金城放映：每映三集为一组，中间停止数日，供金城与其他公司签约的新片上映。例如，三集《火烧红莲寺》映期满后，接上新华公司的《十三妹》，然后再映第四、五、六集一组。第二轮影院再放在中央大戏院映演③。

根据《申报》报道，《火烧红莲寺》(第一集)在中央大戏院的上映广告是从1938年11月19日开始的，可推算此前在金城大戏院的首轮放映前后历时2个月左右。然而事实并非张石川预想的顺利，尤其是在电影舆论的公共空间里，《火烧红莲寺》的重映从一开始就受到质疑和批评。例如，《电声周刊》在《火烧红莲寺》重映前夕就以编辑部名义发表《我们的话：为〈火烧红莲寺〉重映说几句话》，表明立场：“我们承认《火烧红莲寺》在过去确很满座，但是现在已隔多年，甚至影片也从无声而到有声，相形之下，《火烧红莲寺》一片显然是落伍了。甚至，里面的一向自傲的机关布景，奇特的镜头，当时的人看了未常不满，然而现在隔了几年，大家的眼光相当进步，这些旧噱头能否有效力，实在成为疑问。……在现在的环境里，选中了这一部我国影界里的糟粕来开映，总是有点不对呢！”④类似的言辞亦可见于其他报刊文章：“这张以荒诞神怪著名的影片于‘此时此地’重映！总不能不使人别有一番滋味在心头。……过去我们曾大声疾呼地反对过这种麻醉观众的神怪片，而于‘此时此地’的现在，对于这种麻醉影片的公映我们更不知主其事者是何居心！”⑤

“此时此地”是当时上海报纸中流行的符号，与其他充满了暗语和隐喻的公众话语一样，特指禁止公开谈论的事情。为了避免刺激驻扎在上海租界周围的日本军队，也为了保持租界的社会安定，上海市政府禁止公开谈

①《〈火烧红莲寺〉重映，夏佩珍也被记起来》，《电声周刊》1938年第7卷第29期。

②《〈火烧红莲寺〉十八集连续开映，明星公司复兴有望》，《电声周刊》1938年第7卷第30期。

③《〈火烧红莲寺〉重映，全部映毕需时八个月》，《电影周刊》1938年第3期。

④《我们的话：为〈火烧红莲寺〉重映说几句话》，《电声周刊》1938年第7卷第27期。

⑤《重映〈火烧红莲寺〉》，《电星》1938年第1卷第6期。

论政治暴力和日本入侵。如傅葆石指出的,“此时此地”这一概念虽不确指什么,但清楚地说明了上海问题重重的现状①。

《火烧红莲寺》的重映与不菲收入激发了“孤岛”刚刚复业、艰难起步的各影片公司纷纷拍摄神怪片,以维持生计。这种现象很快引起了文化批评界的重视,他们致力于对“孤岛”的娱乐业尤其是电影进行引导和政治化,反复提醒电影制片要反映民族主义情绪,电影要有利于抗战,成为最好的教育工具。1938 年 12 月 8 日,白羽、陈浮(柯灵)、叶富根(于伶)等 51 位上海各报刊编辑和作者,联名发表《敬告上海电影界》,斥责由《火烧红莲寺》带起的上海电影界新一轮神怪片浪潮:“在抗战之前曾经担任过光荣的使命,有过辉煌的成绩的上海电影,在沦为‘孤岛’以后,却落在妖神鬼怪公然横行的局面中,查禁的影片重映了,新摄的更由托辞人扮或梦境而至于居然人鬼交往!面子上假反封建和惩恶扬善之名,而骨子里却恰好(不论是故意或无意)帮助敌人麻痹自己的同胞!”②电影“公共空间”里这些严厉的批判声给上海制片放映业造成巨大的压力,1939 年 1 月 11 日出版的《电影》刊文《沪上各影片公司今后不再摄神怪片》。很快,《火烧红莲寺》等片又从各影院消失了,张石川欲借《火烧红莲寺》复兴“明星”的计划未能实现。

3. 主持国华公司制片工作

《火烧红莲寺》的重映在上海“孤岛”昙花一现,然而却成为张石川与柳氏兄弟合作的契机。1939 年《申报》一篇介绍电影院业的文章写道:“电影业突然变得繁荣起来,公共租界几乎每家戏院门口每时每刻都是满座的通告。”③商业电影在“孤岛”重新繁荣,让深谙其道的张石川成了各影片公司争抢的红人。

金城大戏院老板柳中浩、柳中亮两兄弟有意投资电影业,尤其是金城最强有力的对手新光戏院已经获得了艺华、华新、光明、五星等公司的电影首映权,劲敌当前,非另谋其他途径不可。于是 1938 年 8 月,柳氏兄弟与杨世昌、杨顺铨等人合资创办国华影片公司④。国华公司的成立也与此时张善琨在“孤岛”的商业成功有直接关系,他们不愿看到张善琨一家垄断制

①傅葆石:《双城故事——中国早期电影的文化政治》,刘辉译,北京:北京大学出版社,2008 年,第 51 页。

②《上海各报副刊编者作者敬告上海电影界:十二月八日载上海各报》,《文献(上海 1938)》第 1 卷第 3 期。

③舒晓春:《上海电影院之介绍》,《申报》1939 年 7 月 8 日。

④《“国华”的成立》,《金城月刊》1938 年新生号。

片行业，对影院放映形成钳制的威胁。柳氏兄弟与张善琨又有宿怨，本来新华公司与金城大戏院签订过映片合同，新华出品首映权皆属金城。随着新华公司扩充生产线、提高产量后，金城大戏院远没有力量放映新华所有的新片。于是张善琨组建了两家子公司“华成”和“华新”，从而间接打破了新华和金城之间的放映约定。而且，在张石川争取《火烧红莲寺》解禁过程中，新华公司拍成影片《貂蝉》，选定金城大戏院公映该片，双方亦已签订合约，对外公布了上映广告。而张石川也因《火烧红莲寺》的放映找到金城大戏院，柳氏兄弟不顾《貂蝉》预约在先，答应将《火烧红莲寺》排在前面公映，引得张善琨大怒，收回首映权①。

国华公司的成立，有着超过任何上海电影公司（包括新华公司）的得天独厚的优势，即拥有自己的院线网，但他们仍然缺乏制片业的根基。于是，为了在“孤岛”电影界分得一杯羹，柳氏兄弟选择了在上海电影界有着 20 多年的制片经验，并且带有一支摄影队旧部属、拥有场地设备的张石川作为合作伙伴。傅葆石指出：“从某种意义上讲，他们的合作缘于他们都和黑帮大亨杜月笙交好，是上海帮会之间合作的结果。”②除此之外，双方亦有同出宁波的地缘，柳氏兄弟的父亲柳钰堂，当年“坐着轮船招商局刚开辟不久的甬申航线火轮，出甬江，经东海，来闯上海滩”③，后来成为上海轮船招商局的高级职员，并为兄弟俩留下一笔丰厚的财产。

对于张石川来说，如果要在“孤岛”继续拍电影，与柳氏兄弟的合作也是最好的选择。因为此时，勉力维持的大同摄影场经济情况每况愈下，同时明星公司还背负着巨额的银行贷款，即使“集合现有员工薪给，亦难如数。设或因此停顿则所有员工及其家属，势必流离失所，无可凭依”④。张石川深知，单靠自己的力量，明星公司已是无力回天。

国华公司与张石川的合作方式为：国华公司委托张石川的明星公司（亦是大同摄影场）代摄影片，先签订了两部影片的合作合同，柳氏兄弟监制、张石川负责制片。1938 年 11 月底，又有刚刚成立的远东影业公司与明星公司洽谈代摄合作。柳氏兄弟得知后，向张石川提出签订 18 部影片的拍摄合同的要求。如此一来，明星公司就只能专拍国华公司的影片，因

①《张善琨一怒收回〈貂蝉〉首映权，〈火烧红莲寺〉有利可图无法开映，金城大戏院老板两头落空叫苦连天》，《电声周刊》1938 年第 7 卷第 5 期。

②傅葆石：《双城故事——中国早期电影的文化政治》，刘辉译，北京：北京大学出版社，2008 年，第 36 页。

③刘冬冠：《严氏一脉：一位银行家的前世今生》，上海：上海远东出版社，2014 年，第 107 页。

④上海档案馆，档案号 Q55－2－1371。

此张石川并不愿接受这个请求①。但1939年1月27日出版的《电声周刊》披露了明星公司从1月16日起，开始履行专为国华公司拍戏的新合同，内容规定：明星为国华包拍影片18部，每部的代价为12 000元。在没全部拍完以前，不得接受其他方面的同样工作②。由此可推断，张石川与远东公司等其他公司的合作洽谈并未成功。

张石川在国华公司的地位不仅仅是作为导演，更根本上是作为制片人主持拍片工作。他以明星公司（大同摄影场）现有的设备、场地等不动产作为资本入股，每部影片取三成作为酬劳加盟国华公司③。在实际的制片过程中，张石川拥有相当大的话语权，当时的报道称："张石川经营电影界事业，恒数十年，计算极为精密，大同人马全为控制，'国华'除在发行上自主外，大同一切权益，则唯张氏一人是从。"④正因为有了张石川的加盟，柳氏兄弟的国华公司才得以能与张善琨的新华公司以及严春堂的艺华公司并列为上海"孤岛"最大的三家电影公司。而且，严春堂经常会求助于张善琨以调换放映档期和商业分红等方式从新华租借演员和导演，因此国华经常面临新华和艺华联合起来与之对抗的境地⑤。然而，国华公司之所以能在严酷的竞争环境下生存下来并发展壮大，一方面在于自身拥有放映渠道的影院资源，另一方面，张石川丰富的制片经验、生意眼及苦干起了非常重要的作用。

第一，着力培养电影新明星。张石川对"孤岛"电影缺乏人才的现状十分有洞察力，"八一三战事爆发后，国军西撤，电影界爱国分子，也纷向内地效力。被称为中国好莱坞的上海，更有人才寥落之感"，"新人才虽然不断地崛起，还不能满足我们的期望，仍旧是求过于供"⑥。1938年下半年开始，张石川筹措开办"明星演艺训练所"，招考电影学员，训练新人才，安排吴村、陈大悲为指导⑦。相比新华公司，国华公司的弱点在于旗下缺少足够票房号召力的电影明星。但张石川很善于识别可以走红的演员，如王汉

①《国华、远东委托明星摄片的纠纷》，《国华要求明星签订十八部戏合同的内幕》，《电声周刊》1938年第7卷45期。

②《包工制下明星女演员感恐慌》，《电声周刊》1939年第8卷第5期。

③何秀君口述、肖凤记：《张石川和明星影片公司》，中国电影资料馆编：《中国无声电影》，北京：中国电影出版社，1996年，第1541页。

④《银色十景》，《银色》1940年第8期。

⑤傅葆石：《双城故事——中国早期电影的文化政治》，刘辉译，北京：北京大学出版社，2008年，第37页。

⑥张石川：《造就电影新人才》，《青青电影》1939年第4卷第11期。

⑦《张石川举办明星演艺训练班》，《娱乐》1938年第3卷第1期。

伦、杨耐梅、宣景琳、胡蝶都是他一手打造出来红极一时的女明星。他很快发现了周璇，称她的"'开麦拉费司'(银幕面孔)很适于扮演古装美人"①。周璇在国华拍摄的第一部影片《孟姜女》开创了中国古装歌唱故事片的先河，为处于初创期的国华公司带来了可喜的票房收入。此后短短两三年间，国华公司集中推出周璇的17部电影，并且周璇演唱了其中36首插曲，成为歌唱片类型最具票房号召力的明星，这与张石川和国华公司的明星培养和宣传策略分不开，如指定专门的剧作家为她量身定制既适合她的性格和气质又能够发挥她兼具表演和歌唱才能的剧本，打造古代的丫鬟、落难小姐、歌女等类型角色，拍摄古装片有丰富经验的张石川本人为她导演，而且部部都离不开一个"唱"字，还专门聘请上海最负声望也最有市场的一些词曲作家如陈歌辛、黎锦光、陈蝶衣等根据周璇的音域和演唱特点专门为她写歌。国华公司的宣传刊物《金城月刊》大多以周璇的照片作封面，在已经出版的17期中，有10期的封面照便是周璇的剧装照或便装照。周璇的明星效应又反过来带动了她在国华公司主演的这些影片票房。此外，除了发掘和力捧"金嗓子"周璇外，还有周曼华、凤凰、舒适、吕玉坤、白云等都是经张石川发现、使用、培养后脱颖而出，构成了公司的基本演员班底，这也是国华公司在当时电影界拥有强大竞争力的重要原因。

第二，在混乱商战中以低成本、快节奏的制片模式争夺市场。在"孤岛"四年左右的时间里，上海电影业共恢复或新组建电影制片公司约20家，拍摄、放映了230多部故事片，取得了巨大的商业成功。而这种成功是在"孤岛"电影公司之间极为激烈混乱的商业硝烟中酿造的，"家家通宵达旦，演员几天不下装，人都变成了机器。摄影场上你死我活，广告宣传上也展开了大血战"②。张石川在战前本来就以"快干""多产"的作风闻名电影圈，此时更是将这种苦干做到极致。"张石川对职员待遇素抱苦干主义，因之酬报不若其他公司"③，尤其是1939年新华公司的《木兰从军》大获成功后，"孤岛"兴起了新的一轮古装片拍摄浪潮，但是与新华公司精心制作巨片(如《葛嫩娘》等)的路线不同，张石川在国华公司奉行低成本、快节奏制片，将"孤岛"的古装片浪潮引向1940年的"民间故事热"。因为可供改编成电影的民间故事题材和传统戏曲数量实在有限，经常出现两家电影故事

①何秀君口述、肖凤记:《张石川和明星影片公司》，中国电影资料馆编:《中国无声电影》，北京:中国电影出版社，1996年，第1542页。

②何秀君口述、肖凤记:《张石川和明星影片公司》，中国电影资料馆编:《中国无声电影》，北京:中国电影出版社，1996年，第1542页。

③《银色十景》，《银色》1940年第8期。

同时拍摄同一故事题材的情况，争夺剧本的恶性竞争在所难免。张石川的妻子何秀君将之描绘为"这是一场出生入死的鏖战"，张石川抢故事、争时间、省成本，"像发了疯一样，不眠不休"，在三个摄影场连轴转，分别与艺华公司争夺《三笑》、与华新公司争夺《碧玉簪》、与春明公司争夺《孟丽君》的拍摄权，成为 1940 年三宗"双包案"的中心人物。甚至《三笑》拍到一半，张石川的母亲病危，家里几次电话催他回家，他都不肯离开摄影场一步，直到一切安排就绪，他才回家。这时只能料理丧事了①。国华公司快速又便宜的制片标准刺激了张善琨，他把新华公司的编导演摄录美主创人员召集在一起，宣布在四十天内拍十部民间故事的计划："人家(指'国华')拍的《孟姜女》，花最小的成本，用很少时间拍成的影片，却赚了很多钱"②。而且，电影公司之间为争夺市场，以秘密方式摄制影片，"演员通知书上不写剧名，所以演员非到拍的时候根本不晓得今天所拍的是什么戏，当然更谈不到怎样研究剧情"；"新华公司以甲乙丙丁作为片名的代表，而在国华公司，为恐消息外泄起见，往往移花接木，像……拍《碧玉簪》在演员通知单及别种书件上面，都写《珍珠塔》"，因为"秘密摄片的原因，倒不在怕人抢先，……而意在欲独占，不让他人也拍。'抢先'是可以赶拍，不十分需要秘密；而独占，可不能不闭起大门，风声不漏，要严格秘密了"③。这些电影现象暴露了"孤岛"电影在工业结构上的"剧本荒"问题以及电影检审管理的真空状态。例如，为了解决 1940 年层出不穷的"双包案"，国华公司首先提出组建电影工会的建议，以召集会议讨论剧本登记事宜、杜绝今后双包案的再演。1940 年 6 月，电影公会召开，但会上新华、艺华和国华等公司分别提出要登记的剧本都大有重合，互不退让，以致这个电影工会还未出世就流产了④。

国华公司在这场混乱的商业竞争中获利颇丰，于 1940 年 6 月在福履理路新建摄影场，12 月又创办金都戏院，在"孤岛"电影界打下扎实根基。

但对于张石川来说，复兴明星公司永远无法实现了。枫林桥摄影场被日军占领作为司令部后，原本希望通过外侨领事代为交涉，始终未能实现。据何兆璋回忆，1939 年秋天，曾在"明星"剧务科工作过的邢少梅和一个日

①何秀君口述、肖凤记：《张石川和明星影片公司》，中国电影资料馆编：《中国无声电影》，北京：中国电影出版社，1996 年，第 1542 页。

②顾也鲁：《忆著名导演卜万苍》，《上海电影史料》编辑组：《上海电影史料》第 1 辑，上海电影局史志办公室，1992 年，第 91－92 页。

③陈青生：《"孤岛"时期的上海电影》，《电影艺术》1981 年第 8 期。

④《电影公会流产实况，国华新华互不相让，双包案将无法解决》，《电影周刊》1940 年第 88 期。

本人来找张石川，提出要“明星”与日本人合作拍片。张石川及时反应，婉言拒绝：“明星是股份有限公司，大的问题必须通过董事会认可才行，我是做不了主的。”但来人并不罢休，让张石川找董事们商谈，给了一个星期的时间听回音。张石川与周剑云商议后，意见一致，此时绝不能和日本人合作，而且让董天涯去详细了解枫林桥基地内是否还有值钱的设备。董天涯回答：不仅主要器材全部拿出，而且凡是一般可拿出来的东西，如钢琴、风扇等也都拿出。剩留在厂里的，主要是两部卡车，两部小客车，这可能早已给日寇弄走了，其他一些服装、道具和片库中一些旧无声故事片的底片和留厂拷贝，还有就是一些办公桌椅，都是值不了多少钱的东西。基地里房子当然搬不走，将来要住进去时，先得修理一番是免不了的事。既然在经济上并不受日本人牵制，所以在邢少梅几天后来电话，张石川正式拒绝了日本人提出的合作。何兆璋回忆这次拒绝后，日本人恼羞成怒，手持“火把”点燃了枫林桥摄影场的各处建筑物，基地化为灰烬①。但是根据付永春对更多文献史料的查证，明星公司的大火实际上发生在 1939 年 1 月，摄影场并没有遭到特别严重的毁坏，起码没有让明星公司成为“历史陈迹”的地步②。火灾的起因至今未明，但何兆璋关于张石川拒绝与日本人合作的回忆仍可作为参照。

没有了系统的制作基地，亦缺资金，尤其是还背负巨额债务，张石川在“孤岛”只能辗转租借场地、代拍影片，最后选择与柳氏兄弟合作。根据交通银行 1941 年 8 月 6 日写给明星公司的信言及“押品堆存于福履理路福昌里。原保有火险 16 万元，已于 7 月 19 日到期。”③福履理路福昌里当时为国华公司的新建摄影场，这些摄影机件正服务于国华公司的电影生产，而张石川或者明星公司对交通银行的此次关于火险续保一事再无回信记录。在目前所有档案中，张石川以明星影片股份有限公司的名义写给上海交通银行的最后一封信是在 1940 年 2 月 6 日：明星公司“战后工作停顿，仅藉代理摄制，以维持一部分职工生计。营业范围狭小，亦无宏大发展……敝公司遭此重创，然鉴于电影事业之前途极有希望畸形发展，已有今日之盛。则一入正常时期，必更加速进展。此时无所凭藉，固难骤图复

①何兆璋：《“明星”杂忆》，《上海电影史料》编辑组：《上海电影史料》第 1 辑，上海电影局史志办公室 1992 年，第 5－8 页。

②付永春：《昨夜星沉：明星影片公司覆亡原因分析（1936—1940）》，《电影艺术》2013 年第 1 期。

③1941 年 8 月 6 日，上海交通银行致明星公司的信，上海档案馆，Q55－2－1371。

兴,惟一有机会必思卷土重来,此志不渝。”①

尽管遭受这一连串的战火浩劫,张石川一直没有放弃“复兴明星”的努力,既有着对电影事业的执着,“此志不渝”四个字力透纸背,彰显了这个自16岁从宁波孤身闯荡上海滩的“洋行小鬼”而后扎根中国影业成为拓荒者、在见证与亲历了民国电影第一个黄金时期中历经坎坷、百折不挠的生存意志与苦干精神;同时也有着对共事多年、同留守上海的员工们的责任与担当。然而,在当时财力、物力、人力、精力短缺的各种劣势下,东山再起的机会不再可能,以明星公司为代表的中国第一代电影公司逃脱不了最终走向终结的历史命运。

第二节　从“中联”到“华影”的铁蹄求生

1941年12月8日,太平洋战争爆发。第二天,日军越过苏州河,占领了曾经的“孤岛”地区,上海全面沦陷,之前一直栖身于“孤岛”之内的中国电影人和电影公司顿时失去了最后的避风港,日本陆军报道部接管了上海租界的所有电影制片厂。张石川先后在与日方合作成立的“中联”“华影”内任职,因此这也是他在这段含糊不清且庞杂繁复的中国电影历史上始终难以抹去“污名”的重要原因。直到1945年8月日本投降,张石川始终留在上海,在更为特殊又复杂的政治文化环境中继续电影活动。与张善琨以及其他留下来的制片人和导演一样,他基本不可能再到大后方去了,唯一的选择就是继续在沦陷区的电影机构中寻找缝隙和机会,为自身赢得并保持一个可以持续创作的生存环境。

根据辻久一的记载,上海全面沦陷后,日本军方指示上海电影业继续保留,作为恢复上海的大都市正常状态的一种工具②。但不同于“满映”的垄断模式即全面控制制片、发行、放映来支持日本的“国策”,日军在上海需要和本地电影业合作,川喜多长政被任命重组上海电影业。川喜多长政年幼时曾随被清政府聘请为高等军事教官的父亲居住在保定,此后又就读于燕京大学哲学系,精通汉语,后留学德国,接受西方教育,回国后成为日本规模最大的外国电影引进商。1939年6月,川喜多长政被日本陆军指派

①1940年2月6日,张石川致上海交通银行总行的信,上海档案馆,Q55-2-1371。

②转引自傅葆石:《双城故事——中国早期电影的文化政治》,刘辉译,北京:北京大学出版社,2008年,第164页。

担任日中合资的中华电影股份有限公司(简称“中华”)的日方代表,负责日军占领地区的电影发行工作。川喜多长政将“中华”总公司设在“孤岛”,首先关注到了新华公司大受欢迎的《木兰从军》。他与张善琨进行多次秘密会谈,终于说服张善琨接受自己的提议,将《木兰从军》选为“中华”的第一部发行,不仅在华中的日军占领放映,还在华北和“满洲”上映①。张善琨在公开场合表明,自己的决定是为了拯救上海电影业,因为如果没有新的市场,没有欧美胶片的替代品,上海电影业将会全盘崩溃;而且把沦陷区的电影市场留给日本人的危险还有使“生活在沦陷区的一般民众或有感受毒素的可能”,于是,新华、国华、艺华上海三大制片公司决定通过“中华”发行电影,也由此激起了重庆的文化精英对“孤岛”电影文化的成见和恶评,引发了1940年1月的“焚烧《木兰从军》”事件②。

1941年12月8日,川喜多长政拜访了新华的张善琨、艺华的严春堂、国华的柳中浩,劝说他们继续电影拍摄,并答应提供必要的电影拍摄物资。川喜多抛出的橄榄枝正好击中了上海各制片公司所面临的现实困境。太平洋战争后,所有的海上贸易均宣告停运,导致上海制片业地原料来源渠道与发行渠道同时被堵塞,上海电影所倚重的美国柯达和德国爱克发胶片无以为继,同时,上海之前所有的底片及有声片库存也“仅足用至本年(1942年)二月底为止”③。在这种情况下,要继续电影制片,来自日本的胶片成了唯一的选择。与之相应的,电影公司无工可开,滞留上海数千名的电影从业人员也将面临失业、生活难以为继的窘境。

在现实压力之下,1942年4月10日,在以张善琨为首的新华公司主导下,上海电影界处于营业状态的十余家大小公司都合并加入中华联合制片股份有限公司(简称“中联”),与日本人开始了暧昧的合作。“中联”以股份制形式运营,全部资产分为30 000股,每股中储法币100元。日方占总资本的26%,汪伪政府占19%,中方各影片公司占55%,其中以“新华”“艺华”“国华”三家拥有摄影棚的公司所占比重最多,以资产变卖方式入股,“中联”分别以200万元收购新华公司、87.5万元收购艺华公司、57.5万元收购国华公司。汪伪政府宣传部部长林柏生任董事长,张善琨任总经理,直接受副董事长川喜多长政的领导。按照公司章程介绍,张石川亦认500

①佐藤忠男:《炮声中的电影:中日电影前史》,岳远坤译,北京:世界图书出版公司,2016年,第135-140页。

②傅葆石:《双城故事——中国早期电影的文化政治》,刘辉译,北京:北京大学出版社,2008年,第76-83页。

③张善琨:《中华联合制片股份有限公司创立经过》,《中联成立一周年纪念特刊》1942年。

股，职务经历填为“明星影片公司总经理”，是其中数量最少的股东，因而也在“中联”董事会之列①。

“中联”拥有庞大的组织结构，员工 1 300 人，是当时华中、华南唯一的电影制片公司。凡参加的私营公司老板在“中联”都拥有行政职务，所有管理阶层大都是中国人，张善琨在预算及制片决策方面有相当大的权力②。而张石川在“中联”的主要职务是导演，在经营管理上并无实权。按照“中联”编订的演职员等级和薪酬方法，他与卜万苍、朱石麟被定为最高等级的“特级”导演，下面还有“A 级”“B 级”“C 级”等级别③。

1942 年 7 月 1 日，“中联”举行第一次全体演职员大会，出席人数有 554 人，张石川亦作致辞，略谓本人为参加中国电影界之第一人，有一照片与老镜箱一双，仍存明星公司留作纪念，现在享盛誉之男女明星，在当时俱在髫龄，或尚未出世，并勉励同人节省浪费，加紧工作，方能完成此伟大计划④。

然而，“中联”毕竟是电影公司直接合并的阵容，虽然拥有相对完善的股份制治理结构，但各合并公司之间频频发生矛盾冲突，尤其是“新华”“国华”“艺华”等大公司之间因人员关系和利益纠葛形成的门户之见，形成了“新华系”“国华系”等势力团体。为缓和各部门人员之间的矛盾，1943 年 1 月，“中联”改组，制片权真正下放到厂，实行“分厂负责生产之制度”⑤，即各厂独立，各自为政，公司只作为领导者和协调者，负责督促（各分厂）厂长按期交片，加紧生产。各分厂的内部机构基本沿袭了合并前各制片公司的原有形态，如原“国华”摄影场改为“中联”二厂，张石川任厂长⑥。

“中联”创办一年间共开拍影片 50 多部，其中 40 部以上都带有明显的“恋爱”“爱情”的娱乐标签⑦。这种制片倾向与沦陷时期汪伪政府意图打造政宣体制下的“国家电影”，将电影纳入为“大东亚共荣”“反英美”方针服务的“电影武器论、电影工具论”背道而弛，呈现出明显的分裂性，因此张善

---

①参见张善琨：《中华联合制片股份有限公司创立经过》，《中联成立一周年纪念特刊》1942 年；《中华联合制片股份有限公司章程》，上海档案馆，档案号：R14 - 1 - 319。

②艾以：《上海滩电影大王张善琨》，上海：上海人民出版社，2007 年，第 128 - 129 页。

③转引自刘辉：《中华电影股份有限公司的结构及其意义（1937—1945）》，叶月瑜主编：《华语电影工业：方法与历史的新探索》，北京：北京大学出版社，2011 年，第 185 - 186 页。

④《一年来大事记》，《中联成立一周年纪念特刊》1942 年。

⑤张善琨：《中联一年》，《新影坛》1943 年第 7 期。

⑥顾也鲁：《忆著名导演卜万苍》，《上海电影史料》编辑组：《上海电影史料》第 1 辑，上海市电影局史志办公室 1992 年，第 94 - 95 页。

⑦参见《“中华联合电影公司”三十年十二月八日以后出品影片一览表》，上海档案馆，档案号：Q6 - 13 - 622。

琨等中方制片人、创作者们受到巨大的上层政策压力。在公司一周年纪念大会上，张善琨对“恋爱至上”的制片方针作了总结并进行检讨：“在营业收入可算相当成功，但电影对于文化宣传及教育方面的任务似乎尚未有多大的成就。”①然而检讨的同时，这种创作倾向实际上并没有多大改变。

随后不久在 1943 年 5 月，为了进一步加强控制文化事业，汪伪政府颁布《电影事业统筹办法》，将垄断发行的“中华”、主管制作的“中联”与放映机关上海影院公司合并，成立制片、发行、放映三位一体的中华联合制片股份有限公司（简称“华影”）。对“中联”出品倾向的不满也是“中联”改组为“华影”由政府加强控制的一个重要原因。

“华影”隶属于汪伪政府宣传部，在新的人事变动中，伪宣传部上海分部主任冯节担任总经理，张善琨降级为公司副总经理和制片部经理，张石川任制片部副经理（同为副经理的还有浑大防五郎、徐欣夫两人）。在实际掌权人川喜多长政的坚持下，“华影”的制片分成两部分：文化片由日本人控制的文化制片厂生产，故事片由中国人生产，制作阵容基本继承了“中联”，制片部下设制片事务处、制片厂、导演组、演员组、剧本组、技术组、音乐组等部门，制片事务处负责统筹制片管理，分配电影资源，各组为制片厂提供人力服务和智力支持，张石川同时兼第二制片厂厂长。

无论是在“中联”还是“华影”，张石川的工作作风依然是快干，被称为“闪电导演”②。如在“中联”第一期出品中，他以闪电手法，首先拍竣《燕归来》，因片中有多处未能尽善，故需剪去一部分，重拍了半部，结果还是他最快完工。接着又担任《白衣天使》的导演工作，1942 年 7 月初讲剧情，到 7 月 20 日便全部拍完。罗汉写道：“张的对本位工作的热爱和认真是值得大书特书的，三十年来从事于电影工作，没有一刻离开过他的事业，在我国短促的电影史上，张是应该作为拓荒者，同时也是热忱的工作者而存在着的。”③文熊在《记张石川》中也写道：“然而他对于本位工作的热爱，始终值得为人称颂而作为模范的。”④“本位工作”是战时经常见诸报端的高频词汇，意指个体在工作上各安其位，各负其责。1943 至 1944 年，“本位”被特别强调以稳定沦陷区的社会秩序，个人本位工作被纳入战时体制。在电影界更是如此，“华影”成立一周年时，川喜多长政便以“工作即战争”为训词，将电影生产者比作“前线的勇士”，号召全体影人坚守工作职责，“各自努力

①张善琨：《中联一年》，《新影坛》1943 年第 7 期。

②《闪电导演张石川一贯作风》，《游艺画刊》1943 年第 6 卷第 1 期。

③罗汉：《导演与演员章（之一）》，《新影坛》1943 年第 4 期。

④文熊：《记张石川》，《太平洋周报》1943 年第 1 卷第 58 期。

于本位的战斗”[①]。刊载罗汉、文熊这两篇文章的《新影坛》《太平洋周报》都有其明显的政治立场,而张石川一贯的苦干作风也被历史裹挟带上了为当局树典型模范的政治意味。

不仅如此,“苦干”甚至成为张石川衡量评判其他电影从业者的重要标准,如他曾经谈及他看了一些日本电影的观后感:日本电影的教育价值“与孔子的德性教育主张相符合”,“重在表现国民性的昂扬”,画面影像上“流露出来的东方美”“在技术上的优越”以及“从影人员的刻苦精神”等,特别提到他本人最喜欢用的词“苦干”,但这篇文章掺入了“在一元化下,共谋集体的发展”“国策性质的文化电影”“以‘为大东亚’做大前提的共同目标”这些带有政治意味的措辞[②]。所登载的刊物《电影画报》是由伪满洲国发行、当时“满映”最核心的宣传阵地,可见身处“华影”的张石川屈于当时政治高压和生存压力,体现出在民族立场上的软弱性,这无疑成为他个人生涯难以抹去的污点。

“华影”拥有 16 座摄影棚,原有 5 个制片厂,基础设施配置非常完备,然而相比此前“中联”一年生产 50 多部电影的产能相比,“华影”从 1943 年 5 月至 1945 年8 月共拍摄故事片 80 部[③],制作潜力并未得到充分发挥。由于产量下降,每月只能出 3 部影片,“华影”在 1943 年 7 月改组,进一步精简制片机构,“将第三、第五两个戏剧制片厂予以裁撤,厂中所有职工,除经遣散百余人外,其余留用者及导演、演员等,均已分别归并于第二、第四两厂”[④]。1943 年 9 月至 1944 年 1 月,由于体制庞大、管理不善以及为了加强日本对上海电影业的控制,又另设三个委员会,即总务委员会(黄天佐)、国际合作委员会(不破俊佑)和建设委员会(冯节)等,来改善所谓“华影”的管理效率,这意味着“华影”出品的电影相较于“中联”时更容易受到日本人的控制[⑤]。

“华影”的生产状况与这时期不断恶化的战争局势密切相关。正如一位供职于五金店的小职员颜滨在 1944 年 2 月 9 日的日记中写道:“战事愈至最后关头,也就是人民生活最痛苦的时期。每天所遇到的,除了少数例外的资产阶级外,谁都会对你摇头叹息,愁眉不展,不是诉说着目前的困

---

①川喜多长政:《工作即战争:为华影周年告同人》,《华影成立一周年纪念特刊》,1944 年。

②参见张石川:《我的日本电影观》,《电影画报》1943 年第 7 卷第 10 期,《电影画报》前身为创刊于 1937 年 12 月的《满洲映画》,1941 年月第五卷第六号起更改刊名为《电影画报》。

③程季华主编:《中国电影发展史》(第二卷),北京:中国电影出版社,1963 年,第 232 页。

④《制片部厂务近况》,《华影周报》1943 年第 6 期。

⑤艾以:《上海滩电影大王张善琨》,上海:上海人民出版社,2007 年,第 133 - 134 页。

苦，便是担忧着今后的难关。"①整个日占区物资短缺，如在南京、无锡、苏州以及上海等城市都开始限制各种公私用电，直接影响了"华影"的制片生产②。不仅电力的限制，胶片供应亦无法满足生产之需，1944 年"华影"又再次裁员③。而且，连续两年均有一线演员息影，造成"演员荒"的局面。

1944 年底，张善琨被日本宪兵队拘捕，经川喜多长政四处活动后获释，而后离开上海，此后"华影"的制片工作更是几乎陷入停顿。12 月 11 日起，黄天佐接任制片部经理④。因对电影制片缺乏经验，黄天使向张石川求助。为了撑起破落的局面，张石川在制片管理层提出了"包片制"⑤。"包片制"是张石川在国华公司时，为缓和演员与柳氏兄弟之间的劳资纠纷想出来的办法⑥。1945 年 1 月，"包片制"在"华影"开始正式推行，作为一种大制片厂制度的补充，制片公司将制片权发包给下属有独立制片能力和意愿的导演，在公司与承包制片的导演之间形成一种包销和承制的协作生产关系。由制片公司发布制片计划，导演根据个人能力承包影片拍摄，自行组织摄制组，拍摄设备由"华影"负责提供并从中收取设备器材租金。"包片制"的实行，也与此时"华影"大量流失一线演员的现状有关，因为片场大都是刚刚招考进来的新演员，影片宣传上，也就从以往以明星号召改为以导演吸引观众。影片完成后，由"华影"负责收购、组织发行和放映。这种办法的优点是便于尽可能发挥个人潜能和制片团队的生产积极性，公司不必在具体制片管理事务上浪费资源和时间，同时还可以通过为包片导演提供人员、场地和设备租赁获得一笔额外的补偿金，而承包制片的导演只要善于控制制片成本，便有机会在公司定价收购成片时按差价赚取利润，从而降低中间环节的流转成本，压缩开支，提高生产效能。在"华影"的片单中，《教师万岁》《人海双珠》《大地回春》《火中莲》《幽兰谱》《猫儿眼》《冤家喜相逢》《龙虎门》等片均是出品包片制的生产经营方式⑦。然而，"包片制"虽然在一定程度上缓解了制片压力，但作为"华影"末期惨淡经营

①颜滨：《我的上海沦陷生活(1942—1945)》，采金整理，北京：人民出版社，2015 年，第 159 页。

②《上海电流限制：华影制片方针将有重大变化，或将减少产量力谋质的发展》，《青青电影》1944 年复刊第 1 期。

③《华影毅然裁撤大批冗员》，《青青电影》1944 年复刊第 1 期。

④玉人：《华影制片部近事》，《社会日报》1944 年 12 月 15 日。

⑤丁白：《伪华影的内幕：张善琨妙计骗钞票》，《是非》1946 年第 2 期。

⑥何秀君口述、肖凤记：《张石川与明星影片公司》，中国电影资料馆编：《中国无声电影》，北京：中国电影出版社，1996 年，第 1545 页。

⑦朱枫、朱岩编：《朱石麟与电影》，香港：香港天地图书公司，1999 年，第 80 - 81 页；《华影改组后的新片》，《青青电影》1944 年复刊第 4 期。

采取的权宜之计，依然无法从根本上扭转“华影”衰亡的命运，而且为节省成本、极度商业化的运作也使得一些注重追求艺术性并且预感到时局变幻的导演产生了怠工情绪，如马徐维邦对包片制度感到极度的苦恼，发表声明决定退出“华影”，另谋出路[①]。

1945 年 4 月，美军于冲绳登陆，川喜多长政预料美军会进驻上海，决定将“华影”迁往北平。4 个月后，日本战败投降，上海光复，“华影”帝国轰然坍塌，国民党中宣部会同教育局、社会局以及上海市政府、党部等地方党政机构，对“华影”所属固定资产、库存影片、从业人员展开全方位接收处置，张石川所在的福履理路原“华影”第二制片厂被接收改建成国民党中宣部直属中央电影摄影场二厂。

八年的“灰色上海”仿佛非此即彼的摩尼教世界，留守上海的电影人置身于个人生存与公共道德的两难选择中：一方面活下来、照顾家庭、追求自我利益；另一方面是爱国责任和尊严。正如柯灵回忆这段历史：在当时的上海，面临恶劣的政治环境，那时候上海沦陷了，上海人民完全失去了祖国的保护，在上海的影人首先要保卫的是自己的利益，而不是中国的利益。用一句话概括起来，那个时候电影艺术家的处境是非常危险的，非常困难的[②]。这一时期，中国电影界的领军人物是站在历史是非风口浪尖处的张善琨，与之相比，在战火中丧失了“明星”大本营的张石川不复有战前电影界的老大哥地位，或者说，张石川的时代正在逐渐逝去，他这一时期的电影活动在学界也一直未如张善琨那般引人关注。通过以上我们从报刊、回忆录等史料档案中对张石川的梳理，可以看到，既囿于生存压力同时也是出于对复兴“明星”的执念，张石川一再沦为老板“马仔”的八年是艰难度日的，甚至是痛苦屈辱的。在日本的政治高压之下，与国统区民族主义的自由表达相反，“孤岛”与沦陷区存在道德上的不确定性，何况是随着“国华”一起并入“中联”和“华影”这样复杂环境中的张石川。正如有学者对沦陷区影人的阐述，大多是“一些手无缚鸡之力的个体在面对强权压迫时所流露的具有普遍性的无可奈何与乱世偷生的心境，以及在民族大义、体制限定、市场诱惑以及舆论规训之间左右逢源、闪躲腾挪的生命轨迹”[③]。在这

---

①《恐怖导演马徐维邦推出影坛，对包片制度极表不满》，《中华周报》1945 年第 2 卷第 18 期。

②陆弘石：《中国电影史 1905—1949：早期中国电影的叙述与记忆》，北京：文化艺术出版社，2005 年，第 282 页。

③宫浩宇：《以偏概全与化全为偏——评傅葆石〈双城故事——中国早期电影的文化政治〉》，《文艺研究》2017 年第 10 期。

其中,张石川既显示出中国电影实业家的变通和求生的本能,但在民族大义面前也基本守住了底线,始终拍摄无关政治的娱乐片,并未"积极投靠日伪"、卷入政治漩涡,而且凭借制片才能与苦干实践带领电影界的新人支撑了特殊时期的中国电影业的生产及繁荣,使得中国商业电影的发展脉络在战时环境下也不致断裂,维持了自身的生存。

第三节 "附逆影人"清算案与战后的落幕

经年的战争结束,对苦难的中国人来说是一件欢喜鼓舞的事情。国民政府重掌上海,并取消了租界,但对于张石川这些曾经留守"灰色上海"的电影人来说,一场新的心理磨难开始了。1945 年 8 月日本投降后,川喜多长政从北平赶回上海,召集"华影"中国方面的员工开会。公孙鲁对当时谈话内容的概括如下:

> 据他(川喜多)判断,凡参加"华影"的人员,如以往本属正式的电影从业员,绝不会科以汉奸之罪。他谈话中引出了法国战争后的例子:当法国光复之日,所有在德军及维琪政府之下,基于生活关系,仍然从事原岗位职业的,不视为法奸。只有在沦陷后,受敌人命令而改业图利的,才算是通敌。
>
> 川喜多的话,对"华影"人员无疑是一副安定剂。①

川喜多的预言说对了大半,然而很快,包括张石川在内的"华影"同仁确实在战后经历了一场轰轰烈烈的"附逆影人"清算案,虽然最后不了了之,但这个"汉奸"典故不得不为后来的电影修史者所顾及,结局的语焉不详造成了很长一段时间乃至今日电影史从民族情感、政治评判角度对张石川等人及其在沦陷时期电影活动的话语成见。

战争刚刚结束,仇视"汉奸"的民族主义情绪高涨,国民党政府的惩治汉奸与战后重建工作同时进行。1945—1946 年之交,南京国民政府发布的《惩治汉奸条例》覆盖了大小政府公报和多家报刊。在这样的政治气候下,检举铲除影剧界"附逆汉奸"的行动在 1946 年初开始发酵。1 月 4 日,上海戏剧电影协会成立,并专门附设了一个"检举附逆影剧人特种委员

①公孙鲁:《中国电影史话(第二集)》,香港:南天书业公司,1963 年,第 194－195 页。

会”，由罗学濂、凤子、葛一虹、赵志游、吴祖光、夏衍、金山、张骏祥等九人组成，以协助当局对曾留守沦陷区的附逆影剧人进行调查并公开检举[①]。5月，“特种委员会”举行新闻界招待会发表声明，附发全国影剧界两千余位从业者名单，并公布了七条检举原则，拉开检举的序幕[②]。曾经在“中联”“华影”任职的影人，在这片“文化汉奸”的围剿声中惶惶不可终日，虽然尚未受到来自官方的审理或司法的裁决，半年来已经遭到了电影界无形的“冻结”[③]。例如张石川，抗战结束后的一年都闲荡在家，未被任何电影公司邀约。所以，当公开检举附逆影人的声浪渐高之时，张石川与卜万苍、李萍倩、方沛霖、王引、朱石麟、徐欣夫、杨小仲、马徐维邦、何兆璋、屠光启、郑小秋等曾经在“华影”工作的12位导演联名发表自白书，向政府和舆论澄清，声明自己是地下工作人员，他们的工作是得到那时在沪领导者的同意的[④]。

很快，上海市党部主委吴绍澍亲自出具证明，报刊公开刊登并宣称：“‘华影’十二导演自经党部主委批示证明为地下工作后，已经无附逆嫌疑了。”

> 兹据电影导演李萍倩、徐欣夫、朱石麟、屠光启、马徐维邦、张石川、方沛霖、郑小秋、何兆璋、杨小仲、卜万苍、王引等十二人呈悉称一部分同仁，曾于民三十一年太平洋战争爆发时，由张善琨率同谒蒋伯诚先生、吴绍澍先生，请求进正，奉谕从影，并予各守岗位，以消极从事抵制云云，又于民国三十二年春，张善琨在其寓邸秘密召集具呈人等请吴开先先生训话，奉谕各人以往工作，态度既可嘉许，望以认定宗旨，虚与委蛇，坚守岗位，勿令恶势力扩展。其时先生即将离沪赴渝，承允将影界实在情形状告当局必可获得谅解，以安心工作等情，经此明实予证明此证。主任委员吴绍澍。[⑤]

于是，轰动一时的“公开检举”因“附逆影人”名单迟迟未见公布而无下文，上海电影人的行踪又渐活跃。但几个月后，检举机关由“特种委员会”

---

①《戏剧电影协会正式成立》，《申报》1946年1月22日。

②《影剧界订原则检举附逆份子》，《精华》1946年第2卷(革新第10期)。

③《导演冻结，张石川等辩白》，《立报》1946年7月1日。

④柏生《十二名导演的自白书》，《七日谈》1946年第25期；《附逆十二导演当局呼吁》，《精华》1946年第2卷(革新第10期)。

⑤《十二大导演无罪》，《海涛(周报)》1946年8月8日。

转为国民党中统局，将附逆影剧人的案卷全部移交法院办理。11 月 4 日，上海市高等法院检查处向 30 多位曾参加“华影”的影剧人发出传讯，张石川也在其列。但这次被传讯的人，无一到庭，有的在港，有的称病①。

例如，张石川此时就身在香港。1946 年 10 月在上海取得经营执照的大中华影业公司囿于战后局势，在上海无法获得理想拍片环境，将拥有更宽松的政治经济环境和便利的地理位置的香港作为制片基地，成为战后香港第一家大电影公司。周剑云接受了“大中华”创始人蒋伯英的邀请担任编导委员会主任委员，并且邀请了旧搭档张石川前往香港主持制片工作。于是，张石川带着妻子何秀君以及周璇、吕玉坤、舒适、何兆璋、何懋刚、罗从周等人一同前往，开始了《长相思》的拍摄。法院传票送到张石川在上海的家中，他的子女连发电报催促他回沪。张石川带病于 12 月初匆匆赶回上海，到法院报到，后交保外出，再度赴港拍片。但后来《长相思》完片后，为避开社会舆论风波，“大中华”还是将导演名字改为何兆璋进行公映②。

然而，上海这场众声喧哗的“附逆影人”检举清算案整个过程实际近乎一场闹剧，如在戏剧电影协会就“附逆影人”检举问题举行新闻界招待会上，“主席费穆很聪明，竟有事没有来”，田汉主张“以道德制裁，不予合作”，只有潘孑农“大叫大喊”着要严厉制裁，史东山则索性表示“瞌睡未醒”，头脑糊涂③。而张石川在内的十二导演基本构成“华影”的主流导演，竟然集体宣称自己的“地下工作者”身份却没法提供任何实质证据。集国民党军事代表、党务特派员、上海市副市长三大头衔的吴绍澍亲自出来为张石川等人作证开脱“罪名”也是疑窦重重，如何秀君回忆录以及当时沪上小报所披露的，这其中很可能有着浓重的人情色彩。吴绍澍当时正在追求张石川的养女张敏玉，不久后即成为张家女婿。夏衍孙女沈芸在记述张敏玉的文章中也较为明确记述了此事对张石川“汉奸案”的影响④。而 1946 年底开始的司法审理也因被传讯人无法出席而一再推迟侦讯日期⑤。1947 年 10 月，承办清算的上海高检处也没有办法，“附逆影人”案已暂时搁置⑥。而到了 1948 年 3 月，这桩“伪华影职员及影星被控附逆案”，因为“本市情形特殊，侦查时诸多未便”“侦查年余之久，迄未结案”，19 名未被起诉的“华

①《中统局移交案卷，法院侦查影剧人，柳中浩、张石川等被传！》，《诚报》1946 年 11 月 5 日。

②谷均：《谁是〈长相思〉导演》，《中外春秋》1947 年第 20 期。

③《讨论检举附逆影人一团糟》，《快活林》1946 年第 18 期。

④沈芸：《张姨：不露声色的美丽》，《档案春秋》2011 年第 10 期。

⑤《附逆影人四度传讯》，《中华时报》1946 年 12 月 30 日；《附逆影人改期再讯》，《戏报》1946 年 12 月 31 日；《四审附逆影人，仅梅熹一人到庭》，《民国日报》1947 年 1 月 1 日。

⑥《附逆影人案已暂时搁置》，《大公报(上海版)》1947 年 10 月 7 日。

影巨头或明星”被上海高检处“全卷寄送首都高检处侦查”，张石川此前虽然被吴绍澍公开高调作证，依然还在这份被控附逆名单中①。但此后，这场检举清算案在越来越紧张的国内形势下不了了之，于是对张石川“附逆影人”的判定在历史长河里悬而未决，但这种语焉不详也使得张石川与沦陷期的上海电影一起被打上了灰色调。

在“附逆影人”案锣鼓喧天的同时，是战后上海电影业的新繁荣，除了国民党政府通过接收建立起官营电影系统外，战前的私营电影公司再度复苏，重新活跃起来，电影的商业本性在这短短几年获得了极速发展。“4 年时间里问世的 150 余部故事片(不含香港)，80%以上均是由上海的 20 余家大、小制片公司出品的。”②

然而这一时期，中国政治上的纷争乃至战争局势的紧迫，和经济上通货膨胀的急剧加速，实际上给电影公司生产经营的健康发展造成了很大阻碍。当时的史料记载：“外汇管制甚严，即可申请亦极艰难，关署又禁止新式器材及胶片、洗印设备等入口，所用者泰牛为走私之物，成本既贵，能顺利发展者寥寥无几。……其他工业部门均有贷款弥补运用，但电影则无法获得此种权力；各公司多设法向外挪借美金制片，收入为法币，偿还债主是美金还加上利息，基础不稳固的制片公司怎能受得了。……金融波动剧烈，币值日益贬低，各公司待归账时已无法平衡收支数。”③与此同时，《中美友好通商航海条约》签订后，好莱坞电影相比战前以更大的规模进入了中国市场。根据“上海影剧业工会影片发行分会西片联合委员会”1950 年的统计资料，从 1945 年 8 月抗战胜利到 1949 年 5 月上海解放这不足四年的时间内，单单上海进口的美国影片(包括长、短在内)即达 1 896 部之多④。再加上国民党官营电影机构利用政治经济上的优势在一定程度上取得了强势地位，留给私营公司的市场空间相当有限。在战后四年的上海电影界，较大规模的私营公司主要是“昆仑”“文华”和“国泰”。

柳中浩、柳中亮兄弟在拥有金城、金都两座影院的基础上，又买入了沪

①《被控附逆影人十九名 全卷移京高检处侦查》，《申报》1948 年 3 月 25 日，所录 19 人名单为：影星李丽华、陈燕燕、陈云裳、梅熹，伪“华影”常务董事黄天佐、黄天始，发行组主任钟实璇，戏院组主任何挺然，考率组主任胡晋康，总务部副经理伍仲山，事务处主任张浦还，财务处副主任金龙章，制片部门经理张石川、徐欣夫，第二管理处主任卞毓英，导演岳枫，摄影师周诗穆，金都大戏院负责人柳中浩、史廷磐等。

②丁亚平：《影像中国：中国电影艺术 1945—1949》，北京：文化艺术出版社，1998 年，第 110 页。

③于君：《中国电影史记》，《青青电影》1948 年第 16 卷第 28 期。

④《西片发行业坚决拥护停映美国反动影片》，《文汇报》1950 年 11 月 8 日。

光大戏院，三家影院在战后初期国产片市场尚未复苏之时主要放映好莱坞电影，为他们接下来重返电影制片业积累了充足资金。战前原“国华”所属福履理路片场即“华影”二厂被中央电影摄影场接收。尽管柳氏兄弟向接收当局提出申诉，声称当时被“华影”收购是实属“不可抗拒之压迫情况下被动行为”①，要求予以补偿，但原“国华”制片厂最终被接收改建成中央电影摄影场二厂。

1946 年 7 月，柳氏兄弟在徐家汇新建制片厂，以杨小仲、李萍倩、顾兰君、王丹凤、严化等一批原“华影”人员为班底，建立国泰影业公司，柳中浩任总经理、柳中亮任副总经理，徐欣夫任厂长，李大深任制片经理②。并且，聘请国民党要人、中央文化运动主任委员张道藩任董事长、上海市参议会议长潘公展任副董事长③。在组建公司过程中，“国华”元老张石川却未列其中。1948 年 1 月，柳氏兄弟分家，柳中浩仍然主办国泰影业公司，将资本拨给柳中亮一部分，另成立大同电影企业公司，摄影场与国泰影业公司共用，柳中亮重新请张石川担任“大同”的制片经理。这时报刊文章上才披露了当初张石川未被邀请加入“国泰”的原因，当时“国泰”制片事务的主要操持者是李大深、徐欣夫、周伯勋等人，尤其是李大深，是柳中浩的舅舅，徐欣夫担任李大深的副手，“如果张石川进去以后，担任什么名义。这是个难题。让他当厂长而李退休，是不可能的。让他当一名导演，而在李徐辈手下工作，他当然也不会答应。因此柳中浩考虑再三，这问题还不能解决。而徐欣夫有他的一班干部，张也有他的干部，张如打进‘国泰’要失势”④。

加入“大同”前的 1946—1947 年间，张石川奔波于上海、香港两地。抗战结束后他在上海一直未获拍片机会，为生计接受周剑云邀请先后赴港，为“大中华”“建华”拍片，又因“附逆影人”案被迫回沪，颇受精神上的煎熬，他的身体越加衰弱，经常传出生病的消息，甚至回宁波老家休养⑤。而他的个人积蓄也并不丰足，此前在吕宋路邑庙市场投股，拥有一些房地产以获取红利。1947 年 6 月邑庙市场大火，将他的产业烧掉大半，亦对张石川

①黄仁编撰、袁丛美口述：《袁丛美从影七十年回忆录》，台北：亚太图书出版社，2002 年，第 85 页。

②《上海市电影制片工业同业会成立送会议记录、理监事履历表、会员名册、印模章程等于社会部社会局的来往文书》，上海档案馆，档案号：Q6－34－111。

③《〈湖上春痕〉映前：湖上春痕拍摄时张主任道藩来厂参观》，《国泰新片特刊》1947 年第 2 期。

④《是张恨水的“知己”，是大同的擎天柱》，《世界电影》1948 年第 8 期。

⑤《张石川回乡养老》，《东南风》1947 年第 43 期。

打击很大[①]。所以，当柳中亮抛出橄榄枝时，年近六十、体力已不支的张石川也立刻答应赴任大同公司制片经理。

张石川利用自己的人脉，邀请欧阳予倩、洪深等人为"大同"编写剧本，指导黄汉、舒适担任导演，拍摄了《弱者，你的名字是女人》，将自己的重商主义制片思路和具体的摄影场经验传授给柳中亮的儿子柳和清。"大同"出品基本都是商业类型电影，如《红楼残梦》《蝴蝶梦》《柳浪闻莺》《人海妖魔》等爱情片、歌唱片、恐怖片，虽然规模和数量上不能与"国泰"相比，但也为战后上海电影业复苏贡献了重要力量，传承和发展着20、30年代明星公司、国华公司的商业制片经验。1948年12月出版的《青青电影》上仍然称赞张石川的"老当益壮"，"张石川年近花甲，然工作精神转为少年人所不如，连日常从下午开始工作至翌日天亮，从不叫一次饶，并呵欠亦未打一个，精神可佩，少年导演自叹弗如也"[②]。

1949年5月，上海解放。6月上海物价就经历了两轮疯涨，10天内平均物价上涨2.7倍，制片成本激增，加上货币贬值以及动荡时期电影市场不景气等不利因素，私营影片公司的经营受到重创。在新成立的人民政府扶持下，昆仑公司借到了人民银行贷款9 000万元，大同公司和国泰公司各借到了6 000万元，而且完全是无条件低利息借款，一定程度上稳定了上海电影业秩序，"私营电影到目前仍能继续拍片的原因，大半是政府推动之力所促成"[③]。

各私营厂开始逐步恢复电影生产，报刊文章对上海几家私营制片厂近貌的报道中特别提到，在政权交接的动荡时局下，大同公司比其他民营影片公司表现得更为稳健，是因为"和张石川的'坐镇摄影场'有关，张石川有控制摄影场的绝大权利，因之全片的完成，在时间上有了把握"[④]。所以，其他电影公司都在紧缩，而大同公司在上海解放前后拍摄完成《望穿秋水》后颇获好评，接着又拍摄《自由天地》。张石川因年事已高，不再执导影片，但为摄制《自由天地》筹备了声势浩大的主创剧组，特约老友于廷勋改编，昔日麾下两位重量级明星周曼华和宣景琳亦因张石川之故重登银幕。抗战胜利后就未再拍过电影的周曼华称："这次全是张石川先生的坚邀，情不可却，而况我过去又是张先生手下的人。"[⑤]而30年代明星公司时期著名

①《张石川去港》，《戏世界》1947年第312期。

②《张石川老当益壮》，《青青电影》1948年第16卷第37期。

③《私营制片厂获得贷款 准备加紧拍片》，《青青电影》1949年第17卷第22期。

④《上海几家私营制片厂的近貌》，《青青电影》1949年第17卷第21期。

⑤《阔别六载 重登影坛：周曼华专访》，《青青电影》1949年第17卷第21期。

女星宣景琳退隐甚久，也是再次出山，“渐渐有所憬悟，觉得自己年纪虽已不小，但似不应该躲在家里，因之下决心去找当年的老上司张石川谈谈，张是现在大同影片公司的厂长，就劝宣出山，在新片《自由天地》中担任四姑太角色，这是一个配角，但宣表示乐于接收”①。拍摄期间，张石川还亲率大批工作人员，包括导演黄汉、主演周曼华、乔奇等二十余人前往苏州木渎、天平等处摄制外景②。当时报刊称大同公司“可说声势浩大，风头正健”③，正筹备新设业务部，大有扩展的迹象。

11 月 9 日，张石川代表大同影片公司参加了上海军事管制委员会领导下的文艺处召开的私营电影制片公司座谈会。军管会是在上海解放后随之进驻，并设立新闻、文艺、出版、教育等多个业务处，电影口由夏衍、于伶负责的文艺处管理。出席这次座谈会的有文艺处夏衍、于伶、陈万美、剧影协代表陈白尘，即将成立的上海电影制片厂代表钟敬之，以及各主要私营公司代表，如“昆仑”的任宗德，“国泰”的周伯勋、柳中浩，“大同”的张石川等二十余人。几位代表相继谈到了目前各公司面临的困难情况，大都集中在厂方经济、人才剧本、胶片以及其他技术问题，希望政府予以有效的帮助。夏衍代表政府对这些情况进行回应：对私营电影公司的资金不能周转、发行问题、出口问题等，文艺处将尽可能给予帮助；剧本问题已由陈鲤庭筹组班子，集中人才来解决；私营厂用人尺度可放宽，要提拔新人；胶片已向苏联定购④。

此后，11 月 22 日、28 日，上海军管会文艺处又连续组织召开两次私营制片厂座谈会，根据座谈会记录文件，这些挣扎图存的私营制片厂其实已经面临普遍严峻的经营问题，如大同公司的现状是：

> 一、人员不足两组，分配工作是一组快，一组慢，差错进行；
>
> 二、现在剧本不足，接不上气；
>
> 三、《望穿秋水》原定成本三千万元，结果六千万元完成；
>
> 四、一九五零年拟出十二部(该公司第一年曾出九部)；
>
> 五、收支情况：《二百五小传》一片成本六千万元，收入只有一千六百万元；
>
> 六、负债情况：解放时负债四千万，现在欠六亿(收入仅作缴发行

①《宣景琳的出山前后》，《青青电影》1949 年第 17 卷第 22 期。

②朱微郎：《外景队杂记》，《青青电影》1949 年第 17 卷第 24 期。

③《大同赶造新影棚 一九五零年拍片十二部》，《青青电影》1950 年第 1 期。

④《文艺处召集上海私营制片业座谈》，《青青电影》1949 年第 17 卷第 22 期。

费用,每月用二亿五千万现金,而收入只有五千万,连同旧片收入不足一亿);

七、经济困难到不能支持的地步!(借债度日,高利贷一与四到一与八之比,就是说月初借一亿,月终加上利滚利可能到八亿)![1]

“昆仑”“大同”等四家公司在会上继续提出贷款请求,其中“大同”申请贷款8亿,于伶回复表示“政府重视电影,援助是多方面的,如单纯在借款这一点上的话,那么以目前私营公司负债之巨,而人民银行又正在收紧信用,节缩放贷地配合全国金融政策,难以满足私营公司的主观要求”[2]。当时这些私营公司不仅严重缺乏资金,而且在影片发行、劳资纠纷等方面都面临困难,如大同公司单以利息就累计欠款3 000余万元,只能于1950年1月12日对外宣告暂时停业。

政权更迭必然带来一场利益关系的新调整,旧上海电影产业开始了漫长的传承与分化,传统的私营电影制度日趋崩溃消亡,逐渐被新生的国家电影生产体制所取代。这一“新旧转换”历史的开端,亦被亲历了民国三十余年电影史的张石川所见证。1949年11月16日,上海电影制片厂举行了隆重的成立大会,张石川参加出席并作为来宾致辞,他说:“我今年六十岁,但今天来上了一课,做小学生要重新学起来了。”[3]

美国学者保罗·克拉克在《中国电影:1949年后的文化与政治》一书中,曾用“上海派”来指称这些来源于原国统区的“旧上海电影从业者”,与“延安派”/解放区电影人相对应,以此关注延安—政治对上海—艺术的紧张关系[4]。张石川毫无疑问是坐于“上海派”头把交椅之人,他在民国上海电影界的经历与现代性一起充满了暧昧性,一方面,它所代表的新商业文明和资本逻辑为个人发展提供了丰富的可能性,外来移民来到上海,凭借自己的财商与苦干向上攀升,作为民国第一电影人身份登场并活跃于20世纪前半叶的中国电影生产与经营,在此过程中呈现出多元的跨地域、跨文化与跨媒介的范式意义,以及形成一个个体的多重身份;另一方面,它又代表着帝国主义和剥削制度,在国家、民族文化和个体身份乃至如雅克·

①《关于上海昆仑大同等四家私营电影公司的报告》,上海档案馆,档案号:B172-4-45-11。

②《关于上海昆仑大同等四家私营电影公司的报告》,上海档案馆,档案号:B172-4-45-11。

③《上海电影制片厂成立举行隆重典礼详记》,《青青电影》1949年第17卷第23期。

④CLARK P. Chinese cinema: culture and politics since 1949[M]. New York: Cambridge University Press, 1987.

勒高夫所称的非个人化的“心态”①的相互冲突中，在民国时期上海的电影和城市文化的特定语境中运作，所有这些使得张石川在中国电影史的身份问题变得更引人注目和更为复杂。

所以，当 1949 年上影厂党委派人到家里看望张石川，看他还能不能工作时，在何秀君的回忆里，张石川万分感慨，“一来感谢共产党宽大，并不追查他过去那段历史；二来感激人民还不肯甩掉他这样的人，还希望他对人民有所贡献”②。然而，张石川的生命历程已经快走到了尽头，他没有加入“上海派”同伴们的转型与改造队伍，1950 年为养病迁居苏州，再回到上海后又辗转病榻三年，1953 年 6 月 8 日在上海病逝。在他深居简出的最后日子里，“上海电影”的定义正在发生巨大改变，始于 1951 年下半年上海各私营电影厂的国有化改造，随着 1952 年 1 月 20 日上海私营电影厂全部并入国营上海联合电影制片厂而完成。一年后的 1953 年 2 月，国营上海联合电影制片厂全部并入国营上海电影制片厂。自此，中国私营电影暂时退出了历史的舞台。

---

①LE GOFF J. Mentalities: a history of ambiguities [M]// LE GOFF J, NORA P. Constructing the past: essays in historical methodology. Cambridge: Cambridge University Press, 1985: 167-169.

②何秀君口述、肖凤记：《张石川和明星影片公司》，中国电影资料馆编：《中国无声电影》，北京：中国电影出版社，1996 年，第 1548 页。

下篇　张石川的电影导演创作研究

上篇详细回溯了张石川横跨民国近四十年的电影生产经营活动，重新审视了他的跨界实践经验对中国早期电影工业的跨地域、跨文化与跨媒介的范式意义，以及他提出的“人才合作法”与“处处惟兴趣是尚”的制片理念及实干的商业精神，对中国电影商业性曾经到达的高度所发挥的重要作用。对于张石川来说，这些理念和经验，不仅是经营策略和制片策略，也成为他的拍摄策略和创作策略。也因此，经济因素强烈影响了张石川导演创作风格的形成和发展，他的生产经营与电影创作得以自成一体并一以贯之，他成为早期中国电影史上最具代表性的商业电影导演。

林天强从导演发起电影的角度回溯世界电影产业史的开端，提出“早期的电影创作、电影经营和电影探索是三位一体的，此时，电影制作者同时也是电影语言的探索者，还是电影的经营者，是具有完备职能的电影人雏形”①。中国早期电影工业发展的轨迹某种程度上显示了和欧美早期电影工业相似的轨迹，集电影制作、电影导演以及电影

①林天强：《从制片人中心制、电影作者论到完全导演论——对好莱坞、新浪潮和中国电影新生代的一个模型推演》，《当代电影》2011年第2期。

公司经营三位一体的张石川,就是这样一位具有完备职能的电影人雏形。然而在有关中国电影人的大量文字表述中,抑张石川而扬郑正秋的论调始终是主流。这其中的原因,除了张石川因在沦陷时期的电影活动被打上“附逆影人”案的政治阴影,还有很重要的一点,如前文阐述,在他“处处惟兴趣是尚”的制片理念中,电影的商业价值永远先行于艺术价值或者社会价值。

尽管在公开的学术讨论中,已经没有人否认电影的商业性,但商业性总是先入为主地与投机浅薄、低级的审美趣味等意味相关联,因而与艺术性、人文性有了高下之分,如有学者指出,“在中国,电影作为一种精神产品的概念,远比电影作为一种工业产品和商业产品的概念深入人心”①。以张石川为代表的一批早期电影从业者兼创作人,在电影业基本的商业逻辑发展之路上摸爬滚打所感悟体认的电影与商业的关系,也长期得不到正确深入的看待。

本书的下篇将回到张石川与其开垦的中国商业电影滥觞、勃兴、穴结、拐点的历史现场,从商业美学的维度重新观照张石川为中国电影商业性的发展作出的先驱式贡献,将他的电影文本放置在更为广大的历史情境中,作为如汤姆·甘宁提出的“历时性轴线”与“共时性切片”互相影响与渗透的范本进行讨论②。正是在那样一个中国商业电影开局并逐渐发展的时代,张石川自觉自发地作出了电影创作走向的选择并坚持下来,从而积攒了卓有成效的实践经验和美学惯例。他的电影创作与一个广阔的电影世界的形成与演进相互交叠,为民国电影的影像风格与银幕形态奠定了一种主流范型。将历史语境下电影商业与电影美学的动态互动纳入考量,本篇将在上篇的基础上,从导演创作的角度再解读张石川作为“民国电影第一人”的历史地位,尝试为“重写电影史”打开新的视野。

---

①汪朝光:《光影中的沉思——关于民国时期电影史研究的回顾与前瞻》,《历史研究》2003年第3期。

②GUNNING T. Film history and film analysis: the individual film in the course of time [J]. Wide Angle, 1990, 12(3): 5.

第四章　电影美学的可操纵惯例

商业文化在现代文化发展的过程中，有效地发挥着影响大众社会思想变革的重要作用。张石川电影在中国电影史上的意义，首先是对电影商业性的成功探索与实践从而具有的示范性。可以说，在对商业、政治、教育和艺术具有多重追求的中国早期电影导演群中，张石川是一个目的直接的人，从商人跨界电影创作，一开始对电影的商业性就有了自觉的美学意识，此后几十年的创作也是千方百计地琢磨如何使电影为观众所欢迎从而营利，例如有学者就充分肯定了“张石川 40 年的创作过程就是中国电影起步和发展的基本标志”，尤其是张石川把电影“作为吸引观众的娱乐工具”时所表现出来的“孜孜以求的努力奋斗精神”①。

商业美学，自 20 世纪 80 年代出现以来作为一个新兴研究领域，与理论美学、市场学、心理学、商业经济学等学科有着密切联系，并逐渐进入电影学的讨论②。在国内学者的研究中，尹鸿对电影的商业美学率先进行了较明确的阐释，他通过援引好莱坞商业电影运作的参照，强调电影的商业美学核心在于“寻找艺术与商业的结合点”，确立依据市场和观众变化而相应推出的“美学惯例”③。笔者曾在考察明星公司的电影美学特征时，深入探讨了“明星电影”是如何在尊重市场、满足观众的审美需求上，为中国早期电影创造了可以作为一种相对成功范型的商业美学，为当时的观众所广泛认可④。而在早期电影这种美学范型的积累过程中，张石川的电影创作提供了尤为丰富的代表性案例，这些案例也值得我们今天在“重写电影史”视野下将之总结为如尹鸿所说的“美学惯例”。

---

①周星：《电影概论》，北京：高等教育出版社，2004 年，第 173 页。

②商业美学在电影研究领域的首次登场，是在澳大利亚学者理查德・麦特白（Richard Malbty）1995 年所著的《好莱坞电影——1891 年以来的美国电影工业发展史》，从商业和艺术之间的共生关系阐释好莱坞电影的商业美学。

③尹鸿、唐建英：《冯小刚电影与电影商业美学》，《当代电影》2006 年第 6 期。

④艾青：《明星影片公司探析》，上海：东方出版中心，2017 年，第 111－127 页。

惯例，本质上是一种可以仿照先例办理的可控操作。在此，我们再援引另外一个相关联的概念，美国文化历史学者尼尔·哈里斯在对19世纪美国最伟大的马戏团经理人巴纳姆的研究中，提出了“可操纵的审美”(operational aesthetic)，指的是“一种将美好的事物等同于信息与技巧的体验方法，因狡诈骗术比直截了当更为复杂而将其接受”①。哈里斯将“可操纵的审美”视为一种品味哲学，反映在公众对于事物操作原理的感觉和知识的迷恋，特别对于新技术及其创造性应用的好奇心。在广泛的意义上，“可操纵的审美”指涉出了消费社会的技术和物质条件；具体而言，它又与新发明、展示以及装置、技巧和骗术等相关，因此，“可操纵的审美”架接起游戏和展示之间的关联，凸显出了大众媒介所揭示的在现代消费社会集体经验中的认知快感。

哈里斯发现了巴纳姆的一系列演艺策略中所体现出来的“可操纵的审美”，给予本书展开对张石川电影美学的可操纵惯例分析以启发，这些美学惯例，是作为中国第一代电影导演的张石川在借助好莱坞商业电影特点和平衡本土观众欣赏趣味之间开掘出来，并随着市场环境、观众审美、社会风尚的变化而不断调整操作的实践积累。柯灵把早期中国电影的商业竞争看作“一切向钱看，出门不认货的市侩主义表现”②。回到历史的既定语境中，“市侩主义”至少很好体现出电影原初的商业本质、舶来文化的跨界呈现以及创作者与受众需求之间的积极互动。张石川的创作取向始终以票房价值为上，在他的电影文本中，商业性和艺术性既有协商，又有冲突，而商业性往往前置。在回溯张石川电影贯穿20世纪上半叶近四十年美学风格变化的“历时性轴线”之前，本章先尝试对其在商业美学的“共时性切片”上呈现出的可操纵惯例做一番归纳。

第一节　具有吸引力的“噱头”

汤姆·甘宁在对1906年前的世界早期电影及其观众关系的研究中发掘出一种“吸引力电影”的观念已成为许多研究者的共识。吸引力电影，强调早期电影以对观众产生情感或心理上的震惊体验为一种美学策略，重视

①HARRIS N. Humbug: the art of P. T. Barnum[M]. Boston: Little, Brown and Company, 1973:57.

②柯灵：《试与“五四”与电影画一轮廓——电影回忆录》，《中国电影研究》，香港：香港中国电影学会，1983年，第16页。

视觉奇观的展示而非故事世界的表现，强调瞬间即来的灵感而非渐进发展的情景。尽管此后电影脱离了杂耍，进入了叙事化发展阶段，但吸引力法则并未消失，而是转入了地下，仍然在电影制作中继续发挥巨大作用①。早期中国电影，如玛丽·法克哈和裴开瑞指出，已驾轻就熟地适应了中国本土的“吸引力美学”的展示语境，包括迅速被各种创新技术所开发成新奇的娱乐方式的强大的猎奇/“玩意儿”传统②。

深入张石川的电影文本发现，他所秉持的“处处惟兴趣是尚，以冀博人一粲”的主张中，“兴趣”就是观众的兴趣，即电影的吸引力，他强调电影要调动一切装置、技巧甚至骗术，激发观众好奇心、产生吸引力。深入本土的文化语境，这种吸引力直接来自观众对于“噱头”的好奇心，成为张石川电影的一种可操纵惯例。

何谓“噱头”？现代汉语对其的解释有“引人发笑的话或举动”“花招”“滑稽”。程步高曾对上海人喜爱“噱头”作过形象说明：“在上海人心目中，往往不分青红皂白，凡有什么新的东西，一律叫它噱头。”③后来也有文章在论及国产电影的源流时指出上海市民喜爱新奇的文化心态，“潮流之下，产此骄儿，殆亦上海人好奇骛新之习惯，有以养成之欤”④。利用“噱头”吸引观众在文明戏剧创作已有成功先例，例如新舞台上演凶杀案改编的文明戏《阎瑞生》时，阎瑞生邀王莲英坐汽车兜风一场就搬出了一个真汽车上舞台的新噱头。利用新舞台的大空间，不但将一部真汽车开上了新舞台，而且这部汽车就是阎瑞生谋杀案中的真实物件。正式公演那天，这部阎瑞生、王莲英本人坐过的白色跑车，从上场门开出，又在台上兜个圈子，最后从下场门开出去，“使观众叹为观止，觉得噱头之好，趣味之崭，为生平第一次”⑤。

从文明新剧编排跨界到电影的张石川，深知“噱头”对观众的吸引力，并有着丰富的经验。他早期的滑稽短片正处于“吸引力电影”阶段，受美国打闹喜剧影响，以追逐、打闹的动作奇观作为“噱头”，迎合中国观众重热闹的观赏心理。并且，这些“噱头”带有新旧、中西元素混合的文化杂交性，如《二百五游城隍庙》《脚踏车闯祸》《活无常》等类似农村乡巴佬遭遇城市制

---

①汤姆·冈宁：《吸引力电影：早期电影及其观众与先锋派》，范倍译，《电影艺术》2009年第3期。

②玛丽·法克哈、裴开瑞：《影戏：一门新的中国电影的考古学》，刘宇清、沈大春译，《电影艺术》2009年第1期。

③程步高：《影坛忆旧》，北京：中国电影出版社，1983年，第44页。

④西神：《上海之电影事业》，《新上海》1925年第1期。

⑤程步高：《影坛忆旧》，北京：中国电影出版社，1983年，第42-43页。

造种种笑料的主题，将城隍庙、包办婚姻、中国鬼神等本土元素作为再现日常奇观的“噱头”；后来的《滑稽大王游沪记》和《大闹怪剧场》又将美国喜剧明星卓别林、罗克的形象作为“噱头”，勾勒出世界性的小市民和移民形象，在新旧文化交替的都市中描绘出一幅矛盾的摩登生活画卷，引发观影的震惊体验。而《劳工之爱情》不仅包括张石川以往短片中反复使用的打闹动作，还加入了哈里斯所论述的装置、技巧和骗术等相关的物质性策略，如郑木匠的尺具、墨盒、祝医生的老花镜等，当然最大的“噱头”则是郑木匠将楼梯改成活动滑梯这个魔术装置，将影片推向喜剧高潮。

转入叙事化阶段后，“噱头”的“吸引力法则”依旧发挥了很大的作用。往往以碎片性的点缀穿插于故事之间，与叙事结构及戏剧矛盾关系不大，但都着力于激活观众的吸引力，制造基于眼前此时此刻的震惊体验。洪深指出，张石川他们在电影中所穿插的，诸如抱牌位做亲、尼姑庵落发，甚而至于男人洗澡的浴室，都是大部分观众（如太太们）听说过、未曾见过而想看的东西，所以影片到处受人欢迎①。观众“未曾见过而想看的东西”带来的正是一种震撼体验，这种体验同时也是现代都市生活造成的人们在感官刺激变化上的一种“现代性的遭遇”。辛格曾经分析了现代性的六个主要面向，其中第六个面向是感官的复杂性和强烈性。这种感官体验和城市化、现代化似乎形成直接的因果关系，都市生活的感官超载要求现代人积极地对付疲惫，突出了人们对可知性、可控性与空间清晰度的诉求。因此，人们对耸人听闻的事物的兴趣也成为现代性生活中经验日渐贫乏的一种补偿式的反应。②

更为具体且具持续性的例子是张石川电影对新技术的开发与运用，将之作为具有吸引力的“噱头”满足观众对新奇的兴趣。与传统艺术媒介不同，电影以机械为根本，各种技术的发明及其更新，与不同的美学实践竞争、共生并相互融合，持续地推动电影历史的发展，也折射了人类克服局限、不断延伸与外化感知的不懈努力。中国电影在 20 年代中期进入第一个黄金十年的历史发展，作为吸引力的技术被置于前景，与叙事进行灵活互动的整合，张石川电影对“噱头”的挖掘从一般性的笑料发展到奇观性的震慑。如海德格尔写道：“至少我们可以猜度，技术的本质现身于自身中蕴藏着救赎力量的可能性。这是如何发生的呢？重要的是我们要洞察技术

---

①洪深：《我脱离电影界的原因》，李亦中主编：《银海拾贝》，北京：北京大学出版社，2006 年，第 9－15 页。

②SINGER B. Melodrama and Modernity: Early Sensational Cinema and Its Contexts[M]. New York: Columbia University Press, 2001:17－35.

的本质而不是仅仅固执于技术性。”①张石川对新技术元素始终有着超乎常人的敏感和敢于变革的魄力，例如，20年代中期充分利用新兴的电影技术如特技摄影等，给当时的观众带来了一次次的奇观体验，以《火烧红莲寺》系列电影为代表，频频制造技术的惊奇、感官的刺激和情感的即时唤起，引发了武侠神怪电影的浪潮。30年代初，张石川又带领明星公司率先开始电影声音试验，他对于吸引力的反复关注，使他敏感地再次抓住机会，探求视觉与听觉相结合的奇观效应。在第一部有声片《歌女红牡丹》插入了由梅兰芳代唱的四段京剧片段，成为影片的超强卖点，带给了观众一种震惊刺激的现代性体验。声音作为一种新的技术力量加入了这时期中国电影“向左转”的转变过程，重新定义了电影中声音的意义，引发了影像系统整体结构的变化，造就了继武侠神怪片后又一波吸引力电影浪潮。

第二节　调动情绪体验的情节剧模式

郑正秋曾经评价张石川的影片有格里菲斯的色彩②。美国导演格里菲斯的通俗情节剧及其电影观念、技术创新传至中国，尤其是在20世纪20年代前半期的上海影坛盛况空前，此时逐渐兴起的中国影评也常常以格里菲斯的作品作为衡量批评的标尺。陈建华较早地讨论了格里菲斯对早期中国电影所具有的深广意义，例如其在使电影在中国从“余兴”到“艺术”的观念转变上扮演了关键角色③。黄雪蕾运用琳达·威廉姆斯归纳格里菲斯导演的《赖婚》所呈现出情节剧的全部五个关键特征，即情节剧中的危机始发于家园（或无罪的空间），聚焦于遭受磨难的主人公并从而辨识他们的美德，这种辨识涉及观众的情感共鸣与最后激动人心的行动的辩证法，情节剧借用现实主义但现实主义仅在情节剧的情感共鸣与行动上发挥作用，情节剧的角色在根本上呈现的是二元对立的善恶冲突，验证了《孤儿救祖记》在五个特征上全部适用④。

在《孤儿救祖记》的成功带动下，中国电影如雨后春笋开始勃发，形成

①HEIDEGGER M. The question concerning technology [M]// HEIDEGGER M. Basic writings, tran. LOVITT W. New York: Harper & Row, 1977:314.

②郑正秋:《盲孤女之广告》,《明星特刊》1925年第5期。

③陈建华:《格里菲斯与中国早期电影》,《当代电影》2006年第5期。

④HUANG X L. Shanghai filmmaking, crossing borders, connecting to the globe, 1922—1938[M]. Leiden, Boston: Brill, 2014:182-192.

与好莱坞之间的竞争生存模式，情节剧在中国电影扎下根来，可以说张石川的一系列成功实践对此有莫大贡献。在这一过程中，他摸索着当时中国观众的通俗观影心理，模仿好莱坞电影，吸收文明戏剧目和鸳鸯蝴蝶派小说的叙事经验，将观众带入曲折离奇的情节和善恶冲突中去，衍生出本土性的情节剧美学惯例。

当时有评论者指出"影片的本质应该建设在民众艺术上"，意即要植根本土观众的"这里所表演的一切，都和民众很接近，民众对它很能了解"，并对一部受观众欢迎的"卖钱的影片"所包含的八个要素归纳总结如下：

(一)有一看即使人注意的戏名；

(二)有民众很熟悉而信赖的扮演人；

(三)有描写意志薄弱呆子等调和观众看戏时情感的地方；

(四)出生入死、战胜艰难、反抗和奋斗；

(五)有惊异奇怪，使观众精神被控制的地方；

(六)有引观众的精神到戏里所描写的环境中如切己所受榜样的力量；

(七)有使观众不可捉摸的布局；

(八)有使观众看后遗留下深刻的影像。①

这些以非常本土化方式描述的元素，无一不围绕着如何调动观众情绪、情感。其中第一、二点强调片名类型与演员明星对观众的辨识度，而其他点，如喜剧性穿插、历经磨难、奇观性、正面的主人公、精巧曲折的情节以及具有情感冲击力的画面等，都可视作早期中国电影本土性情节剧模式的组成部分，而这些在张石川电影中普遍存在并不断重复实践。

何秀君描述张石川的导演方式是，一开头苦，能惹心软的妇女观众哭湿几条手帕，到后面来一个急转弯，忽然柳暗花明，皆大欢喜。张石川自己也说："不让太太小姐们流点眼泪，她们会不过瘾，说电影没味道；但剧情太惨了，结尾落个生离死别、家破人亡，又叫她们太过于伤心，不爱看了。必须做到使她们哭嘛哭得畅快，笑嘛笑得开心。这样，新片子一出，保管她们就要迫不及待地来买票子了。"②在诸多的情节剧模式中，利用极致的煽情

①佛声：《卖钱的影片》，《天一青年公司特刊(仕林祭塔、女律师)》，1927年。

②何秀君口述、肖凤记：《张石川和明星影片公司》，中国电影资料馆编：《中国无声电影》，北京：中国电影出版社，1996年，第1517-1548页。

性以及虚拟式的大团圆结局来调动观众的情绪体验和身体震动，是张石川经由盛演不衰的情节剧模式摸索出的最具市场成效的可操纵惯例。

情感通常是作为维系一个共同体的重要纽带，如本尼迪克特·安德森所论述的，现代民族国家在成为一个政治现实前，首先是一个“想象的共同体”[①]，建构这个“想象的共同体”的技术媒介主要是出版文化的两种形式——报纸、小说。而张石川集结文明剧作家、鸳鸯蝴蝶派文人等创作的情节剧，则将中国电影也打造为建构城市市民共同体的另一种重要媒介。洪深曾把中国观众分为四种类型：大多数观众喜欢曲折之故事，热闹的情节；妇女所喜情感之激动，最好得一挥泪之机会；年事略长，曾经事故之人，则喜深刻之个性描写；唯少数知识阶层则喜推究一剧并包含之意义[②]。张石川紧紧抓住了大部分中国观众的心理，通常从普通市民的生活中发掘善恶，并且表现善与恶之间惊天动地的冲突，为了煽动观众，在剧情发展上往往让善良的主人公（尤其是禁锢在婚姻问题和家庭纠纷中的女性）历经曲折磨难，引起观众的共情和流泪等身体体验。如詹姆斯·L.史密斯指出的，“情节剧里梦幻般的世界满足的正是这种需要。它所鼓吹的是有关勇敢、正直、爱国和道德完美的理想”“它把压迫我们的恐怖与威胁加以戏剧化，然后再把这些东西还原成一种抚慰人的充满情感的格式”[③]。张石川导演的这些带有悲情、伤感情绪的情节剧为处在社会急剧变革转型下、被苦闷高压的现实生活所压迫的都市平民建构了一个情感共同体，创造了一个疏导现代性情绪和社会焦虑感的全新的公共空间，从而建立起自身在时代变局中的日常生活、民族身份和都市消费等身体体验的不同侧面。

而最后激动人心的大团圆结局则达到了情感的最高潮，如郦苏元指出，这种大团圆指一种循环结构的最终完成，而非好莱坞式线性叙事结构的封闭[④]。张真亦分析，情节之“圆”主要依靠一系列因果关系的建构来实现[⑤]，例如经常是家庭团聚、美满婚姻、报仇雪恨等“善有善报、恶有恶报”的因果报应，作为一种容易被中国观众所接受的中国特色的叙事方式，大团圆使新旧事物和观念被叠印在银幕上，在不同价值和生活方式之间获得重新平衡，使人们经历了创伤经验后获得一种虚构式的精神抚慰。

---

①本尼迪克特·安德森：《想象的共同体——民族主义的起源与散布》，吴叡人译，上海：世纪出版集团，2003年。

②洪深：《四月底蔷薇处处开广告》，《明星特刊》1926年第13期。

③詹姆斯·L.史密斯：《情节剧》，武文译，北京：中国戏剧出版社，1992年，第81页。

④郦苏元：《中国早期电影的叙事模式》，《当代电影》1993年第3期。

⑤张真：《银幕艳史：都市文化与上海电影1896—1937》，沙丹、赵晓兰、高丹译，上海：上海书店出版社，2011年，第230-231页。

除了借鉴格里菲斯的情节剧模式，张石川还通过仔细研究格里菲斯创立的镜头语言，如“淡出法”“大写法”（特写）、“回写法”（闪回）、“远摄”“雾摄”“反峰极法”（反高潮）等，创立了个人的一套“三镜”结构：以固定的基准镜头介绍环境与布景；以中景镜头来表现社会/家庭环境中的矛盾冲突；以特写镜头表现人物剧烈的表情变化①。这套镜头程式也被称为“远、中、近三部曲”②。电影史学家李少白认为：“张石川的导演艺术，代表了20年代电影占主导地位的基本银幕形态，也可以说，20年代的电影导演艺术是张石川的艺术时代。”③因为在电影技巧上，张石川首先考虑的是怎么才能使那个时代的普通观众看得懂，何兆璋回忆，“张石川拍电影的时候，比如，拍我要到你那里去，一定要先拍我出门口，然后拍我走在路上（这时人物是不讲话的），再拍我到你家门口。不像现在：我要见你，下一个镜头我就在你家里了。在张石川的片子里，这样不行：他要一步一步地来，讲得很清楚”④。

由此，张石川在《孤儿救祖记》中开创了早期中国电影的银幕主流形态，多用全景、中景和镜头段落把表演作为画面的中心，电影在镜头过渡上追求自然流畅，将这个颇为曲折的故事导演得通俗易懂，并以此控制观众的视点，为故事的发展营造安全的空间，培养了早期中国观众对情节剧电影的审美习惯。

正是可操纵的情节剧惯例，使张石川的拍片速度非常快。例如明星公司自1922年成立一直到1925年5月洪深加入之前，所有影片均为张石川一人导演，《孤儿救祖记》于1923年12月18日试映，紧接着1924年到1925年初，《玉梨魂》《苦儿弱女》《诱婚》《好哥哥》四部长故事片密集上映，间隔均在两三个月之内。洪深加入后，张石川又导演了五部影片在1925年上映：《最后之良心》《小朋友》《上海一妇人》《盲孤女》《可怜的闺女》，其中《盲孤女》从开拍到试映仅用了一个月时间⑤。有评论说，“他的快干倒并不是粗制滥造，而是开足了马力，增加生产效率。假使在他高兴的时候，就得来上几个通宵，所以他的导演片子，就能够‘定期出笼’，绝不会像一般

①CUI S Q. Women through the lens: gender and nation in a century of chinese cinema [M]. Honolulu: University of Hawii Press, 2003: 8.

②《远景、中景、近景三部曲——访问摄影师黄绍芬先生》，香港中国电影学会编：《中国电影研究》，1983年，第138页。

③李少白：《影心探赜——电影历史及理论（增订本）》，北京：中国电影出版社，2000年，第81页。

④陆弘石：《探访历史（之一）何兆璋访谈录》，《电影艺术》1997年第2期。

⑤刘思平：《张石川从影史》，北京：中国电影出版社，2000年，第50－63页。

导演的'拖泥带水''囤积居奇'"[1]。张石川自己也说:"我的作品都是很快制作成功的。对于公司方面,出品太慢,当然没有好处,只有愈快愈好,才能够维持成本。……我觉得一部片子做上一年二年,并不见得就有十倍二十倍的成绩。"[2]

但随着电影艺术的演进和中国观众观影经验的丰富,张石川这套镜头程式逐渐落后于时代,尤其是到了 40 年代,与影坛新秀们相比,他的导演技巧被批评是一种"连环画式的"导演风格,不擅长使故事简明化、以经济手法陈述故事,也不擅长在一个场面里多变动摄影机的位置和角度,画面构图的美化欠缺等。如 1942 年张石川导演的《白衣天使》,就在镜头组接上被指出太繁琐而影响了影片的节奏感等问题:片中挹之车祸的一场戏,玛丽表示惊骇的特写镜头后可以立刻接上挹之已躺在医院床上的中景,而不必把挹之的头塞在一辆假汽车的假玻璃上;不插入假汽车的这个镜头,观众未必不能了解剧情;而那辆假汽车的制造拙劣,却使观众十分不快[3]。到纪凤到医院去当护士,和挹之受伤被送到纪凤服务的医院的情节,是很容易被人想到他们的结果,那漏绽也就在于验出玛丽的血型正同他相合而玛丽却不肯慷慨就义,以及纪凤听到了挹之于短时间内就有性命的危险,而反复看自己那张检查票的焦躁的穿插,反而松弛了观众的情绪,给观众以思索的时间了[4]。

类似的批评较为普遍,1943 年文雄在一篇对张石川的总论文字里指出,"如果说'连环画式'的导演作风是在中国普遍着,那么张不但是个始创者,而且是个代表者。……所谓'技巧'对于他是根本用不到的。……在现阶段的中国电影界,张是不应该'故步自封',希望他以元老的姿态,而作新的奋发,运用自己的经验,对于'技巧'上加以研究,来导演些有艺术评价的作品给予我们看到吧,这是我们所盼待于他的"[5]。

张石川的问题代表了当时大多数中国戏人传统导演的问题,对故事介绍确是十分注意而且周到,但不关心电影镜头技巧的创新。然而技巧是增进影片情感效果的必要手段,把一个故事表现得有力无力,其决定因素乃是技巧的运用。但对于创立这套镜头程式并将之熟练运用二十多年的张

①《张石川他的素描》,《上海影讯》,1941 年第 1 卷第 16 期。

②沙基:《中国电影艺人访问记》,中国电影资料馆编:《中国无声电影》,北京:中国电影出版社,1996 年,第 1243 页。

③《回顾与展望:总评三十一年度的"中联"》,《新影坛》1943 年第 3 期。

④杨弟:《上海中联影片总检讨:白衣天使》,《电影画报》1943 年第 7 卷第 5 期。

⑤文雄:《记张石川》,《太平洋周报》1943 年第 1 卷第 58 期。

石川来说，自我突破的创新已是很难。而更关键的是，这套商业美学的惯例在电影市场上行之有效，仍然能赢得多数普通观众的欢迎。例如，在40年代，卜万苍不无贬损地这么评价张石川的电影："在一般人的目光看来，(张石川的作品)非但不幼稚，而且还是非常受人欢迎的。我觉得他受欢迎的理由，却是他的作品能使人一目了然地明白全片的故事。他不运用技巧，而使观众去思索剧情，便是他受人欢迎的理由。固然，也有人说他的作品太不注意技巧，太幼稚了些，这是观众欣赏水准的不同，眼光的不同而已，但在中国电影界中，张先生的作品受人欢迎，正可以反映出观众水准的如何低落了。"①

第三节　结合特定故事类型的女明星

"电影工业发展基于这样一个事实：它出售一种满足大众欲望的叙事和一些拥有特性(天赋、美貌、个人吸引力、大众魅力)的人物。"②在叙事电影发展过程中，明星成为观众关注的中心和欲望的投射，张石川也深谙其道。特别是，早期中国电影的第一代、第二代、第三代女明星很多都是经由张石川挖掘走向银幕表演舞台的中心。而且更重要的是，将女明星和特定的故事类型结合，是张石川电影一以贯之的美学惯例，经由一个最理想的角色向观众提供一个自主的虚构世界，并呈现出了不同时期中国观众消费趣味的变化。

首先是20年代，中国电影第一代女明星中的王汉伦、杨耐梅、张织云、宣景琳，都是张石川为明星公司挖掘并捧红，当时被称为"四大金刚"，在银幕上塑造不同类型且相对固定的女性角色，所代表的明星形象满足了不同的叙事策略的需要，也迎合了不同观众层次的审美需要。因扮演《孤儿救祖记》中孝德贤良的寡妇余蔚如而成名的王汉伦，实为当时"上海少见的摩登女郎，她的装束的新奇时髦，曾经使我们大大地对她侧目"③。但在张石川导演的《玉梨魂》《苦儿弱女》《一个小工人》等一批"孤儿寡母""苦儿弱女"式的情节剧中，王汉伦扮演的角色多为余蔚如式的寡妇贫母，温柔贤惠，美丽坚贞却又忍受着悲苦冤屈的命运，成为"银幕悲旦型"明星。

①《卜万苍评论张石川》，《影剧》1943年第9期。

②刘浩东：《明星制与电影产业》，《北京电影学院学报》2003年第4期。

③张石川：《自我导演以来》，中国电影资料馆编：《中国无声电影》，北京：中国电影出版社，1996年，第404页。

与王汉伦不同，杨耐梅则展现的是另一种类型的明星魅力，如《玉梨魂》中大胆不羁、美艳而略带骄纵的小姑筠倩。杨耐梅第一次担当女主角的《诱婚》，是张石川为其量身订制的。此后杨耐梅专饰漂亮、风流、放荡的摩登女郎，"从我们情感投入得到的难以计算的回报……那些明星引人入胜的形象所饱含性欲的注视的时刻开始"①，男性观众为之目眩神迷，而女性观众则投以惊羡目光。

张石川在明星公司时期最成功的造星成果是"电影皇后"胡蝶——中国第二代女明星最重要的代表人物。胡蝶的美丽之中透着聪颖、大方，她的这种外形气质又造就了雍容华贵、端庄秀美的扮相，因而具有特写镜头中的流光溢彩、顾盼生辉的美，"那清秀的脸部轮廓，那丰腴的肉体，更重要的还有那微笑的梨涡，这美的诱惑，满足了观众也征服了观众"②。可以说，胡蝶具有的是一种暗合中国传统审美观念又不乏时代新格调的明星气质，而这与张石川提供与这种气质贴切的电影文本结合，更加固化了胡蝶在观众中的正面形象。何秀君曾说："胡蝶，人极漂亮……扮演才子佳人悲欢离合的故事，自有一股楚楚动人的劲儿。这样的演员正是石川这样的导演所需要的。因此，胡蝶一跨进明星公司的大门，就受到石川的欢迎和器重……石川有意地捧蝴蝶，不遗余力地物色写手，编写适合她的戏路的剧本。等她大红特红起来后，他更有意把胡蝶主演的片子都控制在自己手里，让'胡蝶主演，张石川导演'的影片连续不断地出现在观众面前。日子长了，公司的作品就深入人心了，而他们两人互相标榜的结果：一是'大明星'，一是'大导演'，也都成名了。"③

胡蝶刚进明星公司就扮演了张石川导演的爱情片《白云塔》中女一号凤子，从此确立了受观众普遍欢迎的正面银幕形象。而真正使胡蝶在电影界声名大噪的是张石川推出的武侠神怪系列电影《火烧红莲寺》。从第二集开始，胡蝶就扮演了善良、美丽、行侠仗义的侠女红姑，在银幕上飞檐走壁、飘飘欲仙，以女侠这类强者形象更新了传统旧式闺阁女性形象，满足了长期处于军阀混战、内忧外患之困的普通民众渴望获得拯救的情感需求，也折射出张石川的商业电影与民众社会观念的互动。而后在第一部有声片《歌女红牡丹》里，胡蝶出演了受尽折磨和压迫却有情有义的女京剧艺

①陈犀禾、徐文明编译：《明星研究（上）》，《当代电影》2008 年第 1 期。

②凌鹤：《世界电影明星评传（中国之部）》，中国电影资料馆编：《中国无声电影》，北京：中国电影出版社，1996 年，第 1293 页。

③何秀君口述、肖凤记：《张石川与明星影片公司》，中国电影资料馆编：《中国无声电影》，北京：中国电影出版社，1996 年，第 1527 页。

人，随后在《啼笑姻缘》《姊妹花》《再生花》以及《空谷兰》（有声片）中，胡蝶一人分饰两角，不断使观众惊奇，成为票房保证。胡蝶的身体性特征最突出的是她的面部，加上标志性的酒窝，具有一种独特的静美，如当时有杂志称："胡蝶的面部太平板了，不动的时候诚然很美，等到一做表情，她的静美便失去了。不过胡蝶面部的美是阮玲玉所不及的，然而一个是动的，一个是静的……真难分高下呢"，所以是"胡蝶貌美，玲玉艺佳"①。因而，张石川经常在影片里给胡蝶以面部表情的特写镜头，以投观众所好。在长期合作中，"张石川导演，郑正秋编剧，胡蝶主演"成为明星公司的金字招牌。

张石川加盟柳氏兄弟的国华公司后，又制造了第三代女明星周璇，对30年代末至40年代前期的上海电影产生了巨大影响力。张石川很敏锐地指出了周璇的"开麦拉费司"（银幕面孔）很适合扮演古装美人。张石川所说的"银幕面孔"可以理解为是一种"上镜头性"（photogenie），用以形容那些"产生"（实际上是"反射"）光亮而足以让照相底片感光的客体。上镜的客体——往往是一张脸——是在照片上"熠熠生辉"的客体，是因摄影而更显价值的客体，是看起来令人喜出望外、情绪盎然、富有诗意和赏心悦目的客体②。张石川作为导演识别"明星脸"的判断力很敏锐，周璇"上镜头一试，果然千娇百媚，光彩照人。石川大喜，决心让她连演几部古装片，把她捧出来"③。并且，张石川利用周璇的歌唱才能，将"孤岛"时期的古装片热潮引向新一轮的古装歌唱片热潮。张石川在这一时期导演的《李三娘》《董小宛》《孟丽君》《梅妃》等古装歌唱片中，将歌舞场景的展示重点都放在周璇身上，用叙事结构呈现并突出她的特定银幕类型——历经坎坷的坚韧女性和活泼伶俐的少女，极大地抚慰了那个时候中国大众在动荡不安的环境下所经历的痛苦和对于稳定时代和传统淑女的怀念。通过张石川推出的一系列古装歌唱片，周璇的银幕形象与新华公司的"台柱"陈云裳所塑造的健美摩登形象相比具有了差别性辨识度的"银幕面孔"，加之明亮、甜美、轻柔的金嗓子，周璇因此成为"孤岛"歌唱片类型中最具票房号召力的明星。

中国早期电影观众的娱乐消费意识主要是在电影人的引导推动下慢慢显现而后趋向自觉与成熟的。具吸引力的"噱头"、调动观众情绪的情节

①杉娃：《蝶舞红尘》，北京：新星出版社，2006年，第67页。

②雅克·奥蒙、米歇尔·玛利：《电影理论与批评辞典》，崔君衍、胡玉龙译，上海：上海人民出版社，2011年，第171页。

③何秀君口述、肖凤记：《张石川与明星影片公司》，中国电影资料馆编：《中国无声电影》，北京：中国电影出版社，1996年，第1542页。

剧模式以及明星制与故事类型结合的策略，张石川在导演创作中摸索出来的这些可操纵的美学惯例，首先遵循的是电影作为大众文化时代的商品本性。他的电影揭示着从传统向现代转型过程中的中国民众的欲望现实，并且在对观众欲望的合理性承认和抑制之间进行了有效处理和表达，从这个角度看，亦值得我们重新评价张石川电影之于对早期中国电影商业性发展的历史价值。

第五章 “电影巧匠”的长成

“巧匠”(bricoleur),身体技艺超常者,拥有特定的手工艺技能之人,最初在人类学范畴被使用,艾伦·威廉姆斯将它运用于电影史研究,来描述作为一种文化和技术媒介的电影起源的异质性①。而在托马斯·艾尔萨埃瑟看来,“电影巧匠”(cinematic bricoleur)可以形容20世纪20年代德国魏玛的电影人,因为他们专注于实现作为新兴媒介的电影所带来的技术和认识论潜力以及挑战②。张真则利用这个概念来理解《劳工之爱情》等20年代早期尚处于手工作坊生产的中国电影,认为影片中由木匠转行的水果贩郑木匠或许可以看作正在浮现的“电影巧匠”的银幕代表,“银幕之上,极具幽默感的艺匠形象暗示了既使用手工又运用专业技能、作为多面手的电影制作者。这也象征着中国第一代电影人在艺术和商业、传统技能和现代工艺、外在感知和内心叙事之间的犹豫与平衡”③。这种将第一代电影人和主动接受新技术的手工业者联系起来的说法颇具启发性。1913年偶然接触到电影这种新兴文化和技术媒介的张石川,从临时凑起来的业余作坊开始了黑暗中的摸索。二十多年后张石川回忆道:“我们这样莫名其妙地做着‘无师自通’的导演工作。”④而实际上当时还无所谓“导演”的名目,从事手工生产的中国第一批电影制作者的职业身份尚未确立,亦是

---

①WILLAMS A. Republic of images: a history of french filmmaking [M]. Cambridge, Mass: Harvard University Press, 1992: 8-9.

②ELSAESSER T. Film history and visual pleasure: weimar cinema [M]// MELLENCAMP P. Cinema histories/ cinema practices, Los Angeles: AFI, 1984: 76-78.

③张真:《银幕艳史:都市文化与上海电影 1896—1937》,沙丹、赵晓兰、高丹译,上海:上海书店出版社,2011年,第151页。

④张石川:《自我导演以来》,中国电影资料馆编:《中国无声电影》,北京:中国电影出版社,1996年,第402页。

近十年后才有了这样的专业语汇[①]。这个时期，电影作为一项本土文化工业的时代即将开始，张石川再次重拾起导演的工作，在明星公司的创作实践中提升电影知识的素养，而他对于新技术及其创造性应用的好奇心一如既往，并转化开掘出如上文所归纳的一系列“可操纵的惯例”。当明星公司在 20 年代完成从手工作坊向初具规模的现代电影企业转型升级的同时，张石川向着一个“电影巧匠”长成，被驱策着同时也更主动地去建立一个更大的、更确切的电影世界，不断实践并调整着电影商业美学惯例，努力搜寻着目标消费观众，去抢占这个新世界。

第一节　文明戏的机械复制、打闹喜剧与初始的导演技艺

正如费穆所言：“一种模仿，需要一些初步的技能。中国电影的最初形态，便承袭了文明新戏的‘艺术’而出现。”[②]例如最初的《难夫难妻》，据张石川回忆，当时郑正秋负责指挥演员的表情动作，张石川自己负责指挥摄影机地位的变动，“摄影机的地位摆好了，就吩咐演员在镜头前面做戏，各种的表演和动作，连续不断地表演下去，直到二百尺一盒的胶片拍完为止”；“倘使片子拍完了而动作表情还没有告一段落，那末，续拍的时候，也就依照这动作继续做下去”[③]。从动作性的意义上讲，这和用摄影机完整拍下一出当时流行的文明戏并无差别。而且，连拍摄的布景都直接从新剧舞台借用，布景均用木条钉成长窗形的木架，钉白布，画景物，故名软片。十多块软片，拼成一堂布景[④]。受日本新派戏剧影响的文明新剧在当时正兴起的城市观众中很受欢迎，相比传统戏曲其最重要的特点之一就是对真实性效果的追求，并深刻影响了电影的出现，中国叙事电影的最初尝试是对文明戏逼真性动作经验的全面移植。如郑君里说过，“文明戏是现代中国表演艺术的起点。与中国的程式化的传统表演（如京剧和地方曲艺）相

①1921 年，陆洁在《影戏杂志》第 1 卷第 1 期的《宝石奇案》影片介绍中，第一次使用了“导演者乔治・马歇耳（George Marshal）”的表述。有关“导演”这一电影术语的跨语际转译，陆洁在日记中写道：“导演一词，编稿时正对此找不到适当可用之字，恰巧接友人来信，告我在某小学当教习，即由教习两字联想到用此一词。”《陆洁日记摘存》，北京：中国电影资料馆，1962 年编印，第 1 页。

②费穆：《杂写》，《联华画报》1935 年第 5 卷 1 期。

③张石川：《自我导演以来》，中国电影资料馆编：《中国无声电影》，北京：中国电影出版社，1996 年，第 402 页。

④程步高：《影坛忆旧》，北京：中国电影出版社，1983 年，第 118 页。

较,它在形式上比较写实逼真,自然而自由,可以反映当代人的丰富多彩的生活面貌,这是它进步的一面”①。而通过摄影机的机械性复制,电影以一种更具现代奇观性的噱头吸引了城市大众。

瘦月提供《难夫难妻》的故事梗概如下:

> 中国结婚手续频繁,腐败亦也极也。此戏甲乙两富绅结朱陈之好。花烛之夕,贺者盈门。婚礼迄,送入洞房,礼人传袋(传统婚俗中的一个程序),偶一不慎,夫妻交仆。既婚后半年,新郎以赌钱遇翻戏(指旧时的诈骗团体“翻戏党”)大负,夫妇因之起衅,捣毁物件,并各伤头足。仆人报告甲乙二翁,于是合家齐至,在途拉拉扯扯,颇有可观。及抵新房,左右围坐,新郎新娘其时恶感已息,彼此赔礼其事,遂寝。②

其中,除了剧情发展外,特别提到的“夫妻交仆”“捣毁物件,并各伤头足”以及“在途拉拉扯扯,颇有可观”等细节,都体现了模仿美国“打闹喜剧”风格影响的痕迹。打闹喜剧电影(slapstick comedy)以美国启斯东影片公司(Keystone Film Co.)的塞纳特电影为旗帜,以马戏传统为源头,“本来马戏小丑的动作产生于马戏表演力学的运动之中,但它一方面是以马戏所没有的莫里哀喜剧的小市民阶级的趣味为其表演神髓。马戏小丑所惯用的掷饼、互殴、扑跌、追奔的动作在‘打闹喜剧’里发挥物质错乱的力学,同时还相当接触到纯朴的人本主义的精神”③。与《难夫难妻》同期,张石川出品的十多部滑稽短片,如《二百五游城隍庙》中“二百五”(憨蠢的小丑)在城隍庙横冲直撞,《脚踏车闯祸》中女学生骑脚踏车闯进菜场撞翻行人摊头出尽洋相,再如《活无常》中新娘遇白无常(指不吉利的鬼魂)的追奔,《店伙失票》中店伙计丢失钱票后翻箱倒榻的找寻,等等,都带有“打闹喜剧”的特点,“以翻腾跌扑,毁物伤人,穷形急相,无理取闹”④等一系列杂耍式展示吸引观众眼球。这些形式受到了林戴和卓别林喜剧模式的影响,一方面投射在观众的期待视野是滑稽新奇,向观众发散“吸引力”,另一方面“追逐”“打闹”的动作又以一种疯狂的破坏美学的表现形式,在视觉性上具有某种解放力。

---

①郑君里:《角色的诞生》新版自序,北京:中国电影出版社,1981 年。

②瘦月:《中国最新活动影戏段落史》,《新剧杂志》1914 年第 2 期。

③郑君里:《现代中国电影史略》,中国电影资料馆编:《中国无声电影》,北京:中国电影出版社,1996 年,第 1390 页。

④周剑云:《中国影片之前途(四)》,《电影月报》1929 年第 9 期。

在外在的"闹"之下，这些滑稽短片大都带有农村乡巴佬遭遇新兴城市后惊慌失措的主题，在格里菲斯早期短片中可以找到类似的痕迹，勾勒出一种具有世界性的小市民和移民形象。一方面，人物的遭遇及其展露出的滑稽丑态使身处城市的观众获得一种心理上的优越感，同时又表现出移民身份的他们力求向上但并不稳定的社会地位，具有一定的社会真实性，这些短片还将城隍庙、包办婚姻、中国鬼神等地方文化特色融入影片中，在新旧文化交替的都市中描绘出一幅矛盾的摩登生活画卷，引发观众的观影快感。

而且，张石川开始有意识地运用特殊的镜头语言来制造通常人们肉眼较难观察到的动作性奇观，如《一夜不安》除以特技拍摄小虫外，还大量使用特写镜头，来表现人被小虫所扰时种种奇特怪异的脸部表情……特写镜头将脸部表情及其细微变化，加以放大和突出，更加强了影片的喜剧效果。这是一部早期很少见的以特写镜头为基本叙述语言的短片①。

由此可见，张石川最初的电影尝试基本属于甘宁所提出的"吸引力电影"阶段，在导演技艺的初始期，第一代电影人摸索出通过文明戏的机械复制引起的奇观性与制造打闹动作性的噱头吸引观众。

几年后，张石川拍摄了由一出产生过巨大社会影响的文明戏改编的电影《黑籍冤魂》，讲述了曾伯稼(谐音"真败家")从一个乐善好施的青年到被父逼吸食鸦片之后整个家庭由此衰落的故事，"无论从题材方面，还是从演出形式上(歌唱部分极少)，该剧都与文明戏相当接近"②。文明戏的流行保证了这部电影潜在的商业利润，李少白在《短故事片的创作摸索》中总结道："《黑籍冤魂》承继了《难夫难妻》开创的现实主义精神，在故事的构成和形态上，它已不像《难夫难妻》那样只是一个故事片段，而具有了一个由情节带动其发展的较为完整的故事。"③在拍摄手法上，仍然是对文明戏的机械复制，"露天摄影，日光拍戏，照舞台戏逐幕演出，电影就逐幕照拍如仪"，但张石川比以往有所创新，不仅有了景别变化，"摄影机不是钉死不动，时常变换地位，不是老拍一个远景，已分远、中、近、特镜头"④。而且，还具有了分镜头拍摄的蒙太奇思维，如演员洪警铃回忆，有一场跳河自杀的戏是在曹家渡的一条小河畔拍摄，当时不知谁走漏了风声，招惹来好多看热闹的群众。开拍时导演张石川叫徐寒梅在镜头前往下一跳便"卡脱"了，然后

①程季华主编：《中国电影发展史(第一卷)》，北京：中国电影出版社，1963年，第20页。

②饭塚容：《被搬上银幕的文明戏》，赵晖译，《戏剧艺术》2006年第1期。

③李少白：《影史榷略》，北京：文化艺术出版社，2003年，第287页。

④程步高：《影坛忆旧》，北京：中国电影出版社，1983年，第104页。

叫旁边的人把一块石头抛进河里，俯摄了一个涟漪的画面便终止了[①]。这也说明张石川等早期中国电影人已经意识到摄影机作为一种视觉机器的本质，而电影是一种比戏剧更复杂的现代商业实践之后，开始探寻“影/戏”中“影”的一面对观众所能制造出来的独特观影快感。

基于这些创作经验，张石川创办明星公司后首先选择拍摄滑稽短片：《滑稽大王游沪记》《劳工之爱情》与《大闹怪剧场》。

如前文曾论述，《申报》上宣推《滑稽大王游沪记》与《劳工之爱情》的广告词曾详细列出两剧的“有趣”点，将它凌驾于故事(即叙事性)之上作为“噱头”吸引观众，甚至不惜“剧透”地详细告知观众，可见张石川和明星公司对吸引力的开发有明确的意识。而且，这些短片在制造“噱头”方面充分展示了张石川“洋泾浜”式的跨文化视野。在西方电影传入中国初期，吸引观众注意力的喜剧明星层出不穷，欧洲明星中声名显赫的是法国的林戴，受观众拥戴的美国喜剧明星比较多，有卓别林、罗克、基顿，以及劳莱与哈苔组合等。其中罗克、卓别林更加突出，在中国的影响力日益加强。《滑稽大王游沪记》由曾在山纳脱导演的《宾太平》里担任配角的英国旅沪侨民李却·倍儿扮演卓别林，模拟其形象和演技，表现卓别林来中国后的笑料：追汽车、掷粉团、踢屁股、和胖子打架、坐通天轿等。同时在这部剧中，除了滑稽大王之外，“汽车”这种现代交通工具担当了重要的戏份，成为具有吸引力的装置。例如，拍摄了滑稽大王乘汽车，“过白大桥、黄埔滩、南京路、静安寺路，驶过法租界而入谨记路街道”[②]，借由流动的汽车将城市景观震炫观众的感官。再如真假滑稽大王相会一幕，让滑稽大王将带着帮手来报复他的假滑稽大王(大块头)等人打落汽车外，紧接着表现他们追赶滑稽大王汽车的戏，并增加了一定的惊险度，如“将汽车开足了速率，拼命狂奔，落荒而走”“又将车身撞在泥墩上，遂致炸裂”[③]等，制造引发观众视觉刺激的奇观性。《大闹怪剧场》则让卓别林和罗克的形象被张石川作为“噱头”同时出现在影片中，打逗追逐，大闹特闹，以此招徕观众，增加影片卖点。而且，同样在可操纵的美学惯例上表现为大量夸张及灵活的动作性，除了追、扑、跌、打的形体动作外，张石川更多地探索依照电影视觉特性，利用技术制造非常态喜剧效果，如《大闹怪剧场》中，在银幕上首先映出的是美国喜剧片明星罗克的面部特写，然后镜头慢慢拉开，原来这是一张贴在墙上的、为主

①洪警铃：《影坛生涯》，《中国电影》1957年第6期。

②参见郑鹧鸪：《明星摄剧经过的记略》，《晨星》1922年第1期。

③参见郑鹧鸪：《明星摄剧经过的记略》，《晨星》1922年第1期。

人公十分崇拜的罗克肖像。这是中国早期电影中鲜见的移动摄影之一。它突破了单位长度的镜头在景别上固定统一的成规，而让摄影机本身的运动(推、拉)来实现镜头的变化①。

我们以这时期有影像留存下来的《劳工之爱情》(又名《掷果缘》)为例。这部将近30分钟的喜剧短片紧贴20年代的生活背景，讲述了由木匠转行的水果小贩郑木匠向诊所老中医祝医生女儿求爱，以物传情，按照医生要求想方设法帮他揽到生意，最终赢得美人归的故事。在这部短片里，张石川已经有意识地利用电影这种视觉机器将"噱头"作为一种可操纵的商业美学惯例来吸引观众。

片名首先就是一种"噱头"，甚至有人评论说片中所有人"无一是'劳工'，也不见挥汗如雨的'劳作'，更没有受压迫和反压迫，影片倒像是一幅混杂的'市井图'"②。而所谓"爱情"，其实也只是影片叙事推动力的一个要因设置，旨在借着"爱情"这个具有现代性的"噱头"，去操演引人发笑的闹剧，以此收获市民观众的心理认同。

而且，这部短片具有吸引力的"噱头"，不仅包括张石川以往短片中大量使用的制造快感的打闹性质动作，如郑木匠大闹老虎灶，堂倌跌落热锅，俱乐部半夜的打闹吵醒郑木匠等；还加入了如哈里斯所说的装置、技巧和骗术等相关的物质性策略，引发大众的好奇心，"每逢发笑之处即闻鼓掌之声"③。如郑木匠充分运用他做木匠活时的技巧和工具造成观众的认知快感，他用自己的尺具比量西瓜，用刨子刨西瓜，再将他装满水果的墨盒通过一根绳子传送给了他爱慕的女子——祝医生的女儿。通过正反打镜头的"以物传情"，两个面对面的店铺空间建立起了联系。祝医生摘下老花镜，不经意放在了郑木匠又一次传过来的盒子里，祝女没有注意，误将它连同自己的手绢一起放回篮筐传回给郑木匠。郑木匠高兴地嗅着手绢，但面对眼镜很疑惑。在观众的期待视野中，他戴上老花镜时，张石川使用了一个失去焦点的主观镜头制造吸引力的噱头，原本流畅的叙事性被打断，画面首先是全景表现郑木匠两腿横蹲的滑稽动作，然后转换为老花镜圆孔的特写镜头，接着是透过镜片出现的模糊街景。老花镜在这里成为一种光学装置，仿佛戴在了观众的脸上，改变了观众视觉上的惯常焦点，制造了一种日常生活中所不常见的奇观性，而街道另一边的医生寻找着眼镜，也变得很迷乱，

---

①郑静:《中国早期短片的电影化程度》,《四川戏剧》2006年第4期。

②参见张悦写:《眼见为实的爱情喜剧》,《新京报》2004年4月21日。

③《明星影片开映志》,《申报》1922年10月6日。

失去了方向感，展示出影片这一瞬间的喜剧感。

当然，《劳工之爱情》中最大的噱头是活动楼梯这个装置，郑木匠再次利用他的木匠技巧制作了一个魔术楼梯，而张石川使用降格的长镜头处理表现郑木匠安装楼梯的过程，从而造成人物的快动作和喜剧效果。在一推一拉之间，楼梯可以转变为滑梯。然后全片喜剧高潮的时刻到来了，俱乐部的人们一个个从楼梯滑落，如张真所说，这是早期喜剧性中常见的“滑动效果”①。这一场景包含了三组反复出现的镜头：楼上俱乐部内部喝醉了的人们依次离开房间的全景，郑木匠将魔术楼梯推成滑梯的长镜头，以及受伤者从楼梯摔至地面哀号的中景镜头。其中在长镜头这个画面中，作为喜剧噱头装置的魔术楼梯呈对角线位于画面中心并分割了画面，喝醉了的人们顺延着楼梯从画面的左上方运动至右下方，而躲在画面左下角的郑木匠位于楼梯之下，对于受伤者们来说是“隐形”的，位于楼梯的左下方，但对观众而言是暴露的，符合戏剧空间的观赏习惯。如弘石所言，这种“假定性的平面空间”通过将原因和结果放置在同一个画面之中，使得观众对人物行动的因果关系一览无余②。也正因为原因和结果被放置在一起，在观众面前对装置如此清晰的操作既展示了效果，又揭露了恶作剧的“秘密”，张石川通过这样的单镜头呈现要比蒙太奇的剪辑处理显得更为直接有效。并且，观众的恶作剧快感随着郑木匠的重复性动作，以及越来越多的醉汉们失去平衡的夸张动作而愈演愈烈，达到影片的喜剧高潮。最后，这些受伤的人们成为祝医生的顾客，挤满诊所。祝医生对伤者身体的医治动作就如同郑木匠摆弄水果和制造楼梯的方式，充满打闹喜剧的特点。

之后，明星公司的第一部长故事片《张欣生》(又名《报应昭彰》)，则继续张石川在此前拍摄的《黑籍冤魂》所操演的文明戏的机械复制造成的奇观性。张欣生逆伦案是1921年发生在浦东真实的一件杀父凶案，当时非常轰动，案件被公开后不久，上海的大世界大剧场、共舞台、笑舞台以至汉口的新市场、怡园等均将其改编成文明新剧上演。张石川鉴于由时事新闻改编的《阎瑞生》的轰动效应，决定将张欣生案拍成电影，让观众能够通过银幕直接目睹一桩发生在生活中的犯罪和破案的实情。这是一个家庭内部伦理关系崩塌导致的悲剧事件，从故事来看，与作为西方模式翻版的《阎

①张真：《银幕艳史：都市文化与上海电影 1896—1937》，沙丹、赵晓兰、高丹译，上海：上海书店出版社，2011年，第146页。

②弘石：《中国早期故事片创作探索》，《电影艺术》1990年第1期。

《劳工之爱情》剧照

瑞生》不同,《张欣生》是一个地道的中国产物[①]。并且经郑正秋的演绎,这个真实事件中又虚构出许多曲折的戏剧性细节,它的长度是1921—1923年间中国第一批9部长故事片中的最长的两部之一[②]。

尽管是长片制作,但主宰《张欣生》发展的并非是一种叙事冲动,张石川更醉心于展示这个故事具有的实况性所带给都市观众的震惊感。正如甘宁对"吸引力电影"的阐释,"戏剧展示凌驾于叙事吸引之上,强调震撼或惊慑的直接刺激,置故事的展开或虚构世界的建立于不顾。吸引力电影很少花费精力去创造具有心理动机或个性特征的人物。它利用虚构或非虚构的吸引力,将能量向外倾注于得到认可的观众,而不是向内着力于经典叙事中实质上以人物为基础的情境"[③]。

影片大量采用外景拍摄,如到苏州火车站、刑场、上海地方审检厅、监狱、验尸场、白玉楼、县公署、三林塘镇等多处与案件发生、侦破的实地拍摄,最大限度发挥电影的写实功能,并且将这些拍摄花絮作为噱头在影片

①李少白、弘石:《品味和价值——中国第一批长故事片创作概说》,《当代电影》1990年第4期。

②《海誓》《古井重波记》长度为6本,《荒山得金》为7本,《孝妇羹》为8本,《阎瑞生》《莲花落》《孤儿救祖记》为10本,《红粉骷髅》《张欣生》为12本。

③汤姆·冈宁:《吸引力电影:早期电影及其观众与先锋派》,《电影艺术》2009年第2期。

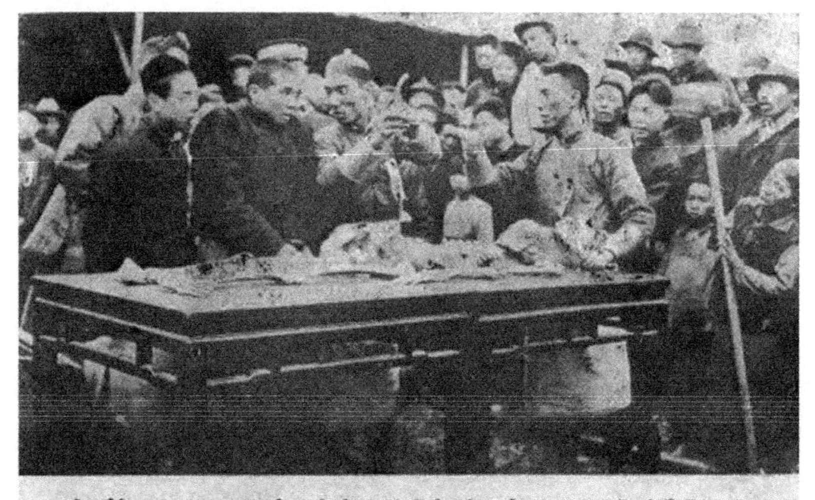

《张欣生》剧照

(图片来源:《心声:妇女文苑》1923 年第 1 卷第 5 期)

广告中大加宣传,引起观众注意①,如巴赞所论的“照相式的现实主义”②,体现了电影本体还原现实的能力。并且,张石川将开棺验尸的场面用特写镜头放大拍摄当作“大噱头”以“激动观众的心目”③。在道具化妆上也追求奇事眩人耳目的效果,如用湿面粉仿制内脏器官、再涂上墨水作为人血,将尸检过程逐一特写拍出,看起来非常恐怖吓人,看过此片的程步高也回忆“冷汗一身”④。说明张石川对电影“噱头”在给予观众肉体与心理的感官刺激效果上的商业卖点有较明确的意识。《张欣生》通过还原现实和对客观物体及动作的夸张,将一个震惊事件以及引起的感官刺激重塑并永久铭刻下来。这种感官刺激亦可看作 20 年代大众在巨变的城市生活中遭受现代性压力的一种释放。如时人评论,那时成功的影片,要么是“狂风暴雨急流孱岩以震骇观者”,抑或是“奇情异事以渲染剧情”,因为“凡赴电影院者,多具消闲潜兴之心理,鲜抱研究之挚诚,故见骇怪之事,不论其合乎情理与否,莫不手舞足蹈,啧啧称扬。及睹细密静穆之作品,则反昏昏欲睡

①《张欣生》影片广告,《申报》1923 年 2 月 11 日。

②安德烈·巴赞:《电影是什么》,崔君衍译,北京:文化艺术出版社,2008 年,第 12 页。

③郑君里:《现代中国电影史略》,中国电影资料馆编:《中国无声电影》,北京:中国电影出版社,1996 年,第 1396 页。

④程步高:《影坛忆旧》,北京:中国电影出版社,1983 年,第 70 - 71 页。

矣”①。

根据对《申报》广告的研究统计，《张欣生》上映档期密集于1923年2月中旬至3月中旬农历正月期间，约一个月②。可见该片的受欢迎程度很高。然而，影片中过于血腥恐怖的画面也引起了一些社会批评之声，1924年4月，通俗教育研究会向北洋政府教育部呈文，要求禁映《张欣生》和《阎瑞生》“以禁邪恶，而维风教”③。最终《张欣生》遭到政府禁映，明星公司为此陷入困境。但此类电影对逼真性、奇观性的展示以及在观众中引起的关注，为此后根据时事新闻大量改编成电影打开了局面。

第二节 《孤儿救祖记》与叙事电影主流形态的奠基

1934年，谷剑尘在《中国电影发达史》一文中首提“国产电影运动”：“话剧界要是没有《少奶奶的扇子》，决不会引起人们的重视；电影界要是没有明星公司的《孤儿救祖记》，也不会后来盛极一时，造成空前的国产电影运动。自《明星公司》的《孤儿救祖记》打下国产影片的天下后，所谓‘具中国商人眼光’的，莫不视为利薮。于是大小公司，风发云拥，顿现出蓬蓬勃勃的气象，这便是一般人所称的‘国产电影运动’”④。“国产电影运动”被视为20世纪20年代中期中国电影发展历史的重要阶段，特别是因为这时期“中国电影人的主体创造意识得到了第一次普遍意义的觉醒”⑤。

作为《孤儿救祖记》的导演，张石川成为“国产电影运动”的重要开创者，而他在这时期的导演实践对其电影美学惯例的经验积累也十分重要。从1923年导演《孤儿救祖记》到1925年与加盟“明星”的包天笑合作《可怜的闺女》(1925年10月)前，张石川一共有《孤儿救祖记》《玉梨魂》《苦儿弱女》《诱婚》《好哥哥》《最后之良心》《小朋友》《上海一妇人》《盲孤女》等九部影片面世。除《诱婚》为周剑云编剧外，其余八部均由郑正秋编剧，践行“长片正剧”的创作道路，这个时期的中国电影，用甘宁的话来说，仍然在从“吸引力电影”向“综合性叙事电影”渐变转型⑥。立足于一般中国观众的“兴

①虚白：《虚白电影谈》，《电影周刊》第5期，1924年4月4日。

②艾青：《明星影片公司与早期中国电影放映模式的开拓》，《电影新作》2015年第2期。

③《通俗教育研究会为禁止上演不良影剧呈并教育部批令》，第二历史档案馆编：《中华民国史档案资料汇编第三辑文化分册》，南京：凤凰出版集团，1991年，第176页。

④谷剑尘：《中国电影发达史》，《中国电影年鉴》1934年。

⑤陆弘石：《无声的存在》，《中国电影：描述与阐述》，北京：中国电影出版社，2002年。

⑥汤姆·冈宁：《吸引力电影：早期电影及其观众与先锋派》，《电影艺术》2009年第2期。

趣”，张石川在中国电影从杂耍游戏走向一种叙事媒介的转变过程中，在故事片的导演技巧上逐渐成形，这一方面得益于郑正秋所提供的在叙事性上较为成熟的剧本，张石川也在此基础上逐渐摸索电影这种新兴媒介的镜头语法和场面调度，尤其是对通俗剧的操练，从打闹追逐笑料或者搬演社会实况的片段化展示，转向对一个长故事的起承转合进行通俗明了地讲述，为早期中国叙事电影的主流形态奠基，并由此培养中国观众的长片观影习惯。张石川对通俗剧电影的操练，主要是从对摄影机的调度和对演员的调度两方面着手。

在对摄影机的调度方面，张石川着力于构图景别、镜头切换与噱头穿插，以此通俗易懂地向观众讲述一个较为复杂的故事。

《孤儿救祖记》是张石川转向导演叙事电影的起点。该片讲述了一个有关家庭重建的情节剧：已有身孕的寡妇余蔚如因为怀有恶意的亲戚挑唆，被公公赶出家门。蔚如生下一子余璞，含辛茹苦，抚孤成人。十年后，余璞进了素未谋面的爷爷创办的义务学校读书，并与之结交，但两人不知实为祖孙关系。后来孤儿余璞从危机中以智勇拯救差点丧命的爷爷，母亲蔚如沉冤昭雪，祖孙翁媳，一家重圆。

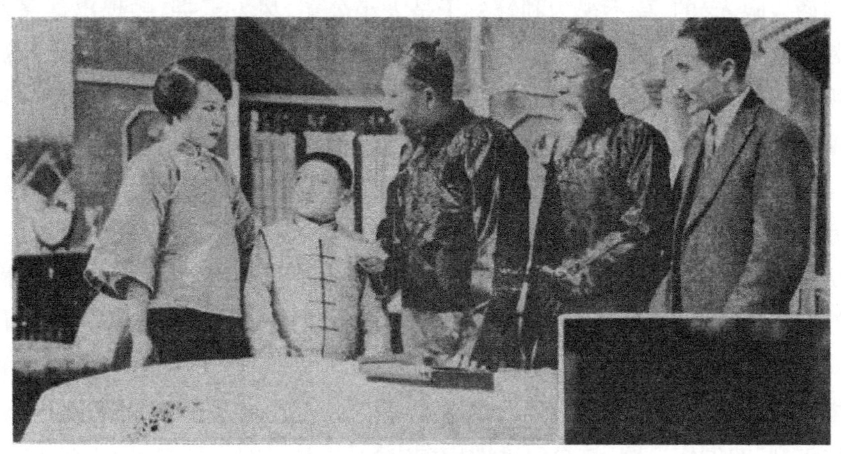

《孤儿救祖记》剧照

（图片来源：《明星月报》1934 年第 2 卷第 4 期）

《孤儿救祖记》的创意要追溯到此前的《张欣生》。张石川在拍摄时“对饰张欣生之子的郑小秋和饰张欣生之父的郑鹧鸪的表演颇为赏识”①，于是开始构思一部由这两位演员主演的影片。1923 年张石川与周剑云赴天

①李少白：《影史榷略》，北京：文化艺术出版社，2003 年，第 333 页。

津开辟电影发行路线，而后周剑云带着影片暂驻北平，张石川由京汉铁路转道汉口去找郑正秋，因为那时郑正秋还没有脱离剧场，随文明戏正在汉口演出。张石川在旅途中开始构思剧本轮廓，“到汉口的时候，故事差不多已经构成了；我把故事讲给正秋听，征求他的意见。正秋极口称赞，说是一个极好的剧本。于是我打定主意将它开拍，片名就叫做《孤儿救祖记》”①。电影史一直以来都将这部作为“中国电影成为一种由民族特色的、独立的艺术形式的一个开端”②的影片视为郑正秋的创作，而张石川在故事贡献和经营判断力上的作用大多被忽视而显得不够公允。

在景别使用与画面构图方面，《孤儿救祖记》凸显了张石川在平面布局上的特点，这点被林年同称为“戏人电影”所建立的“平远”空间，具有“当时看来，并不太奇突，回来想想，风景真不错”③的感觉。例如留存的《孤儿救祖记》的杨翁与余蔚如、余璞重逢的剧照：景别采取中景，余璞是画面的相对性焦点，张石川把杨寿昌和余蔚如放在中景画面的两边，杨翁内后侧站着杨道培、陆守敬，五人在画面上呈一字排开形，犹如舞台场面的中间部位，以此再现戏剧式场面。在构图上，比较注重充实地填充画面，尤其是中景镜头和水平线视角，尽可能让在场的所有角色的大半身充满画面，以便在揭示主要角色的表情动作的同时，也能照顾到人物关系的体现。正如李少白总结，“画面构图的舞台性，场景或场面调度的平面性，组接功能的叙述性，是张石川导演艺术的主要特点。这些特点构成的银幕形态，是张石川的创造，也是历史的产物。它是当时中国电影技术规定的，也最能为中国多数城市市民观众所喜爱和接受。”④

在镜头程式上，如前文提及，张石川创造的“三镜”结构、“远、中、近三部曲”，在《孤儿救祖记》中已有体现，从剧本可以看到影片开场的镜头切换：

> （远景）此严严灿烂之巨厚，为富翁杨氏之家园。
>
> （中景）杨翁偕如夫人相游于园中，其乐也何如。
>
> （近景）拥资百万之富翁杨寿昌。其夫人黄氏。

---

①张石川：《自我导演以来》，中国电影资料馆编：《中国无声电影》，北京：中国电影出版社，1996年，第403－404页。

②钟大丰、舒晓鸣：《中国电影史》，北京：中国广播电视出版社，2004年。

③林年同：《中国电影美学》，台北：台北允晨文化实业股份有限公司，1991年，第83页。

④李少白：《影心探赜——电影历史及理论（增订本）》，北京：中国电影出版社，2000年，第81－82页。

《孤儿救祖记》剧照：杨道生与余蔚如

（图片来源：《半月》1923 年第 3 卷第 7 期）

在片头游园的段落里，先是安排一段群鹅在水中戏游的空镜头，而后与之呼应的是两个画面序列，主要人物尽数出场：杨寿昌与夫人黄氏在鹅池前的对话，表现两人的安居颐养、情深意重；以及杨翁之子杨道生与余蔚如这对小夫妻在闺房的新婚燕尔（如图，亦是中景镜头），随后两组人物在花园相遇交谈，一系列画面的组接营造了诗意的、造型的效果，又象征着杨家恬美安乐的生活气氛。

张石川对连续性剪辑与平行镜头组接的摸索，得因于他有意识地学习美国电影尤其是格里菲斯的导演技巧。根据陈建华考证，“自 1922 至 1924 年间在上海各影院共上映过 10 部格氏影片，其中最突出的是《赖婚》，前后英国 5 次”①。格里菲斯因此“大噌于沪滨，而其导演的手腕，遂为大多数所崇拜”②，张石川即是积极的效仿者，时人评论，“张君导演的作品大概都有些葛雷菲斯（格里菲斯）的色彩”③。这一说法很大程度上是始于《孤儿救祖记》，当时就有影评注意到了片尾杨翁追媳一场的镜头处理，张石川以平行蒙太奇手法，反复交叉剪辑：一面是余蔚如在前面负子颠仆而行，一面是杨寿昌在后面呼喊着“蔚如！”“好媳妇”“好孩子”，突出了紧张的追赶气氛。这一幕被认为是借鉴了当时在上海放映的《赖婚》中“冰上救美”的片段，但也指出了存在的问题，“追媳一段盖脱胎于《赖婚》剧中末一幕至‘冰上救’也，然并非余蔚如之回家原路，且路途亦太长；若表明因心慌迷路，亦属差强，是亦失于检点也”④。对比《赖婚》中冰雪背景下的“追逐”所带给观众的震撼效果，张石川在节奏感的处理上还不到位，在影像上有细节逻辑的不合理之处。然而，着眼于刺激效果的“追逐”，既留存了早期打闹喜剧中的“吸引力”元素，又能与正在转型成为主导的叙事电影的情节协调相融，所以几年后的一篇国产电影总结文章依然称这一幕为本片“最精彩之

①陈建华：《格里菲斯与中国早期电影》，《当代电影》2006 年第 5 期。

②程步高：《格里菲斯成功史》，《电影杂志》1924 年第 1 卷第 1 号。

③《盲孤女》广告，《明星特刊》1925 年第 5 期。

④《〈孤儿救祖记〉之新评》，《申报》1923 年 12 月 24 日。

一段”,“观至此时,观众屏息无声,凝神一志,可谓登峰做极,绝后空前,不特在前者所不能及,即在根深蒂固之今日国产影片界亦不能及。说者云是幕脱胎于西片《赖婚》之冰上救女,余谓国片自有国片之精彩,不能谓有所类似,便是模仿,最妙者,所布置之各景,均为吾国所固有,并无半点欧化”①。

柯灵曾经回忆:“张石川有个老生常谈,说一部新片开映,只要打听家庭妇女看了以后,能否把故事向旁人有头有尾地讲清楚,能,那就有希望受观众欢迎,否则就有失败的危险。”②所以,他“所导演之戏,以善善恶恶见长,如香山作诗,老妪都解,以是深得普通社会之欢迎”③。张石川自己对于“生平导演之影片卖座最佳”、缘何吸引观众的秘诀是这样回答的,“无他,剧情见胜耳。盖国产影片怒崛至今,不过三年而已。观众程度,于上海一地稍见参差外,余皆以明了为先。而吸引观众以动情感者,唯在剧情入胜耳”④。

在镜头使用上,除了突出叙事性外,张石川还开始注意用特殊的摄影技巧或景别来表现人物内心活动,如学习国外的特技摄影来表现余蔚如思念丈夫的镜头。张石川在多年后回忆时还特别提到了这点,“有一个王汉伦的幻想的镜头,这样电影摄影书上最初步的 Trick,我们竟屡试屡败,总共拍了十八次,才勉强完成”⑤。

在完成“有头有尾”叙述故事发展的基础上,张石川因循“吸引力电影”时期的惯例,穿插大量的笑料噱头。《孤儿救祖记》中设置了一个滑稽人物小胖子厨师,由体态肥胖的黄君甫扮演,此后成为张石川电影中经常出现的胖星配角,黄君甫原来杀过猪,张石川就特别加上傻仆捉猪的闹戏,给观众留下深刻印象,“小胖子的憨态,颇得欧西片之滑稽趣”⑥。当学堂有小孩掉入水缸,余璞情急智生,效仿司马光砸缸救人,这时出现了一个工头揪住余璞要他赔钱,杨翁出场,了解事情经过,称赞余璞“难得这孩子会学习司马温公来救人”,朴实率直的工头不明所以,回应说“什么死马瘟公,死牛

①醉星生:《银幕春秋》,中国电影资料馆编:《中国无声电影》,北京:中国电影出版社,1996年,第1317页。

②柯灵:《试为“五四”与电影画一轮廓——电影回忆录》,陈炜编:《柯灵电影文存》,北京:中国电影出版社,1992年,第301页。

③徐耻痕:《中国影戏大观》,上海:合作出版社,1927年,第56页。

④李晋生:《论张石川对中国早期电影发展的贡献》,《电影艺术》1995年第2期。

⑤张石川:《自我导演以来》,中国电影资料馆编:《中国无声电影》,北京:中国电影出版社,1996年,第401-410页。

⑥愕然:《评〈孤儿救祖记〉》,《申报》1923年12月29日。

瘟公，我只晓得要赔钱”，赢得观众的笑声，松缓了之前紧张的观剧气氛。

在《孤儿救祖记》之后的多部“长片正剧”，张石川在构图景别、镜头切换与噱头穿插方面，进一步操演他的美学惯例。例如平行交叉镜头的愈加成熟，在《好哥哥》中表现因军阀混战而四处流浪的哥哥大宝带着弟弟二宝投身旅店时，用交叉剪辑分别展现旅店内情形，“一在恶徒梦呓时、一在酒汉呕吐时、一在肥人惊跌时”，并且随着大宝关门的动作，之前几个画面的穿插在节奏上逐步加快，“此时此境，愈步愈紧、卒得脱险”①。尤其是，反复运用交叉镜头拍摄“追逐”戏，如《玉梨魂》结尾，“梨娘恐因贻误梦霞，遂欲一死以谢知己，深夜弃家，欲投河自尽。因彭郎惊觉，追寻阿母，追至江边，母子相拥而泣……”②这种镜头切换方式，甚至带动了这一时期其他导演，使得“追逐”戏成为当时很多电影拍摄中的常设，如《弃妇》《人心》等，以至于有产生审美疲劳的评论者称，“余所最不满意于中国影片者厥为模仿舶来品而模仿最显著之点有二：①戏中人多着西服；②戏情中必有追逐一幕”③。

在布景方面，《孤儿救祖记》较多内景，但“剧本取材、演员服装、布景陈设，皆努力避欧化，纯用中国式”④。而后随着制片资金的宽裕，张石川加重了电影的外景拍摄，这也显示出他对电影区别于戏剧在场景真实方面的差异性认识，而且所拍摄的外景镜头多被使用作为空镜头来烘托氛围、表达主题，在画面组接上多通过叠化，为 20 年代中国民族电影语言和风格的形成进行了美学奠基。例如他把《玉梨魂》的拍摄场地主要放在苏州留园，“内景外景除适合情形外，又多含幽静性，故甚合于哀情片中”⑤，而且在布光上开始注重区别用度，使画面具有了美学价值。冰心曾写下一篇关于《玉梨魂》的长影评时特别赞赏了这点，“关于背景的美点，比前进步，且于光线的引用，亦能把背景阴阳分明，明暗的支配，亦得美学上的方式，又以光系软光，故和软而美明，无生硬之弊，且有几处，多是绝好的图案画，或美景画，背景比前进步不少”⑥。此后，为准备《盲孤女》片头的日出风光，张石川带摄制组赴无锡在惠麓拍下锡山日出之景以及旭日映照下的太湖，“一线黄日，透出水平线，冉冉上升，渐大渐红，光芒四射，遍照大地，几乎金

---

①飞：《观明星新片〈好哥哥〉试片记》，《时报》1925 年 1 月 8 日。

②郑培为、刘桂清编选：《中国无声电影剧本》（上卷），北京：中国电影出版社，1996 年，第 69 页。

③SS：《中国自制影片谈》，《申报》1925 年 9 月 10 日。

④《昌明电影函授学校讲义》，上海 1928 年 4 月发行。

⑤冰心：《〈玉梨魂〉之评论观》，《电影杂志》1924 年第 2 期。

⑥冰心：《〈玉梨魂〉之评论观》，《电影杂志》1924 年第 2 期。

装世界。侧望太湖，朱纹起伏，闪烁靡定，湖光山色，别绕奇致，蔚为大观”，郑正秋对这些景色非常满意，称赞它们是张石川和摄影师董克毅的杰作，还戏说，光这几个镜头就值 3 毛钱（当时 1 张票价 3 毛钱）①。而这些美好的山河景色又与后来女主角的悲惨遭遇形成强烈的对比。《小朋友》中在小棠和小棣读书的画面中穿插耕牛牧田的情景，烘托两小兄弟天生的骨肉情谊。在《好哥哥》中为表现军阀混战带来的苦难，张石川选择了在上海的万国公墓、徐家花园拍摄外景，并且片中主角大宝、二宝送父打仗、葬母等场景都是对刚刚发生的江浙军阀大战的浏河一带断垣残壁的实景拍摄，首次运用镜位移动的长镜头拍摄，增强了影片的现实感，因而获得了“明星影片之佳处、即在能表出中国化、不似别家之专向欧化也”②的好评。

再如笑料的穿插，即便在带有浓厚悲情色彩的原作改编的《玉梨魂》中，张石川也加入了滑稽展示，使影片“悲喜相衬”。冰心在影评中也提到，“依剧理而讲，穿插是不可缺少的。悲剧而无穿插，则剧情太觉单调，有了喜剧性的穿插，一可调剂观众心理，二可互相衬托。至于穿插本身的有无价值，只以有无良善主义而定。此片中的穿插，多有良善的寓意，如私塾媒婆之宜废，学校之效力，误解自由的笑柄等等”③。其他影评人也提到《玉梨魂》中穿插设置的巧妙，如片中黄君甫扮演的方大元在私塾中嬉戏，经过学校教育而知爱国，在征蒙军出发时，穿插了方大元送粽子、送火腿等滑稽表演，“滑稽处令人狂笑，调节观众之心理，颇得葛雷菲斯（格里菲斯）导演之妙”④，“至以全本之滑稽而论，则颇佳，大元之抢内圆，及运动场中之跌（角力）斗、二元三元之画面、战场前之送喜神，皆能使观者捧腹大笑，较其他之中国影片皆为超胜，即无西片相较，亦觉无愧云”⑤，“皆能增加观众兴趣，足使此片生色不少”⑥。但也有评论指出这些穿插因为过多而影响了对故事本身的关注，“穿插甚妙而焦点因之散漫，使观者不能集中”⑦，可见张石川电影这时期在吸引力与叙事性之间仍存在较大程度上的杂糅，未实现完全的转换。

而在演员调度方面，尽管都有过新剧经验，但张石川与郑正秋的观点

---

①谭春发：《开一代先河——中国电影之父郑正秋》，北京：国际文化出版公司，1992 年，第 350 页。

②李怀麟：《评新片〈好哥哥〉》，《明星特刊》1925 年第 1 期。

③冰心：《〈玉梨魂〉之评论观》，《电影杂志》1924 年第 2 期。

④霞郎：《评明星新片〈玉梨魂〉》，《申报》1924 年 5 月 10 日。

⑤伯：《〈玉梨魂〉之商榷》，《申报》1924 年 5 月 13 日。

⑥明新：《评明星新片〈玉梨魂〉》，《时报》1924 年 5 月 16 日。

⑦舒廷浩：《〈玉梨魂〉之我观》，《时报》1924 年 5 月 13 日。

相左，郑正秋极力主张用有舞台经验的文明戏演员，为此后来他还专门写了一篇题为《新剧家不能演影戏吗?》的文章，以国外戏剧家后从事电影表演的人以及郑鹧鸪为成功案例进行论证①。而张石川认为文明戏演员的表演过于夸张做作，以及化妆服饰也不适合电影的现实性，所以主张用新人，如他在《自我导演以来》一文里特别提到的王汉伦、王献斋、黄君甫、杨耐梅、宣景琳等演员都是没有新剧表演经验的新人。所以沈芸认为，成立明星影戏学校"是双方妥协后的结果，虽然这其中有安置原'大同'人员的因素，但这一做法却成了以后新开电影公司的一种范例"②。从《孤儿救祖记》开始，张石川就逐渐摒弃了拍滑稽短片时期所用的文明戏演员，大胆起用王汉伦、王献斋、郑小秋等新人担任主角，有意识在叙事电影中摆脱文明戏的舞台表演痕迹。并且，他开创了演员试镜的先例，据王汉伦回忆:"在任矜苹的推荐下，张石川便带我到乡下摄影，并叫我在镜头跟前作喜怒哀乐的表情，每一次做，他都说好，于是与我签了合同，作他的演员。每月答应给我二十元车马费，片子拍出来还有五百元酬金。"③

张石川曾经特别写下一篇《导演与人选》的文章谈道:"导演之难，不在表演时之指挥，而在默会演者之性情，能否适合固定之角色，又须于最短时期中，使其表情以与剧中人同化，则导演之工尽矣。"④可见，张石川对于演员调度有两点认知上的把握:一是在演员的特质和电影角色之间确定匹配度;二是指导演员与角色合二为一，做出符合剧中人物的表情。

因此在表演技巧上，张石川主张演员以内部体验为基础，调动与角色相似的情感来塑造人物形象，在摄影机前以艺术形象的真实性和表演的趋于自然、生活化引起观众共鸣。经他的发现和造就，没有任何表演基础的王汉伦、杨耐梅、宣景琳、王献斋、黄君甫等人成为中国第一代电影演员的中坚力量。例如初涉影坛的王汉伦在张石川的指点下，"假戏真做，化身为戏中人，忘记自己"，使得表演生活化，真实可信。王汉伦回忆拍《孤儿救祖记》时提到，"我总担心自己的表情不深，所以每当我表演一段落之后，便急急问导演:'够不够?'于是张石川就说'够了''蛮好'，或是'差一点'。我也很想努力弥补这'差一点'，可是有时就老补不上。于是张石川便在我面前蹲下来对我说，'诺!你的丈夫，亲人，都死了，你唯一的爱人死了，突然死

①郑正秋:《新剧家不能演影戏吗?》，中国电影资料馆编:《中国无声电影》，北京:中国电影出版社，1996年，第906-907页。

②沈芸:《中国电影产业史》，北京:中国电影出版社，2005年，第38页。

③王汉伦:《我的从影经过》，《中国电影》1956年第2期。

④张石川:《导演与人选》，《杨耐梅画报》(她的痛苦专号)，1926年。

了，可是你处在一个古旧的封建家庭里，礼教是无情的，你年轻轻的，可是不能再嫁了，这漫长的苦日子呀！你怎么过……'我听着，想着，被他说伤心了，泪水滚下来了，后来便嚎啕大哭起来，真像死了丈夫似的"①。因而，《孤儿救祖记》也得到了"全片富有影戏色彩，减少新剧动作"②的赞誉。后来拍摄《玉梨魂》时，张石川又指导王汉伦"感情要从眼睛中表露出来才感人，仅靠脸部表情或是靠着嘴上说说不能打动人心"，影评也褒奖了她的表演"表情细腻自然，观其愁眉深思，酷似剧中人之青年寡妇"③。在《小朋友》中，张石川启用仅18岁的宣景琳饰演一个30多岁的寡妇唐沈氏。据宣景琳回忆，张石川不断启发她，讲解片中寡妇的形象，让她慢慢体会，又说可以从亲妈妈怎样抚养她长大来揣摩这个角色。宣景琳第一次演戏时非常紧张，张石川鼓励她"拍影戏最要紧的是要放大胆子，什么也别怕，只要依他的话来演戏就行"④。

这些演员逐渐为国片观众所熟悉喜爱，也在于张石川能较为准确地为他们选择与之形象特质匹配的类型角色，例如王汉伦反复饰演悲情女性，黄君甫总是承担笑料穿插，而王献斋则成为著名的银幕坏蛋。这种演员类型化的美学惯例，也是张石川电影在协商观众审美与批评中不断调整而逐渐确定的，他认为"一个演员的有表演天才与否，这在导演的劳力上是大有关系的，同时，导演在这种地方的痛苦，也往往极少为观众了解！"⑤。以王献斋为例，在《孤儿救祖记》饰演了反派之后，张石川让他在第二部电影《玉梨魂》中担任了男主角，饰演温文尔雅、多情多义的教书先生何梦霞，但遭到了舆论的普遍批评，"面目凶恶、高尖大鼻之王献斋饰之殊属失当，表情亦无可取，致此片为之减色不少(此君在《孤儿救祖记》中饰奸恶之陆守敬甚佳，一种小人面貌凶状毕露，余颇赞许之)"⑥。冰心的影评对这种批评作出了较客观的原因解释："梦霞面部不慎逼真的批评，一以王君面部关系，一以观众联想作用，二种事实合成。有谓选择之失当，实有事实上之困难，因中国电影事业尚在萌芽时代，电影知识尚未普及，男演员虽供过于求，而能演者少，尤其是一种情人式的美男子，试观在美国电影界中，能有

①王汉伦：《我的从影经过》，《中国电影》1956年第2期。

②舍予：《观明星摄制〈孤儿救祖记〉》，《申报》1923年12月26日。

③明新：《评明星新片〈玉梨魂〉》，《时报》1924年5月16日。

④宣景琳：《我的银幕生活》，中国电影资料馆编：《中国无声电影》，北京：中国电影出版社，1996年，第1485页。

⑤张石川：《自我导演以来》，中国电影资料馆编：《中国无声电影》，北京：中国电影出版社，1996年，第401-410页。

⑥明新：《评明星新片〈玉梨魂〉》，《时报》1924年5月16日。

几人耶?”[①]《玉梨魂》改编自鸳鸯蝴蝶派小说,是明星公司推出的第三部长片,被定位为“哀情影片”[②],虽然没有达到《孤儿救祖记》的票房成功,但长达四十天的放映记录也超过了此前的《张欣生》,让张石川意识到了才子佳人的感伤爱情故事拥有强大的观众市场。他吸取了影片选角失当的教训,此后让王献斋专演银幕反派角色,并开始为填补明星公司在爱情片男主角的演员空缺而寻找人选,直到在上海英美烟草公司发现了“一个极有希望的人才,那就是朱飞”[③],俊秀小生朱飞因主演《空谷兰》一举成名,而《空谷兰》也迎来了张石川电影美学的一个新阶段。

第三节　借力流行文学与新的都市电影图景

据统计,1920 年上海的人口约为 148 万人,到 1929 年上海的人口达到 270 余万,人口数量基本翻了一番,在世界各大都市中占第六位[④]。与此同时,上海的商业和文化生活蓬勃发展,尤其是 20 年代中期以后,运动场、百货商店、咖啡厅、爵士酒吧和舞厅的出现,迅速扩大了城市空间网,更新了语言风格的鸳鸯蝴蝶派小说和武侠小说与城市文明以及商品经济紧密相连,再次流行、掀起高潮并发展至极盛。上海可以跻身全球性的“巨型都会”家族,其成员“在人口和空间跨度上都超过了以往任何时期的城市”,作为现代生活的摇篮,大都会通过其繁荣的消费生活从本质上区别于单纯的以生产为主导的工业城市[⑤]。受商业环境调教的上海市民对于含蓄高雅的传统文化形式兴趣日减,这种文化消费的选择驱使通俗娱乐与文化渴求、世界性的向往与日常生活需求紧密相连,他们的文化品位是趋向折中、猎奇、世俗。上海庞大的市民群体的需求,使通俗文艺在晚清以来以惊人的速度和规模发展。1905 年清政府废除科举制后,面临生存问题的传统士大夫阶层的知识分子逐渐转战商业化的出版业和娱乐业来获得新的话语权。通俗文学的主要载体——各类报刊副刊增刊、白话文学杂志,如《游

①冰心:《〈玉梨魂〉之评论观》,《电影杂志》1924 年第 2 期。

②《明星公司出品一览表》,《明星特刊》1925 年第 1 期。

③张石川:《自我导演以来》,中国电影资料馆编:《中国无声电影》,北京:中国电影出版社,1996 年,第 407 页。

④徐雪筠等译编:《上海近代社会经济发展概况(1882—1931)——〈海关十年报告〉译编》,上海:上海社会科学院出版社,1985 年,第 310 页。

⑤BENDER T. The culture of the metropolis[J]. Journal of urban history, 1988(14): 492–493.

戏报》《笑报》《通俗报》《春江花月报》《礼拜六》等逐渐兴盛，为从事跨界文学创作的鸳鸯蝴蝶派文人的出场提供了活动空间。包天笑、周瘦鹃、严独鹤、姚苏凤等都曾担任主笔或主编，创作、翻译以及转译了大量通俗小说，书写正在兴起的都市日常生活的琐碎，以及介于传统与现代之间的个人情感困境，这些大规模走向市场的流行文学获得了上海市民阶层的普遍欢迎。

敏锐的电影人嗅到了商机。20年代中期，明星公司开始吸收鸳鸯蝴蝶派文人，积极寻求更适应都市趣味和流行文化、更具竞争力的剧本，早期电影得以从流行文学这种现代白话文化中获得活跃的元素和催化剂，同时又深刻地重塑了这种文学类型，新的都市电影图景也随之显得日益复杂和丰富。

由于编剧队伍的扩大，作为明星公司的导演主力，张石川除了与郑正秋继续合作外，还拍摄了由包天笑、洪深、殷民遗编剧的影片，突破了此前“郑张组合”的伦理片拍摄模式，故事类型更为丰富，而与此同时郑正秋也开始导演自己编剧的电影，第一部作品《小情人》仍选择深耕“为弱者鸣不平”的家庭伦理片。相比之下，张石川这一时期在导演创作上表现出来明显的个人化风格。

第一，“大片”意识的初显及其美学实践。

这一时期，张石川最重要的作品是1926年2月公映的《空谷兰》(上下集)。《空谷兰》是包天笑连载于《时报》1910年的译著小说，故事原型来自英国维多利亚时期女作家亨利·伍德夫人的小说《里恩东镇》，是当时非常流行的“感伤小说”类型，“以引人入胜的情节，充溢的情感和情节剧模式为其典型特征”①，因其畅销而被译作多种文字，包括日文。包天笑的《空谷兰》即转译自日译本黑岩泪香的《野之花》。晚清民初以来，这种感伤小说通常被称为“哀情小说”，拥有巨大的中国读者群，其中大部分是域外小说的本土化翻译或改写。被搬上舞台的《空谷兰》曾是1910年代文明戏时期新民社、民鸣社的热门剧目，因此张石川、郑正秋也借着《空谷兰》的电影合作，将包天笑邀请进明星公司担任编剧。

1925年的明星公司已经通过郑正秋数部的“长片正剧”在电影界站稳脚跟，营业成绩不断攀升，并以此改善了制片条件，如在露天摄影棚上加装

①转引自董新宇：《看与被看之间——对中国无声电影的文化研究》，北京：北京师范大学出版社，2000年，第79－80页。

玻璃，改建为一座四亩大小的玻璃摄影场，可供日夜摄片，“费用合计一万余元”①，并添置了摄影机、印片机、水银灯、炭精灯等设备，影像叙事能力和银幕呈现质量的提升。如《最后之良心》由于首次运用水银灯、炭精灯照明，在光线上一改往常国产影片“不是聚光过黑就是过白，使片中人影的表现或黝黑无光或白茫耀目，模糊不明使观众深起不快的感觉”②，获得了更愉悦的观影感受。这些技术条件的更新为张石川摄制调动情绪体验的情节剧奠定了基础，尤其是更明晰的光线为呈现华丽热闹的场面以及人物大悲大喜的命运进而满足都市观众趣味提供了可能。

《空谷兰》原作情节曲折，前后跨越十余年，人物众多，情感强烈，一直被认为是一部很难摄制的影片。该影片讲述了乡村少女纫珠与贵族青年兰荪相恋，婚后进入大家庭却不受婆婆欢迎，并受到自小倾慕于兰荪的表妹柔云的忌恨，纫珠生下儿子良彦后却最终忍受不了长辈的排挤以及丈夫移情柔云而离开，却阴差阳错误被认为丧生。十余年后，兰荪与柔云已再婚生子，柔云薄待良彦，纫珠思念儿子再次回来，但乔装改名幽兰夫人，直到柔云企图加害良彦时出手救子，表明身份，柔云阴谋败露逃跑时遭遇马车意外身亡，兰荪与纫珠复归于好。张石川和明星公司花费了巨大的财力和人力投入摄制，影片的广告词直接以“十大明星合演”“共计二十大本”“中国空前大套新影片”③昭告观众。郑正秋更是预言，“我相信这部片子拍成功，一定要为中国影片开一新纪元”④。

考虑故事体量的因素，也为了发挥小说原本广泛的受众优势，张石川特意将影片分为前后两集，首轮放映时，前集从 1926 年大年初一映至初七，而自初八接映后集，这在以往明星公司的出品中还未曾有过，也因此开启了郑君里所命名的中国“善构剧”(well-made-play)的制作，即一种“从头到尾都在搬弄诡奇的情节来撩拨观众的趣味，而没有一件出奇的事，不是处理得很有根据而近情理的”⑤。

与“大片”配套，是张石川选配的浩大明星阵容。尤其是，其中两个戏份几乎相当的双女主形象，分别由有悲旦之称的张织云扮演好女人纫珠和有“都市妖女”特质的杨耐梅扮演坏女人柔云。张织云在观众的印象中，

---

①《快慢无线电》，《电影杂志》1925 年第 12 期。

②王伟南：《评〈最后之良心〉》，中国电影资料馆编：《中国无声电影》，北京：中国电影出版社，1996 年，第 1125 页。

③《〈空谷兰〉之广告》，《明星特刊》1926 年第 8 期。

④郑正秋：《摄〈空谷兰〉影片的动机(下)》，《明星特刊》1926 年第 7 期。

⑤郑君里：《现代中国电影史略》，中国电影资料馆编：《中国无声电影》，北京：中国电影出版社，1996 年，第 1416 页。

"每一片，都有她的悲哀，差不多没有一张脸不充满着泪痕的"[①]，因此由她演绎天真善良的纫珠在嫁入贵族家庭后被迫离开的坎坷命运符合受众的期待视野。张织云在以往饰演角色表达悲哀之处时，仅以双手托腮而没有更多的表现力，此次对纫珠则有了更细腻的表演，当时的影评特别提到其中令人印象深刻之处，如在儿子良彦周岁宴会之日，纫珠在后花园窥见丈夫私会柔云表达爱意，字幕为"纫珠既知兰荪属意柔云，乃宁苦己之一身，而免三人隐痛，不得不离夫别子以去矣"，而张织云在写下告别书信时候的表演"缠绵悱恻而读者动容，而一种不得已之神情，活画一失意贵妇"[②]。

《空谷兰》剧照：张织云分饰两角，纫珠遣翠儿归取良彦小照

（图片来源：《明星特刊》1926 年第 8 期）

并且，张织云在片中还兼饰了纫珠的女仆翠儿（死于火车事故，误被认为纫珠），出现了同一画面中一人分饰两角的奇观。此前在张石川导演的《好哥哥》中，摄影师董克毅首次运用二次曝光法，"在银幕上把一个人摄成两人，当面对话"[③]，"这种技术真是中国空前的杰作"[④]。当时有一位从国外回来的华侨看了《好哥哥》后特别惊喜，"竟出乎吾人意料之外，该片摄影技术，既臻完美，配景又佳……记者在海外，既久仰上海明星公司制片之超

①蒋信恒：《追怀里的张织云》，《影戏生活》1931 年第 1 卷第 31 期。

②熊梦：《评〈空谷兰〉》，《时报》1926 年 2 月 23 日。

③何秀君口述、肖凤记：《张石川和明星影片公司》，中国电影资料馆编：《中国无声电影》，北京：中国电影出版社，1996 年，第 1528 页。

④古莲：《〈好哥哥〉真好》，《时事新报》1925 年 1 月 7 日。

卓，今日亲身过目，觉风雨飘扬之祖国，艺术尚不示弱于人，衷心欣慰，不可言喻”①。《空谷兰》对二次曝光法的技巧运用更加完善，张石川指挥人物表演的动作更加真实、协调，尤其是纫珠教翠儿裁衣一幕，“毫无痕迹，是明星公司摄影方面之进步”②。

《空谷兰》作为一部典型的情节剧，展示了张石川电影可操纵的美学惯例，尤其是充分表现善与恶之间惊天动地的冲突，调动观众在大悲与大喜之间极致的情绪转换。杨耐梅素以扮演风流妖艳的摩登女郎为银幕类型，在片中尽情呈现她的体态婀娜，并以华丽服饰衬托，“酷类一慧黠女子”③，尤其是在后半段中阴险狠毒、锋芒毕露。范烟桥特别观察到《空谷兰》在苏州放映之时，“刻画柔云辣手段、硬心肠处，女座中颇多引巾拭眼者”④。

《空谷兰》剧照：纫珠柔云争药相持

（图片来源：《明星特刊》1926年第8期）

影片的高潮是，良彦生病渐重，柔云企图偷药置良彦于死地，纫珠惊觉，挺身而出，与之纠缠打斗，并摘下墨镜，表露真实身份。张石川指挥这一幕的人物动作和情绪做到极致，想独得家产的柔云和一心救子的纫珠为了各自的欲望，“打得不亦乐乎”“拼死相夺，此幕自有影戏以来至破天荒也”⑤。紧接着便迎来了善恶有报和最终的大团圆，柔云行迹败露，“忽然

①鲍振青：《归国后之上海电影观》，《时报》1925年1月27日。

②心冷：《评明星两张新影片（一）：〈空谷兰〉》，《国闻周报》1926年第3卷第7期。

③熊梦：《评〈空谷兰〉》，《时报》1926年2月23日。

④范烟桥：《〈空谷兰〉之苏州观》，《紫罗兰》1926年第1卷第12期。

⑤双文：《观〈空谷兰〉后》，《光报》1926年3月1日。

如痴如醉、乘车而出，既无目的地，更尽鞭马速行，致堕车受伤而死，观者大快”[1]。与之相比，郑正秋的《小情人》尝试了另外一种处理方式，同样也有一个离开大家庭的“弃妇”云珍，抚养被骂为“拖油瓶”的儿子大昭，但承担《空谷兰》中兰荪之母类似“棒打鸳鸯”功能的润霖父亲在影片中是被讲述的“不在场者”，而出现在影片中的没有一个真正的坏人，包括润霖奉父亲之命娶的妻子竹宾，视云珍的女儿如己出，知晓真相后决定退出，而最后的结局是云珍为了保全儿女的幸福选择服下毒药。郑正秋没有采用最能调动观众情绪的“最后一分钟营救”手法，让善良的云珍获得最后的大团圆，而让云珍的牺牲使这部影片成为一出由于贫富不均、门户之见造成的社会悲剧。他通过善与善的人性冲突而非善恶分明的戏剧冲突，表达了对弱者的同情，从艺术眼光上郑正秋是高于张石川的。但深谙观众心理的郑正秋明白，彼时中国大部分观众喜爱的是“盖善者善至极点，恶者恶至极点”[2]的刺激故事，张石川式的利用极致煽情性以及虚拟式大团圆结局来调动观众的情绪体验和身体震动的情节剧“可以迎合社会心理，而收利市三倍之效”[3]。导演的首次实践也让郑正秋真正直面电影在“营业”“观众”“艺术”之间的供求矛盾，“所以做导演的人不能任随自己的主张去做，而是处处都要感受到困难，……这种困难是中国电影进化上必经的途程，是跳不过去的”[4]。正视这种“跳不过去”的历史现实，进而去理解张石川的商业美学实践及其在协调社会时尚、文化心理与大众趣味之间找寻到的有效惯例，也是我们今天“重写电影史”的意义所在。

此外，《空谷兰》在服装、化妆、道具及置景上也体现了大制作倾向。纫珠带着翠儿从纪家离开后，突然想起忘带儿子照片，翠儿回去取，没能赶上纫珠所乘的火车而乘了下一班次，却在半途遭遇火车相撞事故而丧生。火车作为现代性的想象物，由火车引发的交通事故在早期通俗情节剧中又经常被作为现代城市压力的象征。火车相撞的灾难对大多数观众来说难以亲眼目睹，所以这场戏是吸引观众的重要“噱头”，张石川使用模型装置表现这一灾难性情节，操演了他的美学惯例，“却能使大部分观众信以为真”[5]，罹于浩劫的翠儿面目俱损，难以辨认，因而才以身着纫珠的外衣被误认为纫珠。在这场戏中，死者骇人的妆容以及张石川对其多次的面部特

①双文：《观〈空谷兰〉后》，《光报》1926 年 3 月 1 日。

②郑正秋：《以何因由创作〈小情人〉》，《明星特刊》1926 年第 11 期。

③郑正秋：《以何因由创作〈小情人〉》，《明星特刊》1926 年第 11 期。

④郑正秋：《导演〈小情人〉的感想》，《明星特刊》1926 年第 10 期。

⑤古莲：《谈〈空谷兰〉》，《明星特刊》1926 年第 9 期。

写，都是延续《张欣生》式的手法，将一个震惊事件以及引起的感官刺激重塑并永久铭刻下来，也有评论认为“翠儿死后，面目模糊，片中特写至数次之多，悲惨景象，不宜多示观者”①。从传统大家庭中离开的纫珠，在下集中再次出现时易装“幽兰夫人”，戴上墨镜，成为现代新式教育学校的教务长，服装、化妆、道具都增加了都市时尚元素，呈现新派女性的气质。

该片无论内景还是外景都给观众留下了深刻的印象，被认为“背景宏丽，在国产片中，得未曾有”②。尤其是表现纪府作为贵族门第，内景精心制作，华丽古雅，在良彦周岁宴会的重场戏里，为主人和宾客众表演所特别搭建的剧场，被报刊记者类比美国环球影片公司摄制《剧场魅影》时搭建巴黎剧场的规模，“其形色于沪地剧院相同，求其像真”③。后来柔云之子柔彦周岁时，庭中悬灯数盏，并使用染色法，使得观众看到了五彩的灯光④。而且为了筹拍影片，1925 年 12 月 7 日，张石川带着二十多人包括编剧包天笑作为顾问启程前往杭州⑤，进行了三天两夜的外景拍摄。包天笑回忆，此外景之行是张石川坚持所为，因为他认为“电影不比戏剧，戏剧只是局促在舞台上，所以都是内景。电影与其在摄影场里造房子、搭布景，不如到外面适应的地方，多拍外景为宜”⑥，可见张石川在导演观念中已将电影空间和舞台空间进行了明确的区分。片中西湖的秀丽景色给观众留下了深刻的印象，即使对《空谷兰》持批评意见的文章也肯定了此片在自然场景上的展现，“电影的最擅长的地方，在可以利用美丽的、奇特的、险阻的种种不同的天然风景。……《空谷兰》的前十本好像还注意到这一点，可是后十本，几乎一般是在病室里”⑦。

《空谷兰》累计票房 13 万多元，创下了默片时代国产电影的最高纪录，成就了张石川导演履历中“空谷兰的时代”。《空谷兰》之后，张石川又继续导演了包天笑提供的《梅花落》，不仅在时间跨度上拉长，而且人物线索繁杂，在故事情节的离奇性上更甚。

第二，在爱情片类型中复合多重都市流行元素。

---

①心冷：《评明星两张新影片(一)：〈空谷兰〉》，《国闻周报》1926 年第 3 卷第 7 期。

②毅：《〈空谷兰〉电影之浩举》，《新闻报》1926 年 1 月 18 日。

③毅：《〈空谷兰〉电影之浩举》，《新闻报》1926 年 1 月 18 日。

④《三日报告》，《晶报》1926 年 2 月 12 日

⑤《电影界消息》，《时报》1925 年 12 月 8 日。

⑥包天笑：《我与电影》，中国电影资料馆编：《中国无声电影》，北京：中国电影出版社，1996 年，第 1512 页。

⑦陈源：《〈空谷兰〉电影》，中国电影资料馆编：《中国无声电影》，北京：中国电影出版社，1996 年，第 1134 页。

在此之前，张石川电影主要集中为遗产、儿童教育、妇女等家庭伦理和社会问题，主角也多为下层苦难民众；包天笑加盟“明星”后，与之搭档，张石川的电影转向吸纳才子佳人的恋爱故事模式，拍摄了《空谷兰》《梅花落》等聚焦都市男女恋爱纠葛的爱情片，而且根据市民观众趣味的变化，将各种流行元素复合其中，

这时期，张石川的爱情片所复合的流行元素中有两个例子十分具有代表性。一是将爱情与革命相结合。1925—1926 年间，五卅运动、国民革命军北伐战争先后爆发，重建民族国家的愿景成为公共舆论的热点。在这种具有浓厚政治情绪的背景中，张石川电影也适时地推出“革命＋恋爱”的故事，作为吸引观众的看点。如《多情的女伶》实为两女争一男的三角恋故事，着重于情节上的“错综回互，极波橘云诡之致”①，但给男主角冠以革命人的身份，增加商业看点；《好男儿》讲述的是革命青年顾仲谋和军阀女儿慧珠的恋爱故事，相比《多情的女伶》更加重了革命的戏份，“是剧剧旨以爱国为直线，而以爱情横贯之，立意甚正大，且能注重国家思想，介绍当时革命之困难情形，令人兴奋”②。片中有几处宏大且具吸引力的段落，如顾仲谋参加革命、革命军整装出发的场景；军阀手下李团长假帮革命团体，实搞围剿；还加入了动作场面，如顾仲谋亲手杀死军阀，以及在战友坟墓旁，顾仲谋梦中与军阀斗剑，被评价为“步武范朋克后尘者、东方影片之创举也”③等。此外，张石川特别设计了“中山遗像照片与项城遗像照片对照”的镜头，“中山遗像照于银幕时，拍掌声遍院中，达一分钟以上，可知国人对中山之人格之信任矣，此种处颇能引起国人爱国心”④。

第二个例子是，张石川看到了当时已经如火如荼的城市体育运动可能带来的电影商机，尤其是“1927 年 12 月国民政府在南京成立了全国体育指导委员会。这一组织的成立，改变了以往只注重学校体育而忽视社会体育的状况，标志着体育已被视为一项完整、独立的国家事业而由专门的机构和组织进行领导与管理”⑤，同期他就开始筹拍中国第一部体育故事片《一脚踢出去》（又名《同学之爱》，洪深编剧），于 1928 年 6 月 20 日上映。主演龚稼农进入公司前是江苏省立南京体育场职员，他在回忆影片的策划

①琴：《观〈多情的女伶〉之感想》，《新闻报》1926 年 4 月 13 日。

②心刘：《〈好男儿〉试映记》，《明星特刊》1926 年第 12 期。

③心刘：《〈好男儿〉试映记》，《明星特刊》1926 年第 12 期。

④S：《好男儿》，《明星特刊》1926 年第 12 期。

⑤成都体育学院史研究室主编：《中国近代体育史（初稿）》（1979），转引自潭华主编：《体育史》，高等教育出版社，2005 年，第 244 页。

时写道："明星公司之所以拍这一部以足球运动为题材的戏，是基于两个原因：一是当时国内足球运动极为盛行，尤其上海一市，每届秋末冬初，即进入足球旺季，业余的或职业的大小球队不断举行比赛，加上享誉体坛的东华足球队及该队灵魂李惠堂氏，极为国内球迷热爱，如以其佳妙球技表现银幕，自必卖座，且可兼收推广运动之效。其二是因张石川氏知道我由运动场上转入电影界，对足球一道颇有基础，给与此种机会，必更能发挥所长。因此决定由洪深编写剧本，定名《一脚踢出去》。"①

张石川原本打算让当时的"亚洲球王"李惠堂作为龚稼农的替身，后由于身形差别较大，改为当时在球迷心中地位仅次于李惠堂的周贤言，因此片中的男主角也由前锋改为守门员，可见张石川在创作上对真实性的看重。

在当时报纸的广告宣传中，《一脚踢出去》被作为"体育喜剧"②或者"体育爱情片"③，多种流行元素相结合，带有浓厚的张石川的娱乐风格。在影片前半部分，球队守门员张诚与大学同学吴珂之间分分合合的爱情故事占据重要部分，而后半部分中华足球队和外国足球队的比赛是重场戏。尤其是，该场比赛实为 1927 年冬李惠堂组织的乐华足球队与外国球队之间进行的一场真实的足球赛。张石川"指导六部摄影机从各个角度拍摄比赛的场面"，比赛结束后，还特别邀请周贤言、李惠堂等足球明星"协助补拍一些近景和特写镜头"④。张石川尝试这样一种球赛实况与虚构的爱情故事相结合的新颖拍摄方式，为《一脚踢出去》制造了足够的"噱头"，影片开映首日，"日夜三场，虽天雨而观众仍拥挤不堪"⑤，获得了很高的票房纪录。

第四节 《火烧红莲寺》：商业美学惯例的集大成者

张石川电影对 20 年代都市观众趣味和流行文化的把握和迎合，最成功的操作便是 1928 年开始的武侠神怪片集《火烧红莲寺》。当时图书市场、报纸杂志上发行和登载了大量的武侠小说，如《江湖奇侠传》《关东大

---

①龚稼农：《龚稼农从影回忆录》，台北：传记文学出版社，1980 年，第 103－104 页。

②《〈一脚踢出去〉之第一声》，《时事新报》1928 年 5 月 12 日。

③《〈一脚踢出去〉定期公映》，《新闻报本部附刊》1928 年 6 月 19 日。

④单万峰：《早期的中国体育故事片》，《当代电影》2008 年第 8 期。

⑤《〈一脚踢出去〉开映盛况》，《新闻报本埠附刊》1928 年 6 月 21 日。

侠》《小五义》《血滴子》等，有关武侠内容的连环画、小人书也充斥市场。这些图书得到了都市人的青睐，非常畅销。《江湖奇侠传》从 1923 年在《红》杂志上连载，随写随登，同时陆续出版单行本，后来《红》杂志改版为《红玫瑰》，《江湖奇侠传》依然继续连载，断断续续到 1929 年。有关不肖生和《江湖奇侠传》的广告在当时报刊密集刊发，连篇累牍，可见在当时拥有的读者数量之众。这部武侠小说写的是除暴安良，表达了中国都市平民的精神诉求，正如张恨水所分析的，“为什么下层阶级会给武侠小说所抓住呢？这是人人周知的事。他们无冤可申，无愤可平，就托诸这幻想的武侠人物，来解除脑中的苦闷”①。

张石川在偶然的机会中发现了平江不肖生的《江湖奇侠传》，“以他敏锐的生意眼光，一看就知道拍成电影，票房价值一定很高”②。事实证明了张石川的制片眼光，在明星公司的营业史上，《火烧红莲寺》创造了继《孤儿救祖记》和《空谷兰》之后的第三个营业高潮。从 1928—1931 年，张石川一共拍出了 18 集《火烧红莲寺》，尤其是从第 2 集开始，编剧郑正秋离开了剧组，编导、拍摄过程都由张石川负责，集中体现了他个人对电影叙事策略的创造、导演技法的演练以及更重要的是，植根于两者的商业美学惯例。

要特别强调的是，张石川和当时在追逐大多数观众趣味和获取智识③阶层肯定之间痛苦徘徊的许多导演相比有一个很重要的区别，是他的娱乐主义世界观以及对电影商业性追求的矢志不移。例如差不多同期和张石川开始长故事片拍摄的杨小仲，即使后来在商业电影创作上颇有建树，拍片量仅次于张石川，也是经过 1926 年《母之心》的失败后才不无悲观地感叹，搞影戏“第一要明白我们的衣食父母是中下层社会的人，最要紧的是迎合他们的口味，情节宜热闹，穿插要多，无理取闹、节外生枝都不妨。只要博得他们的欢心，使得他们高兴、笑、拍手，你就丰衣足食了。你如果要顾到自己的名誉，用高尚的思想向艺术上做出，欲博智识界的荣誉，除非你是个仙人，不吃烟火食，否则智识界给你的报酬，只能买些白水喝”④。在对观众观的自我反思之后，杨小仲才转向此后对类型电影的深耕。而张石川从一开始就没有杨小仲这种在“营业”与“主义”之间的无奈，而是更加纯粹地摸索观众的娱乐趣味，将商业诉求推向极致，从而总能成为民国电影类型创作风潮的引领者，《火烧红莲寺》即是代表。而据洪警铃回忆，《火烧红

①张恨水：《武侠小说在下层社会》，《周报》1945 年 11 月第 2 期。

②胡蝶口述、刘慧琴整理：《胡蝶回忆录》，北京：新华出版社，1987 年，第 48－49 页。

③作者注：本书保留使用当年用语“智识”。

④小仲：《悲观》，《银星》1926 年第 12 期。

莲寺》大卖之后，杨小仲在其影响下才拍起了《火烧平阳城》①。

《火烧红莲寺》是中国电影第一次将武侠与神怪结合在一起的大规模制作，显示出强大的市场感召力。这也是20年代中国电影在经历了从注重杂要吸引力的震惊体验向封闭、复杂、引导观众窥视需求的叙事电影转变过程中，又再次继承早期电影的吸引力精神，尤其是，作为吸引力的技术被置于前景，与叙事进行灵活互动的整合，更新了张石川情节剧美学的表达方式。它的成功也彰显出中国观众对于奇观性和叙事性的共同偏好，电影的"吸引力元素"和"叙事元素"并未割裂开来，而是长久地交错在一起，相互支撑。可以说，《火烧红莲寺》是张石川电影对商业美学惯例熟练操作的集大成者，也是他作为一个"电影巧匠"长成的标识。

第一，开创了连集片的电影叙事策略。

《江湖奇侠传》全书共134回，情节曲折，文字夸张，可读性很强。张石川看中的是其中最精彩的情节之一，《火烧红莲寺》由郑正秋根据单行本中第80回"游郊野中途逢贼秃，入佛寺半夜会淫魔"到第98回"红莲寺和尚述情由，浏阳县妖人说实话"等章回改编成剧本。《江湖奇侠传》被认为是中国现代武侠小说的开山之作，充满了奇幻的江湖描述和正邪的武林中人，第80回实际上是一个大的悬念，即一向具有善名的红莲寺藏着一个秘密，主持知圆和尚被湖南巡抚卜公发现在寺中的种种淫踪不法状。改编成电影后的《火烧红莲寺》将这个秘密放在最后，先是讲述了浏阳县把头陆风阳之子陆小青学得高超武艺，返乡中经红莲寺投宿，发现红莲寺中蹊跷端倪，经过种种曲折逃出寺后，路遇军官寻找失踪的卜公，然后又从侠士口中得知红莲寺的秘幕。最后在一班武林高手及官兵的协助下，冲进红莲寺，救出被囚禁的卜公及被残害的良家妇女，并将红莲寺一把烧掉。与之前的武侠片线索单纯、人物集中相比，《火烧红莲寺》的故事层层深入，情节繁复，峰回路转，不断出现的角色都带着秘密，始终保持着神秘感和新奇感。当时有人指出："现代的观众——尤其是中国的观众——大半爱观复杂的影片，《火烧红莲寺》正是适合所需要的。"②

但在电影史上更具突破性的是张石川给《火烧红莲寺》留了一个开放结局，他设计，因为常德庆通风报信，知圆和尚与知客僧得知官兵将至，于是红莲寺的这三位主恶元凶"自地穴幸免"。红莲寺被烧，恶人逃脱，"然是

①洪警铃：《影坛生涯》，《中国电影》1957年第6期。

②蕙陶：《〈火烧红莲寺〉人人欢迎的几种原由》，中国电影资料馆编：《中国无声电影》，北京：中国电影出版社，1996年，第1175页。

否能卷土重来，尚在不可之数也”①。张石川的打算是“如果生意好，就以他作引子，再继续拍下去”②。这种叙事策略与长篇连载小说“欲知后事如何，且听下回分解”相类似，为此后的连集片续编留出了故事空间。

从第2集开始，张石川身兼编剧和导演，并没有拘泥于《江湖奇侠传》，而是随心所欲地改编，故事更加天马行空——逃出红莲寺的知圆和尚联合崆峒派与昆仑派展开恶斗，又引出了新角色侠女红姑和金罗汉。双方剑仙各自施展绝技，钻天入地无所不能，胜负难分之下又互请高人继续斗法。据何秀君回忆，张石川善于编写脱离现实生活但却引人入胜的荒诞神奇故事，在于他“比较熟悉寺庙里的生活——我父亲一生广结释源，有许多和尚朋友，石川和这些人也混得很熟，庙里的事情他杂七杂八装了一肚子，这一回一股脑儿派上用场了”③。

张石川的连集片叙事遗传了随城市商业经济的发展、都市人口的聚集而出现的宋元市井表演技艺“说话”以及古代话本小说、章回小说等文体的形式特征，迎合了市井细民的世俗欣赏趣味，满足了他们搜奇猎艳的心理，是一种典型的度过闲暇的娱乐方式。《火烧红莲寺》一集集地卖关子和噱头，由此抓住观众的好奇心，“每集开映时，到处都是万人空巷，争先恐后”“观众对于此片的态度，一集胜一集”，当时有人评论，“原著者不肖生，一枝生龙活虎的笔，已把复杂的情节，写得婉转动人，何况又给善于捉摸社会变化不定的心理的张石川，运用他聪明伶俐的脑筋和手段把那些动人的情节，编成一个周详的电影剧本，再集合一切的专门人才，把它实现到感到无再可比的银幕上去呢”④。自《火烧红莲寺》之后，这种连集片模式被许多国产电影制作竞相模仿。

第二，极度挖掘电影技术的吸引力。

《火烧红莲寺》在以往的武侠片中加入大量武林高手以“异技”斗法以及半人半魔的神怪内容，并从以往武侠片拍摄武打长片转向了以大量特技镜头和机关布景来表现武林高手们各种“奇门妖术”。这一时期特技摄影（时人称为“幻异摄影”“诡术摄影”等）在中国电影中被广泛尝试，尤其是作

---

①郑培为、刘桂清编选：《中国无声电影剧本》（中卷），北京：中国电影出版社，1996年，第1415页 。

②何秀君口述、肖凤记：《张石川和明星影片公司》，中国电影资料馆编：《中国无声电影》，北京：中国电影出版社，1996年，第1528页。

③何秀君口述、肖凤记：《张石川和明星影片公司》，中国电影资料馆编：《中国无声电影》，北京：中国电影出版社，1996年，第1529页。

④蕙陶：《〈火烧红莲寺〉人人欢迎的几种原由》，中国电影资料馆编：《中国无声电影》，北京：中国电影出版社，1996年，第1175页。

用于人的身体，频频制造技术的惊奇、感官的刺激和情感的即时唤起，极有力地支撑了武侠神怪电影浪潮。这种技术的自我展示，看似矛盾地与物质世界和现实观众制造距离，然而不可思议的幻象通过电影技术不仅呈现为可能，而且真实可感，在影院空间爆发了神奇力量①。张石川展示出一个“电影巧匠”对于电影技术的痴迷。他和摄影师董克毅非常注重推陈出新，运用各种电影技术去夸张剑术甚至是幻术，将武侠小说中那些“手指白光”“口吐神剑”“腾云驾雾”“隐遁无迹”“勾魂摄魄”的侠客侠女视觉化地呈现出来，惊奇了当时的中国观众。

《火烧红莲寺》剧照

（图片来源：《电影月刊》1933 年第 27 期）

龚稼农在回忆录中揭秘了《火烧红莲寺》中经常出现的“剑光斗法”“驾雾飞行”的拍摄过程：“剑光斗法”是由真人和卡通结合而成，首先拍摄常德庆与陈继志（《火烧红连寺》中的两个角色）言语冲突的戏，再拍常德庆从腰间取出葫芦，用手一拍放剑状，和陈继志一拍头顶便飞剑的迎击状，以及在场人的紧张表情，另一方面则是绘制二人使用的剑及飞出的白光，在空中交战的翻浪情形，再将二者加以拍摄结合，于是观众在银幕上看见的就是二人的“剑光斗法”。“驾雾飞行”则是通过三步摄制，最初是将驾雾飞行的演员，用粗铅丝吊在十丈多高的半空中作飞行姿势，以约十尺直径的巨型

①艾青：《技术吸引力与早期中国电影的情感表达》，《当代电影》2017 年第 9 期。

电风扇吹风，使演员衣襟飘拂，如空中飞行；然后拍飞行经过的山川林园景致，再将两段底片叠印成一段底片，最后将这段结合叠印底片印于放映正片上，于是观众便可看见银幕上像"真"的在空中飞行了①。此外，《火烧红莲寺》还发明了一种"接顶法"，由于早期尚无供摄影机灵活操纵、作俯仰等角度拍摄的升降机，以及为节约制片成本，所以置景的"红莲寺"并没有封顶。但在银幕上展示出"红莲寺"的恢弘，是通过实物拍摄和绘景相结合的，所谓的"绿瓦飞檐"是绘画在一小块玻璃板上，置于镜头前面，由摄影师将画在玻璃板上的寺顶的下沿，与布景的实物一沿接合于镜头之中，摄成后，观众所见的"红莲寺"便是一座完整的辉煌建筑了②。

此外，张石川还想方设法给观众制造新奇感，如在第 4 集让当时负责电影剧照涂彩色的顾友梅，将放映胶片上的红姑也逐格着成红色，于是银幕上的红姑身穿一身红衣，成为中国电影史上最早的着色片，但因为制作技艺不够精细，有时不注意会将红色涂在衣服外边，放映时红姑身上便无缘无故飞起火焰，闹成笑话③。还有资料显示，"当年的放飞剑场面所见的飞剑并非单是'白光一道'，而是加上黄色的'黄气一道'，如此一来画面更显突出，亦是我国影片片上加色的开端"④。

在张石川的创造和推动下，《火烧红莲寺》将神怪魔力、动作绝技转化为一种美学资源，突破了身体和社会规则，打破了人们对可见和不可见、真实和魔幻之间界限的定见，创造了新的情感表达方式和感知模式。时人评论，这是一种能够带来"新智识、新技术、新理想和新勇气"的"新艺术"⑤，"摄制上之千变万化，实较其他影片尤为繁复。似此奇特之技术，贡献于国产电影界匪鲜，况其激发民间尚武精神之功，固未容民灭者耶"⑥。如《火烧红莲寺》第二集王献斋饰演的术士，"能将五省的绿林健将，装入袖管里"，白鹭大侠的神鹰能忽大忽小，"并能体会主人的意思，将十恶不赦的术士的飞空妖剑打倒，救出一个清官，大快人心"等⑦。张真指出，武侠神怪片制造（或者说视觉呈现）了"一种模糊前现代风俗和现代渴望、通俗趣味

①龚稼农：《龚稼农从影回忆录》，台北：传记出版社，1980 年，第 162 - 163 页。
②龚稼农：《龚稼农从影回忆录》，台北：传记出版社，1980 年，第 162 - 163 页。
③龚稼农：《龚稼农从影回忆录》，台北：传记出版社，1980 年，第 165 页。
④转引自贾磊磊：《中国武侠电影史》，北京：文化艺术出版社，2005 年，第 52 页。
⑤映斗：《神怪剧之我见》，中国电影资料馆编：《中国无声电影》，北京：中国电影出版社，1996 年，662 页。
⑥青苹：《从武侠电影说到〈火烧红莲寺〉和〈水浒〉》，《影戏生活》1931 年 1 月 3 日。
⑦《四集〈火烧红莲寺〉》，《新闻报》1929 年 5 月 21 日。

和先锋实践的乌托邦民间文化”[①]。仗义扶危、除暴安良的武林侠客们的身体成为一种技术的混合体，经由特技摄影克服了时空障碍，重塑了一种乌托邦的集体渴望，用一种可触可感的认知方式，得到了观众感官神经和身体动觉的积极回应，满足了长期处于军阀混战、内忧外患之困、势弱无助的普通民众希望英雄复活、侠客降临的幻想，这里存活着一个未受资本主义和西方现代性败坏的另类生活方式，在这里传统的侠客现象和现代的超人英雄叠印，人们重获自由、匡扶正义，获得精神的拯救和情感的共鸣[②]。连批判“封建的小市民文艺”的茅盾都不得不承认“叫好，拍掌，在那些影戏院里是不禁的；从头到尾，你是在狂热的包围中，而每逢影片中剑侠放飞互相斗争的时候，看客们的狂呼就同作战一般……在他们，影戏不是‘戏’，而是真实！”[③]。经由技术的吸引力机制，大大扩展了武功打斗的空间，新花样层出不穷，想象与现实结合，为观众制造了既世俗又奇幻的视觉愉悦和梦幻体验。

第三，建立了早期商业大片制作的范式。

1925年以来，在《空谷兰》《梅花落》等较大体量的电影实践之后，张石川对于大片制作有了较丰富的经验，《火烧红莲寺》在演员、摄影、布景、服饰等方面都集中起20年代中国电影制作最为豪华的装备，张石川以其成熟的把控摄制现场、调教演员的导演功底，建立了早期商业大片制作的范式，影片的盈利又反过来成为投入生产的资本，突破了国产电影现代化的瓶颈，开创了中国商业电影制作走上规模化、现代化的可能性。

在演员阵容上，张石川配备了大牌云集的一线主演和相当规模的专业武打临演。第一集主要演员有郑小秋、夏佩珍、汤杰、龚稼农、郑超凡、高梨痕、谭志远、萧英、赵静霞等当时明星公司新近网罗的男女明星。尤其是夏佩珍所饰演的昆仑派女侠甘联珠，是十分受观众欢迎的角色，当时大街上随处可见夏佩珍扮演的女侠英姿飒爽骑在马上的广告。《火烧红莲寺》连拍18集，也造就了夏佩珍与阮玲玉、胡蝶等明星一争天下的红星地位。武侠神怪片的潮流过后，夏佩珍在明星公司占据了仅次于胡蝶的第二女主角地位。这些为当时观众所熟知的明星将观众在《江湖奇侠传》中素已认识的角色在银幕上表演出来，如当时评论所说，“观众们是爱观他们在银幕上

①张真：《银幕艳史——都市文化与上海电影1896—1937》，上海：上海书店出版社，2012年，第258页。

②艾青：《技术吸引力与早期中国电影的情感表达》，《当代电影》2017年第9期。

③茅盾：《封建的小市民文艺》，中国电影资料馆编：《中国无声电影》，北京：中国电影出版社，1996年，第1040页。

所认识的明星，表演出他们在书本上所认识的人物。《火烧红莲寺》正是适合他们所需要的”①。

《火烧红莲寺》“表现武术，尤多女侠”②，从第二集开始，张石川增加了一位端庄秀丽、轻功卓绝、武艺超群的侠女——红姑，由当红影星胡蝶扮演，是张石川为了增加票房而专门为胡蝶量身打造的。侠女形象强化了技术对女性的身体改造。在摄影场的胡蝶要想能腾云驾雾，必须悬在空中，用一根铁丝拴在腰上，棚顶装只滑轮，铁丝穿轮而过，在巨型电扇吹出的大风吹拂下，衣袂飘飘，衬之以名山大川的背景，成为超自然的存在，为观众提供了一种激荡人心充满力量的现代女性形象，也更新了胡蝶此前的大家闺秀的银幕角色。多年后，胡蝶的影迷仍然记得银幕上“徐徐飞行”的“红姑”，胡蝶回忆：“我曾在温哥华碰到一位六十多岁的影迷，他见到我第一句话就说：‘我看过您的《火烧红莲寺》，那时我也只有七八岁，但是红姑在银幕上徐徐飞行的轻功，我至今也还记得。您那时演的红姑真够潇洒’。”③

张石川在原著武侠事迹上加入了更加生动的武侠表演，主要演员虽然也曾有过“古装片”“稗史片”的表演经验，但要摆出如放飞剑、施展掌心雷的姿势，借轻功跃出天窗的动作还有使用刀枪打斗的架势，创作出符合剧中人给予观众真实的观感，这不能只靠电影特技的后期制作支持。张石川除了与化妆师研究各个人物的造型外，还特别聘请武术指导训练演员，训练要求也非常严格④。经此排练，武侠打斗和施法表演愈加自然。

《火烧红莲寺》除主要明星外，还拥有数量众多的群演，张石川为此聘用了“马立斯打武班底”⑤的临时演员助阵。这些临时演员的表演增强了片中武打的真实感。据龚稼农回忆，《火烧红莲寺》共用了四百多位临时演员，其中大部分都会武打，参演了“码头械斗”“围攻红莲寺”等大场面戏。例如在“围攻红莲寺”一场中，摄影场运用三四百人围攻“红莲寺”，表现在银幕上是千军万马，但实际是在布景两边开了进出两门，让群众来回绕布

---

①蕙陶：《〈火烧红莲寺〉人人欢迎的几种原由》，中国电影资料馆编：《中国无声电影》，北京：中国电影出版社，1996 年，第 1175 页。

②《明星小消息》，《电影月报》1928 年第 8 期。

③胡蝶：《〈火烧红莲寺〉惊心动魄的特技》，李亦中主编：《银海拾贝》，北京：北京大学出版社，2006 年。

④龚稼农：《龚稼农从影回忆录》，台北：传记文学出版社，1980 年，第 160 页。

⑤马立斯是当时上海跑马厅附近的一条路名，打武班底是介绍所的原始称呼。马立斯路一带住着许多擅长打拳舞棒并借以谋生的人。在武侠片盛行之时，这些人可以做替身，代替主角表演各种惊险镜头，如滚山坡、跳高楼、骑马摔跤等；也有扮演流氓、匪徒、博打的群众，因此成为各家公司非固定的临时演员。

景跑圈子,再经拍摄剪接而成①。因为是群众戏,张石川在指挥上颇不容易,当时由剧务将临时演员编成若干个小组,每组由指定人率领,听从导演指挥活动,但仍有不少突发状况发生,"有时叫他们作被梅花针打伤倒地,或痛苦奔逃的戏,有的反而笑起来破坏了剧情,耗费了胶片,更浪费了时间,有的在正式拍摄前的试演中,便卖足劲真打起来,受伤的,把兵器弄坏的,真是不一而足,由这些事例中,可以看出短短几分钟的一场戏,其所耗人力、物力、财力是如何的可观了"②。

在布景、服饰方面,《火烧红莲寺》也属大制作之列。一直以来,张石川都将"景"与"戏"并重。第一集的主要场景是"红莲寺",这一布景花费了全片预算的四分之一,"其富丽堂皇的气势,至少在当时是罕见的。门前两旁八字黄墙上六个大字'南无阿弥陀佛',及大门上一块直匾上'红莲古寺'四个斗大金字,还是出自有'书法家'之称的徐莘园的手笔,其余如服装、大小道具的制作都颇费心力的"③。布景师是张聿光和董天涯,前者是国内美术的前辈,后者长期担任明星电影的布景师,加之大量的工匠协助,《火烧红莲寺》的布景也一集胜似一集,如第 4 集中的古式花园及喜堂,"或则清净美观,或则富丽堂皇,加以柔和光线的摄影,益发令人赞叹了"④。演员的服饰也大都用绸缎绫葛,加以精细的裁制而成,不但很适合各个剧中人的身段,并且富于美感。此外,张石川还带领摄制组前往苏州天平山摄取外景,"此行共有演员二百余人,武器及衣装等数百件,雇用民船多艘装载,在苏并雇得临时演员数百人,马二百匹,作军队与恶僧交战之用"⑤。因此,在当时的评论看来,"观众是爱观伟大壮丽的布景""观众是爱观富丽绚美的服饰"⑥,《火烧红莲寺》充分满足了观众所需要的视觉美感。

但由于追求系列化快速生产,以及张石川拍戏很少写剧本、经常临场发挥的习惯,"剧情怎样发展?人物关系怎样?只有他自己心里有数,别人都是水银灯下见。他拍戏总是当场才讲剧情,然后就分配角色,跟着他就指挥演员们:'你该怎么做,你该怎么做',戏就拍开了。在拍摄过程中,一

①龚稼农:《龚稼农从影回忆录》,台北:传记文学出版社,1980 年,第 160 - 161 页。

②龚稼农:《龚稼农从影回忆录》,台北:传记文学出版社,1980 年,第 160 - 161 页。

③龚稼农:《龚稼农从影回忆录》,台北:传记文学出版社,1980 年,第 160 - 161 页。

④蕙陶:《〈火烧红莲寺〉人人欢迎的几种原由》,中国电影资料馆编:《中国无声电影》,北京:中国电影出版社,1996 年,第 1176 页。

⑤《电影与歌舞》,《民国日报》1928 年 4 月 12 日。

⑥蕙陶:《〈火烧红莲寺〉人人欢迎的几种原由》,中国电影资料馆编:《中国无声电影》,北京:中国电影出版社,1996 年,第 1176 页。

切全是他说了算。演员们随着他的大喉咙吆喝，在摄影机前团团转”[①]。《火烧红莲寺》的错漏实际不少，有些观众注意到了其中的问题。

例如第 1 集，在陆小青（郑小秋饰演）进寺之时，有一个胖和尚（黄君甫饰演）站在知圆和尚（谭志远饰演）的身边。后来陆小青途遇甘联珠（夏佩珍饰演）、陈继志（郑二秋饰演）二人，甘联珠将红莲寺里经过情形说出，其中包括“卜巡抚临危的当儿，那黄君甫已被郑二秋一箭射死，大约看过该片的人们一定明白，那黄君甫死在陆小青进寺以前，怎么又弄出一个黄君甫来给陆小青碰头呢？”[②]。

再如有人发现，第 13、14 集在红姑药后发狂之时，桂武夫妻被万清和骗往清虚观去求药的一段中，出门时桂武夫妻并没有披着斗篷，路途中也没有看到斗篷，但回到红姑家中的时候，却披着斗篷。“这样一看，真使我模糊而不懂了，还是本来带去的呢？还是他俩去新买的呢？”[③]

而且后期《火烧红莲寺》的拍摄质量和创新性都有所下降。从登载在报刊上的电影广告来看，前些集的《火烧红莲寺》有关剧情和吸引力的说明文字非常多，但到了第 18 集时，版面上只突出了影片标题和主要明星的名字[④]。尽管明星公司对此变化解释为“因群众脑筋中已有红莲寺之印象，且为极美满之印象。故红莲寺广告，为有信用之广告，即不事藻饰，已具空巷之吸引力矣”[⑤]。从张石川极为注重“噱头”的吸引力以及电影的商业逐利性看，如果后期《火烧红莲寺》依旧在故事和技术的吸引力挖掘上有所创新的话，张石川和明星公司一定不会放过宣传机会。

《火烧红莲寺》的热映带动了 20 年代末商业电影浪潮，仅以“火烧”为名的武侠神怪片就有 40 多部，而且在南洋市场获利颇丰。但 1931 年南京国民政府成立的电影检察委员会对武侠神怪电影施行禁映禁拍令，且得到了包括左翼在内的新锐文化界的舆论支持，因为“不管对于左翼还是右翼人士来说，武侠神怪片的影响力都生产了一种不必要的‘误导性’社会能量，对启蒙和现代化进程造成了阻碍”[⑥]。当然，遭到文化精英的声讨也与后期武侠神怪片（包括《火烧红莲寺》）以低成本重复制作，技术被粗制滥造

---

①何秀君口述、肖凤记：《张石川和明星影片公司》，中国电影资料馆编：《中国无声电影》，北京：中国电影出版社，1996 年，第 1525 页。

②健笔：《〈火烧红莲寺〉之缺点》，《X 光》1928 年 5 月 19 日。

③蒋振新：《几种疑问》，《影戏生活》1931 年第 1 卷第 10 期。

④石娟：《文本之外：〈火烧红莲寺〉轰动的外部原因分析》，《电影新作》2014 年第 4 期。

⑤《〈火烧红莲寺〉广告解》，《新闻报》1931 年 6 月 2 日。

⑥张真：《银幕艳史——都市文化与上海电影 1896—1937》，上海：上海书店出版社，2012 年，第 303 页。

导致影片质量低下有很大关系，然而，《火烧红莲寺》等武侠神怪片的电影化表达及其展示出来的通俗魅力，让我们看到了张石川等中国第一代“电影巧匠”根植于日常生活，在这一类型中反复实践电影作为物质的、美学的和社会的媒介，在影院空间为越来越广大的都市观众群制造了充满自由力量的现代体验。但在政府法令与公共舆论的干预下，武侠神怪片在1932年逐渐退出市场，这种被压抑的民间生命力直到60年代以后香港武侠片中再次复苏。

与此同时，中国电影由商业民族主义时期进入了急速加剧的政治化状态。“红莲寺”的时代之后，张石川和明星公司即将面临跌宕起伏的际遇，但基于市场变化与观众需求的商业性依旧是张石川电影创作的立足点。

第六章　商业美学与意识形态话语的协商

中国电影发展到20世纪30年代，在更为动荡的政治、经济、文化氛围中，引起了各种政治势力、阶级力量、意识形态的关注，相比20年代呈现出更具竞争性的现代电影文化。

1932年下半年，张石川和明星公司面临的处境是日军炮火轰炸公司损失惨重、武侠神怪片屡屡被禁、鸳鸯蝴蝶派通俗言情片被批评为“守旧”“落后于时代”，而刚成立的联华公司迅速崛起以“新派”电影构成强大威胁。在重重危机逼迫之下，由周剑云出面邀请，夏衍、阿英、郑伯奇等左翼作家进入明星公司担任编剧顾问，接下来的几年里，明星公司出品了一系列由左翼作家编剧的电影，张石川亦导演了其中几部，赢得了批评界的赞誉。正如梅雯在分析旧派鸳鸯蝴蝶电影的衰落和新派“左倾”前进电影的兴起的内在原因时指出，这是“新文化对社会存在所具有的某种决定性力量、形塑力量和某种政治理念转化而来的体制力量所共同作用的结果”①。国共两党在此过程中对于意识形态话语的争夺进一步促成了新的知识范型的确定，并通过电影有了颇为清晰的显示，例如1933—1935年间针对所谓“软性电影”和“硬性电影”的争论，本始于美学领域，但在民族危机和南京国民政府推行的“新生活运动”的语境下迅速蔓延到意识形态层面，成为一场关于电影政治性的斗争。

但仍需注意的事实是，此时电影生产的主体依然是按照资本逻辑运作，因循商业规律获取利润。就张石川来说，如前文反复阐述的，他本质上是有导演技能的电影商人，他的政治倾向是超越这两种分野的意识形态，或者说有无“生意眼”的商业利益要高于电影的社会性与政治性。在普遍认为中国电影界“向左转”以后，张石川既有与进步作家合作的左翼倾向影片《脂粉市场》《前程》《女儿经》《劫后桃花》《女权》《社会之花》《压岁钱》等，

---

①梅雯：《破碎的影像与失忆的历史——从旧派鸳蝴小说的衰落看中国知识分子范型的转变》，北京：中国电影出版社，2007年，第397页。

又会继续迎合市民观众，拍摄感伤的通俗情节剧和其他流行的类型电影如《二对一》《泰山鸿毛》《麦夫人》《空谷兰》《大家庭》《海棠红》《古塔奇案》等，也会去导演支持南京国民政府的报刊编辑姚苏凤编剧的《残春》；在一・二八抗战影响下，导演了表现抗日斗争的影片《战地历险记》，又到江西为蒋介石拍摄纪录片。在明里暗里斗争激烈的30年代，尤其是在来自政府的电影审查制度与来自知识分子政治化的电影批评这两种高压之间，张石川电影依然秉持其商业美学惯例，力图在充满竞争性的意识形态话语之间争取更多义性的电影化表达，小心翼翼地趋利避害，力图使影片既赚钱又不担风险。以往关于30年代的电影史书写往往都存在着大量的二元对立论述：如30年代的/20年代的、进步的/落后的、精英的/大众的、左翼的/右翼的、硬性的/软性的，等等。然而，张石川电影呈现的这种“多义性”，是在看似分明二元对立的话语之间矛盾性与暧昧性的体现，或者说，这些二元对立“并非是一些本质化的、非此即彼的结构；恰恰相反，组成这些二元结构的每一极之间都很可能是含混不清的连续体，它们甚至可能相互转化”①。

从这种研究认知出发，本章将这时期张石川的电影文本作为他一贯的商业美学惯例与竞争性的意识形态话语协商的场所展开考察。在此，借用英国女性主义电影理论家克里斯丁・格雷西在情节剧研究中提出的文本协商(textual negotiation)理论，她认为，文本中的意义不是按照发布者(电影编剧、导演)的意愿陈列的一些固定的实体，而是一系列经济的、美学的、意识形态的元素在文本中交互作用的产物。这种交互作用的运作是无意识的、不可预测和难以控制的②。这种交互作用产生了情节剧中的意义竞争，成为对情节剧进行意识形态分析的基础，格雷西提出，情节剧美学的异质性恰好能够凸显不同文化身份之间的冲突和协商③。本章将以30年代张石川电影文本中的声音技术、摩登女性与新的风景这三种具有异质性的新资源为例，辨析其中存在的不同层次的意义竞争及协商。

①张颖：《为什么要寻找异质性：从“文本协商”看中国30年代的女性情节剧》，《当代电影》2015年第5期。

②GLEHILL C. Pleasurable negotiations[M]// THORNHAM S. Feminist film theory: a reader. Bloomington: Indiana University Press, 1999:171.

③GLEHILL C. The melodramatic field: an investigation [M]// GLEHILL C. Home is where the heart is: studies in melodrama and the woman′s film. London: BFI Publishing, 1987:36-37.

第一节　作为新吸引力的声音技术

"火烧"片的狂热尚未逝去，张石川的注意力转向一个新兴事物，这就是有声电影。早在1929年2月，美国电影《飞行将军》在上海夏令配克电影院放映，这是有声电影在中国第一次正式公开放映，引起观众的轰动，票价涨至1元，此后半年，沪上所有高级影院都装配了有声片放映设备。但因为中国观众大多听不懂有声片里的这些外国话，于是对于中国本土电影业而言，巨大的商机凸现出来。有声电影的竞争从放映领域进入到制片领域，首先引发了中国是否应该摄制自己的有声片的讨论，激起了又一波关于电影本体和意识形态功能的新公众话语。后来加盟明星公司的左翼电影主将们都热情欢呼有声电影的诞生，期望有声电影能成为进步思想宣传的有力工具。1930年3月，夏衍主编的《艺术》月刊对有声片时代中国电影的前途进行了集体讨论，如夏衍认为，有声电影"在一定期间之内"，一定可以"代替"无声电影；郑伯奇认为，有声电影的出现，"听觉和视觉的统一"是"不可避免的要求"；叶沉（沈西苓）认为，有声电影如果是中国自己拍摄的，"那么在大众化的观点上，倒有很大意义"。与此同时，"五四"以来的白话文、国语运动在30年代官方与民间的合理推动下更成为大势所趋，有声片工业在此背景下也成为重要潮流。

而对于张石川来说，他首先看到的是一种由声音新技术制造的新噱头，在中国电影从无声向有声转变的重要阶段，张石川再一次展示了敏锐的商业嗅觉，这场声音技术的革新的确取代了武侠神怪片，引发了又一波吸引力电影浪潮。审视了30年代初随着联华公司的崛起而加剧竞争的国产电影业格局，他和明星公司定出决策："发展电影技术，提高制片水准，恢复领导，巩固'明星'声誉。"①公司老板和资深导演的优势地位使得张石川能首先接触有声片创作，抢先拍摄中国第一部蜡盘发声片《歌女红牡丹》。在有声片创作上，张石川仍然是一个多产的电影导演，如李少白评价张石川"较好地实现了他导演艺术的从无声片向有声片的过渡"②，经过试验期的《歌女红牡丹》《旧时京华》《银星幸运》《如此天堂》《啼笑因缘》，张石川在1934年以后的创作均为有声片。

---

①龚稼农：《龚稼农从影回忆录》，台北：传记文学出版社，1980年，第204页。

②李少白：《影心探赜——电影历史及理论（增订本）》，北京：中国电影出版社，2000年，第76页。

张石川的有声片导演首先是注重戏剧式的台词应用。当时有声片的宣传基本是以“完全对白，有声歌唱”为号召力，对白在声音中占据突出地位。经过多年的导演实践，张石川的银幕艺术形态和美学风格已经定型，因此，他的有声片创作主要是在无声片导演的基础上融入声音，将声音作为弥补“无声”缺陷和实现商业诉求的手段。正如凤昔醉对张石川导演的蜡盘发音片《如此天堂》中的评价：“影片而有声，无非使银幕上的描摹，更加像真。既有深刻的表演，又有合理的声音，使观众目视耳听，宛然如身临其境而忘其为放映机中映射在银幕上的电影。”①对于叙事电影来说，对白是电影语言的主体，通常能传达比动作更直接、更强烈的思想和情感，并且能够重新定义电影中身体的意义，引发影像系统整体结构的变化。张石川的有声片创作对这点认识已很明确，例如30年代中期，政府当局对武侠神怪片禁映的同时又对现实题材影片严格审查，使明星公司电影创作陷入剧本荒的困境，因此张石川将曾经大卖的《空谷兰》翻拍为有声片于1935年2月搬上银幕，在他看来，“《空谷兰》这种剧本，可以不受时间性的限制，虽然以前已经摄制过无声的，现在不妨把它改成有声，使之增大戏剧的效果”②。他认为，通过声音技术的增加，尤其是人物对白加强戏剧冲突，使角色更为丰满，此外还可以增强音响感染观众的情感，制造更好的观影效果，“以前的《空谷兰》，有许多精彩的场面都没法使它尽量阐发，而有声的中间却得到了充分的传达，比如剧中良彦在母像前哭诉，纫珠与兰荪夫妇的争辩，柔云在良彦病中的大声呼喊，以及宴客时的歌唱等等，都能用音响效果来完成剧情的要求，就是很好的例证”③。有声片《空谷兰》亦获得了不俗的票房，“计映四十八天，为《姊妹花》后之卖座最盛者”④，而且此片通过1935年胡蝶访欧被传播到欧洲诸国，先后在苏联、德国、法国等地放映。不过，相比30年代许多年轻电影人如沈西苓、袁牧之、蔡楚生等在声画蒙太奇结合上更为大胆的创新实践，张石川对电影声音的艺术探索还显得相对保守，如《空谷兰》在莫斯科放映时，被苏联导演普多夫金指出“对白太多，且类乎演讲”⑤等问题。

除了对白，张石川电影的声音性突出表现是大量穿插音乐和歌曲。在有声片初期创作中，它们仅仅是作为一种听觉的展示，很少介入叙事空间。

①凤昔醉：《从银幕艺术说到〈如此天堂〉》，《如此天堂特刊》1931年。

②张石川：《重摄〈空谷兰〉的经过》，《文艺电影》1935年第1卷第3期。

③张石川：《重摄〈空谷兰〉的经过》，《文艺电影》1935年第1卷第3期。

④《明星日志》，《明星半月刊》1935年第1卷第1期。

⑤《周剑云胡蝶在苏俄》，《明星半月刊》1935年第1卷第4期。

例如第一部试验有声片《歌女红牡丹》使用的是蜡盘发声的技术，这也是从《唐璜》到《爵士歌王》等早期国外有声电影普遍采用的方法，将声音刻录在唱盘上，放映时与影片同步播放，为电影配音。为了将大量的音乐歌曲插入电影，早期有声片通常设置有演唱能力的女性角色，带有对戏剧舞台的自我指涉，构成一种“戏中戏”的模式。如《歌女红牡丹》主要以梨园生活作背景，讲述的是京剧女伶红牡丹（胡蝶饰演）追求自身幸福，但却遇人不淑，不仅备受凌辱，艺术生涯也走向衰落的故事。片中除录制全部对白之外，穿插了京剧《玉堂春》《穆柯寨》《四郎探母》《拿高登》。但胡蝶并不精通京剧，实际唱段是由梅兰芳配音完成，在电影化空间里，由于技术所限造成身体和声音之间是不同步的，但正如玛丽·安·唐纳所说，我们从这些有声片中发现的是由技术构建的“幻想性身体”①，观众在影院空间中欣赏到的浅吟低唱的女伶红牡丹，与《火烧红莲寺》中徐徐飞行的侠女红姑一样，都是一种技术的混合体，京剧明星梅兰芳的唱段与电影明星胡蝶的表演结合起来，成为这部电影的一大吸引力。

明星影片公司《啼笑因缘》摄影队在颐和园试摄有声影片（图片来源：《电影月刊》1932 年第 12 期）

但蜡盘发声有明显的技术缺陷，须先在银幕后面装上扩音器，放映间装上留声机，蜡盘与影片同时开放。如果遇到影片跳、断时，蜡盘声音就不能与之相符，必须等第二本放映，并换第二张蜡盘才能声画对上。但声音魔力带来的商业性驱使张石川继续投入，引进外国技术，尝试以片上发声的方式制作有声片。1931 年，张石川拍摄第二部蜡盘发声片《如此天堂》时，就委派洪深到美国去接洽选购有声有色摄影器材并聘请技师，共花费 18 万～19 万银元②。其中购回的有声机器，取名 STAR（明星）的译名，也就是日后在各类影片广告中所称的“四达通”。明

①DOANE M A. The voice in the cinema：articulation of body and space[M]// WEIS E.，BELTON J. Film sound. New York：Columbia University Press，1985：163－164.

②付永春：《洪深赴美与明星公司购置有声有色电影设备的考证（1931—1932）》，《当代电影》2019 年第 7 期。

星公司摄制的第一部采用四达通片上发音有声片是张石川导演的《旧时京华》。从美国聘回明星公司的技术师负责摄影、录音、洗印、剪接四个部门，其中录音设备是在摄影场特建一室，由美籍技师管理。张石川指派刚由复旦中学毕业的何兆璜、何兆璋、何懋刚当助手，另由吴蔚云、董克毅协助美籍摄影师以便学习使用技术，“准备更进一步摄制尽善尽美的有声片”①。

在1932年5月开摄制作的6集《啼笑因缘》中，张石川特意在每集中穿插2部彩色片和2部有声片，有声片部分基本是主演胡蝶歌唱的段落，服务于“吸引力电影”的展示性效果，但“其中许多歌曲都严重脱离了影片的情节和节奏表达的需要，而纯粹是为了向观众一展女影星胡蝶的歌喉而硬塞进去的”②。

承袭《歌女红牡丹》中利用戏剧与电影相互渗透的方式大量展示声音元素，30年代中后期，张石川还拍摄了分别以粤剧和评剧为背景的《麦夫人》(1934年)和《海棠红》(1936年)。《麦夫人》全部采用粤语对白，是明星公司拍摄的第一部粤语片，穿插了粤剧老生曾三多、青衣谢醒侬的表演片段。《海棠红》讲述的是评剧女伶海棠红的一生命运，由评戏皇后白玉霜主演，并选取其优美的评剧剧目片段插入影片，“正如当时黄尧的一幅漫画所说：梅兰芳、白玉霜和全运会的美人鱼杨秀琼，是最具号召的人物，择其一上银幕必能赚钱。《海棠红》是张石川抢了白玉霜的卖座片”③。

在对声音技术与电影艺术的融合上，张石川主要是利用明星效应，以其演唱主题曲的声色表演作为双重噱头吸引观众，应和了当时电影创作“无歌不成片”的潮流，如安排并不长于歌唱的胡蝶在主演影片《女权》《劫后桃花》时演唱其中插曲。

但仍然可以看到，创作上相对保守的张石川也尝试着将音乐和歌曲作为影片的叙事元素推动故事情节的发展。1937年，张石川执导夏衍提供剧本的《压岁钱》，在电影歌曲的运用上更为成熟。影片追踪一块银元在1934—1935年中国经济危机爆发这一年的市场流通，串联起二十多个寓居上海的微型故事。金钱有意识地从一个房屋流入另一个房屋，从而城市中不同阶层人的居住方式、社会关系以及对金钱的不同使用方式展现出来：同样的一元钱是新式里弄中产家庭小孩收到的压岁钱，是花园洋房主

①《明星影片公司十二年经历史——和今后努力扩展的新计划》，中国电影资料馆编：《中国无声电影》，北京：中国电影出版社，1996年，第31-48页。

②钟大丰：《作为艺术运动的电影》，陆弘石主编：《中国电影：描述与阐释》，北京：中国电影出版社，2002年，第201页。

③龚稼农：《龚稼农从影回忆录》，台北：传记文学出版社，1980年，第490页。

人给下人的赏钱，是石库门阁楼家庭看病支付的药费，也是棚户区贫民家庭倾巢而出、争相一睹的稀罕物。仿照美国童星秀兰·邓波儿的模型，《压岁钱》中的小主演何蓉蓉穿着同时期秀兰·邓波儿式的衣服，烫着同款小卷发唱歌，尤其是跳着同样的“踢踏舞”。而且，直接借助片中人物孙家明（龚稼农饰演）之口，直呼她“中国秀兰·邓波儿小姐”。《压岁钱》借助好莱坞电影对上海观众的明星效应，将这个能歌善舞的小女孩隆重推出，同时在1937年农历新年之际推出这部以新年压岁钱为线索的有声贺岁歌舞片，赢得了票房的成功。

《压岁钱》剧照

（图片来源：《明星半月刊》1937年第8卷第1期）

《压岁钱》一共有7支歌曲，其中有1首歌曲出现了多次，但并非像通常的作为人物的主旋律音乐那样起着烘托角色性格或表现人物心绪的作用，而是以迥异的歌曲演奏风格并结合画面元素作为批判性的文化政治寓言式表达。

这首歌曲的第一次出场是在花园洋房的私人聚会上，从无线电——一种新技术设备传播中传出来，明星广播电台的播音员称它为《舞榭之歌》（贺绿汀作曲），参加聚会的人议论它的流行性——“现在马路上的小孩都会唱的，可是最初唱这歌的不是咱们的 Miss Yang?”于是大家都开始恭维，请这个洋房的主人杨丽娟小姐（黎明晖扮演）现场唱一次。在这个场景中，无论是开始的电台演唱还是之后的现场演唱都是由钢琴单独伴奏。当杨丽娟开始演唱时，镜头逐渐从全景拉近到对她的特写，然后依次切换为在场的观众微笑欣赏的特写镜头，然后由反打回到对杨丽娟的特写镜头，尽可能捕捉着歌唱者沉醉于表演的面部表情。

第二次出现这首歌是杨丽娟得知包养她的银行家卷款逃跑后，她来到花园舞厅再次演唱这首《舞榭之歌》，暗示了因为供养她的情人离去导致生活境遇的衰落，只能借唱歌维持生计。这时候伴奏变成一个现场乐队，镜头也是逐渐慢慢拉近移到从后台走上舞台的杨丽娟身上，杨丽娟开始唱歌后，镜头随后以中景定格，整个过程一直是中景和特写镜头为主，被凝视与展示的女性身体，直观地传达出灯红酒绿的现代都市体验。

这首歌再次出现于片尾，是以一种新的曲风形式，且填上不同的歌词，并被改名作为一支新歌《新生命歌》，是由一群学生合唱队和他们的老师一起演唱，呈现出一种整齐的、胜利的、强壮的进行曲风格，与之前杨丽娟演唱的“靡靡之音”旋律完全不同。站在画面中央的这位女性江秀霞，恰好和杨丽娟构成了一种可对照的平行关系，她也是歌女出身，同样在经济危机中遭遇了男友的抛弃和生活的变故，甚至沦落至“一元十跳”的下等舞厅陪人跳舞。然而在最后这个段落里，衣着朴素的她蜕变成为左翼话语中的“新女性”，和民众一起高唱救亡之歌。

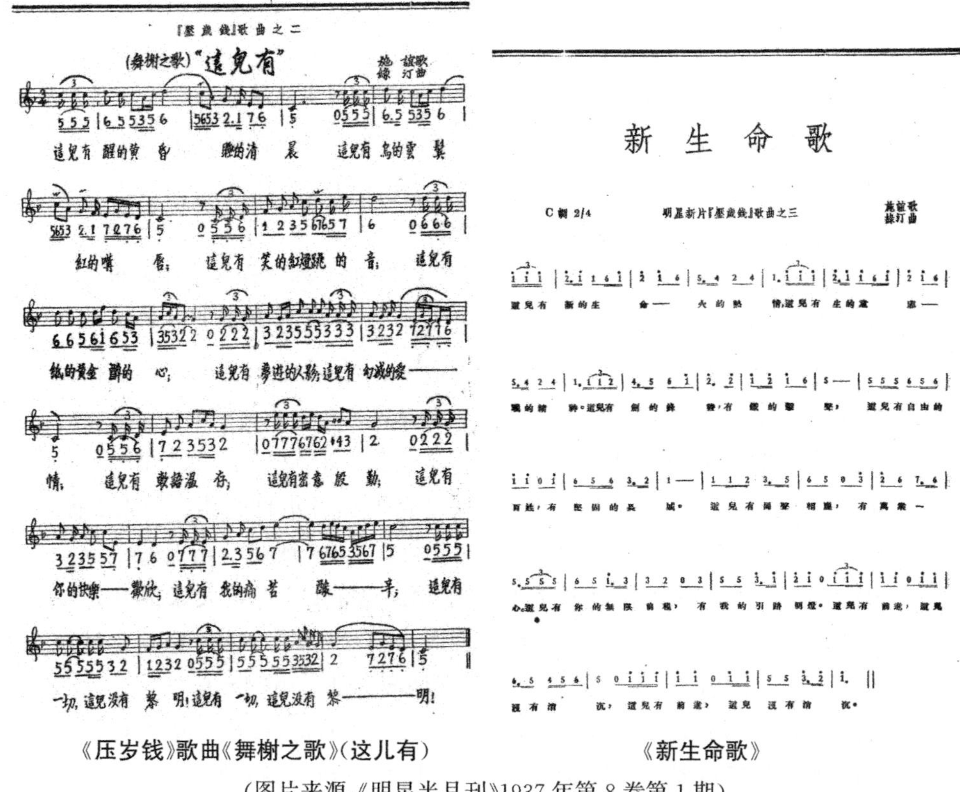

《压岁钱》歌曲《舞榭之歌》(这儿有)　　《新生命歌》

(图片来源:《明星半月刊》1937 年第 8 卷第 1 期)

歌曲《舞榭之歌》(这儿有)

施谊作词　贺绿汀作曲

这儿有醒的黄昏　睡的清晨
这儿有乌的云鬓　红的嘴唇
这儿有笑的红灯　跳的音
这儿有纸的黄金　醉的心
这儿有梦游的人影　这儿有幻灭的爱情
这儿有软语温存　这儿有蜜意殷勤
这儿有你的快乐欢欣
这儿有我的痛苦酸辛
这儿有一切　这儿没有黎明
这儿有一切　这儿没有黎明

歌曲《新生命歌》

施谊作词　贺绿汀作曲

这儿有新的生命　火的热情
这儿有生的意志　战的精神
这儿有剑的锋棱　有铁的击声
这儿有自由的百姓　有坚固的长城
这儿有同声相应　有万众一心
这儿有你的无限前程
这儿有我的引路明灯
这儿有前进　这儿没有消沉
这儿有前进　这儿没有消沉

特别要说明的是，杨丽娟的扮演者黎明晖是现代国语流行歌曲之父黎锦晖的女儿，黎锦晖创办的“明月歌舞班”“明月歌舞剧社”培养了一批歌舞女星。她们在中国有声片到来后跨界演电影，进驻“联华”“天一”“明星”等当时正准备向有声电影制作转型的各大电影公司，成为支撑这一新市场的主体。黎明晖追随着父亲的轨迹，也是其中重要的一员，相继参演了《追求》《新婚的前夜》《清明时节》《压岁钱》等有声片。然而，黎锦晖的软性音乐遭到了以聂耳为代表的左翼话语的强烈批判，称其为“香艳肉感”“软豆腐”①，“黎锦晖的作品如《毛毛雨》《妹妹我爱你》等风行一时，然而这些所谓‘靡靡之音’的歌曲，虽然取得资产阶级及小市民层的一时歌颂，但因与封建意识相抵触而遭政府禁止及为大众所唾弃……证明了代表没落资产阶级意识的音乐已失去了时代的意义”②。聂耳所说的“遭政府禁止”确有其事：1929 年 12 月，国民党政府教育部就训令各省市教育局，禁止传唱《毛毛雨》《妹妹我爱你》等由黎锦晖创作、黎明晖演唱的歌曲，并命令各学校“一律禁止采用此类歌曲作教材”③。

贺绿汀亦对黎锦晖的软性歌曲持批判态度，《舞榭之歌》和《新生命歌》

①聂耳：《中国歌舞短论》，《聂耳全集》(下卷)，北京：文化艺术出版社、人民音乐出版社，1985 年，第 47 页。

②转引自孙继南：《黎锦晖与黎派音乐》，上海：上海音乐学院出版社，2007 年，第 222－223 页。

③南京市地方志编纂委员会、《南京文化志》编纂委员会编：《南京文化志》，北京：中国书籍出版社，2003 年，第 1106 页。

均为贺绿汀作曲,虽然第一种曲风演绎与黎派软性歌曲极为相似,但与歌词相结合,铺陈纸醉金迷的生活以及没有希望的空虚,构成了对这种文化的反讽。

虽然政治立场不同,但在 30 年代电影已成为与国族话语紧密关联的工具的语境中,国共双方都呼唤能担负“反帝”“反封建”斗争要求的“新电影”,而黎氏父女无关国仇家恨的“靡靡之音”式歌舞表演为双方诉求所不容,所以《压岁钱》片头的一段对话正当合法地揭示了这种新旧转换的政治语境:

> 何老爷:你们(歌舞团)是不是唱《毛毛雨》这一类的歌呢?
> 江秀霞:《毛毛雨》不准唱了。
> 江秀霞男友:我们现在唱《新毛毛雨》。

所以片尾的变奏和改词,成为左翼对“软性”歌曲的一次“硬性”改写行动。如《舞榭之歌》采用 3/4 拍,其强拍规律是强弱弱,总体感觉较柔和,适于抒情,如一些舞曲;而《新生命歌》改用了 2/4 拍,其强弱规律是强弱,更为有力,适于较激进的曲子如进行曲。而且,《舞榭之歌》中的很多可以让歌曲更为婉转抒情的装饰性波音、变化音等在片尾的改编中都去除,在情绪色彩上更加明朗干脆。尤其是曲尾,《舞榭之歌》的“黎明”以大二度的音程关系,延长一种感伤、没有希望的情绪,而《新生命歌》则结束得明快,显得铿锵有力、意气风发。左翼的阶级话语巧妙地通过视听情境融入救亡的民族话语,经过改写的《新生命歌》在一种团结、向上的节奏中持续着,并再次通过无线电传送出去,把城市各阶层的人们再度串联起来,画面在收听歌曲的人们之间切换,而且穿插了人们在其他地方现场演唱的画面,或为全部合唱或为四部和声的形式。在穿插的其中一个镜头里,身着开叉旗袍的杨丽娟在飘着雪花的街道上孤独漫游,落寞地听着无线电传出的《新生命歌》,声画结合地证明了聂耳所说的“代表没落资产阶级意识的音乐已失去了时代的意义”。在这一段落中,声音模拟此前的《压岁钱》进行了一次快速的流通,既作为技术吸引力的展示,又实现左翼话语对既定的商品逻辑和社会阶层的想象性重构,转变的曲风以音乐隐喻的方式揭示了主人公的生活变革以及民众对此时日益加剧的民族危机觉醒后的自强意识。

然而,正如前文对这首歌曲前两次出现的段落进行的声画分析,张石川的镜头极力地用特写、中近景捕捉歌唱者美丽的面容与身体,摩登女性的“声色联姻”[①]和都市上海的消费文化与日常现代性体验并陈，在满足观众的窥视欲的同时，最终欲望又在“寓教于乐”中被抑制，尤其在歌唱片段“软”与“硬”之间又有着诸多可通之处。由此，张石川电影从商业性出发的声音媒介运用与左翼意识形态话语协商，构成了电影的视觉风格与声音品质之间的动力学关系。

第二节　软硬之间的摩登女性

在30年代中国电影多种意识形态和美学倾向互相冲突融合的特殊语境下，张石川的电影可谓“徘徊动摇”，被认为是“三心二意，投机取巧”[②]。虽然，在观看了苏联电影《生路》后，张石川不无感慨地说：“我才明了苏联影片对于社会大众是负着教育的重大的使命，而美国影片对于社会大众不过是‘麻醉’而已。《生路》给予我们中国电影界的，将是一个新的典型。无疑的，中国电影的生路是在‘大众化’上，而大众化的电影，必然是要取决于苏联的影片。”[③]虽然，在新的形势前，张石川也信心百倍地宣告：“空谷兰时代，我不曾忘记，红莲寺时代，我也不会忘记(在过去，这些影片确曾给予观众不少的注意，这是无可讳言的事)，啼笑因缘时代，我更不会忘记——它们曾经给我以劳忙与痛苦，但我不讳言，我是曾经无意识地努力过。……看我从《脂粉市场》里走上我的新的《前程》吧！——虽然，我自己还必然的不以此满足。”[④]但商业性而非政治性依旧是张石川电影的首要考虑，如何秀君所说，“他拍进步电影的态度也很明确，就是利多多拍，利少少拍，不利不拍”[⑤]。

然而值得注意的是，在继承旧电影风格的世俗性、娱乐性的基础上，张石川的电影化表达相比此前确实有所调整变化，一个鲜明的表现是对摩登女性的构形，区别于此前郑正秋和鸳鸯蝴蝶派文人为他提供的苦儿弱女、

①魏萍：《声色国音与性别研究：中国早期声片中的声音现代性与性别研究(1930—1937)》，北京：中国电影出版社，2017年，第46页。

②何秀君口述、肖凤记：《张石川和明星影片公司》，中国电影资料馆编：《中国无声电影》，北京：中国电影出版社，1996年，第1539页。

③《中国从业人员的〈生路〉观后感》，陈播主编：《中国左翼电影运动》，北京：中国电影出版社，1993年，第670页。

④张石川：《传声筒里》，《明星月报》1933年第1卷第1期。

⑤何秀君口述、肖凤记：《张石川和明星影片公司》，中国电影资料馆编：《中国无声电影》，北京：中国电影出版社，1996年，第1534页。

才子佳人模式的角色形象，而更应和此时正在流行的左翼潮流。正如格雷西提到，在各类意义竞争当中，性别再现的意义竞争是最重要的资源。①在通俗的“五四”话语中，摩登是新的代名词。摩登女性和新女性通常是互换的，她们与现代都市联系在一起，被摩登的都市生活方式解放出来，追求婚姻制度之外的独立。如米莲姆・汉森所说，“女性既是都市现代性的寓言，也是它的转喻”②。中国电影中的摩登女性及其命运的变化正好象征了当时生机勃勃的都市现代性、日益尖锐的社会分歧和政治乱象，女性身陷其中无法自拔。因此，摩登女性的构形也成为 30 年代左翼与现代派之间关于电影政治性的软硬之争的重要焦点。

张英进曾将 30 年代早期中国电影中的女性形象划分为传统型、幻想型、事业型和进步型四种：传统型女性承担中国女性的传统角色——在理想的婚姻中安顿下来，享受幸福的家庭生活；幻想型女性耽于感伤、感官、幻想，尽情满足自己的欲望，而这些欲望要么导致暴死，要么不了了之；事业型女性寻找自己的事业，在婚姻制度之外追求自我实现的欲望（如文学、音乐或爱情）；进步型女性以激情者身份加入革命运动中去，为左翼运动良知的传声筒③。以《三个摩登女性》《新女性》为典型代表，左翼银幕将摩登新女性肯定为第四种类型，用去性别化的革命理性取代（或置换）个人情感与职业独立，并且左翼影评以此标准对这一时期中国电影中的女性塑造进行批评。而软性电影论者反对这种意识形态批评，主张电影去政治化，用视觉化语言制造欢乐、感伤和间接的欲望满足，舒缓和减轻现代人的痛苦，例如在他们的言论阵地《现代电影》中大量插入中外明星模特的裸像，尤其是极具女性化特质和情欲诱惑的身体展示，软性美学将摩登女性定义为机械时代和世界性都市消费的一个混血④。

1934 年，张石川领衔明星公司众多导演合作推出的《女儿经》，最直观地体现了 30 年代多种意识形态话语之间的博弈。《女儿经》是一部由八个相对独立的微型故事但又由一条线索将其贯穿的集锦式影片，八位女性借

---

①GLEHILL C. The melodramatic field: an investigation[M]// GLEHILL C. Home is where the heart is: studies in melodrama and the woman's film. London: BFI Publishing, 1987:36 - 37.

②米莲姆・汉森：《堕落女性，冉升明星，新的视野：试论作为白话现代主义的上海无声电影》，包卫红译，《当代电影》2004 年第 1 期。

③张英进：《中国现代文学与电影中的城市——空间、时间与性别构形》，秦立彦译，南京：江苏人民出版社，2007 年，第 210 页。

④张真：《银幕艳史：都市文化与上海电影 1896—1937》，沙丹、赵晓兰、高丹译，上海：上海书店出版社，2011 年，第 349 页。

由胡瑛(胡蝶饰演)主持的沙龙逐一登场,带来各自的人生故事。它不是张石川导演的个人作品,而是集体创作执导完成的。这部影片的出现,首先是直接呼应南京国民政府以打造“新国民”为目标的新生活运动。1934 年 7 月,以蒋介石任总会长的“新生活运动促进总会”成立,开启了宣扬国家意识形态的国民道德改造话语。新生活运动倡导的理想女性形象不是具有激进和浪漫色彩的情感主体,而是有着“科学”与“民主”精神、又能恪守传统道德的妻子与母亲。《女儿经》及时传达了政府倡导的声音,影片中所涉及的政治和文化运动如北伐革命、妇女运动、新生活运动都是与现代民族国家建构有着紧密关系,符合南京国民政府的主流意识形态话语,但深入进去,每位故事的女性主人公大都是在旧家庭中弱势悲惨的被压迫者,为求生存和自身幸福进行斗争,由此左翼话语巧妙地镶嵌进入,对恢复传统道德的新生活运动表达了反讽的批判,通过女性的异质性重构了一个官方史之外的历史。我们应注意到,《女儿经》的剧本出自明星公司的编剧委员会,由郑正秋、钱杏邨、洪深、郑伯奇、沈西苓等集体编剧,最后是经由夏衍执笔整理成这个集锦片的剧本,而导演基本涵盖了明星公司当时的全部导演:李萍倩、吴村、徐欣夫、程步高、陈铿然、郑正秋、姚苏凤、沈西苓、张石川,可谓来自不同政治与意识形态群体。而且,《女儿经》在南京上映后引发过诸多争议,政府和左翼电影人都对影片有所批评,尽管作为政府主推的庆祝“双十节”的影片,政府的电影审查委员会仍然认为其中有不适当内容要予以删减,如其中讽刺女权运动者的戏,而左翼影人则撰文谴责政府的“腰斩”行为①。但与此同时,如凌鹤等左翼影评人又指出《女儿经》结构松散,其中的政治态度含混不清②。

在这些互有争议的意识形态话语审视下,张石川对摩登女性的电影化表达是在软硬之间摇摆不定的。如在左翼思潮高涨的 1933 年,张石川导演的《残春》就受到了左翼影评界的凌厉批判。影片讲述一位家境富有的都市摩登女性金梅丽信奉爱情至上,为了追求自己的理想爱情,最后付出了生命的代价。提供剧本的是姚苏凤,故事源于一位女性自杀的社会新闻,“那是陈素芬在华安大楼服毒自杀的第四天。我们在明星公司的编剧

①参见《妇女团体请剪〈女儿经〉》,《玲珑》1934 年第 4 卷第 36 期;《关于〈女儿经〉腰斩案:〈新民报〉卑鄙无耻,史廷廷颇得首都老板欢心》,《影迷周报》1934 年第 1 卷第 10 期;《〈女儿经〉腰斩纠纷中,南京大道日报甘作“首都”傀儡》,《影迷周报》1934 年第 1 卷第 11 期;《〈女儿经〉“再会罢,上海”引起巨大风波》,《电声》1934 年第 3 卷第 45 期。

②转引自张颖:《寻找异质性:中国现代电影中的女性情节剧研究 1930—1937》,北京:社会科学文献出版社,2017 年,第 192 页。

会议中谈了这件事，大家都以为这是很好的一个影剧的题材——当时还不知道她是个妓女，也不知道她究竟为什么自杀；对于她的想象，简直就以为她是像现在《残春》片中的金梅丽那样的人；于是《残春》虽然用陈素芬来做了影子，而事实上《残春》里的金梅丽却并不是陈素芬而是这个都市里到处可见的那些'千金小姐'们"[①]。姚苏凤的简介里强调了他的创作意在突出对"金梅丽"式的摩登女性以及背后的都市罪恶进行讽刺。但姚苏凤并不是左翼人士，他对当时以是否激进暴露和指示出路为评判标准的创作批评模式是持保留意见的。相较而言，他更强调的《残春》这个剧作的"真实"性，"这里没有造作的'噱头'，没有公式的'光明大道'，没有叫不能够转变的人'转变'，也没有在字幕上用'标语口号'。有的，只是一些平凡的真实"[②]。因此，在左翼影评人的眼里，《残春》存在严重的"题材"和"出路"问题，如凌鹤几乎全盘否定了这部影片，他认为《残春》不过是闲情逸致的人们在茶余饭后一种助兴的东西而已，是一种"无谓的恋爱把戏"，"在形式上也是拙劣而幼稚的一部多余的作品"，"是一九三三年电影文化的损失"[③]。

《残春》剧照

（图片来源：《明星月报》1933 年第 1 卷第 4 期）

而张石川把这个本身与"硬性"标准有偏差的剧本更是导演得走了样，对都市的光怪陆离和感官享受的展示意味甚至超越了对都市罪恶的讽刺，例如《现代电影》就将《残春》宣传介绍为"一部摩登姑娘的恋爱话剧"[④]。今时今日，《残春》的影像已难以觅见，但从留存下来的材料来看，《残春》留给观者最深的印象恐怕是主演徐来在片中的裸胸出浴。何秀君在回忆录里特别提到了这部影片，"《残春》是姚苏凤所写，叙述一个浪漫的交际花的

①苏凤：《〈残春〉编剧者之话》，《晨报》副刊《每日电影》1933 年 10 月 1 日。

②苏凤：《〈残春〉编剧者之话》，《晨报》副刊《每日电影》1933 年 10 月 1 日。

③凌鹤：《评〈残春〉》，《晨报》副刊《每日电影》1933 年 10 月 3 日。

④《最近国片一览》，《现代电影》1934 年第 7 期。

‘神秘’生活，充满黄色的情调。石川导演时又精心刻画，把‘交际花’的‘香艳’生活描写得淋漓尽致。为了卖弄噱头，他还让女主角牺牲了一回色相，拍了一张半裸的坐浴的镜头。公司把这位半裸美人的相片制成一幅广告，大肆宣传”①。《残春》的男主演龚稼农也回忆，“其中有一场徐出浴的戏，该算是徐大胆之作，或许亦可说是我国影史上首见的大胆镜头”②。即便到第二年，徐来主演新片的宣传广告依然是围绕这个典故，“徐来在残春中，来了一个裸体浴，卖座大盛。这开动了上海的电影界。于是模仿者辈出，差不多成为一九三四年的一个新风气。但我们试着看她衣服整齐坐在那儿不是更楚楚动人吗？下面是徐来近作，《华山艳史》之一场面”③。《残春》这种对于摩登女性的肉感展示和身体消费几乎接近于软性色情，但在崇尚女性裸体美感的软性论者看来，却又不够“艺术”。如当时看过影片的曹涵美④写道：

> 洗浴一场，又不知含着什么神秘？说是卖“艺术”，好像这里，并不一定要有那一幕穿插。说是卖“肉”，又卖得不彻底，徒然窘得徐来，掩了乳部，又恐怕腹部给人家窥了去；掩了腹部，又恐怕乳部给人家窥了去，东避西闪，结果总算诱惑了观众……最尴尬，要算出盆的时光，站起来又不好，不站起来又不好，急得她，没有办法，只好旋转身去，面着壁，倒退出来，这般的洗浴，因了舒服，反而吃力，作兴徐来这世里还是第一次经着，既不肯为艺术而牺牲色相，何必硬要作孽？不想注重艺术的真骨子，却注重想把不彻底的肉来媚人赞好。⑤

说到底，张石川的用意仍然是迎合俗世趣味。在拍摄《残春》期间，他面对记者的采访，直言不讳地说：“很简单的……目前的中国电影，主要的是要抓住观众，有了观众才能灌输。就是有了好的意识，也得有人来看。如不来看，仍是无益……”⑥

---

①何秀君口述、肖凤记：《张石川和明星影片公司》，中国电影资料馆编：《中国无声电影》，北京：中国电影出版社，1996年，第1535页。

②龚稼农：《龚稼农从影回忆录》，台北：传记文学出版社，1980年，第214页。

③《华山艳史》广告，《电影画报》1934年第8期。

④曹涵美，1930年，进邵洵美开办的新月书店任经理，负责发行新文艺刊物。1932年，与邵洵美等合开上海时代图书公司，担任会计兼编辑，出版《时代画报》《时代漫画》《时代电影》等刊物。

⑤曹涵美：《又一张失望的国产片：〈残春〉》，《十日谈》1933年第7期。

⑥沙基：《中国艺人访问记》，中国电影资料馆编：《中国无声电影》，北京：中国电影出版社，1996年，第1243页。

与《残春》的左右不讨好相比，1933 年张石川导演的另一部以摩登女性主题的电影《脂粉市场》，则展示出更为丰富的意味。

《脂粉市场》是张石川导演的第一部由左翼作家提供剧本的电影。讲述了在学堂受过新式教育的李翠芬（胡蝶饰）在哥哥意外身亡、家庭完全破产的情况下，不得不脱离学生生活，踏进社会谋生的故事。她进入了一家百货公司当女店员，最开始在包装部工作，得到同事钱国华的关爱和帮助，上司林监督和少东家张有济垂涎她的美貌，将她升调到脂粉部当营业员。翠芬忍受不了他们不怀好意的追逐，为了维护自己"清清白白的良家女子"的身份，离开了百货公司。"脂粉市场"既是翠芬谋职的百货公司脂粉部的称呼，又暗指了职业女性被社会/男性物化的遭遇。该片自诩为"都市生活的切断面、妇女之夜的解剖机、时代病态的诊断机、资本主义的显微镜"①。片头字幕开宗明义地植入了左翼思想元素和鲜明的社会政治指向："妇女职业解放，谁都知道是个重要问题；同时谁又都感到它的进程中，有许多困苦和阻碍。本剧所描写的，只不过是抽象的一件从妇女生活、男女平权，一直到由奋斗而寻求出路，给我们一个有力的启示。"新年之夜是影片叙事的高潮，面对林监督和张有济的软磨硬施，翠芬始终严词拒绝，当她满腹激愤地去找钱国华倾诉时，却看到他正与另一位女同事厮混。双重失意使她看到了在现实社会之下，所谓"女子职业""男女平等"实为欺骗和自慰的真相，这正是本片体现左翼要暴露社会罪恶的宗旨所在。她冲着林监督喊出："瞧着吧，你们的末日快到了。"可以算是最硬性的带有政治指向的暗示。

然而，左翼意识形态的硬性"暴露"经由张石川的电影，协商为另一种意义上的软性"展示"。在《脂粉市场》开拍之前，胡蝶刚刚在《明星日报》发起的"电影皇后"评选中夺冠，张石川其实更是出于盈利考虑，力捧新科皇后，以技术优势为基础推出这部"四达通全部有声影片"。片中有胡蝶大量的面部特写镜头，全方位展示着这位摩登明星美丽大方、调皮活泼又楚楚动人的女性特质，满足了影迷的观看欲望。而且在张石川电影语言里，女性与都市尤其是娱乐消费紧紧地联系在一起，观众随着翠芬的视角观看这上海繁华时尚的街道，闪光的圣诞节装饰物，穿着华丽的都市男女，觥筹交错的酒会，满足了对于充满奇观性的都市新生活和新时尚的认知。片中插入的大量关于时间意象的特写镜头，也揭示着都市生活的快节奏。特别值得一提的是，翠芬参加的那个新年酒会，在时间从 1932 到 1933 年的零点

①《〈脂粉市场〉广告》，《申报》1933 年 5 月 13 日。

跨年之际，插入了一段角色扮演猴去鸡来的配乐舞蹈，喻示了中国农历新年的属相更替，传达出中西合璧的现代上海文化情境。

在这部影片中，“脂粉”与女性彼此互喻，展示了都市女性缱绻情场的现代场景。尤其是第一次表现百货公司脂粉部的场景里，镜头首先定格在一个欧式旋转木马玩具，然后摇镜，经过琳琅满目的货品后，画面的中心出现了一位被一群男性包围着的脂粉部女店员姚小姐(严月娴饰)。在一对多的情境下，这位女性并未有任何羞涩之色，而是十分擅长地利用自己极为女性化的身体优势来卖出货品，而调笑的男顾客买下脂粉品的同时也获得了欲望满足的愉悦。由此可见在这个充满消费符号的公共场域，盛装打扮的摩登女性如同百货公司里的欧式装饰和摆放商品，也被奇观化装置，展示于男性的观看/玩弄之中。同样的奇观叙事策略也运用于后来被调入脂粉部的翠芬，在一个对百货公司内景的俯拍镜头中，站在柜台里的翠芬形似立在外面的人体模特。随后的水平镜头里，我们看到了原本围绕在姚小姐周围的纨绔子弟被吸引到了翠芬身边购买商品。左翼影评也都肯定：“百货公司的内景甚为逼真。”①而无论是包装部还是脂粉部，都象征性地昭示着这些女性必得在粉饰与遮掩下才得存活。我们须留意到，与姚小姐等其他浓妆艳抹的女性不同，翠芬始终是素面朴实的，但张石川给了她一次对镜化妆的特写镜头，是在进林监督和张有济来接她去新年晚会的小轿车之前，从而构成了一次“粉面女郎”的变身。“粉面女郎”，在汉森看来，是一个关键性的转义修辞，通过涂脂抹粉增加女性的魅力，调解了中国传统价值和当代时髦女性文化之间的冲突②。这个特写镜头是翠芬对自身女性特质的强化，也是即将陷入自我商品化危险的预示，是软硬之间的暧昧展示。正如配合影片宣传的明星公司刊物上为剧照配的几句评论，“纯洁的心，纯洁的身，一不经心，纯洁扫尽”“大腿，红唇，醉人的烟氛，呵，女人，你的前程?”③不经意地传达出与左翼话语貌合神离的指向，一方面褒赞了翠芬坚守女子洁身自好的美德，另一方面又通过姚小姐展现在世俗层面上性开放的先锋性，以暴露罪恶的名义既实现了欲望的表达，又用道德进行了规训，将之收放在安全范围。

《脂粉市场》的片尾一直被诟病。夏衍原本给的是一个左翼性质的结局，翠芬毅然离开让她受辱的百货公司，走入街头广大群众的人流之中。

①海:《评〈脂粉市场〉》,《电声日报》1933年5月15日。

②米莲姆·汉森:《堕落女性，冉升明星，新的视野:试论作为白话现代主义的上海无声电影》,包卫红译,《当代电影》2004年第1期。

③《四达通全部有声影片〈脂粉市场〉》,《明星月报》1933年第1卷第1期。

但影片拍完送审时，电影审查部门对影片结尾不满，下令删改，否则不准上映。张石川迫于压力，将这个结尾改为她努力做工，用积蓄开了一家合作商店。片尾是用几个蒙太奇画面，依次表现她做茶叶女工、打字员、抄写员的奋斗过程。公映第二天，左翼影评人就在其阵地《晨报》副刊《每日电影》对这样的改动严厉批评："结束得不合理：假如没有更好的指示出路的描写，我以为就此结束也是可以的。但是做女工，升'写字'有了自己的积蓄开了铺子……歪曲了现实，女工的生活比女店员糟糕得多了。至于说她因奋斗的结果而能自立起来，这更是欺骗的麻醉的说教，应受严重的指摘的。"①夏衍也发表郑重声明："男女主人公同为下级店员，当然无出资开设商店之可能，此节非出原作本意，即在《明星月报》所载王乾白所拟本事中，亦可复案也……"②

按照原剧本，翠芬走入街头即是走向普罗大众，"其主张在说明现代妇女解放运动，与整个社会问题之解决有同一之命运"③。而关于"大众"的概念也是左翼人士与软性电影论之间论战的一个焦点。软性电影论者不满左翼人士将"大众"这个词"误用"和"滥用"为民族电影整齐划一的观众群体，尤其是《三个摩登女性》和《天明》④。他们认为"大众"是以观影观众为代表的社会阶层，尤其是都市观众，希望在电影中寻求治疗都市心理疾病的疗方，而这种论断又被左翼人士批评为追求"生意眼"的机会主义和面对民族危亡表现出来的逃避主义⑤。回到《脂粉市场》的文本情境，在张石川的改动下，翠芬没有汇入大众人流，也就没有化作左翼摩登女性的硬性符号，彻底用抹去性别和消泯个性的革命理性取代个人情感与职业独立。

第三节　风景的发现与国族想象

在影像造型元素上，张石川电影向来善于取用中国式的自然风景，如

①鲤庭：《〈脂粉市场〉的三点缺憾》，《晨报》副刊《每日电影》1933年5月15日。

②丁谦平、蔡叔声：《关于〈脂粉市场〉之结尾原编剧人有所声明》，《晨报》副刊《每日电影》1933年5月15日。

③丁谦平、蔡叔声：《关于〈脂粉市场〉之结尾原编剧人有所声明》，《晨报》副刊《每日电影》1933年5月15日。

④陆介夫：《从大众化说起》，《现代电影》1933年第2期；田蛙：《大众化专卖店》，《现代电影》1933年第3期。

⑤夏衍：《白障了的"生意眼"——谁戕害了中国的新生电影》，《晨报》副刊《每日电影》1934年7月3日。

《盲孤女》赴无锡惠麓锡山取日出之景,《空谷兰》到杭州西湖取景等,20 年代的美学风格即与当时国产片中普遍存在的"欧化"倾向相区别。30 年代后,张石川更是走出江南,远赴各地,将发现的更多风景植入电影之中。

风景问题不仅是一个关涉美学的问题,而且是意识形态建构的所在,与文化政治等诸多因素密切相关。正如英国历史学家西蒙·沙玛这段被广泛征引的话:"风景不仅可以成为感官的栖息之地,更重要的是,风景还是精神的艺术。风景为记忆的深层——正如地壳中的岩层——所构建。风景首先是文化的,其次才是自然的:一草一木,一水一石,均有想象性的建构投诸其上。"①而电影是对风景进行影像再现的主要媒介,加拿大电影学者马丁·列斐伏尔认为,风景被视觉装置——包括摄像机、凝视、取景框以及与视觉文化相关的技术——彻底渗透,"通过框取,自然转而为文化,大地转而为风景"②。选择什么样的风景呈现以及如何呈现,则反映出一种权力关系,而且是文化权力关系,如美国人类学家温迪·达比断言,"风景的再现并非与政治没有关联,而是深植于权力与知识的关系之中"③。30 年代,张石川利用机缘,组织进行了三次较大规模的外景拍摄活动,将远离上海的内陆城市乃至西北遥远地区的自然人文景观摄入镜框,作为吸引力给没有机会到此一游的沿海观众以新奇感,而这些机缘背后体现了张石川电影商业美学与官方意识形态话语的协商,摄影机中的这些风景大都着眼于中华民族的历史文化性进行呈现,传达出一个刚成立不久、政权逐渐稳定的民族国家的威严精神,也开拓了国族想象的边界,因此成为建构"想象的共同体"的媒介和标志。

出于经济性的考虑,每次有机会出外地取景时,精明的张石川总是会根据风景搭配多种剧本故事,力图最大限度地提高制片的生产效率。例如 1931 年,郑正秋导演的《自由之花》筹备开拍,这部影片讲述国民革命第二阶段讨袁护法的革命故事,揭露袁世凯勾结日寇卖国求荣的野心,契合了正在极速发展的民众反日心理,为使场景更具实感,明星公司决定外景远赴北平拍摄。张石川为顾及预算开支,将正在筹备的两部以北洋军阀统治下的北平为背景的电影(即根据张恨水小说改编的《啼笑因缘》和《落霞孤鹜》),以及表现清朝末年的《旧时京华》提前开拍外景,以便赶在北平深秋落叶之前,4 部戏外景同时开工。1931 年春夏,张石川先是派洪深和明星

---

①SCHAMA S. Landscape and memory[M]. New York: Knopf, 1995: 6-7.

②LEFEBVRE M. Landscape and film[M]. London: Routledge, 2006: xv.

③温迪·达比:《风景与认同:英国民族与阶级地理》,张箭飞、赵红英译,南京:译林出版社,2011 年,第 9 页。

公司置景主任董天涯前往北平做筹备工作，而后于9月17日，率领20余人组成的外景队在北平进行了近2个月的拍摄，同行的人还有8月刚从美国购买有声设备回沪的洪深以及聘回的美国技师，阵容空前浩大。据程步高回忆，"例如北平的街道、北海、什刹海、中南海、中山公园、东车站、丰台、天桥、颐和园、西太后坐的游艇、西山、北平图书馆、先农坛、后门、许多的宫殿、许多的门、北京饭店以及其他等等，天天工作，差不多拍了一个多月，我可以说：北平好的背景，已经给我们搜罗殆尽了"①。张石川主要负责《啼笑因缘》《自由之花》《旧时京华》三片的外景戏②。在拍完《啼笑因缘》外景后，又拍了三天《旧时京华》的有声外景，然后拍了四五天的《自由之花》的有声外景③。他根据不同影片的剧情以及导演的风格打造选取外景，而且有意使这些电影在画面上不出现重复，所以《自由之花》的外景地是中山公园，以前称为社稷坛，是清帝祭太社、太稷的地方，民国后对外开放，这里富贵华丽、古柏参天，适合展现故都古城的宏伟，此外还有北平热闹的街景，以展现主人公蔡松坡、小凤仙的生活环境；而《啼笑因缘》选取柔媚的北海公园，作为剧中男女主人公谈情说爱之处，还加入了北海公园附近的漪澜堂和九龙壁等风景胜地作为外景。程步高导演的《落霞孤鹜》则以颐和园一带为外景，选取拍摄苍凉寂寞的风景以衬托悲郁的剧情。

以《啼笑因缘》为例，剧本里所有的外景都是在北平拍摄的，张石川为尊重原著的真实性，在拍摄外景时，特邀请张恨水同往指导。小说《啼笑因缘》是张恨水应《新闻报》副刊主编严独鹤约请创作，在1930年3月至11月连载于该报副刊"快活林"上，在上海读者中引起了轰动，除了富有传奇性的故事情节外，尤其是描画的北京风物对南方读者具有特别的吸引力。

这种风情与张恨水此前小说如《春明外史》中对北京城繁华的描写不同。1928年国民政府正式定都于南京，北京被更名为北平，已成故都。小说虽然将故事情节设置在"北京未改北平的前三年"，仍然使用"北京"这一地名，但对城市风景民俗的描写都明显透出北平的风味，如小说中多次写到的天桥正是在首都南迁后才走向繁荣受到时人关注的④。而编剧严独鹤干脆就在电影中将地名改为"北平"，如第一集的片头字幕："在历史上遗

①程步高：《从〈啼笑因缘〉到北平》，《电影月刊》1932年第18期。

②《自由之花》导演郑正秋因身体原因未前往，所以张石川除负责导演《啼笑因缘》以及《旧时京华》外，还代为摄制郑正秋导演的《自由之花》的外景戏，《落霞孤鹜》为程步高导演。

③程步高：《从〈啼笑因缘〉到北平》，《电影月刊》1932年第18期。

④许慧琦：《故都新貌：迁都后到抗战前的北平城市消费(1928—1937)》，台北：学生书局，2008年，第124-126页。

留过千啼百笑、许多故事的北平”。张石川以惯用的固定基准镜头介绍环境，在第二张字幕卡“民国成立后，市政大改革，伟大的前门，就是改革中第一个好成绩”之后，紧接着的画面就是前门箭楼的远景定格，然后摄影机逐渐后拉至前门大街，插入第三张字幕卡：“北平的平民娱乐场，表现种种特殊的生活，富有种种特殊的兴趣——天桥”，不断运动的镜头仿佛旅游观光指南，将观众逐渐推向天桥街道的深处。《啼笑因缘》开场以画面与字幕相互配合，服务于官方意识形态，将北平呈现为一系列物化的风景，这些风景疏离于现代都市文明，与首都南京和洋场上海相对照，呈现的是在新成立的南京国民政府政权下北京降格为北平作为故都清新平易的面目。此后影片随着主人公樊家树游历的脚步，将天桥、先农坛、中山公园、北海公园、什刹海、胡同等有历史文化沉淀的旧京名胜呈现为自然与人工相谐和的优美景致，力图在南方观众眼前引起陌生化的吸引力效果。然而遗憾的是，风景的取用在为《啼笑因缘》赢得噱头的同时，在全片并没有处理得当，尤其是为票房考虑，张石川仿照《火烧红莲寺》的连集放映，将剧情拉长至六集，但各集无独立性且无中心的高潮，插入的风景部分反而因其篇幅过多而被诟病，如时人评论：“因为要显示出这外景是普遍影片公司所不常去的北平的缘故，不惜拉长镜头，介绍这风景出来，多少使观众减少兴味，这是明星公司弄巧反拙的地方。”①

两年后，张石川又再次带领明星公司同人进行了一次规模较大的外景拍摄，这一次走得更远。1933 年，在中国教育电影协会的促成下，张石川应铁道部邀请，拍摄“津浦”“胶济”“陇海”三条铁路沿线建设工程、名胜古迹的宣传纪录片与风光片，为时两个月。旅游观光片，事实上与国家政治环境、铁路建设、旅游工业的发展之间有着密切的关系。南京国民政府成立后，随着国内局势的稳定，积极进行铁路建设，1932 年开始掀起了修筑铁路的高潮时期。作为近代科技文明的产物和标志，铁路以及铁路网络的扩张在民族图景的构成方面具有重要意义。随着铁路的铺展，移动空间被扩展，遥远地区的风景被收进民族中心的视野，开拓了国族想象的边界。铁道部计划的这次纪录片与风光片是为了 1933 年“双十节”在北平举办的铁道展览会上展出，作为宣传资料，引导国民尽量利用铁道交通运输，以及提高国人观光旅游的兴趣。

在 30 年代初各大公司制片竞争激烈的环境下，把握时间、加快出片是营业竞争的主要手段，而张石川抽调公司大量演职人员，长时外出拍摄新

①《〈啼笑因缘〉究竟怎样(上)》,《开麦拉》1932 年第 44 期。

闻纪录片，并无票房价值。但在这个项目上，张石川有很精明的商业考虑。他向铁道部表示愿意尽全力完成拍摄任务，只要铁道部供给外景队全部人员的食宿、交通工具以及两个月的工作时间，“明星”不索任何酬劳，并愿免费送给铁道部所需的拷贝；作为合作条件，沿路顺带拍摄明星公司的剧情片，铁道部予以协助，双方很快获致协议①。张石川的打算是，如能利用此次拍旅游观光宣传片的机会，将沿路风光作为影片的外景植入剧情片，此类电影在江南乃至南洋市场应当引起观众猎奇之心而受欢迎。而且，外景工作人员的费用由铁道部承担，制片成本得以大量减少，所以这件差事经由张石川的运筹可以成为既能省钱又能赚钱的生意。

经过讨论，张石川决定拍摄《泰山鸿毛》《华山艳史》《到西北去》三部剧情片，由张进德负责铁路沿线的新闻照片，程步高负责宣传纪录片和《华山艳史》《到西北去》的导演，他自己导演《泰山鸿毛》，并且监制三部影片的外景拍摄。三部影片都由公司刚引进的新星、被誉为“标准美人”的徐来担当女主演。徐来具有迷人的甜美外形，她初演《残春》以艳丽的风姿赢得观众欢迎。张石川打算大力培植徐来，将她与胡蝶打造为明星公司的“二美”，多制造一张竞争的明星王牌。

1933 年 8 月 11 日，张石川率领 40 人浩荡北上，外景队的工作路线是，先沿津浦路北上，经兖州、泰安至济南，转胶济路到青岛；在兖州拍曲阜孔庙，在泰安拍《泰山鸿毛》的外景和新闻照片及纪录片，在济南、青岛拍铁路设施与名胜古迹。然后返回徐州转陇海路，东行至连云港，拍港口风景，再沿路西行，至开封、郑州、洛阳拍龙门、千佛岩等处，继续西行过潼关至华阴，往临潼华清池及华山摄取《华山艳史》的外景镜头。最后到西安，再全部开赴西北著名的水利工程地泾惠渠，拍摄以鼓励开发西北为主题的《到西北去》的全部外景。整个工作路线经江苏、山东、河南、陕西等省，全程至少在 1000 公里以上，可说是早期电影界的一桩盛举②。

经由这次外景拍摄，一些新的风景被中国电影发现，尤其是国家境域内零落的风景被整合进国人对家国的认识图谱中，不仅引起观者感官和审美的愉悦，而且成为可看的历史力量，进行着民族国家的想象性建构。

例如，张石川导演的《泰山鸿毛》以揭露军阀时代官场黑暗为主题，讲述刚直不阿的宫莱柏在官场力主改革、打击土豪劣绅，却被上司因私人利益革职，自己与新婚妻子余双人关系紧张，最后民众起来反抗，宫莱柏官复

①龚稼农：《龚稼农从影回忆录》，台北：传记文学出版社，1980 年，第 263 页。

②龚稼农：《龚稼农从影回忆录》，台北：传记文学出版社，1980 年，第 265－266 页。

原职、夫妇重修旧好的故事。泰山是片中男女主人公新婚蜜月旅游之地，也是片尾宫莱柏受挫后企图自尽之地。张石川将外景戏集中于泰山之上绝岩峭壁的“阴阳界舍身岩”，此外还在南天门、日观峰均有几场戏，云海、日出的奇景摄入镜头，精美的画面给当时不易亲临泰山的观众以新奇和震撼之感。《津浦铁路旅游指南》对于泰山的描述是：“泰山之于中国，犹昂白山之于瑞士，富士山之于日本，久已著名世界……”[①]，确立了泰山风景的历史传承性与鲜明的中国性。主演龚稼农说道，“张石川编导《泰山鸿毛》这部戏的立意，较其以往的作品，颇具超俗之感。原想藉巍峨诡变的泰山奇景，透过戏剧的手法，阐述人之于宇宙之中，生命的形体虽微小如沙粒，但生命的精神，却可主宰宇宙，支配万物；然生命的价值，则因个人创造与自贱之不同，有重于泰山，万世长存，有轻如鸿毛，与草木同腐”[②]。当然，故事选材上不免有就景拍戏之嫌，当时亦有评论称“就张石川的作品来说，《泰山鸿毛》或《残春》，在技术方面，都是比较《前程》要好一些的。然而在《泰山鸿毛》中仍是明显的表现作者的幼稚，最显著的便是蒙太奇的不清顺”“导演在最后运用了武侠片的老手法”，余双人追莱柏“一前一后的场景，映了又映，不免令人厌烦”，张石川为了使剧情紧张，对莱柏在家里留下的字条也没有特写，不让观众知道他是自杀，直到最末在山巅上一跳，双人在后来等着一下拉住，“其用心固甚周密，可惜效果适得其反”[③]。

《泰山鸿毛》剧照

（图片来源：《明星月报》1933 年第 1 卷第 6 期）

《到西北去》既响应了明星公司在 1933 年初提出的竭力从事于“生产电影化”运动的计划，又服务了南京国民政府“开发西北”的宣传号召，促进国内人士对于国土获得深切的认识。当时中国的边疆危机使更多国人把

①津浦铁路管理委员会总务处编查课编：《津浦铁路旅行指南》，南京印刷股份有限公司，1933 年，第 131 页。

②龚稼农：《龚稼农从影回忆录》，台北：传记文学出版社，1980 年，第 269 页。

③亚夫：《〈泰山鸿毛〉评》，陈播主编：《中国左翼电影运动》，北京：中国电影出版社，1993 年，第 78—79 页。

关注目光移向陌生的西北，随着陇海铁路延展至潼关、西安，影片中的西北边境展现了一番新的图景和生活状貌，在不断地被观看中进而被想象成与中国内地合为一家的国家疆域，得到了时人的充分肯定："我们固不问明星摄影队此行所用的剧本怎样，也不问'泾惠渠'工程之上银幕，是新闻性质，抑是以之为一张影片的外景？无论怎样，我相信总是有意义的收获！今日有人能够到洛阳、长安、潼关，未始将来不有继起者去甘肃、新疆。总之，我们希望明星既能够毅然冒艰难而远行，更要能使其结果，成为极有力量极有意义的巨制，而来贡献国人。其功效固不仅在转变作风而已。"①

除了影片中展现的风景之外，此次外景拍摄过程中演职员们所发现的风景（包括遭遇新的地方人们的心理、感情和物质的生活方式）也被记录下，在《明星月报》上刊载出来，使之成为可读性的地形学文本，塑造和再塑造着观众的民族性以及民族性意识。例如，参加此次外景拍摄的主演龚稼农，在济南发出的《青岛通信》里这样写道：

> 在青岛，除了那美丽的环境，给我们一个可爱可恋的印象以外，还有一件事情却使我们不能无感。
>
> 你跑到中山路去，跑到中山路相近的几条街上去，骤见之下，是会使你疑心那是樱花三岛土地，而忘怀了自己身在祖国的。——日本店铺的数量，多得真使人吃惊！
>
> 有好几位同事，跑到街上去买东西。他们是在中国铺子里买的，买的时候而且问过店伙：
>
> "是日本货吗？"
>
> "不，是国货！"
>
> 经过这样的盘问买了回来，给内行的人一看，却还是东洋人的出品！据以为胶济路车站长说：青岛不晓得一个叫什么商场的，那里十家店铺里面只有一家是中国店，而那"有独无偶"的中国店还免不了要卖日本货！
>
> 在这一种情形底下，我们怎能漫无所感呢？②

青岛在近代史上曾经先后被德国、日本占领，1922 年回归北洋政府的统治，再到 1929 年被南京国民政府正式接管列为"特别市"，但文化殖民气

①陆介夫：《〈到西北去！〉我的感想》，《明星月报》1933 年第 1 卷第 6 期。

②龚稼农：《青岛通信》，《明星月报》1933 年第 2 卷第 1 期。

息仍然浓重，尤其是在“九·一八”事变以后，中日关系再度紧张，各地民众开始抵制日货。1933年亦被国民政府定义为“国货年”。如学者所言：“在战争的特殊年代，对风景与民族主义的表征都是充满意味的，‘风景’的再现不仅是国内政治和民族或阶级观念的问题，而且是国际的、全球的视角，与帝国主义的话语密切相关。正是帝国主义的入侵带来了中国人对自身国家风景的关注”。① 经由外景拍摄，富于流动性的空间给个人或群体乃至民族提供了与异族文化面对面的可能，在这种直面冲击之下，进而塑造或进一步确立了国族身份意识。

据龚稼农回忆，在外景队离开泰山北上济南的列车途中，一位铁道部派赴随行人员为大家讲述了在德国人占领青岛时期，一位饱学的遗民在德国人的威胁之下，不屈不挠护守其遍植桃树庄园的故事。张石川听闻后立即表示要以此故事编写剧本，搬上银幕②。这就是1935年洪深编剧、张石川导演的《劫后桃花》。这个剧本亦有洪深的家族史原型，1915年日本强行没收了洪深父亲洪述祖在青岛崂山南九水村所建的别墅“观川台”，将之改成了一家日本料理店。洪深曾在《太白》半月刊第一卷第四期中发表了散文《我的失地》叙述了这一经历，洪深以青岛先后遭受德、日帝国主义侵占，中国收回主权后又由北洋政府统治，经历了三个历史时期为背景创作了剧本《劫后桃花》。张石川将此片列为当年明星公司的特级巨作，并亲率摄制组乘太古轮船公司“皇后号”至青岛拍摄外景③。

《劫后桃花》全片共有24个场景，外景占了10场④。从留下来的有声电影剧本可以看到，开场是以一系列流畅且精美的外景镜头，依次从乡野风景到都市风光，再到故事发生之地——前清遗老祝府宅邸，将观众带入青岛这个有着殖民历史的特殊地域。

> （渐显）乡野风景——青岛，海滨帆樯林立，山边百花齐放。沙子口渔舟晒网，李村集热闹市场。
>
> （渐显）都市风景——环青岛诸山上，都造有炮台，碧草绿树间，暗藏着十余寸口径的重炮，且又依山沿海修筑了平坦大道，通达四乡。大港防风堤内，泊着航洋的巨艇，码头上那运货的火车，径直可驶至船

①冯雪峰：《旅行体验与视觉再现——赵望云早期旅行写生画为例》，《艺术评论》2009年第5期。

②龚稼农：《龚稼农从影回忆录》，台北：传记文学出版社，1980年，第271页。

③龚稼农：《龚稼农从影回忆录》，台北：传记文学出版社，1980年，第454－459页。

④《〈劫后桃花〉影片所用的“背景表”》，《明星半月刊》1936年第4卷第1期。

旁，至于市内，更无一处不是华丽的建筑，高大的洋房，显得是十分繁盛的景象。

（渐显）祝府门前——静静的一条街，巍巍的一所巨宅。那铁铸镂花的大门旁，悬着一块牌子，上书“六合祝公馆”。当门一座大洋房，屋前一个西式的花园，铺草如茵，种树成行，虽只三五亩，倒也有亭台花木之胜。园的那一头，大洋屋旁还有小小的一个菜畦，一个像厨子似的人，正在拔取菜蔬。①

拍摄外景期间，洪深正在青岛的山东大学担任外文系主任，多次亲临现场。外景将青岛的沙子口海滨、汇泉炮台、李村市集等青岛代表性的场景一一摄取。据档案馆所查现存史料（电影拍取景程序单），张石川将主要别墅的取景选在炮台附近的汇泉路（汇泉路 22 号）、山海关路口（山海关路 21 号）的一座小楼，作为主要取景地。这一地点靠近汇泉湾，是青岛著名的历史文化旅游景观“八大关”之所在。当时的青岛报纸也有报道：“……昨日午后二时，由明星公司导演张石川率领，赴汇泉炮台途中，拍摄该剧第十七幕（山径）一幕，由摄影师董克毅拍摄，共摄六七个镜头。又转至炮台路，拍摄第六十二幕——炮台山，剧情系刘花匠由西北归来，重游炮台，共约四五个镜头……”②

据龚稼农回忆，只是当时已是中秋，桃树叶落枝枯，摄制组只好在湛山临海之处，另置假桃树数十株，假桃花盛开其上，状极艳丽，几可乱真。内景搭建于上海枫林桥摄影场，祝府花园、刘家花园、花圃主人房舍的景，均利用摄影场外的宽广花园改装，祝府花厅、楼上卧室、书房等豪华巨景，则搭在摄影场内，玉砌雕阑，富丽堂皇。此片是“明星”布景料耗费最多的仅有记录，亦可说是抗战前各公司出品中仅见的一巨作③。

30 年代的青岛无论在经济、文化，还是城市发展上都趋于繁荣，因海港、山峦以及华丽建筑而著称，而其沧桑的殖民历史又留下了异质多元的人文风景，成为当时政府重点打造的“旅游城市”。《劫后桃花》是第一部反映青岛历史的中国电影，被称为“青岛兴亡的历史插曲”④。故事前后历时十多年，影片中飘扬在青岛的国旗从德国、日本而中国，共换过三次，剧中的建筑——遗老祝有为的别墅花园，由显赫华贵的住宅变而为日本军人俱

①《〈劫后桃花〉An idyll of tsingtao（有声电影剧本）》，《文学》1934 年第 2 卷第 1 期。

②《青岛时报》1935 年 9 月 17 日。

③龚稼农：《龚稼农从影回忆录》，台北：传记文学出版社，1980 年，第 454—459 页。

④杨华：《〈劫后桃花〉——青岛沧桑的历史的插曲》，《明星半月刊》1936 年第 4 卷第 1 期。

乐部，再变为中国督办公署职员第三宿舍。在这个寓居青岛的遗老家庭感伤的故事中，经由风景的发现和再塑造，观众感受到了风雨飘摇的时代环境中，身处半殖民地的中国人俯仰由人、命运的无常和内心的隐痛。

第七章　去政治化的战时娱乐电影

20 世纪 30 年代末至 40 年代末，前有 8 年的抗日战争，后接 4 年的解放战争，在战时中国的大环境下，随着上海电影人的西迁南下，中国电影业的制片格局从上海为中心向多区域(上海、香港、重庆、长春、北京)发展。然而，在上海留守下来继续从事电影的一批人，有很大部分是为家庭与生存所迫，例如张石川，先后历经“孤岛”、日占期，置身高度政治化的电影文化氛围在不同性质的制片机构流转，他们的电影创作没有采取公然的对抗姿态，因而在现代民族话语的先验性评判下，不可避免地打上了政治叛变的烙印。随着“重写电影史”工程的开展以及史学思维的开放，对“孤岛”、沦陷时期的上海电影进行具体深入的分析研究，已成大多数中国电影史学者的共识[①]。因此，我们有必要重新深入战时上海的非常情况下张石川的创作状态以及他所拍摄的大量娱乐片。1938—1949 年是张石川从影生涯的最后十年，他一以贯之地运用商业美学惯例创作娱乐片，这些娱乐电影很大程度上保存了战前上海电影尤其是商业电影的发展流脉，从而与战时中国的政治话语保持了距离，呈现出去政治化的倾向，同时又与交织在 1949 年后中国大陆及港台地区电影之间的上海电影传统紧密相关。

明星公司停业后，张石川先后在大同摄影场、国华公司、“中联”、“华影”、大同公司执导电影，也为周剑云所在的金星公司拍摄过几部电影，这一时期的报刊文章介绍张石川都将之称为“老资格”“老大哥”的导演。他依然多产快干，被认为“老当益壮”[②]，在导演的技巧上保持一贯风格，“使人一目了然地明白全片的故事”[③]，“经验的堆积，使他可以立刻抓起一个陌生的剧本，安排开麦拉，指示地位，而用不到怎么过分的思索。他可以不用假借吃饭、步行、休息的时间去考虑一个镜头角度，或者演员地位，像其

---

①李道新:《沦陷时期的上海电影与中国电影的历史叙述》,《北京电影学院学报》2005 年第 2 期。

②《张石川老当益壮》,《青青电影》1948 年第 16 卷第 37 期。

③《卜万苍评论张石川》,《影剧》1943 年第 9 期。

他许多导演所做的那样，但他却能永远保持着他自己那样‘明白’的水准线”①。客观地说，张石川后期的导演艺术没再有更大的突破，与不断涌现的影坛后辈导演如朱石麟、方沛霖、岳枫等相比，经常被评价为“不灵活”，“使人看了，总觉得脱不了‘文明戏’的气氛”②，但如果将他在“孤岛”和沦陷期的电影创作放置于商业美学的视野下考量，则可以不失公允地说，张石川凭借相对娴熟的导演技巧，致力于运用过去数十年在摄影场积攒起来的“可操纵惯例”努力拍摄符合观众口味和市场需要的商业片，罗汉曾经评论：“要是许我试作‘印象’的分析，那么张的导演方式是‘理智’的，而不是感情的。”③罗汉的结论是认为张石川的电影对感情的渲染太贫乏了，然而这句话也可以作如此理解：张石川的“理智”正体现出了他的商业美学惯例在早期电影市场上的可操纵性和可重复性，当然因为缺乏创新也不可避免地固定程式化而遭到诟病。

第一节　古装歌唱片类型与“金嗓子”周璇的结合

早在1931年，张石川率先实践，在通俗情节剧中插入大量的歌曲，中国早期歌唱片就开始了初步的类型尝试和探索。“歌唱”源自殖民地上海的娱乐业，指为男性取乐者提供夜晚视听愉悦的女性演员在夜总会等场所的歌唱行为，后来在新兴的无线电台节目中也很受欢迎。张石川导演的以京剧女伶为主人公的《歌女红牡丹》、“暴露歌舞场生活黑暗”的《如此天堂》、讲述银幕明星梦想实现的《银星幸运》等，都类似《百老汇的旋律》的“后台歌舞片”，利用戏中戏的叙事结构加入歌唱表演片段。托马斯・沙兹认为，歌舞片是爱情的乌托邦，是在高潮的歌舞秀就是歌舞片的一切。在个人愉悦与社区融合的精湛表现中，歌舞表演不仅解决了文化冲突与叙事公式的矛盾，更证明了那是公式唯一存在的理由④。但与场面宏大华丽、歌舞声音设计成熟的好莱坞歌舞类型片相比，制作条件有限的早期中国电影制片厂不求全歌全舞，而更加注重歌唱部分，汲取戏曲的声音元素，并逐渐弱化舞蹈因素，将欧美歌舞片转换成中国式样歌唱片。到了“孤岛”时

---

①罗汉：《导演与演员章之一：张石川我见》，《新影坛》1943年第4期。
②《电影批评：“红花瓶”》，《电声周刊》1939年第8卷第27期。
③罗汉：《导演与演员章之一：张石川我见》，《新影坛》1943年第4期。
④托马斯・沙兹：《好莱坞类型电影：公式、电影制作与片厂制度》，李亚梅译，台北：远流出版社，1999年，第299页。

期，新华公司先发制人，以《貂蝉》《木兰从军》掀起了1939—1940年间的古装片制作浪潮，用导演吴永刚的话说，古装片反映了孤岛人们“极端苦闷的心情”，希望“逃避此时此地的客观环境限制”，通过“古人”表达自己的想法。

张石川紧紧抓住古装片的市场潮流，选用符合广大观众欣赏口味的民间故事，又加入了作为吸引力的歌唱片元素，并在一系列的商业电影制作中逐渐探索两者的有机结合。与此同时，将“金嗓子”周璇作为古装歌唱片的类型明星推出，国华公司在1939年初推出《孟姜女》，周璇主演并在其中演唱了《百花歌》，成为第一部有电影插曲的古装片，轰动一时。正如李欧梵指出，“唱歌就更是一种城市娱乐的现代形式……中国的有声电影利用了这种广受欢迎的娱乐性形式，推出了像周璇和白光这样的歌星，并由此开创了电影带插曲的传统”①。

30年代初，周璇进入黎锦晖创办的明月歌舞团，成为其中最年轻的成员，通过刻苦学习，学会了五线谱和弹钢琴，将自身体质虚弱、气息不足、音调不高的弱点和民歌小调、西洋传统唱法的发声方式巧妙结合，形成了甜美轻柔、宛转圆润的唱腔。“明月”解散后，周璇又先后加盟新月歌剧社和新华歌剧社，1934年在上海《大晚报》的歌星大选举中名列第二，有媒体赞其嗓音“如金笛鸣沁入人心”，从此“金嗓子”之称便成为周璇的另一个代名词。1935年周璇进入电影界，在《风云儿女》中客串一个跑龙套的舞女角色开始银幕生涯，在《化身姑娘》《百宝图》《狂欢之夜》等影片中崭露头角，多饰演善良单纯的村姑、下层社会的女性形象，并且在《马路天使》中饰演歌女小红一鸣惊人，成就了经典。1938年，周璇加盟国华公司成为台柱明星。

《马路天使》虽为明星公司出品，但当时是作为周剑云主持的“明星”二厂的作品，张石川忙于主持“明星”一厂的生产，并没有注意到周璇。但当周璇进入“国华”后，张石川在柳氏兄弟家与周璇见面，立刻指出了周璇的银幕面孔很适合扮演古装美人，可以为国华公司在此时“孤岛”兴起的古装片热潮中赢得竞争力。

周璇的演唱有种独特的缠绵韵味，通过录音设备录放后，本身说话底气不足变成了长处，逐渐形成气声、虚声、轻声相结合的演唱风格。张石川第一次拍周璇歌唱的镜头，她的歌声极低，张石川在旁侧耳听了半天也没

①李欧梵：《上海摩登——一种新都市文化在中国1930—1945》，毛尖译，北京：北京大学出版社，2001年，第124页。

听到，连忙叫停，悄悄问录音师何兆璋：周小姐的唱歌收得进去吗？得到的回答是："很好，很清楚！"这才继续拍下去。片子拍完后到金城大戏院试映时，周璇在银幕上清晰美妙的歌声响起张石川才放下心来。他经常对人说："周璇在拍戏的时候唱起来简直像蚊子叫，一眼眼（注：上海话，一点点）也听不出来，可是在银幕上开映起来却交关（注：上海话，非常）清爽，交关响亮，交关好听！"[①]加上周璇聪明伶俐，勤恳苦干，经常受到张石川的表扬。

黄嘉谟在《现代电影》上曾发表过一篇《电影女明星作风的分析》的文章，他把女明星分为五种类型：悲剧的旦角、活泼的女子、浮荡的少女、妖媚的妇女和表情的女角[②]。他所命名的这些例子大多来自美国，但也代表了大多数观众对于明星银幕形象投射的普遍心理。周璇的银幕形象可以说兼具了"悲剧的旦角"和"活泼的女子"这两种类型。这样的银幕类型可以在当时出版物上找到相关说法，如《金城月刊》上刊登的一幅周璇照片的题词——"周璇：活泼姑娘的代表人物，窈窕淑女的唯一典型"[③]。

因人写戏、本色出演的自然表演风格在早期中国影坛蔚然成风。周璇本人出身平凡、经历坎坷却从不放弃向上的努力，凭借歌唱才华在电影圈绽放光彩的同时竭力保持自身的淳朴善良。如时人评论，"在播音从业员的女性群中，她们都被一些恶劣的环境包围着，有的是堕入了虚荣的死牢，有的被物质引诱了去，可是周璇却凭着清脆的音调，坚强的口齿，艺术的天才，克服了任何的包围，而成为杰出的一员""明朗的口齿，清脆的发音，优美的轮廓，是她的特异处；她的艺术的天才，实际的本能，是她的基础点；她的完美的演技，俭约的德性，是使她得到现在的地位"[④]。周璇的银幕面孔和歌唱技能，与古装歌唱片类型相互依傍、同生共存。在张石川的打造下，周璇的银幕形象以古装歌唱片为依托，在《李三娘》《董小宛》《孟丽君》《梅妃》等片中塑造的都是德才兼备、历经坎坷的悲剧旦角形象，正是那个时候价值观混乱、矛盾丛生的情境中主流意识形态对美好女性品德的要求，投射了中国大众在动荡不安的"此时此地"环境下所经历的痛苦和具有的渴望，以及对于稳定时代和传统淑女的怀念。与此同时，周璇的古典悲旦形象与新华公司的"台柱"陈云裳所塑造的健美摩登形象相比，因此具有了差别性辨识度的"银幕面孔"而占有观众市场。

---

①刘思平：《张石川从影史》，北京：中国电影出版社，2000 年，第 193 页。

②嘉谟：《电影女明星作风的分析》，《现代电影》1933 年第 2 期。

③《金城月刊》1939 年第 11 期。

④《捧捧周璇如何》，《青青电影》1939 年第 4 卷第 15 期。

以往中国歌唱片主要以主题歌为表现重点，作为概括剧情的象征抒写之用，张石川电影着力于剧情与歌唱的结合，将歌唱舞曲作为叙事元素推动情节发展，成为提供给战乱环境的中国观众宣泄苦闷情怀的载体。1939年的《李三娘》是一个典型的通俗情节剧故事，李三娘遭遇父母双双去世、新婚丈夫离家参军另娶军门之女、寄人篱下兄嫂刁难、辛苦产下儿子并被迫分离十余载的坎坷经历，包含了曲折离奇的情节、二元对立的情感、最终大团圆的结局。这是一个家喻户晓的民间故事，张石川深谙他的电影的目标观众群心理，对编剧李昌鉴提出要求："李三娘的剧本，编起来要格外小心，因为这是最通俗的民间故事，大家脑筋里，都有些知道，尤其是太太们，知道得更详细，稍有不对就成了画蛇添足"，并且针对剧本初稿，与李昌鉴反复讨论确定剧本①。所以，当时影评都指出该片"编剧导演把一个长长的故事，尽可能地缩短，而观众所熟悉的情节，画面上是都见到"，而导演"能简明地处理每一节而技术上的成就也比过去有进步"，但也被指出"手腕似乎还欠灵活，许多地方太多用'对比'镜头了，使人未免有千篇一律之感"②。片中李三娘在井边打水，因劳累睡在井边，牧童拿走水桶后将她叫醒，李三娘不见水桶，知是牧童所为，欲拿回水桶，牧童以李三娘唱歌为条件。李三娘思念丈夫儿子，悲从中来，含泪唱起《梦断关山》，"念良人从军远别，十二度青春，千里送雏儿，消息又沉沉，挑水磨粉，茹苦含辛直到今。实指望重圆破镜，再见光明，怎奈干戈扰攘，关山险阻，恨不能插翅飞，便好梦也难成。只落得朝朝暮暮，思思想想，凄凄切切，冷冷清清"③。正如作词者范烟桥后来追述，这是在歌唱片中将歌曲从单纯的主题歌发展到电影剧情的具体表白的一种尝试④。在《李三娘》中，这首《梦断关山》既简述了李三娘的一生凄苦遭遇，又打动了路过的咬脐郎，为此后母子二人相认的剧情制造了转机。

1940年张石川导演的《三笑》以唐伯虎与秋香的民间故事为底本，进一步发展古装歌唱片，"中间歌曲占对白四分之一，和寻常插曲不同"⑤，除了叙述剧情以外，对话也用歌唱的方式，风格新颖。《三笑》是喜剧题材，多用歌唱的方式可以打破一般古装片的旧套路。周璇在《马路天使》中扮演

---

①李昌鉴：《〈李三娘〉的产生》，《金城月刊》1939年第6期。

②参见《电影批评：〈李三娘〉（乙下）》，《电声周刊》1939年第8卷第28期；《新片批评：〈李三娘〉》，《电影周刊》1939年第42期；《影片批评〈李三娘〉》，《电影新闻图画周刊》1939年第16期。

③范烟桥：《梦断关山：国画新片〈李三娘〉插曲》，《罗汉菜》1939年第5期。

④范烟桥：《从〈会真记〉到电影的〈西厢记〉》，《金城月刊》第1940年第17期。

⑤《国华〈三笑〉歌剧化》，《艺海周刊》1940年第34期。

的小红深入人心，使其固定在一个“善良、活泼、热爱歌唱”的平民化、亲民性的形象中。延续这种“活泼的女子”的银幕类型，周璇在《三笑》中扮演了机智活泼的秋香。据报道，该片还受到一位喜欢研究中国文化的美国观众和一位侨居中国30年、曾在清华大学教授音乐和歌唱的林女士的赞赏，称“这种文学的故事，用歌唱去帮助表演和代替对话，很有意味”，“倘若全部配以音乐，更能增加趣味”①。然而因为当时国华与艺华同时开拍《三笑》，为抢占时机，摄制时间太过仓促，词曲各方面经不起仔细推敲。

接下来的《西厢记》，张石川的古装歌唱片有了更为成熟的类型表现。《西厢记》最早版本可追溯至唐代元稹的传奇故事《会真记》（又名《莺莺传》），金代董解元将这个故事创作为《诸宫调》，走向戏剧或者说是一种混合了念唱的表演；元杂剧勃兴后，王实甫将其衍变成四本的《西厢记》，关汉卿又续作了第五本；清初金圣叹将《西厢记》列入“六才子书”，并加评论批注。对《西厢记》的多种经典演绎证明了一种被广泛接受的“才子佳人”故事类型。1927年民新影片公司侯曜曾将《西厢记》搬上默片银幕。55分钟的默片版本剔除了崔母为莺莺和表兄郑恒安排婚事的这条叙事线索，而安排了更多的武打场面占去三分之二的时长，极力渲染了孙飞虎侵犯寺庙、抢夺崔莺莺而张生出面营救的这段戏，这与20年代后期武侠电影浪潮的流行语境及观众的审美趣味密切相关。创作者通过快速剪辑、大全景镜头、俯视镜头，以及兵器相撞的叠印的特写镜头，使影片获得了引人入胜的节奏，尤其是其中超现实风格的梦境段落使电影的奇观性达到顶峰。

1940年这版有声片《西厢记》，在摄影上中规中矩，基本是模拟观众目光拍摄人物场景，形成观看镜框式空间的观影效果，引导观众认同故事人物的主观观看。影片无意于渲染纯粹视觉上的奇观性，更加充分凸显声音的优势，注重视觉与听觉有计划处理上的细腻自然。影片插曲计有《蝶儿曲》《和诗》《破阵乐》《赖婚》《嘲张生》《拷红》《长亭送别》《男儿立志》《团圆一》《团圆二》等10首，融合了《西厢记》各本的词句。

而且在这版中，创作者将原本穿插的红娘提升为主角，周璇继续《三笑》中的银幕类型形象，扮演娇俏伶俐的红娘，“‘小红娘’这一个名词儿，一说上口，就有一种聪明伶俐、富有少女热情，而明达人情世故的型子，可以想象到了。但是一般的戏剧成例，总是以生旦为主角，她只能用于穿插。我们在电影里，却把她强调起来，成了主角”②。红娘和莺莺的第一次出场

---

①《一个鼓励：美国朋友的意见》，《金城月刊》1940年第17期。

②范烟桥：《从〈会真记〉到电影的〈西厢记〉》，《金城月刊》第1940年第17期。

是在后花园的桥上，张石川安排红娘走在莺莺的前面，周璇的表情动作活泼，紧接着演唱第一首插曲《蝶儿曲》，作为概括她性格特征的曲子："春光好，春色满，园林花儿开，蝶儿采花粉，传了种儿结了果，结了果儿没有蝶儿分。为谁辛苦为谁忙？谁懂得你的心……"，渲染热情浪漫的场景氛围，也贴切地表达人物性格和命运。此后在花园，红娘遭张生拦住去路，张生殷勤报上家门希望红娘传话，红娘对张生一顿冷嘲热讽后，立刻跑回闺房，模仿张生卑恭姿态一字一句复述给莺莺听。这场戏以红娘的特写镜头结束，头部占画面的比例比前一画面莺莺特写镜头中的比例要更大，周璇转动滴溜溜的眼珠，表演出深谙小姐红鸾心动的"鬼丫头"神情。

特别值得关注的是，《西厢记》中的"歌唱"与电影叙事形成了一种独特的联系方式。例如，张生向好友杜将军借兵击退孙飞虎解救崔家后，本来可以按照崔夫人的承诺，"谁能退得贼兵，就把女儿许配给谁"，迎娶莺莺，然而崔夫人变卦，宴请张生，便是《赖婚》一场：

> 崔夫人说："张相公，我虽然有约在前，可是这个婚姻实在难以成就的，今后你们还是兄妹相称吧。……孩儿，敬哥哥一杯。"
>
> 莺莺愕然，张生愕然，红娘愕然。
>
> 张生说："不，我不能喝。"
>
> 崔夫人说："不要客气。红娘，斟酒。"
>
> 红娘执壶旋酒，莺莺勉强持杯敬张生。张生不接，红娘拉张生袖，莺莺将酒杯近张生胸。
>
> 张生气极，接杯一饮而尽，掷杯于桌，苦笑："呵呵，夫人啊。"然后唱："这一杯酒，好教我难受，蓦地里兄妹称呼，哑谜儿早猜破，言而无信如何是可，请夫人再定夺。"
>
> 崔夫人说："张先生，为了先相国在日，已把小女许给我侄儿郑恒，先生的恩德自然要报答的。我多送些金银珠宝，奉谢先生。"
>
> 张生怒："啊哟，夫人。"然后唱："我岂贪货宝，只为了婚姻。请不到杜将军，退不得贼人兵。佳人已属沙叱利，试问如何嫁郑恒？"
>
> 崔夫人说："张先生醉了。红娘，你扶张先生回去休息。"
>
> 红娘说："是。"

这场戏里，张生共有两个唱段，都用了严华作曲的《赖婚》。第一个唱段从酒席的全景开始，随着"蓦地里兄妹称呼"这句唱词后，镜头分别扫过莺莺、红娘、崔夫人的特写镜头，凸显不同人物听闻张生表白心情后的反应神态，用相对虚拟的表现形式来展示戏剧冲突，由此歌唱承担起叙事的功能，并潜入人物的内心世界，成为演员表演的一种变通，然后再回到酒席的全景告一段落。伴随第二段唱词的则始终是固定的全景镜头，张生的悲愤、莺莺的无奈、红娘的抱不平和崔夫人打定主意赖婚同时展现出来，将人物心理作外化的抒情。

这种以歌唱完成对话、推进叙事的形式，更典型的是脍炙人口的《拷红》一段，崔夫人得知莺莺常常天亮才从花园回来的行踪后，叫来红娘质问。在崔夫人的逼迫之下，红娘用歌唱说出实情，崔夫人的台词和红娘的歌唱一问一答，构成了完整的电影对白。

> 红娘唱："夜深深，停了针绣和小姐闲谈吐。听说哥哥病久，我俩背了夫人到西厢问候。"
>
> 崔夫人问："你们去问候，那么张相公怎么样啦？"
>
> 红娘唱："他说夫人恩当仇，教我喜变忧，他把门儿关了，我只好走。"
>
> 崔夫人问："哎呀，你走了他们怎么样啦？"
>
> 红娘唱："他们心意两相投，夫人你能罢休便罢休，又何必苦追求。"
>
> 崔夫人说："坏了坏了，这都是你！"
>
> 红娘唱："这怪不得张相公，也怪不得小姐，更怪不得我红娘，只好怪你夫人自己。"
>
> 崔夫人问："怎么说呀？"
>
> 红娘唱："一不该，言而无信把婚姻赖；再不该，女大不嫁把青春埋；三不该，不曾发落这张秀才。如今是米已成饭难更改，不如成其好事，一切都遮盖。"

在这场戏中，红娘的歌唱不断被崔夫人的对白分割，相当于戏曲中的唱段，歌唱的内容本身又可以整合成一首独立而流畅歌曲，但又别于此前歌唱片中穿插在电影剧情中的插曲或者对电影内容高度概括的主题曲。整个场面是置于中央位置的崔夫人坐、红娘跪以及丫鬟、崔公子站立作为背景的全景构图，伴随着红娘的最后一段唱词，摄影机细微地向红娘推进，并逐渐摇至人物正面定格为近景镜头，既保持了舞台观众观看演出的视角，又调动了电影画面的运动特性，这种视听结合不仅具有叙事功能，而且在情调的刻画、气氛的创造上也有突出效果和民族特点。

除了歌唱的插曲以外,《西厢记》的其他声音效果处理也创造出幻化效果,从而构筑了有声电影的"影戏美学"①。如孙飞虎率兵出征时响起的急促琵琶声、莺莺与红娘夜行花园响起的清雅古琴声等音效的处理,这种美学形式的探索,在此后的戏曲片乃至黄梅调电影中,得到进一步的有效推进。

《西厢记》的服装道具是导演张石川和剧务科搜罗了插图本的《西厢记》和明代画家所绘的西厢册页,经过较缜密的考察后选用,如崔莺莺和红娘的发髻和首饰都有别于当时其他古装片,较有新意。人物的衣服式样和色调也是由摄影师董克毅根据光暗的原理参与研究并贡献意见,"指挥许多布景师,作各个场面的美术设计","这样的郑重其事,可说是战后的新纪录"②。如李道新所论,"创作者的努力,无疑使影片《西厢记》发展成为一种独特的、与中国传统戏曲紧密结合在一起的'古装歌唱片'类型"③。

张石川的歌舞片具有重歌轻舞、重故事轻歌舞、重现实轻虚幻、重女演员轻男演员、重写实主义轻形式主义的民族风格,周璇在其中的表演也呈现出重歌轻舞、简单轻快的风格特征,张石川将歌舞场景的展示重点都放在她身上,用叙事结构呈现并突出她的特定银幕形象——历经坎坷的坚韧女性和活泼伶俐的少女,建构了一系列的美学特征。与此同时,歌唱片自身的类型规律又影响了周璇的表演,将其内化为自身风格的一部分,伴随着歌唱片的发展而不断丰富、完善。

第二节 娱乐至上的恋爱家庭题材情节剧

"孤岛"影业恢复后,最先兴起的是古装片浪潮,如前所述,张石川紧跟市场潮流,选用符合广大观众欣赏口味的民间故事,演绎才子佳人一见钟情、历经磨难而最终有情人终成眷属的曲折故事,符合战乱环境下普通大众逃避现实的心理。爱情总是美满的,道德总是高尚的,在叙事进程中又加入具有吸引力的歌调,拍摄了《李三娘》《杨乃武与小白菜》《董小宛》《三笑》《孟丽君》《西厢记》《梅妃》等古装片,时人也评价"民间故事的古装片,

①吴迎君:《中国"影戏美学"视听形式的创制和堉固》,《文化与传播》2015年第3期。

②《〈西厢记〉花絮:服装道具的精制》,《金城月刊》1940年第17期。

③李道新:《作为类型的中国早期歌唱片——以30—40年代周璇主演的影片为例兼与同期好莱坞歌舞片相比较》,《当代电影》2000年第11期。

能够风行一时，老张建功殊伟，经他手改编者，都留下深刻印象”[①]。民间故事这一流行类型，如傅葆石指出，尤其在当时特殊的历史环境下，具有主题复杂性，包含了对“道德、阶级和性别”的公众问题的参与[②]。从张石川的作品片名来看，基本都是以女性命名，突出浪漫爱情和家庭生活的女性化领域，以历经婚恋磨难的女性叙事角度，弱化政治行为统领的男性化世界。此后随着战争局势的加剧，上海电影拍摄环境愈加复杂化。傅葆石用“娱乐至上”来概括上海沦陷时期电影的选择，他论述了拍摄娱乐电影成为当时的一种战略，上海电影人在残酷的侵略者的统治下利用了文化产品的政治矛盾性：以无关政治的娱乐通过有意地非政治化具备了重要的政治意义[③]。对于张石川来说，在整个“灰色上海”的夹缝生存时期，“娱乐至上”始终是他拍片策略的首要选择，无论置身在何种性质的制片机构，他依然回到了最驾轻就熟同时也最具市场成效的鸳鸯蝴蝶派式的情节剧模式。凭借对情节剧惯例的熟练操纵，年事渐高的张石川依然保持了较快的拍片速度。而无论是古装片还是时装片，这些娱乐电影通常围绕恋爱、家庭，以自我牺牲的女性为主要表现对象，迎合了战时普通观众的观影心理，在特殊的历史时期，亦可视为对战乱现实的指涉以及抵御侵略叙述方式的一种强化。

1940 年，电影公司争相拍摄民间故事古装片，出品粗制滥造形成恶性竞争，以及民间故事表现出来的逃避现实，遭到了影评界广泛的谴责[④]。不久之后，观众的需求也开始转变，“古装片在这年头，已经使人看得腻了，于是无论是观众或是舆论，都同时发出一致的要求是‘时装片的摄制’”[⑤]。在时装片重新抬头的新潮之下，张石川紧跟潮流，拍摄了改编自鸳鸯蝴蝶派小说的《秦淮世家》《金粉世家》，以及反映抗战背景的《花溅泪》《解语花》等时装片。如他在《我是怎样导演〈秦淮世家〉的》一文中写下：“……《秦淮世家》，这是恨水近作，我久蓄意搬上银幕，便在剧本审查委员会座谈会上提出，经由全体通过，于是《秦淮世家》改摄电影工作便由我担任下来。这

①上海中联公司剧本科包怡之讲、本社上海特派员丁杰记：《上海中联十大导演画像》，《电影画报》1943 年第 7 卷第 3 期。

②傅葆石：《双城故事——中国早期电影的文化政治》，刘辉译，北京：北京大学出版社，2008 年，第 62 页。

③傅葆石：《双城故事——中国早期电影的文化政治》，刘辉译，北京：北京大学出版社，2008 年，第 161 页。

④《我们的话：从竞摄民间故事片说起》，《电声周刊》1940 年第 9 卷第 19 期；《我们的话：拒演民间故事片》，《电声周刊》1940 年第 9 卷第 22 期。

⑤《古装片与时装片成本销路的比较情形》，《电影周刊》1940 年第 106 期。

正符合金星的需要，也符合我的需要，而且，更符合当前电影界客观形势的需要：古装片充斥了‘孤岛’银坛，改变制作风格的时装片之开摄与多摄，正会帮助制作方针拓展正确路向。”[①]此番言论，可以联系此前1933年电影节转变作风之时，张石川在《传声筒里》写下的“到一个新的思想之获得，到一个新的时代之到临，这样的转变的确并不是投机而有着它的必然性得到的。看我从《脂粉市场》里走上我的新的《前程》吧”[②]，一直以来，张石川对时代大众的心理有着非常敏锐的认知。

《秦淮世家》是张恨水在1939年《新闻报》副刊上连载的小说，“以歌女为背景，而暗射着与汉奸厮拼的”[③]，拥有较深的读者基础。在明星公司时期，张石川拍摄过《啼笑因缘》，他总结了张恨水小说中尤其能抓住读者心理而取悦读者之处，“同情一般小市民尤其是下层人物的生活隐痛，从贫富对立的生活形态中写出社会矛盾”[④]，而此时将《秦淮世家》改编为电影能更胜于当年的《啼笑因缘》，这在于“孤岛”环境的复杂性。故事表面看是发生在北伐以前的南京，但环绕着的是重情重义的歌女唐小春、拾金不昧的书贩徐亦进、改邪归正的小偷王大狗、为母治病愿牺牲色相的少女阿金这些下层普通人的生活痛苦，权门豪客，仗势凌人，掀起人世间的不平，而这些尤能打动“此时此地”的孤岛观众，抓住现实，却又寄托着固有的道德意味，被认为是“有功于世道人心之作”[⑤]。张石川写道：“《秦淮世家》虽然没有触及民族一类大问题，但生活问题、妇女问题却相当的突出。社会问题原属民族问题的一环，在理论上分析固然必须联系起来考虑与解决，但万一单独的指出，也无损于问题的基本存在。尤其，在今天‘孤岛’影坛作品中，对生活问题的抓紧与提出，仍是迫切需要的。至少，有很多人是作为这样的看法。”[⑥]

影片由范烟桥改编，张石川亦参与了情节与对白的推敲，讨论怎样抓住主题、扬弃素材、处理人物、划分性格、布置剧情、安排穿插以及提炼对白这些问题。原小说情节错综复杂，电影删去了许多枝叶，以徐亦进拾金不昧发轫，之后从这点逐渐展开，“每一个人物的出场，都是用极自然而平凡的事件作引子，并且各人物的关系，成为连环式，剧情的因果律，是很明显

---

①张石川：《我是怎样导演〈秦淮世家〉的》，《金星特刊》1940年第2期。

②张石川：《传声筒里》，《明星月报》1933年第1卷第1期。

③张恨水：《写作生涯回忆录》，北京：中国文联出版社，2005年，第88页。

④张石川：《我是怎样导演〈秦淮世家〉的》，《金星特刊》1940年第2期。

⑤灵犀：《〈秦淮世家〉上银幕》，《金星特刊》1940年第2期。

⑥张石川：《我是怎样导演〈秦淮世家〉的》，《金星特刊》1940年第2期。

的”，而且为了使每一个人物的事件不是“突如其来”和“凑巧”，都埋有伏线，如阿金领赵麻子一行人到她家的后门外去，故意扬声，使在她家密议的徐亦进一行人知晓而安全离开，在全剧中这是一个极为重要的转折，从而才能“群山万壑赴荆门”，引出后面故事的高潮，所以，“看过试片的，一致地说，从开始到结束，逐步紧张，一波未平，一波又起，足足两小时中间，不能有片刻的休息。因为无论在质的方面，量的方面，都是十分充实的，最近的上海影坛，确乎没有过这样一笔不苟、一丝不懈的作品”①。除了剧情有逻辑抓人心之外，张石川还特别注意对演员的选用，尤其是邀请了来自舞台剧人的跨界合作，如战前合作已久后转战舞台剧的夏霞饰演有顽强反抗性的二春，参演过曹禺的《原野》的孙景璐饰演片中的阿金，表演吻合了剧中人物的个性，获得了张石川的满意。

拍摄完后，张石川总结，“小说改摄电影，更不是单纯的故事扮演，小说有赖于心理描写，电影必藉乎动作表情，不单组织情绪，更须组织画面，同时在声、光、影、艺，诸般艺术的综合与统一上，并须注意到情调的刻画，气氛的创造，高潮的布置以及手法的表现”②。正是在剧情、表演、画面等多方面向着吸引观众目标的努力，《秦淮世家》连演多日不衰，轰动一时，刷新了抗战以来的票房纪录，使金星公司转危为安。

上海沦陷后，张石川加入“中联”，被称为“闪电导演”③。傅葆石认为，“中联”的电影并没有去教导沦陷的人们“新东亚秩序”，也没有教育人们去认识“大东亚战争”的“本质”，而只是让人们沉浸在本土的娱乐传统中④。张石川在“中联”拍摄的《燕归来》《白衣天使》《不如归》《夫妇之间》《芳草碧血》等描写中产阶级家庭的爱情剧类型，都是无关政治的风花雪月，充满了各种传统家庭关系交织的细节，延续着战前上海电影的娱乐趣味和现代特点，保持着社会道德教育的意味，很受上海观众的欢迎。

例如1942年的《白衣天使》，讲述了一对教育程度不同、成长环境互异的男女的结合，挹之(舒适饰)自欧洲留学归来，爱好音乐、游泳、跳舞等社交活动，纪风(周曼华饰)则是只受过初中教育、僻居乡间的女子，非但不知社交为何物，而且认为男女厮混是最可耻的行为。不到半年，两人终于分开。纪风进入医院成为护士，致力于社会服务。挹之追求另一女子，因为

---

①蒂罗:《〈秦淮世家〉的剖视》,《金星特刊》1940年第2期。

②张石川:《我是怎样导演〈秦淮世家〉的》,《金星特刊》1940年第2期。

③《闪电导演张石川一贯作风》,《游艺画刊》1943年第6卷第1期。

④傅葆石:《双城故事——中国早期电影的文化政治》,刘辉译,北京:北京大学出版社,2008年,第174页。

驾车肇祸，生命危笃；输血挽其生命者，即是自己弃妇，遂深受感动，两人言归于好。影片尽管遭到知识分子的批判，但不能改变它“轰动九城”“场场满座”的商业成功的情形，认为影片“毫无中心思想、缺乏新的意识”的陈逸飞也不得不承认“问过任何观众，都说不错”①。在影片的多处宣传中，挹之的留学生身份都被点明，片中还设置了一个导致挹之和纪凤婚姻矛盾升级的情节点，在挹之招请玛丽等同学的会餐席上，纪凤因为不懂吃西餐而被公然奚落。影片有意作此安排以示对留学生奢侈生活及崇洋媚外的嘲讽，令人联想到，这是一种在沦陷上海的生存政治策略，将影片包装成符合当时“中联”电影宣传中的“反英美”需求。然而这种硬做的安排在剧情合理性上的显见裂缝也被当时的评论者们所指出，“蔡纪凤吃西餐闹笑话，实与刘姥姥初进大观园没有什么分别，可是后者是合理的，前者纯属勉强凑成局面，藉引观众发笑而已，于阐扬故事的主题上毫无帮助”②，“那种人物列为‘特殊’倒可以的，究竟我们普通却太少见了。当然，倘使看作那是在暴露留欧的学生所受到的自由主义影响的丑态，却是又当别论”③。影片的主体还是回到张石川情节剧电影中那个熟悉的家庭破裂与重构的核心叙事，女性仍然是这个过程中的原生性力量，而挹之是不是留学生无关痛痒，原先的“反英美”的主题被瓦解。而且某种程度上，传统家庭的崩溃却有意无意地触碰了沦陷上海内在的失序病态的社会现实。

“中联”改组为“华影”后，鉴于官方和社会舆论对于“中联”时期泛娱乐化的电影制作颇有微词，“华影”的制片方针逐渐突出所谓的电影教育功能。而对教育功能的强调，反而使电影在某种程度上的触及现实变得可行，当时流行的创作方法是通过暴露阴暗丑恶来达到所谓的警戒教育目的。在“华影”出品的约 80 部故事片中，颇受推崇的导演有岳枫、方沛霖、王引、屠光启等，张石川的作品量不算多，共导演了《红颜铁血》《快乐天使》《雪梅风柳》《英雄美人》和集锦片《博爱》《万户更新》中的各一段。从故事情节介绍来看，这些电影避开时局，多数以军阀混战时期为背景，但仍不脱爱情故事和家庭伦理剧的套路，基本是以张石川电影惯常的平铺直叙方式展开。

例如《红颜铁血》是以侦探的方式揭露一个无恶不作的军阀蹂躏女性、

---

①陈逸飞：《〈白衣天使〉观后：毫无中心思想 缺乏新的意识》，《立言画刊》1943 年第 235 期。

②陈逸飞：《〈白衣天使〉观后：毫无中心思想 缺乏新的意识》，《立言画刊》1943 年第 235 期。

③杨弟：《上海中联影片总检讨：〈白衣天使〉》，《电影画报》1943 年第 7 卷第 5 期。

纵横乡里、欺压百姓的罪行，但被人称为“时代武侠片”[1]，因这里面有鸳蝴武侠片常见的人物设置、情节模式和表演程式，只不过少了武侠片的服饰化妆。《红颜铁血》设置了侠士、美人、恶霸等主要人物，情节模式上依次展开恶霸劫美、义士越狱、夜探花园、智拯红颜，最终恶霸伏诛、有情人终成眷属，表演程式上有群众开打的全武行，也有越狱翻墙的飞檐走壁，张石川被认为是“发挥了他导演《火烧红莲寺》的特长”[2]，全片也是“连环图画式”地平铺直叙，张石川几十年积淀的导演技巧值得肯定但也趋于僵化而难以自我突破。正如时人指出：

> 张石川的特长，便是他能了解中国小市民的心理，抓住观众的情绪，在短短的一小时半中，充分给他们以感情的娱乐，因此，在他每一部的作品里，必有一个极尽离奇曲折为能事的故事，演出在这故事中的人物，完全受他自由的支配，是死的，没有灵魂的，是依着曲折的情节而发展活动着的。有着这些特长，张石川就可以不必在意技巧，他只要能够把故事变化得明明白白，他的导演任务便完成了，所以，我们看《红颜铁血》，只能把它当作武侠小说的资料，而加以连环画式的总和，而不能把它当做一九四三年的电影艺术的作品。[3]

此外，在何秀君的回忆里，特别提到了《快乐天使》这部电影，称之为张石川在敌伪时期导演的“很坏的戏”，“因为替敌人鼓吹善物，迷惑观众，这部影片构成了他后来汉奸罪行的一件实证”。据她解释，《快乐天使》的故事是洪深在战前设计出来的，主角是一个童子军，每天做一件好事。作者的意图是用主人公的善行展示社会上各方面生活的图画。1943 年张石川没有剧本，想起这个故事就拿出来拍了[4]。《快乐天使》以一位女童子军给予社会的良善影响，将童子军的铭词规律具体化：“准备自助助人”“日行一善”“人生以服务为目的”“无论做事，说话，居心，均须真实不欺”[5]，并在报刊打出广告，“不私，不争，不贪，苟人能如此，天下无扰，人必自多快乐，日

---

①《扑朔迷离的时代武侠片！〈红颜铁血〉》，《艺坛春秋》（双十国庆纪念电影新闻特刊），1943 年。

②风帆：《影评：〈红颜铁血〉》，《太平洋周报》1943 年第 1 卷第 71 期。

③史华：《张石川又一新杰作：连环图画式的〈红颜铁血〉》，《新天津画报》1943 年第 7 卷第 2 期。

④何秀君口述、肖凤记：《张石川与明星影片公司》，中国电影资料馆编：《中国无声电影》，北京：中国电影出版社，1996 年，第 1545 页。

⑤《〈快乐天使〉剧旨》，《影剧》1943 年第 5 期。

行一善种下善因，结成累累善果，我助人，人亦助我，人各有助，各得其所矣"①。战后被认定为"很坏"的"罪行"，主要是基于该片被作为"华影"突出电影教育功能的制片方针的典型，如当时报刊将《快乐天使》与岳枫导演的《生死劫》放在一起，被认为是"中国电影界集中精力配合战时文化政策""摆脱过去恋爱的趣味""比较有意义的影片"②。

然而，也正如何秀君所说，张石川拍这部片"既不想这是什么时代，也不想这是什么地方，一心要卖弄噱头"③，他并不在乎是否"配合战时文化政策"的政治意义，而是以童子军营的一位女童子军的故事串联展开其他人物的曲折故事作为噱头，接近观众的生活。事实上，所谓的教育功能体现在情节中间加上生硬的说教部分，反而成为影片的一处硬伤，"在摄制教育片中，却宜避免说教的成分，尤其是儿童教育，最好能给予活动的事实让他目击，然后是他自己有所警惕，如果在片中来一段长篇大论的说教词，是向一个智识很浅薄的儿童，如何能够接受？不幸《快乐天使》中，就有了这种说教的场面"④。相反，影片对社会黑暗的讽刺暴露却大于教育性，如时人评论："创作者在编制《快乐天使》之初，大概是并不预备给儿童看的，因此在剧本的结构上，独多的是暴露社会的黑暗面，对于教育儿童，虽也有其力量，而此力量所收得的成效，却相当微弱的。"⑤

日本投降后，1946—1947年间，张石川频频往返于香港、上海两地，成为南下筹资创建电影公司的旧搭档周剑云的上海代表，但由于这时期仍然身处"附逆影人"案的纠纷中，为避嫌，他所执导或参与的影片都署以他人的名义，通常是何兆璋。如前文曾提及的《长相思》，是张石川应周剑云之邀为香港大中华影业公司拍摄，导演即署名何兆璋。何兆璋是张石川的女婿，在明星公司开始有声片拍摄时加入公司担任录音师，后在张石川的栽培下从"孤岛"时期转做导演，经常担任张石川的助手，战后也随张石川赴香港拍戏，所以他的电影风格直接师承于张石川的商业美学惯例。1947年下半年，周剑云离开"大中华"，自筹资金在香港创办了建华公司，筹拍的第一部电影是何兆璋、黄汉导演的《海茫茫》。笔者在《夏衍全集》中发现了夏衍在1947年9月答复张石川的一封书信，信中讨论了张石川此前寄给

①《〈快乐天使〉：劝人为善的教育片》，《艺坛春秋》（双十国庆纪念电影新闻特刊），1943年。

②希君，《快乐天使》与《生死劫》，《新民报月刊》1943年第5卷第22期。

③何秀君口述、肖凤记：《张石川与明星影片公司》，中国电影资料馆编：《中国无声电影》，北京：中国电影出版社，1996年，第1545页。

④《影评：〈快乐天使〉》，《太平洋周报》1943年第1卷第85期。

⑤《影评：〈快乐天使〉》，《太平洋周报》1943年第1卷第85期。

他的剧本《碧海情天》。对照主人公姓名及主要情节,《碧海情天》就是建华公司1948年出品的《海茫茫》,由此可见张石川在《海茫茫》的筹拍过程中亦扮演了重要角色。

夏衍的书信如下:

> 石川兄:
>
> 《碧海情天》剧本已拜读,画意诗情,甚佩。
>
> 就故事言,拙见以为五十二场之华发觉海珠为凌桐之女而表示决绝一场,有不近情理之处,反汉奸(即凌桐)为理智上的问题,而之华与海珠之恋爱与所受之恩惠则为人情上的问题,之华为一爱国志士,与凌桐无私仇,即惩治汉奸条律尚罪不及妻孥,况海珠有大恩于之华乎。愚意之华闻讯苦闷矛盾则可,绝然与海珠决绝,哀求亦不理则不可,此段戏可改为之华苦闷矛盾,自此忧郁寡欢,海珠知其隐,为保全之名誉而离去如何?
>
> 最后海珠盲目一段,以前虽有伏笔,但不甚有力,医学上是否可能因伤感而骤然失明,一般人恐亦不能理解与心服,拙意以为结尾有故意造作悲剧之意,能于海珠出走后之华追悔寻获而即在"大团圆"中结束否?草草就正于作者,即颂
>
> 秋安
>
> 弟 子布
>
> 九月三日(1947)
>
> 兆璋兄均此候之①

这是一个情节曲折的爱情悲剧,汉奸之女海珠与因汉奸之故而遭遇失明意外的画家之华,二人在海滨小村相遇生情,之华复明后了解海珠的身世,与海珠分离,等到再次重逢时,已经失明的海珠为免负累之华而投海自尽。

夏衍在书信中提到的这几个问题,如矛盾激化处"不近情理"、结尾"故意造作悲剧"等,后来在《海茫茫》上海公映后的影评文章中均提及:"这是一个多么'离奇曲折'的'巧合',不仅有悖于人情之常,而且极不合理之所趋……'巧合'这么多,这么繁复,但整个故事支离破碎得无法因取'巧'而完整起来,我们不能不佩服导演者那'奇巧'的想象,但是我们也不能不指

①周巍峙主编:《夏衍全集16　书信日记》,杭州:浙江文艺出版社,2005年,第69页。

正,'投机取巧'是绝没有成功的可能,它所能获得的结果将是观众的唾弃与有识者的嘲笑!"[①]"故事的确'妙'得很莫名其妙……是一个悲剧,可是并不如杜鹃泣啼,观众中亦未见一人流泪,有血有泪只是在影片中罢了"[②]。

张石川一直以来都善于调节观众的情感,是拍摄此类恋爱题材情节剧的能手。与《海茫茫》正好形成对照的是由他操刀、署名何兆璋的前作《长相思》,讲述了从战前到战后的一对男女的友情与爱情。战争爆发,丈夫远赴战地,妻子困守上海,艰辛照料家庭,后得到丈夫朋友的接济,两人暗生爱苗。抗战胜利后,有消息传来,丈夫已阵亡,妻子和朋友悲痛之时,丈夫回来了,最后朋友割舍了爱情,远赴台湾。据编剧范烟桥所述,原来的剧本并非如此,"最初的造意,却是想成为悲剧……石川先生以为这样的写法,觉得太残酷,将使观众不愉快的。而且对于抗战人物,不应过于作悲哀的打击;在伦理方面,也有些反常,于是转换了一个结局,比较的合理,容易引起观众的同情"[③]。于是改动后的剧本,既符合婚姻伦常的主流秩序,又在爱情类型上给主人公创造了一个真正悲剧意义的结局,所以时评这是一部"颇具'生意眼'的作品""或许将给予爱好悲剧的小市民阶级们一个掉落眼泪的机会吧"[④]。但到了《海茫茫》,人物的命运转折问题也有类似出现但没有得到更合情合理的处理,或许也是张石川向夏衍商讨剧本的原因,但很遗憾,夏衍给出的意见并没有被编导所采纳。最终两部电影在市场的结果大相径庭:1947 年 1 月《长相思》运到上海,连映二十余天,"票房总额高达 2 亿法币,约等于 14 万港币"[⑤],是"大中华"最优秀的出品之一。与"大中华"等战后以香港为制片基地的其他电影公司一样,建华公司也是以内地尤其是上海为其主要的市场。《海茫茫》是建华公司在沪公映的第二部电影,随后公司宣告结业,可见《海茫茫》在营业上是失败的。《长相思》受观众欢迎的原因除了剧情人物在调动观众情感体验上的相对合理,主人公的爱情故事与抗战背景得到了较好的结合之外,还有一个重要保障来自周璇(饰演妻子)、舒适(饰演朋友)的主演,并且加入了歌唱片的类型元素。周璇共演唱了包括《花样的年华》《夜上海》等在内的七首歌曲,如有评论称

①胡底:《创建在"巧合"上的〈海茫茫〉》,《益世报》1948 年 8 月 15 日。

②《影评之叶:〈海茫茫〉》,《电影》1948 年第 2 卷第 6 期。

③烟桥:《我写〈长相思〉》,《礼拜六》1947 年第 63 期。

④《充满人情味和音乐气氛:〈长相思〉!》,《影艺画报》1947 年第 2 期。

⑤傅葆石:《双城故事:中国早期电影的文化政治》,北京:北京大学出版社,2008 年,第 228 页。

"全剧以胜利后周璇与舒适夏夜对唱心心相印时为最高潮,歌声缠绵悱恻,令人觉得万众温柔,欲吐不尽"[①]。明星效应与类型叠合,是张石川电影多种商业美学惯例的演绎,也验证了这套商业电影的法则在市场上依然行之有效。而《海茫茫》的失败却从另一个侧面佐证了,失去了合情合理的剧本基础,单纯制造情节巧合以及刻意强化悲剧是对张石川电影美学惯例的僵化因袭,反而暴露出这套商业法则的程式化与局限性,所以有评论指出"剧情安排与演员水平,都依然是停留在战前电影界生意眼和草率做法的阶段"[②]。

然而,《海茫茫》只是40年代后期中国商业电影大规模生产下的一部粗制平庸之作,只为迎合中国普通观众对于"传奇"和"苦戏"的观赏趣味,如影片广告语特别强调"情场偏多折磨,长夜难遣愁绪,爱河突起风波,碧波载生幽情"[③]。但在当时的舆论空间中,《海茫茫》受到了极其严厉的批评,这些批评并非全然源于剧情本身的问题,显得饶有意味,仅列出其中部分如下:"对于一些逃避现实、欺瞒观众的作品,一味以情节上的'噱头''曲折''离奇''紧张'来扰乱愚弄人心,破坏善良的风气,我们就应该严肃的给它批评,毫不客气的鞭挞、痛击!……"[④],"导演者倘不承认他的手法过于愚劣,则其暗示怂恿读者'逃避现实'的居心,我们不能予以原谅"[⑤],"中国的电影显然已面临一个分水岭,一方面,忠实于人民的艺术工作者正以严肃认真的态度雕刻下人民的苦难和人民的方向,另一方面,用廉价的眼泪,欢笑或刺激换取市民钞票的艺术市侩们,在贫乏的幻想里兜尽了转子以后,看到好莱坞电影的营业发达,又起而抄袭,把好莱坞的情调生硬地搬到中国来,它对于苦难中的中国人民是没有丝毫利益的,它无疑是会被他们唾弃的。《海茫茫》的路是走不通的,先生们珍重!"[⑥]

这些批评建构出了此后很长一段时期中国电影批评的主流话语以及以张石川电影为代表的商业片在此话语空间的基本处境。如果说在沦陷期专注表现恋爱家庭题材的情节剧尚能以娱乐回避政治,但在抗战胜利后中国电影普遍被寄以批判现实主义的社会价值的期望,而延续着《阎瑞生》以来中国商业电影的传统,张石川、何兆璋去政治化的娱乐片取向必须受

---

①寻:《电影杂评:〈长相思〉》,《甬潮》1947年第11期。

②胡底:《创建在"巧合"上的〈海茫茫〉》,《益世报》1948年8月15日。

③胡底:《创建在"巧合"上的〈海茫茫〉》,《益世报》1948年8月15日。

④郑马:《评〈海茫茫〉》,《益世报》1948年8月14日。

⑤胡底:《创建在"巧合"上的〈海茫茫〉》,《益世报》1948年8月15日。

⑥向前:《评〈海茫茫〉》,《剧影春秋》1948年第1卷第2期。

到“逃避现实”的严厉批评。尤其是《海茫茫》在香港制作完毕运往上海公映已是国共内战时局变化剧烈的1948年下半年。虽然片中男女主人公的情感变故在于“汉奸”的家世，指涉了中国刚刚结束的战争现实，但其刻意制造的爱情悲剧却与真正的中国现实无关，“在目前大多数人都生活在苦难的时代，能有多少人去踏着金黄色的沙滩做着那海恋的梦，所以这种新才子佳人式的故事现在是不再需要了”①。如同30年代初的《啼笑因缘》，这样“逃避现实”的商业片再次与时代话语出现了“错位”。

今天重新回看历史必须正视，上海电影能够在战后迅速恢复乃至成就中国电影史上一个高峰期，商业电影起了弥足轻重的作用。电影人极大地挖掘电影的商业潜力，结合时代内容，为生存环境越来越糟糕的中国大众制造幻梦，提供避难所，把观众带入认同与震惊的漩涡，如丁亚平所论：“商业片所昭示的电影市场化、模式化和感官化的基本取向，也带有显而易见的放纵与游戏的因子，而这恰恰为集体的宣泄(通常也是更有效的宣泄)与狂欢(精神的狂欢)提供了契机，很明显的，走商业路线的类型电影运作，为政治松弛，统治废懈，放下习常的角色面具，走向民间提供了可能，为自由的思想资料的苏生、发展提供了一个相对宽容的时空间隙。”②与此同时，张石川等人的跨地实践将上海类型电影的丰富经验和商业美学惯例带到香港，为早期沪港影业的交流和战后中国电影文化南迁作出了奠基贡献。

1948年张石川应柳中亮之邀，从香港转战上海，担任大同公司制片经理，主要负责厂务及制片工作。年岁渐老的他亲临片场的时间减少，其间只拍摄了《乱世的女性》(与黄汉合导)一部影片。这一时期国泰公司和大同公司的出品，以商业为准绳，涌现了多种类型创作模式，为战后上海商业电影的黄金期贡献良多。其中，受此时大量涌入中国市场的好莱坞黑色电影的影响，抗战间谍片成为战后中国电影的重要类型，如《天字第一号》《玫瑰多刺》《欲海潮》《粉红色的炸弹》等20多部。这类电影充满了惊险、悬念的娱乐元素，主人公大多为女性，但与美国黑色电影中的类型人物“蛇蝎女性”不同，她们附着了更多的国家使命和民族道义，往往以间谍的身份担当爱国志士或抗日英雄的形象，既迎合了官方主流抗日救国、惩恶除奸的政治话语，又以感官刺激和离奇故事满足了观众猎奇的娱乐消费心理，这些电影的影调大多低沉，带有黑色电影悲观宿命的氛围，也折射了战后民众

①谷沛：《评〈海茫茫〉》，《时事新报晚报》1948年8月15日。

②丁亚平：《影像中国——中国电影艺术：1945—1949》，北京：文化艺术出版社，2005年，第116－118页。

对混乱现实的失望与无助。

《乱世的女性》就是采用了流行的间谍片类型，但没有脱离张石川电影惯常表现的恋爱与家庭主题的纠葛，以一个大家庭为背景，失意政客父亲利用漂亮软弱的小女儿陈玉玫接近亲日的敌特头子从而实现自己的东山再起，而大女儿陈静文则是国民党地下党，两人形成对抗关系，于是展开了一个大义灭亲的故事。但与这时期其他间谍类型片不同之处在于，女主角是陈玉玫（白光饰演）而不是陈静文，她的身份不是间谍，却是与两个有着特殊身份的男性（亲日的敌特与国民党地下党）有着恋爱纠葛，同时又夹杂在持不同政见的父亲和姐姐之间的普通女性，性格软弱，摇摆不定，这样的设置就使得影片的悬念不是主角的身份揭露，而是主角在亲情伦理与民族大义之间的立场选择。但总体来说，《乱世的女性》只是40年代末战后间谍片热潮中一部普通的跟风之作，张石川的创作思路和影像风格仍然是偏于保守，当时的评论也指出，“他永远走他的老路线”①。在用得陈旧了的模式中不断锻炼重复，测试它的涵容能力，既有习惯的一面，也有陷入套路的麻木因而丧失创新求变的能力，张石川不再能如20—30年代引领与带动中国电影商业类型片的创作潮流。对于与日俱新的中国电影与层出不穷的新生力量来说，张石川已经落伍于时代。

但是需要厘清的问题在于，追求电影的商业性、娱乐性本身并不是张石川导演技艺停滞不前的原因所在，反过来说，商业性、娱乐性乃至通俗性是建构张石川等中国电影导演中“戏人”群体的文化身份及其电影的重要特征，但他在技巧上的“老路线”更多囿于知识素养，尤其是40年代以后，来自戏剧界、文学界等知识分子精英大量进入电影界，推进了影坛的新陈代谢。但与此同时，围绕着张石川不断交叉延伸出去的中国早期电影圈子的形成及交往纽带，正是重审民国电影图谱的重要坐标点。而张石川在任何时期持之以恒地对中国电影商业美学的关注，显示了在充满对话的历史情境中寻求赖以立命的价值的努力，使得中国电影从一开始就蕴蓄着一种大众视野，以及逐渐生发的类型思维及美学惯例并加以实践反复操练，培养了中国电影观众的观影习惯，这也是今天我们重新梳理历史，在看到他的局限、缺失的同时仍然需要不断回瞻，为中国电影守先待后寻求新启示的基本原因。20世纪90年代以来，中国电影开始了产业化进程，随之而来的商业大潮极大改变了当代电影理论的方向。例如左翼影评的重要代表舒湮在纪念左翼电影运动60周年而作的文章中，却提到了上海电影发

---

①裘罗姆：《张石川重做导演的原因》，《世界电影》1948年第8期。

行公司的呼吁："还电影作为娱乐商品的本来面目。"[①]当代著名电影史学者邵牧君断言，"电影首先是一门工业，其次也是一门艺术"[②]，由此引发了中国电影界的一次论辩。因此，重新理解张石川，对于我们探讨中国电影史论及实践的复杂多端，显然是有意义的。

①舒湮：《电影的"轮回"——纪念左翼电影运动60周年》，《新文学史料》1994年第1期。
②邵牧君：《电影首先是一门工业，其次才是一门艺术》，《电影艺术》1996年第2期。

结 语

第一节 张石川与上海电影传统的关联

法国学者布尔迪厄在其具丰富启示性的文化社会学理论中，提出了“场域”(field)的概念，定义为“在各种位置之间存在的客观关系网络，或一个构型(configuration)”①。例如他将文学艺术作品与它们存在其中的社会世界概念化为“文学艺术场”“文化生产场”，将历史和社会结构的分析辩证地整合到场域的视野之中。强调在场域的视野下思考就是从关系的角度思考，以不同个体间的互动关系来定义场域的界限，布尔迪厄使原本从属于既定学科研究对象、被对立和割裂的个人与社会，在丰富繁杂的社会实践纬度上，在行动者(agent)身上获得崭新意义的和解，这积极回应了美国社会学家赖特·米尔斯提出的社会系统(结构)和个体能动性(意义)之间的相互关系问题，“人们只有将个人的生活与社会的历史这两者放在一起认识，才能真正地理解他们”②。受益于这种理论视野，本书最后总结张石川对中国电影发展的意义价值，尝试在早期中国电影场域中对张石川进行历史观照，以作为个体生命的张石川为节点，尝试还原在社会政治经济机制、城市文化语境之下经由他的人际交往构成的民国“电影圈”关系网，以此探讨张石川与上海电影传统的关联。

与“场域”紧密相连，布尔迪厄还征用了“习性”(habitus)、“资本”(capital)等核心概念作为理论工具。关于习性，布尔迪厄在《实践的逻辑》一书中做了说明：“与存在条件的特定阶级相联系的条件作用形成了习性：它是持久的、可变换的一些性情系统，是一些被建构的结构，这些结构倾向

①皮埃尔·布尔迪厄、华康德:《时间与反思》，李康、李猛译，北京：中央编译出版社，1998年版，第134页。

②赖特·米尔斯:《社会学的想象力》，陈强、张永强译，上海：上海三联书店，2001年，第1页。

于作为建构性结构而起作用，也就是作为这样一些原则而起作用：它们产生和组织了实践和表征，从而，即便并未有意识瞄准一些目标，或者并未明确掌握为达至这些目标必具的运作程序，就可以客观地适应到其结果中去。”①可以这样理解，习性一方面通过社会条件或调节作用铭刻在行动者的心智结构和身体之上，被建构为认知、感知和行动的图式，另一方面，作为建构性的结构，习性又赋予个人在社会世界各领域的活动一种形式和连续性，有持久性地生产性情系统的社会再生产功能，对行动者的实践具有引导作用。

在布尔迪厄看来，习性与行动者所拥有的资本数量和构成密切相关，后者决定了行动者在其社会空间中所占据的位置，而位置因含有资源和权力而成为场域内持续矛盾斗争的焦点。布尔迪厄由场域出发将资本分为三种，经济资本、社会资本以及文化资本，其中经济资本具有决定性的力量，并将这些资本的被认可形式称为符号资本，如经济资本以金钱财产为符号，以产权为制度化形式，社会资本以社会、头衔为符号，以社会规约为制度化形式，文化资本以作品、文凭、学衔为符号，以学位为制度化形式②。

将布尔迪厄的场域理论以及“习性”“资本”等概念引入对历史现场的张石川的观照中，有助于我们重新审视这位“民国电影第一人”与早期上海电影圈复杂生态的关联，并进一步把握中国电影传统的“上海性”。张石川作为“行动者”，受到场域和习性的作用，携带自身的特殊资本（金钱和公司产权、声望与人脉、卖座电影），参与到场域（早期上海电影界）的游戏中，为占据一定的位置或维持、提高资本总量而与其他位置上的行动者争斗，从而形成独特的社会轨迹。

首先，从经济资本的角度看，张石川并无家底，最开始投入明星公司的资金仅是后来的岳父何泳昌赠送的两千元，公司的财力物力与后来居上的罗明佑和联华公司不可同日而语。但正因受制于金钱的掣肘，张石川在明星公司的制片与经营决策上，既有冒进性的孤注一掷，如在影片投资、人才与设备引进等方面，以博丰厚回报，出品了多部创造票房神话的现象级电影，也导致过公司的几次重大危机；又在通常情况下呈现为保守主义和改良色彩，以大多数的观众趣味为导向的类型故事的重复性生产，并严格控制制片时间和成本，以电影养电影，并将公司业务由制片向发行、放映扩

①转引自朱国华：《习性与资本：略论布尔迪厄的主要概念工具（上）》，《东南大学学报（哲学社会科学版）》2004年第1期。

②皮埃尔·布尔迪厄：《文化资本与社会炼金术——布尔迪厄访谈录》，包亚明译，上海：上海人民出版社，1997年，第189－211页。

展，稳步推进原始资本积累，明星公司长时期占据了上海电影界的主力军和领头羊的位置。1936 年建成的枫林桥路总厂在体制完整、设施完备上不仅体现了明星公司的业绩，而且代表了当时中国电影制作业的最高水准。1937 年战争爆发后，张石川还留存了明星公司的大部分机器、胶片和设备以及旧部属摄制组，这些成为他在战争期间组建大同摄影场包工摄片以及后来与柳氏兄弟合作、主持国华公司制片工作，继续保持上海电影圈中心位置的经济资本。

虽然没有家族的经济后盾，但其出身背景的地缘成为张石川从商后投入电影业首要的社会资本，正如本书开篇对张石川生命移动轨迹的叙述，他刚成年即来到上海，以移民身份融入了这个正在朝现代性、开放性与世界性方向快速发展的城市，努力为自己挣前程。上海是中国近代最为典型的移民城市，并且主要以江浙粤移民为人口主体，这些人擅长从商经营，并且拥有强大的同乡组织，如张石川的“宁波帮”的印记。他后来在新世界游艺场的老板黄楚九、在笑舞台新剧演出事务的合作者邵醉翁、组建明星影片公司的搭档之一任矜苹，主要摄影师董克毅等都是宁波人。张石川筹备的大同交易所就是借“宁波旅沪同乡会”的处所举行了创立会[①]，而后明星公司的第一届股东会也是在宁波同乡会召开，此外据何兆璋回忆，《孤儿救祖记》也在此进行过试片[②]。

有研究者查证，宁波旅沪同乡会创建于 1910 年，1939 年调查时会员人数已达到 22 663 人[③]。虽然民初宁波同乡会属于慈善公益团体，但由于其会员及主事者多为商人，所以在调解商事纠纷、企业创办经营、员工雇佣、资金支持等方面，同乡会如同人际联络网上的节点，总会起到直接或间接的相互提携作用，如其誓词所称：“所以能事必有成，功效显著者，则系于团结之坚，组织之备，一遇有事，即能互相呼应，踊跃争先，以收其合作之效。”[④]宁波籍电影人在早期中国影坛创造了引人瞩目的业绩，如学者指出的源于“浙东文化”“贵专”而“贯通”的“谨慎、精密和勤俭”却又“进步”的“宁波精神”，既遵守“契约诚信”而又“精明敬业”的创业精神[⑤]，这些可以视作铭刻在张石川的心智结构和身体之上、被建构为认知和行动图式的重

---

①《大同交易所创立纪闻》，《时报》1921 年 11 月 28 日。

②陆弘石访问、整理：《探访历史(之一)何兆璋访谈录》，《当代电影》1997 年第 2 期。

③冯筱才：《乡亲、利润与网络：宁波商人与其同乡组织 1911—1949》，《中国经济史研究》2003 年第 2 期。

④《宁波旅沪同乡会第十二届征求会员大会宣言》，《宁波旅沪同乡会第十二届征求会员大会纪念刊》，1911 年。

⑤陈山：《豆蔻年华：宁波影人对早期中国电影的贡献》，《当代电影》2010 年第 8 期。

要"习性",并持续性地对他后来的从影实践具有引导作用。因此,宁波地域出身以及随之而来的"宁波帮"的财商(趋利、精明、敬业、契约、开拓进取、兼容并包的商人精神),构成了张石川进军电影圈开疆辟土、成为拓荒者乃至老资格的社会资本,与张石川在早期上海电影圈持久性声望的占有密不可分,而这种重商传统首先成为上海电影传统需要被加以正视的基本要素。

继而,我们再来看张石川从影后的关系网络,因为场域最本质的特征在于它是行动者争夺有价值的支配性资源的空间场所,场域分析的逻辑基于两个相互关系:场域内部行动者的相互关系和场域之间的相互关系。对电影场的关系网络的考量脱离不了与之相关的民国上海经济、政治、文化的生态环境。自清末开埠以来上海迅速发展成为中国最大的港口和商业都市,经济繁荣、文化驳杂,西方租界与华界并存,历经革命党、袁世凯亲信将领、北洋军阀皖系、直系、奉系、国民党、汪伪政府等政军势力的轮替掌控,但繁华依旧、人才济济,充满活力的生态环境为上海娱乐业的竞争发展提供了多样的可能性。

电影是社会合作程度要求较高的媒介生产,张石川的关系网络主要集中在与戏剧电影密切相关的文化和政治场域,而较少出现在经济领域,这与早期中国电影人艰辛起步的经济状况紧密相连。例如张石川将大同交易所易帜为明星影片公司时,原来的大部分股东不肯相信新兴的国产电影能有发展前景,收回了对大同的投资,此后 20 年代的几次社会公开招股也并未真正获得大规模的资金投资。周剑云也曾分析:"中国的资产者何以不投资影片公司,第一原因在于观念错误,认影戏为游戏事业。第二原因,恐影片公司消耗过大,不易获利。第三原因,其本身好挥霍,喜为无聊之消遣,无投资于正当实业之兴味。第四原因,则一般公司当局,垄断把持,利用股东,自植势力,人遂视为畏途,不敢轻于投资也。"①

与被称为明星公司的"财神爷"、负责影片发行及对外营业、主要与金钱打交道的周剑云相比,张石川是公司的总体决策者和具体的导演、制片人,他更多地与创作团队、专业人员、生产条线打交道,这也是他之所以能提出"人才合作法"的经营理念并予以全面实施的缘由所在。正如在布尔迪厄看来,不同类型的资本通常具有可转换性,例如拥有雄厚的社会资本,就可以获得较多的机会,从而谋取较多的经济资本,从而保证在电影圈占

①周剑云:《中国影片之前途》,中国电影资料馆编:《中国无声电影》,北京:中国电影出版社,1996 年,第 725 页。

据地位的再生产。

具体到张石川人际关系网络扩散，可以发现它植根于一个正处在初兴时期的现代性全球都市的发展趋势，在不同发展期与文化界“闻人”“名家”的相交，呈现出早期上海电影与更广泛的文化消费的现代性关联。如熊月之所论近代上海是“一个举世罕见的异质文化交织的都市”①，中西杂糅、新旧并存，这样的文化土壤对各地文化人产生了巨大的吸引力，他们的到来也为早期中国电影带来了一支海纳百川、兼容并包的人才队伍。本书第一章论述了张石川在民国初年身兼数职的跨界实践（洋行、广告传媒、新剧演出、游艺场、拍摄电影），这些实践都有着一些共同特点，如对现代资本文明的追逐和对城市文化的紧密跟踪，呈现出跨地域、跨文化与跨媒介的范式意义，进一步形塑了张石川的“文化商人”身份。到了20年代，为了重新开辟电影业务、进行商业性生产，张石川必然要将自己的关系网络向与电影相关的文化场域扩散开去，如在“亚细亚”时期合作的萨佛，此后与张石川遂成老友，“后明星影片公司成立，凡影片的英文故事及字幕，均请他翻译，甚至公司在租界有关洋务，依托他办理，故有外国顾问之称②”。与郑正秋的新剧合作，也将其自身的关系网从商界扩展至在都市文化生产与消费中勃勃兴起的新剧界和媒体出版业。后来组建明星公司的核心管理层“五虎将”就是这三种关系网络的复合构成：商人（张石川）＋新剧家（郑正秋、郑鹧鸪）＋媒体人（周剑云、任矜苹）。

到20年代中期，为应对生产规模的扩大而出现的剧本荒问题，张石川“广交文人墨客”，关系网络有了两个新的交集：一是鸳鸯蝴蝶派作家，当时在上海文化场域中最具有市场效应和规模的人力资本，例如包天笑，曾参与早期新剧运动，很早便结识郑正秋，在新民社写剧。于是由郑正秋出面约请包天笑，称“明星公司同人的意思，请你先生每月给我们写一个电影故事，每月奉送酬资一百元，暂以一年为期”③。这里的“明星公司同人”当然包括决策者张石川，据《包天笑日记》所载，1925年7月24日，包天笑前往都益处（当时沪上有名的川菜馆）赴宴，设宴的主人就是张石川，同时出席的还有郑正秋、任矜苹等，在此次宴会上，包天笑以编辑主任的名义、月薪

①熊月之：《异质文化交织下的上海都市生活》总序、引言部分，上海：上海辞书出版社，2008年。

②程步高：《影坛忆旧》，北京：中国电影出版社，1983年，第96页。

③包天笑：《我与电影》，中国电影资料馆编：《中国无声电影》，北京：中国电影出版社，1996年，第1510页。

一百元受聘于明星公司①。1925—1926年间，包天笑为张石川提供了7部电影剧作，包括他的小说代表作、曾经被搬演至文明戏舞台的《空谷兰》《梅花落》，不同的媒介与文化产业之间延伸融合，产生了更高的附加值和利润空间。此外还有一些鸳鸯蝴蝶派作家作为宣传编辑服务于明星公司，鸳鸯蝴蝶派与传统文人的不同之处在于，他们创办、编辑、供稿于大众报刊传媒，传播自己和他人的作品，以此作为社交的重要通道。如这一时期开始发行的《明星特刊》在装帧上表现出强烈的新旧杂糅、中西交融的鸳鸯蝴蝶派美学风格，担任杂志主要编辑的宋痴萍以及长期撰稿人周瘦鹃、徐卓呆、严独鹤、范烟桥等都是鸳鸯蝴蝶派作家。张石川与鸳鸯蝴蝶派作家的市场契约亲密关系一直稳定地保持在他后来的整个电影生涯，塑造了他电影美学的主要风格。这种电影文化上的特定趣味及其反复实践，构成了作为创作者的张石川在电影界的一种特定的文化资本，也巩固了他的社会关系网络。如何秀君称，张石川"这一生一共导演了一百五十部左右的影片，其中绝大多数的剧本是由这派文人所写，或由石川授意、由他们执笔，以及由他们的小说改编而来的。如果说电影导演也可以分什么派的话，石川无疑地也是个老牌的鸳鸯蝴蝶派"②。张石川自认"一向极其爱好恨水作品"③，也因多次将张恨水的小说搬上银幕而被报纸称为"张恨水的知己"④，在"孤岛"时又和徐卓呆、程小青、范烟桥等合作了多部电影。

另外一个交集是洪深。1922年洪深自美国留学回国，在上海南洋烟草兄弟公司结束短暂的工作后，进入复旦大学任教英语，并加入了刚成立的戏剧协社，1924年以《少奶奶的扇子》逐渐扬名戏剧界和知识阶层。再一次由于私人关系，由同为戏剧协社成员、并任明星影戏学校校长的谷剑尘，将这位戏剧界新星引荐给明星公司。1925年，洪深作为兼职加盟明星公司担任编剧导演以及明星影戏学校的教职。从教育经历来说，张石川并未受过新式系统教育，更未留过洋，但他一直注重向域外学习和接受新的文明，密切关注世界电影发展潮流，尤其是对来自美国的电影文化讯息，例如他曾盛邀并接待美国电影明星玛丽·碧克馥、范朋克夫妇，奥斯卡最佳摄影奖获得者华裔摄影师黄宗霑，著名导演、喜剧明星卓别林，好莱坞华裔

①HUANG X L. Shanghai filmmaking, crossing borders, connecting to the globe, 1922—1938[M]. Leiden, Boston: Brill, 2014: 86-87.

②何秀君口述、肖凤记：《张石川和明星影片公司》，中国电影资料馆编：《中国无声电影》，北京：中国电影出版社，1996年，第1519页。

③张石川：《我是怎样导演〈秦淮世家〉的》，《金星特刊》1940年第2期。

④《是张恨水的"知己"，是大同的擎天柱，张石川重做导演的原因》，《世界电影》1948年第8期。

影星黄柳霜等，这些接待活动在当时报刊上都被大量报道，而且部分是洪深充当翻译。所以，张石川对洪深十分器重，不仅利用对外宣传，强调拥有洪深这样高水准的专业人才，以提升明星公司在文化场域的公共形象，而且切实将洪深视为左膀右臂的智囊人物。虽然洪深与上海电影有过几次分合，但与张石川的个人关系一直很好，多次出手襄助。而在洪深关系圈内的欧阳予倩、田汉等人也先后与张石川和明星公司有了交集。

到了30年代，中国主要政治力量的交锋日渐激烈，成为分析早期上海电影不可脱离的生态环境。正如有学者指出，“国民政府的行政管控，共产党的思想介入，以及在上海作为特殊政治力量而存在的帮会的‘野望’，都对上海电影产生了不可忽视的作用”①。与电影相关联的文化场域与政治场域之间的跨界现象，映射在上海电影发展过程中相比过去更为频繁复杂。对于张石川和明星公司而言，面对气势夺人的新劲敌联华公司和已经在上海电影重要的外销市场南洋巩固地位的宿敌天一公司，如何维持电影圈的中心位置，变得更加具挑战性。电影是文化创意型生产，要在这个与政治、文化交织得更加复杂的电影场占据优势位置、提高资本总量，就必须积极向政治、文化领域跨界争夺有价值的支配性资源——人。在何秀君的记忆里，张石川“不爱人情往来，但为了挖掘人才，天涯海角也去”②。当电影场域的现实境遇与行动者的习性相逢，许多随机的、偶然的因素，总会影响行动者对电影生产与创作的主张做出选择。

在洪深的牵线搭桥下，夏衍、阿英、郑伯奇等左翼作家进入明星公司，也使得明星公司在30年代中国电影生态急剧变化、旧式鸳鸯蝴蝶派风格流失观众的背景下，依然保持了鲜活的创作生命力。当时《电声周刊》将明星公司新聘的沈端先(夏衍)称为“名家编剧”③，但夏衍此前并未有过电影创作，“名家编剧”的声誉更多来自话剧界，而在电影界的声誉主要是中国左翼戏剧家联盟领导下成立的影评人小组在30年代初开始的影评工作，而掌握了较大的话语权，张石川导演的《火烧红莲寺》《啼笑因缘》等都曾被左翼影评猛烈批判。所以，张石川和明星公司结交左翼文人并与之进行生产合作，主要是出自电影圈内部及跨圈子之间的“私交”④以及公司利益考

①房默：《1927至1937年上海电影文化生态研究》，山东师范大学博士学位论文，2013年。

②何秀君口述、肖凤记：《张石川和明星影片公司》，中国电影资料馆编：《中国无声电影》，北京：中国电影出版社，1996年，第1525页。

③《电影中兴大事纪》，中国电影资料馆编：《中国无声电影》，北京：中国电影出版社，1996年，第1336页。

④洪深的举荐，此外，阿英是周剑云的同乡。

虑，因为这些都是能决定其在电影场位置的社会资本，不失为面对行业挑战、主动出击占领先机的战略。

1931—1932年，明星公司因《啼笑因缘》的改编版权与顾无为的大华电影社发生“双包案”纠纷诉讼。明星公司虽获得了小说作者及其出版商的版权，但大华电影社却在明星公司之前在内政部登记，取得了《啼笑因缘》的摄制许可执照。张石川等人为避免被漫长官司拖垮（当时《啼笑因缘》已经开拍花去数万元费用，一旦搁置损失巨大），决定和顾无为私下调解。双方的调停人分别是上海的两位帮派大亨，顾无为的背后是上海青帮“三大亨”之一的黄金荣，而张石川、周剑云则向另一位青帮大佬杜月笙投门生帖子，并请他出任明星公司的董事长，以求得杜月笙的庇佑。1932年《开麦拉》第70、73期先后报道了张石川两次盛邀杜月笙，第一次是杜月笙一行前往明星公司参观有声片《自由之花》的内景拍摄与胡蝶在其中的表演，同行的上宾还有前淞沪警备司令杨虎以及上海市长吴铁城两位政界大人物①。第二次则是7月19日晚设于明星公司内的一次大宴会，邀请的宾客多为政治文化界重要人物②。在当时几家大的电影公司中，联华公司从一开始就与政界捆绑在一起，这与罗明佑系出名门的特殊背景分不开，其叔叔罗文干、罗文庄分别在北洋政府、国民政府的司法、财政、外交等部门任要职，社会关系显赫，“联华”的第一届董事名单里就有曾任国务总理的熊希龄、张学良的夫人于凤至、东北军将领冯香泉、东北军政财团投资代表冯耿光等政要在列。与之相比，张石川当初只是一个从宁波到上海来混码头的“洋行小鬼”，到30年代他的关系网络却已发展至如此多政府要员和文化界精英，足可见他在这方面的重视和努力。例如，在这次宴会的请柬署名者中有四人，列在“明星三巨头”之上的是时任国民党上海特别市党部常务委员、上海市农工商（后改为社会局）局长，并即将兼任教育局长、主管上海文教事务的潘公展，也是明星公司董事。《开麦拉》第59期曾报道，1932年6月间，明星公司召集了一次股东大会，主要决议的就是《啼笑因缘》纠纷一事，“在股东开会一小时以前，明星公司门前的汽车里走出一位党国要人，为什么任务而来，当然不知，不过这种大人物平时都无事不登三宝殿，此行当然一定有重大事件无疑，同时还有人瞧见袁履登，也蹀躞其间，那末明星公司前几天的紧张情形，便不言可知了”③。这位“党国要人”

①《杜月笙、杨虎、吴铁城在明星公司：胡蝶笑、哭、疯狂之一幕，张石川、周剑云权充招待员》，《开麦拉》1932年第70期。

②《今日明星公司大宴客：被邀者吴铁城、杜月笙、章士钊等》，《开麦拉》1932年第73期。

③《明星公司股东会之紧张状态》，《开麦拉》1932年第59期。

很有可能就是潘公展。在1930年10月、1931年2月洪深因涉与共产党组织及活动相关而两次被捕事件中，最后都由潘公展出面、明星公司老板作保，从而顺利解决。当时报道此事的小报文章也是以“某要人”指称潘公展，追溯其中缘由，洪深1925年即加入国民党，与潘公展、陈立夫及南京国民政府的其他一些高官都有私交①。由此，张石川和明星公司在政界也有了相应的人脉。

《啼笑因缘》纠纷，最后在杜月笙的调停下，大华电影社将内政部登记的摄制许可权照让予明星公司，明星公司则付给大华电影社约值其原拟制片预算的二分之一的损失费②。帮会组织在上海社会生活中是一股不可忽视的社会力量，在城市化的早期主要是为租界当局用来平衡各方的暴力机器，后来逐渐发展壮大，加之当年曾支持尚未发迹的国民党和蒋介石，南京国民政府给予了帮会首领较高的政治地位。尤其是青帮，逐渐向正规化方向发展，成为当时除国民党、共产党之外的重要政治势力。例如“恒社”成员遍及当时工、商、军、政、新闻、出版、教育、艺术、娱乐各界精英，以利益为纽带，互相帮衬，形成了巨大的民国上海关系网络。经《啼笑因缘》一案后，张石川与上海青帮的纽带一直持续，如在杜月笙组织的“恒社”1934年人员名单中就记载“张石川，郑正秋 明星公司，恒社成员——恒社社员录(一九三四年)”③，而后在“孤岛”时期，张石川与柳氏兄弟的合作某种程度上也缘于与杜月笙的交往关系④。

即便在30年代政治力量交锋复杂化的社会氛围中，张石川和明星公司仍巧妙地在不同力量中穿梭借力，与各方保持着千丝万缕的联系，不断获取电影再生产的资本。下面以电影史中经常提及的明星公司“转变作风”的两个标志事件为例。

1933年1月1日，张石川、郑正秋、周剑云在《申报》上以明星公司名义发表题为《一九三三年的两大计划》作为变革宣言；不久，“两大计划”内容再次在1月23日《晨报》头版刊登，题为《明星影片公司民国廿二年新贡献》，与此同时还罗列了公司的董事、职员、导演、演员等，可谓是明星公司的通版广告。《晨报》是由潘公展1932年4月在上海主持创刊，但明星公

---

①HUANG X L. Hong shen in the popular press, 1924－1949[J]. Modern chinese literature and culture, 2015, 27(2).

②龚稼农：《龚稼农从影回忆录》，台北：传记文学出版社，1980年，第243-244页。

③转引自房默：《1927至1937年上海电影文化生态研究》，山东师范大学博士学位论文，2013年。

④傅葆石：《双城故事——中国早期电影的文化政治》，刘辉译，北京：北京大学出版社，2008年，第36页。

司刊出的这份名单却也折射出明星公司多元化的人员构成。如位列董事之首的是杜月笙,其他还有:林康侯、袁履登、潘公展、陈筚霖、严慎予、朱继良、钱芥尘、张石川、郑正秋、周剑云、张巨川、麦君博、王玉书、董天涯。所列的编剧既有田汉(陈瑜)、夏衍(丁谦平和蔡叔声两个化名)、洪深、张凤吾,也有严独鹤、张恨水、周瘦鹃、姚苏凤等。

再如,1933 年 2 月,中国电影文化协会成立,由电影界各方面人士投票推选出执行及候补执行委员共 31 位,可视为彼时电影场与文化场的中心汇集,张石川与郑正秋、周剑云"明星三巨头"均位列其中,同时在列的还有夏衍、田汉、洪深、聂耳、蔡楚生、史东山、孙瑜、任光、金焰、唐槐秋、胡蝶、应云卫、沈西苓、姚苏凤、程步高、黎民伟、卜万苍、李萍倩、周克、查瑞龙等,并由夏衍、聂耳、沈西苓等分别担任了文学部、组织部、宣传部的具体领导工作①。委员会名单中有多位明星公司的导演与演员在列,可见明星公司在上海电影文化圈子的核心位置。过往电影史将中国电影文化协会的成立作为左翼电影运动的重要组成部分,如夏衍的回忆录和程季华编著的《中国电影发展史》都称这是一个"以爱国、进步为宗旨的电影界各阶层人士的联合组织"②,"在党的地下组织领导电影运动、团结广大电影工作者进行反帝反封建斗争的政策的胜利"③,所以明星公司的老板和编导与左翼作家并列其中,自然地与前一年准许左翼作家进入公司组成编剧委员会挂上联系,也被认为是明星公司"向左转"的重要依据。但近年来,有学者挖掘出史料,夏衍当时仅是该协会的候补会员,而通常被认为是右翼文人的姚苏凤则是五位执行委员之一,负责宣传部,沈西苓是宣传部秘书,夏衍是文学部的秘书④。这位被通常定性为"右翼文人"的姚苏凤,出自苏州"星社",20 年代在上海文坛崭露头角,与鸳鸯蝴蝶派包天笑、周瘦鹃、严独鹤交往密切,此后进入电影圈,主编国民党官媒党报《民国日报》副刊《电影周刊》,在媒体界、文化圈都拥有较强的话语权。这也是他在 1930 年被吸纳进入明星公司先后担任宣传科长、编剧导演的重要原因。

回到这些历史时空,意识形态和文化阵营在真实的电影圈关系网络中并非那么泾渭分明。张石川在民国上海的电影场域内部以及跨越文化场

①程季华主编:《中国电影发展史》(第一卷),北京:中国电影出版社,1963 年,第 196 页。

②夏衍:《懒寻旧梦录》,北京:生活·读书·新知三联书店,1985 年,第 231 页。

③程季华主编:《中国电影发展史》(第一卷),北京:中国电影出版社,1963 年,第 196 页。

④《关于中国电影文化协会调查报告》,转引自:HUANG X L. Shanghai filmmaking, crossing borders, connecting to the globe, 1922－1938[M]. Leiden, Boston: Brill, 2014:132.

域和政治场域的关系网络的运动轨迹，是不断向着先后活跃着的文明戏人、鸳鸯蝴蝶派文人、电影海归、左翼作家、右翼文人圈子跨界、扩散、交互，这些在通常史述中带着标签、不同阵营的多种力量构成了与张石川合作的不断更新的生产群体，也折射出上海电影界的从业人员是一支海纳百川、兼容并包的队伍，他们各自的出身背景、文化立场、政治取向和艺术趣味不同，但在电影合作中相互交织、影响。20 年代，“旧派文人”包天笑和“新文学家”洪深就曾在明星公司与文明戏人出身的郑正秋、张石川及媒体人出身的任矜苹、周剑云共同讨论《空谷兰》的电影改编、做电影字幕以及私下休闲聚会。30 年代，左翼文人和右翼文人及软性论者在媒体界各自拥有话语权，而张石川和明星公司也正是看中了他们所携带的文化资本、社会资本，所以姚苏凤、刘呐鸥与田汉、阿英、郑伯奇、阳翰笙等人可以同列为明星公司“特约编剧”。张石川与他们之间以资本和私交为纽带，将商人圈与文化圈联结起来，并且稳固关系使其成为自身可靠的资源，从而获得了电影场域中的优势甚至是中心位置，进而有了支配场域中资源的权利，他以管理者兼合作者的身份调动这些文人群体的创作潜力，又各自在政治立场保持了相对安全的距离关系，动态地释放与观众需求、主流意识和社会现实之间互动的艺术想象力，带动中国电影商业的转型发展，另一方面，经由人际交往，张石川与各种政治力量也保持着千丝万缕的联系，但又介乎其中，形成一种官民协商、博弈的动态格局，从而保证了电影生产的民间身份。

场域可被视作是围绕特定的资本类型和资本组合把各种社会关系组织起来的结构化空间，既可从共时性的角度被理解为行动者所占据的各种位置的空间，也可从历时性的角度被看成是各种行动者生活轨迹的集合，从场域的维度出发，本书的结语部分是尝试在正文细致展开对张石川的电影生产经营和导演创作的阐释之外，将作为行动者的张石川的人际交往活动与民国上海电影场域结合起来，沿着他与不同群体之间聚合的轨迹，探讨在此过程中他所获得的经济资本、社会资本、文化资本，是如何为其在上海电影界的竞争中占据并维持中心位置，以此补充作为研究个案的张石川与上海电影传统之间的关联——可以这样总结——在个体的层面上，积极进取、兼容并包的商业精神与跨越多重地域、媒介、意识形态的结构化空间之间的有效互动，构成了早期上海电影生产性路径的重要内涵，形塑了上海电影传统的基本面貌，并以其内在的不断更新运动持续促进着中国电影的现代化进程。

第二节　重新发现张石川对中国电影发展的经验教训

（一）电影的共情力、类型化生产经验与传统文化的现代化重塑

1943 年,《电影画报》这么描摹“中联”十大导演之一的张石川:“石川年纪已至五十开外,老当益壮,精神焕发,平时闲情逸致,喜欢静听弹词,研究京韵大鼓,秉性豪爽,侃侃而谈,娓娓动听,宴席盛会,不好烟酒,搜集书画,收藏金石,一生爱清洁,未尝着西装。”[①]还有另一面的描述来自他的妻子何秀君:“他唯一的嗜好就是看美国电影,目的也在偷学东西。”[②]在中与西、传统艺术与现代媒介关系上的混杂性特质,始终交织于张石川的电影生产和生命故事,例如十六岁的他刚到上海就去夜校学习洋泾浜英语。张真指出,洋泾浜不光是一种语言现象,它事实上构成并实现了一种空间意义上的尝试和日常生活形态——即把上海置于世界和将世界放诸上海,也正是基于其自身的不稳定性和混杂性,洋泾浜白话能够跨越不同的语言、文化和地理所造成的鸿沟,早期中国电影的话语功能酷似洋泾浜白话,混合本来不相干的因素,构成一个感官—反射的空间,以吸引和震撼观众[③]。

纵观张石川的电影生产,这种混杂性鲜明地贯穿于他为中国电影的类型化生产积累的经验。早期中国电影是在相对纯粹的商业语境下芜杂地生长起来,是电影这一现代科技媒介和新兴文化产业,与处于传统文化残余和现代意识觉醒的杂糅状态中的转型中国遭遇、碰撞的实践结果。在商业利益驱使下,张石川主张“处处惟兴趣是尚”,以娱乐主义为根本宗旨,敏锐把握甚至主动引导传统转型现代过程中的中国观众的口味,实现电影类型的创制与转换,从而在早期电影竞争格局中立足。他的这种类型化生产经验,最核心的是共情力的生产,与对中国传统文化和审美情趣的在地性意识和在具体时代语境下的现代化重塑紧密联系在一起。

首先实践的早期滑稽短片,既有明显的美国打闹喜剧类型元素的移植,又利用了中国传统戏曲剧目、民间故事和笑话等素材,并将摩登上海及其市井特色融入影片,围绕观众的兴趣,勾勒出世界性的小市民和移民在新旧文化交替的上海的生活景象,以及随之而来的震惊体验,如米莲姆·

①《上海中联十大导演画像》,《电影画报》1943 年第 7 卷第 3 期。

②何秀君口述、肖凤记:《张石川和明星影片公司》,中国电影资料馆编:《中国无声电影》,北京:中国电影出版社,1996 年,第 1525 页。

③张真:《银幕艳史:都市文化与上海电影 1896—1937》,沙丹、赵晓兰、高丹译,上海:上海书店出版社,2011 年,第 67 页。

汉森所论，这种类型片“提供了一个异质公共空间的可能性，一个弥合高雅文化与商业主义侵蚀之间的活动的机会”①。这些滑稽喜剧虽然不无幼稚低俗之处，但凸现出了从传统向现代剧烈转型时期中国某些社会真实；与此同时，张石川还开始有意识地用电影语言替代传统戏曲的场面调度，制造动作奇观，开掘出他后来惯用的具吸引力的噱头。

进入长片时代后，通俗情节剧的持续性生产贯穿于张石川的电影生涯，如家庭伦理剧、社会问题片、爱情片、武侠神怪片、古装歌唱片等类型的创制与更迭，杂糅了西方情节剧的类型特征、原型故事和中国社会文化的特殊性、历史性，而且这些本身都可以在中国传统文艺和通俗美学中找到基因的类型样式，又在电影的跨文化、跨媒介演绎中尝试实现现代价值的深层转化和情感重塑。正如福柯所认为的，现代性的核心问题是主体性的历史建构和对主体性的超越。早期中国电影共同面对的核心问题是现代化、都市化进程中人面对现实欲望的情感困境。张石川善于选择多元面向的文人合作，用刻骨铭心、富有感染力的表述机制，将不同的情感现象、经验及新出现的世俗和个人化社会中的各种矛盾，生成特定的故事类型进行重塑。例如家庭伦理剧和社会问题片，在很大程度上巧妙呈现并纾解了背井离乡的人们初到都市、个人生活被现代化进程冲击后的家庭困境和道德悖论；爱情片通常突出封建礼教与个人性爱平等自由权力之间的矛盾冲突，并且将这种矛盾冲突植入中西文化大碰撞的背景中，凸显个人体验的复杂表达；武侠神怪片作为对前现代民间故事的重述，又把中国传统文化以“忠”为中心的价值认同转化为以“义”为中心的民间性的情感认同，通过内在认同机制的变化，亦是在不断寻找和建构对更为现代的价值体系和社会变革的认同；而“孤岛”古装歌曲片，往往选取传统忠孝节义的故事来借古讽今，以儒家社会伦理的价值原则服务于民族国家情感创伤的修复。

张石川对他的电影有一个朴素的目标描述：“必须做到让她们哭嘛哭得畅快，笑嘛笑得开心。”②他对电影用共情力吸引和震撼观众的重视，追溯起来，与清末民初通俗文艺对中国社会变化的认识和因此产生的涉及人物悲欢离合的情感表达的重视一脉相承，也与中华民族从传统社会向现代社会转型中所经历的无序、所遭受的苦难等创伤性体验（如震惊、愤怒、哀伤的情感表达，对社会现状的强烈不满，或对社会秩序从道德角度进行重

---

①HANSEN M. Babel and babylon: spectatorship in american silent film[M]. Cambridge, MA: Harvard University Press, 1991:15.

②何秀君口述、肖凤记：《张石川和明星影片公司》，中国电影资料馆编：《中国无声电影》，北京：中国电影出版社，1996 年，第 1522 页。

建的渴望)紧密相关,新的价值观只有与传统习惯平顺衔接,才能赢得大众,张石川电影的这种共情力在传统与现代、旧与新之间充满混杂性的民国上海都市形成过程中,跨越了意识形态的边界,利用新兴的电影技巧,将现代化的情感和意识有效地传递进广泛的社会生活领域尤其是大众生活最关心的层面,实实在在地推进着大众文化观点的转变。

与此同时也必须正视的是,由于长期专注于市民文化和通俗趣味,张石川电影有庸俗媚俗倾向,在人文素养方面的缺失较为严重,深度有限,尤其是40年代后的电影创作,相比新人,故事讲述的技巧程式化重复,“噱头”的吸引力下降。但正是在张石川等第一代电影人的努力下,中国早期电影逐渐生发出初始的类型意识、叙事规范,为早期电影工业的起步与发展夯实了基础,在与传统文化融会与现代商业运作深度化合的动态过程中,凝结成了20世纪前期中国电影的宝贵财富。

对照当下中国电影,电影人已经深谙类型化是电影产品在票房市场取得成功之法宝的规律。虽然电影技巧比之张石川时代已经是几何式升级,然而一个共同困境仍然存在,当今中国在全球化和转型期所遭遇的文化震动、中国人所遭受的情感冲击乃至群体焦虑感,并不亚于20个世纪前半期,虽然具体语境已不尽相同,但如何使传统文化在当下中国语境下获得重生,并使之有效被纳入现代文化中以激活出新的生命力,仍然是摆在中国电影发展面前的重要命题。例如,喜剧片和魔幻(玄幻、奇幻)片,是近年来国产电影的两大票房大仓,在历史和传统的意义上,它们都可被视为早期滑稽片和神怪片的续接和发展,显现出对历史性与当下性的兼容并蓄。虽然不乏上乘之作,但大部分的类型化创作并不合格,前者往往过分追求滑稽噱头或者感官刺激达到廉价的喜剧效果,喜剧价值扁平化与单一化;而后者经常陷入题材的表面化与技术化、符号化、空洞化的肤浅面貌,精神面向和文化价值缺失。在借取传统文化和民间文化的创新活力的过程中,如何避免电影性和当代性的失落?在对历史的觉知、对内在自我的发现与对伦理道德的追寻过程中,如何激发类型电影对中国观众的共情力?让传统情感与时代思维在新的契合点上,探索出传播优秀民族文化、凸显中国特色又兼具普世情怀的本土电影类型,这些都是中国电影的类型化生产在汲取先辈经验教训、走上健康良性之路必须反思的问题。

(二)商业精神的启示与过度商业化的警示

在早期中国电影人的群像中,张石川无疑是具有浓厚商业精神的代表,如前文所述,这一定程度上是“宁波帮”出身的“习性”使然,另一方面,也与清末民初以来物质主义思潮蔚成风气有关。古代中国“士农工商”的阶级结构和儒家伦理奉行重义轻利、崇仁抑富的经济伦理，以及孔子所讲的“见利思义”“义然后取”，在肯定人们的物质欲望的同时，对义的强化使个人的合理欲望湮没于道义论的宣扬中，私营工商业往往在夹缝中求生存，举步维艰。明清以来，士商合流，农业经济也逐渐为商业化过程渗透，在江南一带出现了前资本主义的萌芽，新的义利观、伦理观和道德观初步形成。再经由近代的洋务派运动、改良主义运动、戊戌变法等提出发展民族资本主义，发展商业和经济的主张，以及 1905 年科举制度的废除，传统精英集团遭到分裂和重新组合。尤其是在上海等通商口岸率先开始，清末民初后，“上海租界的商埠发展模式，造成了工商业的繁荣和重商主义的流行。”①经济成为动力和杠杆，经商谋利与普及现代文明与文化不可分割地联系在一起，文化艺术也形成自身独特的以市场为导向的竞争机制，上海商业文化市场迅速膨胀。新兴的电影满足了都市化进程中的商业社会及生活其中的人们对于消费媒介的多方面期待，很快占据了上海乃至中国最主要的大众性商业媒体的地位。投资上海电影的主体基本以商人或者商业化文人为主，商业性首先成为上海电影发展的目标所在也是背后动力，而张石川在一个恰当的历史时刻抓住了引领上海电影业兴起的商机，投身其中成为第一代开拓者。

通常电影史都首先会强调他的“兴趣论”“娱乐论”，但附带而来的往往是对其“投机牟利”“唯利是图”商人色彩的苛责。为了钱而拍电影，在张石川的生命故事里是一个不争的事实，也似乎构成了他在中国电影史上的“原罪”。而本书详细阐述与着意重写的，正在于张石川这种“处处惟兴趣是尚”之于早期中国电影商业性发掘的商人精神，及其对中国电影发展所起的重要影响。张石川不仅是“处处惟兴趣是尚”口号的提出者，更是坚定的践行者，将电影在商业上的成功看作安身立命之根本。这与早期电影薄弱的资本积累和物质局限性有很大关系。

欧阳予倩曾如此描述 20 年代前后中国影人的处境：“在中国电影界当导演有几件事要注意——一是用钱要少；二是出片要快；三是片子要能卖钱；所以要苦心去揣摩风气，还有就是要绝对耐得辛苦，要受得气。前三桩是连带来的：如果用钱多，出片慢，卖不着钱，三者有一于此，必大听其（按：指老板）不满的闲话；三者都不如意，便要被排挤，丢了饭碗。”②这种情况到 30 年代后期依然如此，当时有报道称，一部成本较大的影片大约投入 4

①李永东：《租界文化与 30 年代文学》，上海：上海三联书店，2006 年，第 51 页。

②欧阳予倩：《自我演戏以来》，北京：中国戏剧出版社，1959 年，此自述写于 1929 年。

万元左右(包括宣传、制作及其他费用),票房成绩较好者可以收回成本,稍劣者就会蚀本①。

陆弘石提出,电影的商业性应明确包括以下几个素质:一是在制作目的上主要着眼于营业。也就是说,商业电影往往以"将本求利"为终极目的,而艺术探索或教化意图均居次要,甚至可以忽略不计。这就使得它必须最大限度地趋迎大众趣味,而尽可能淡化创作者的审美个性。二是在制作方式上是明显模式化的,从而形成特定的套路和类型现象。三是在生产过程中的诸如取材、出片速度、宣传等方面,往往出现激烈的竞争甚至相互倾轧。总之,商业电影看上去更像一种商业行为②。

张石川长期以来作为电影公司老板、主抓制片的负责人以及拍片最多的导演,在民国电影界几起几伏,深谙市场竞争之残酷,对拍片时间、成本和票房市场十分重视,并以身作则。作为导演,张石川在电影生产上协调时代潮流、主流价值与大众趣味,寻找到最稳定的文化生产内容,积攒了卓有成效的实践经验:具吸引力的噱头、调动情绪体验的情节剧模式、结合特定故事类型的女明星,这些可操纵的商业美学惯例,在制作方式上是模式化、套路化的,但因紧紧围绕甚至是主动引导大多数的观众——电影票房的买单者——的趣味,并且在组织经营上他又能控制出片速度,注重宣传和营销手段,因而总能在不同时期占领市场先机。以往的史论总强调张石川的"投机",但往往忽略他持之以恒的"苦干""实干"。他勤勉的工作热忱和破釜沉舟、克服困难的恒心,以及长期沉浸重商环境从而对电影内在的商业规律的娴熟把握及由此积累的产业经验,是其能敏锐把握市场动向并适时作出生产经营调整的基础。在那样一个中国商业电影开局并渐成规模,电影生产由一种家庭作坊式的手工制作壮大为一种社会性的文化产业的艰难之路上,以张石川为代表的早期电影人,筚路蓝缕,为早期中国电影开拓出一个自由竞争、开放平等的市场机制,他们的锐意进取使早期上海成为集资本中心、人才中心、美学中心于一体的中国电影中心地带。今天上海电影产业要重振昔日的辉煌,重溯上海电影传统的商业精神本源,或许可以从张石川的历史个案中获取某些重要启示。

当然,重访的目的在于立足更宽泛的学术视野和更客观的学术立场去审视和再发现,如近代史学之父兰克认为:"不以今人的偏见来衡量史事,而是从个别史实的客观研究中,去综观个别史实,以及在整个历史潮流中

①引波:《中国电影与历史环境的关系》,《新华画报》1936年第1卷第1期。

②陆弘石主编:《中国电影:描述与阐释》,北京:中国电影出版社,2002年,第101页。

去客观认知个别史实，也就是掌握个体在整体里的辩证关系。”[①]李少白也指出，“电影人物研究必须‘顾及全人’”“我们不仅要考察历史人物活动的各个阶段，而且要考察他们的整个历史，并把两者的考察区别而又联系起来。既不能因为他们某一过失而否定他们的全部历史，也不能因为他们的全部历史，而隐讳他们的某一过失”[②]。因此重访历史，也必须看到他的商业化实践只是从个人利益出发，过度商业化对中国电影发展的危害不言而喻，张石川的个案研究至少为之提供了两点警示：一是容易陷入保守主义；二是难以上升到建构共同体的国族文化高度。

保守主义首先表现在他的导演创作上，张石川的电影实践基本与中国电影的蹒跚起步于同时，面对强势的欧美电影，选择避其锋芒找寻生存空间。他及时发现了具有商业卖点的情义伦理素材，以通俗易懂的方式赢得了中国城市中下层观众的欢迎，在竞争格局中以一种下层的话语体系占有了一席之地。所以为了持续性盈利，他一而再、再而三地拍摄同类题材的影片尤其以鸳鸯蝴蝶派电影为主来保证票房，又加之以速度求竞争，不可避免地陷入保守性的程式化制作而缺乏艺术创新，对影片质量产生影响。纵观张石川四十年的导演生涯，他的美学风格成形于20年代，也是他作为一个“电影巧匠”的长成期，培养和制造了本土民众对于中国电影的观赏趣味，但再往后他的创作技巧更多是重复自我的“老路线”，而与变化中的时代审美趣味产生了错位，对此的批评也屡见于三四十年代的影评文章。例如，他投入大笔资金、以阵容强大的制作班底拍摄的《啼笑因缘》最终惨淡收场，几乎把明星公司推到破产边缘，成为他从影生涯极大的教训。他反思过“啼笑因缘时代，我更不会忘记——它们曾经给我以劳忙与痛苦”[③]，所以果断选择吸纳左翼话语使明星公司再次成为大众文化传播的弄潮儿，然而这种与时代话语的“错位”在40年代后期又重蹈覆辙。可以这样说，缺乏精英文化的引导和对新理念的创新开掘，受制于经济因素而趋于保守主义的商业电影本身难以突破旧模式的藩篱，裹足不前，不但无法形成强大的社会冲击力推动大众文化的转变，甚至会被大众文化所抛弃。

过度商业化滋长的保守主义还会伤害电影工业的健康发展，如有学者指出，商业化在“传统社会是装于潘多拉瓶中的魔鬼，上海开埠后‘瓶子’破了口，逃了出来，在市场发育不完全和缺乏制约的条件下，它的放荡肆虐尤

①汪荣祖：《史学九章》，北京：生活·读书·新知三联书店，2006年，第30页。

②李少白：《中国电影历史研究的原则和方法》，石川主编：《电影史学新视野》，上海：学林出版社，2003年，第66页。

③张石川：《传声筒里》，《明星月报》1933年第1卷第1期。

为厉害”“近代上海过度商业化与工业化的不协调关系,体现为过度商业化对社会资源配置的某种制约,由此引发社会资本流动方向、市场运作机制、企业经营理念等多方面对工业化进程产生消极的负面影响”①。对于张石川来说,追求生产速度是控制产品成本的重要方式,所以“开快车”是惯常的制片作风。他曾非常坦白地说:“我的业务上很忙,本来不应当导演的。可是为了公司的营业,为了使公司能够发达,所以也得来导演片子。老实说,我对于自己的作品,都不满意。差不多每一个出品,我只看一遍,连二次也不想看。……不过这也有许多原因,最主要的是我的作品都是很快地制作成。对于公司方面,出品太慢,当然没有好处,只有愈快愈好,才能够维持成本。”②例如,《火烧红莲寺》第1集上映于1928年5月,经过半年的筹拍,第2集于12月才上映。因为市场反响极好,张石川为追求商业利润最大化,此后续集拍摄速度极快,仅1929年一年就上映了6集,其中第4至第8集是在5月至12月间密集上映,1930年内又上映了7集,为短期获利的投机心理导致了仓促的筹拍制作,尤其到后来,一味榨取商业利润而止步于在故事和技术吸引力上的创新,并且带动许多“一片公司”以更粗制滥造的方式将大量“火烧片”疯狂投放市场,反过来明星公司等大公司也被逼着偷工减料,彼此倾轧,无序竞争,恶性循环,国产电影质量不断下降,更加难受到民族资本的投资青睐,阻碍了中国电影工业向规模化的升级发展。

挽救20年代末中国电影业这场危机的是罗明佑和他倡导的“国片复兴运动”,后又组建以“提倡艺术、宣扬文化、启发民智、挽救影业”为经营方针的联华公司,以跨越商业话语的新观念,呼吁电影生产者和经营者要有“益世”的公共意识,将发展民族电影的愿景提升到公共领域甚至是建构共同体的国族文化的高度,所以作为“新派”的联华电影也创作出符合建设民族国家需求的新人形象,提升了国人对中国电影和中国电影人的文化价值的认识。在罗明佑及其麾下一批带有新电影观念的创作者的带动下,国产制片业开始刮起变革风潮,强调电影业的社会责任,启发民众关心公共利益,“使得面对当时的民族忧患(列强欺凌、日寇侵华),中国电影能够迅速

①樊卫国:《激活与生长:上海现代经济兴起之若干分析(1870—1941)》,上海:上海人民出版社,2002年,第324、307页。

②沙基:《中国电影艺人访问记》,中国电影资料馆编:《中国无声电影》,北京:中国电影出版社,1996年,第1243页。

凝聚社会的爱国情感，积极投身于响应国家从传统迈向现代的诉求”①。两相对比，张石川从个人立场出发的急功近利显示出了他在世界观和价值观上的历史局限性，正如在《劳工之爱情》里塑造的那位为了追求个体生命的快乐而毫无愧疚地损害其他个体的郑木匠，明确表达着“只要医生发财，哪管他人的死活”的实用主义市侩文化。而张石川执掌多年的明星公司，尽管精打细算，也始终没能成为真正意义上的行业领袖。尽管组建了“六合营业”的联盟，但仍然基于个体利益为先的立场排除异己，挑起了发行史上著名的“六合围剿”，更加速了中国电影业走向恶性竞争，而这个所谓的“合作的大本营”也很快夭折。在沦陷时期的政治高压之下，尽管没有拍摄媚日的电影，但为获取更宽松的个体生存空间，张石川所写下的《我的日本电影观》仍折射其在民族文化立场上的软弱性；而后在张善琨离职、“华影”行将崩盘之际，他又在制片管理层提出并推行“包片制”以缓解经营危机，却失去了许多导演的支持。回顾张石川的电影生涯，在有所为与有所不为之间，他所做出的选择指向的首先是一个商人对利益的追逐，但对于特定的国族历史时刻而言，这样的选择是遗憾的。

张石川是老上海电影传统的重要代表，他成长于斯，发展于斯，消亡于斯，对张石川的研究也就成了在有关上海电影文化生产的理论和历史分析中定位个体的问题。拓开这样的路径，是为了尝试更客观地理解张石川对中国电影而言既是价值又含警示的一体两面，与之紧密相连的是上海电影传统的形成发展以及中国电影现代化进程的宏观历史。时至今日，实现商业电影的健康可持续发展及中国文化价值的有效表达与传播，是中国从电影大国迈向电影强国所面临的紧迫命题，而这也是重新发现包括张石川在内的中国早期电影人的当代意义所在。

---

①刘君：《“电光影戏”的变迁与超越——“国片复兴”运动与中国电影公共领域的萌芽和发展》，《浙江传媒学院学报》2015 年第 3 期。

附录一 张石川重要事件年表[①]

1890 年

2 月[②]，张石川出生于浙江宁波蚕茧小商之家，成为长子，被取名张伟通，字蚀川，后改为石川。

1905 年（15 岁）

父亲张和巨去世。家中尚有母亲和弱弟弱妹，张石川中断学业，从宁波到上海谋生，以养家糊口。

两位舅舅经润三、经营三在上海经商，张石川进入经润三所在的华洋公司——一家美国商人在上海经营房地产生意的洋行，担任“小写”（即抄写员）。白天上班，晚上去夜校学习英文。

1907 年（17 岁）

张石川担任上海美化洋行广告部经理。

1913 年（23 岁）

张石川与主办《图画剧报》的郑正秋结识，常有来往。

上海华洋人寿保险公司经理依什儿和另一位在上海经商的美国人萨佛通过翻译杜俊初联系上经营三和张石川，聘其为中国顾问，打理他们刚接手的亚细亚影戏公司的拍片业务。张石川、经营三和杜俊初组织新民公司，张石川随后邀请郑正秋加入。由“亚细亚”供给拍片设备资金及发行放映，新民公司负责拍片业务，雇用了一批新剧家作为演员。

春夏间，由张石川负责指挥摄影机，郑正秋负责指挥演员的表情动作，在“亚细亚”摄影师威廉·林奇指导下，共拍摄了家庭新剧《难夫难妻》、滑稽新剧《三贼案》《风流和

①本附录依照年份先后排列，所列内容为笔者所查阅到的张石川在这一年发生的重要事件。所插入的张石川及相关人物的图片，均来自“全国报刊索引”之“民国时期期刊全文数据库(1912—1949)”。本附录内容仍有尚未完善之处，如一些事件的具体日期及相关内容等，有待以后增补、修正。

②关于张石川生辰，未查到确切日期。查获的一则资料报道，1931 年，明星公司为庆祝张石川、郑正秋、周剑云三人均为在二月的生日，计划在 2 月 8 日举行同乐会之演剧聚餐，招待明星公司职演员及明星歌剧社社员和家属，亦作庆祝第一部有声片《歌女红牡丹》摄制成功。有周剑云答复《小日报》记者的回信为证：“弟之生日，并非二月，张郑二君亦系一年一度之小生日……”(《小日报》1931 年 1 月 22 日)，可推测，张石川的生辰应在 2 月。

尚》《横冲直撞》《赌徒装死》等短片。

7月23日，“攻打制造局”战事起，“亚细亚”派人去拍摄纪录片《上海战争》，胶片用尽，与新民公司的合作中断。

9月初，郑正秋将新民公司改组为新民社，开演新剧。因人事矛盾，经营三、张石川和杜俊初退出，在经润三的资助下，11月28日成立民鸣社，办公地点位于法租界的歌舞台，并以高价挖走了新民社大部分社员，成为新民社的重要竞争对手。

亚细亚影戏公司工作照，图中摄影机旁穿西服指挥者为张石川

（图片来源：《新剧杂志》1914年第2期）

年底，“亚细亚”续到胶片，与民鸣社重启合作，由经营三、张石川管理，白天在“亚细亚”租在香港路5号的露天摄影场拍电影，晚上在歌舞台排演新剧，电影短片作为加演的节目。前后两年间拍摄的短片有《活无常》《二百五白相城隍庙》《一夜不安》《杀子报》《新茶花》《店火失票》《滑稽侦探》《老少易妻》《贪官荣归》等。

1914年（24岁）

3月9日，民鸣社迁至大新街中华大戏院，营业状况超过新民社。

5月，张石川作为发行人、杜俊初作为创办人的《新剧杂志》出版发行。

10月10日，民鸣社首演《西太后》，盛极一时，此后该剧成为民鸣社的保留剧目，常演不衰。

1915年（25岁）

1月18日，经营困难的新民社在张石川、经营三等人的主动邀请下并入民鸣社求生存。1月19日起，以民鸣社的名义演出新民社的代表剧目《空谷兰》，标志着两社合并。

年初，亚细亚影戏公司停业。与“亚细亚”的合作结束后，张石川继续经营民鸣社组织新剧演出。

《新剧杂志》发行人张石川

（图片来源：《新剧杂志》1914年第2期）

1916年（26岁）

3月，民鸣社租地合同期满。3月18日演出《情潮》后暂停演出，主要演员纷纷流入新成立的笑舞台，专演新剧。是年冬，经营三集资组织大声公司收购笑

舞台，张石川到笑舞台帮忙打理剧场事务。

张石川结识新剧家管海峰，两人合作创作幻仙影片公司，招股集资六千元，拍摄《黑籍冤魂》，张石川担任导演，管海峰负责剧务工作。影片公映后，盈利远不足支撑再生产，幻仙公司结业。

经润三于1915年10月去世后，张石川被舅母汪国贞（经润三之妻）委派担任新世界游艺场经理，在他提议下，“新世界”扩大业务，在对面建起“新新世界”，并用地道贯穿，以招徕顾客。

1919年（29岁）

9月19日，张石川创办的和平社新剧部开幕，进驻笑舞台演出，郑正秋担任剧务主任。

1920年（30岁）

张石川结识上海大皮货商何泳昌，经何泳昌推荐担任瑞慎洋行经理。

1921年（31岁）

上海开设交易所之风甚盛。张石川也跃跃欲试，何泳昌送给他两千元作为支持。张石川约上旧朋新知（二弟张巨川、三弟张伟涛、董克毅、郑正秋、周剑云、郑鹧鸪、任矜苹等），在贵州路民康里租了一栋石库门房屋，并于10月19日在《申报》上为拟办的“大同日夜物券交易所股份有限公司”刊登招股启事。

11月27日，大同交易所创立会在位于南京路西藏中路的“宁波旅沪同乡会”四楼举行，五十名发起人均出席并投票选出理事会，张石川当选为理事长。

1922年（32岁）

年初，邵醉翁接手笑舞台，聘请张石川为顾问、张石川弟弟张巨川为前台经理，郑正秋为后台经理。

上海“信交风潮”爆发，破产者众多。张石川与核心创办人商议后，决定停办大同交易所，改建明星影片公司。

2月19日，筹备中的明星影片公司宴请报界人士。筹备主任为丁伯雄，副主任为张石川。在2月18—23日的《新闻报》和2月19—24日的《申报》上先后连续刊登了《明星影片股份有限公司招股启事》。

3月初，明星影片股份有限公司成立，张石川任总经理兼导演，摄制的第一部影片为新闻短片《欢迎霞飞将军访沪》，于4月初在上海青年会放映。此后几月间，先后摄制完成《沪太长途汽车游行大会》《爱国东亚两校运动会》《徐国良出殡》《江苏童子军联合会》《万国商团会操》等一批新闻短片，以及两部滑稽故事短片《滑稽大王游沪记》和《劳工之爱情》。

4月，明星影戏学校开始招生，共招录87位学员，三个月通过毕业者34人。6月12日，明星影戏学校同学会成立，张石川与郑正秋、郑鹧鸪、周剑云、任矜苹、顾肯夫、张巨川、张伟涛、萨佛等教职员出席。

8月，任矜苹任总编辑的晨社出版发行《晨星》，张石川在创刊号“中国影戏号”上发表短文《敬告读者》，简要介绍明星公司的创办及《滑稽大王游沪记》和《劳工之爱情》的摄制。

10 月 5 日端午节,《滑稽大王游沪记》与《劳工之爱情》在上海夏令佩克影戏院连场首映。

1923 年(33 岁)

张石川与何秀君结婚。

1 月 26 日,张石川导演、郑正秋编剧的滑稽短片《大闹怪剧场》在上海夏令佩克影戏院首映。

2 月 22 日,张石川导演、郑正秋编剧、明星公司的第一部长故事片《张欣生》在上海恩派亚影戏院首映。为打开《张欣生》的商业市场,主持发行业务的张石川与周剑云赴天津开拓新市场,之后张石川又独自转战汉口,与在汉口演新剧的郑正秋汇合。

5 月,明星公司着手筹拍《孤儿救祖记》。12 月 18 日,张石川导演、郑正秋编剧的《孤儿救祖记》在上海爱普庐影戏院试演;12 月 23 日,在上海申江大戏院公映,轰动全国。明星公司在中国电影界的基础奠定。

10 月 31 日,明星影片公司第一届股东会在"宁波旅沪同乡会"四楼召开,张石川被推选为主席。

1924 年(34 岁)

2 月 21 日,张石川导演、郑正秋编剧的《苦儿弱女》在上海夏令佩克影戏院首映。

3 月,明星公司迁至白尔部路霞飞路口。3 月 20 日,举行明星公司扩充招股委员会议。之后,张石川、周剑云等赴华南招股,广州的麦博将摄影机、炭精灯等设备折价充做 3 万元入股。

导演张石川

(图片来源:《电影杂志》1924 年第 1 期)

5 月 10 日,张石川、徐琥联合导演、郑正秋编剧的电影《玉梨魂》首映于上海夏令配克影戏院,该片改编自鸳鸯蝴蝶派小说家徐枕亚的同名小说,营业获当时国产片之冠。

10 月 31 日,由张石川导演、周剑云编剧的《诱婚》在上海夏令佩克影戏院首映。

1925 年(35 岁)

1 月 7 日,由张石川导演、郑正秋编剧的《好哥哥》在上海爱普庐影戏院首映。

4 月 13 日,郑鹧鸪病逝,张石川出席葬礼。

5 月,股款 10 万元招足,正式组建明星影片股份有限公司,向农商部注册立案。袁履登、王云甫、何泳昌、邵子眉等人组成董事会;张石川任总经理和导演,主持一切内部行政;任矜苹任协理,郑正秋担任剧务主任,周剑云任发行主任,张巨川任会计主任。

是年,上海亦舞台被百代公司收购,张石川之弟张巨川与百代公司张长福联合将开演京剧的申江亦舞台改做电影院，易名中央大戏院。5月3日，由张石川导演、郑正秋编剧的《最后之良心》在此首映，此后中央大戏院成为20年代明星公司的首轮影院，也为其他国产片的放映打开了一扇大门，被誉为“国片之宫”。

7月1日，由张石川导演、郑正秋编剧的《小朋友》在上海中央大戏院首映。

7月24日，张石川在都益处（当时沪上有名的川菜馆）设宴招待包天笑，同时出席的还有郑正秋、任矜苹等，在宴会上，包天笑以编辑主任的名义、月薪100元受聘于明星公司。包笑天为明星公司提供剧本的第一部出品是由张石川导演的《可怜的闺女》，于11月23日在上海中央大戏院首映。

明星影片公司总经理兼导演张石川

（图片来源：明星特刊1925年第2期）

7月28日，张石川导演、郑正秋编剧的《上海一妇人》在上海中央大戏院首映。

是年，经谷剑尘介绍，张石川、郑正秋结识洪深，并邀请洪深进入明星公司任编导，兼任教明星影戏学校，洪深为明星公司编剧、导演的第一部影片《冯大少爷》于8月23日在上海中央大戏院试映。

10月1日，由张石川导演、郑正秋编剧的《盲孤女》在上海中央大戏院首映。该片是明星公司摄制最短的一部影片，从开拍到试映只用了一个月。

1926年（36岁）

2月16日，张石川导演、包天笑编剧的《空谷兰》在上海中央大戏院首映。《空谷兰》历年卖座收入逾13万元，创下无声片时代的营业最高纪录，为明星公司奠定财力基础。

3月，张石川与百代公司经理张长福等集资，承租了西班牙放映商雷玛斯的“夏令配克”“维多利亚”“思派克”“卡德”“万国”五家电影院，以原有的中央大戏院为领衔戏院组成中央影戏公司，张巨川任经理，总办事处设于仁记路25号。其中“夏令配克”转租给葡萄牙人赫思倍，“维多利亚”改名“新中央”，加上“中华”和“平安”两家影院，中央影戏公司共直辖七家影院。4月2日，中央影戏公司正式开业。

导演兼编剧张石川

（图片来源：《明星特刊》1926年第16期）

3月29日，张石川出席明星影片公司第三届股东会。

4月1日，协理任矜苹自组新人影片公司，与明星公司脱离关系。明星公司重新进行分工，张石川任总经理兼导演，负责拍片；郑正秋任协理兼导演，负责编剧；周剑云任经理，总管对外交际等事务，形成"明星三巨头"。

4月12日，由张石川导演、包笑天编剧的《多情的女伶》在上海中央大戏院首映。

5月20日，由张石川导演、包笑天编剧的《好男儿》在上海中央大戏院首映。

7月1日，洪深导演、张石川编剧的《四月里的蔷薇处处开》在上海中央大戏院、新中央大戏院同时首映。

8月13日，由张石川导演、包笑天编剧的《富人之女》在上海中央大戏院首映。

10月7日，由张石川导演、包天笑编剧的《她的痛苦》在上海中央大戏院首映。明星公司特发行《杨耐梅画报：她的痛苦专号》(4开本，单张双面)，推介明星和宣传影片，张石川在此专号发表短文《导演与人选》。

12月28日，由张石川、洪深联合导演，洪深编剧的《爱情与黄金》在上海中央大戏院首映。

1927年(37岁)

2月5日，由张石川导演、沧海后人编剧的《无名英雄》在上海中央大戏院首映。

2月20日，由张石川导演、殷民遗编剧的《为亲牺牲》在上海中央大戏院首映。

3月20日，由张石川、郑正秋联合导演，包笑天编剧的《梅花落》(第一集)在上海中央大戏院首映；3月25日，《梅花落》第二集开映；3月30日，《梅花落》第三集开映。

6月26日，由张石川导演、洪深编剧的《田七郎》在上海中央大戏院首映。

7月28日，明星公司迁至杜美路50号万花宫原址，场地扩大，摄影机及灯光器材更新，公司组织亦重新调整，专设导演部、宣传部、卡通部、技术部，被称为当时"影业界之冠"。

导演张石川近影

(图片来源：《明星特刊》1927年第27期)

8月24日，由张石川导演、殷民遗编剧的《真假千金》在上海中央大戏院首映。

10月23日，由张石川、洪深联合导演、洪深编剧的《卫女士的职业》在上海中央大戏院首映。

11月2日，张石川导演的《侠凤奇缘》在上海中央大戏院首映，该剧由郑正秋根据李秋涵小说改编。

12月4日，由张石川导演、郑正秋编剧的《山东马永贞》在上海中央大戏院首映。

1928年(38岁)

是年初,明星公司向南京国民政府工商部注册。

1月23日,由张石川导演、郑正秋编剧的《车迟国唐僧斗法》在上海中央大戏院首映。

2月5日,张石川导演的《蔡状元建造洛阳桥》在上海中央大戏院首映。

2月,胡蝶正式加入明星公司,主演的第一部影片是张石川、郑正秋联合导演的《白云塔》,于4月11日在上海中央大戏院首映。

3月18日,张石川与洪深联合导演、洪深编剧的《少奶奶的扇子》在上海中央大戏院首映。

5月13日,张石川导演、郑正秋编剧的《火烧红莲寺》(第一集)在上海中央大戏院首映。

6月21日,张石川与洪深联合导演、洪深编剧的《一脚踢出去》在上海中央大戏院首映。

7月,上海法租界商界总联合会举行游艺会,张石川担任电影组主任,并在《游艺汇刊》上发表《游艺部之组织》,介绍此次游艺会的组织概况。

8月19日,张石川导演、郑正秋编剧的《大侠复仇记》在上海中央大戏院首映。

11月14日,张石川导演、郑正秋编剧的《女侦探》在上海中央大戏院首映。

12月9日,张石川编导的《火烧红莲寺》(第二集)在上海中央大戏院首映。

1929年(39岁)

2月13日,张石川编导的《火烧红莲寺》(第三集)在上海中央大戏院首映。

4月,美籍华裔摄影师黄宗霑从美国来华访问,到明星影片公司参观,张石川举行盛大欢迎会,全体员工聆听了黄宗霑对美国电影业近况的介绍。

4月7日,程步高导演、张石川编剧的《离婚》在上海中央大戏院首映。

4月24日,张石川导演的《忏悔》在上海中央大戏院首映。

5月12日,张石川编剧、程步高导演的《富人的生活》在上海中央大戏院首映。

5月22日,张石川编导的《火烧红莲寺》(第四集)在上海中央大戏院首映。

6月27日,张石川编导的《火烧红莲寺》(第五集)在上海中央大戏院首映。

8月29日,张石川编导的《火烧红莲寺》(第六集)在上海中央大戏院首映。

9月28日,张石川、程步高联合导演的《新西游记》(第一集)在上海中央大戏院首映。

11月9日,张石川编导的《火烧红莲寺》(第七集)在上海中央大戏院首映。

12月6日,张石川编导的《火烧红莲寺》(第八集)在上海中央大戏院首映。

12月9日,好莱坞影星玛丽·毕克馥(第二届奥斯卡金像奖最佳女主角)和丈夫格拉斯·费尔班克(著名西部片明星,国内惯称范朋克)抵沪访问。受张石川邀请,11日,范朋克前往参观明星公司(毕克馥因有他约,未同行)。张石川在公司新建摄影场的餐厅举行欢迎茶会,参加的演职员有一百余人。张石川和范朋克分别介绍了中美两国电影事业的历史以及发展概况。张石川还重点介绍明星公司的作品和演职员工的业务状况。当范朋克介绍美国电影已经进入有声片制作时，张石川特别记录下来。

1930 年(40 岁)

1 月 2 日，张石川、程步高联合导演的《新西游记》(第二集)在上海中央大戏院首映。

《火烧红莲寺》导演张石川近影

(图片来源：《环球画报》1930 年第 23 期)

1 月 30 日，张石川编导的《火烧红莲寺》(第九集)在上海中央大戏院首映。

2 月 20 日，张石川编导的《火烧红莲寺》(第十集)在上海中央大戏院首映。

3 月 7 日，程步高导演、张石川编剧的《黄金之路》在上海中央大戏院首映。

4 月 6 日，由程步高、张石川联合导演的《新西游记》(第三集)在上海中央大戏院首映。

5 月 13 日，张石川编导的《火烧红莲寺》(第十一集)在上海中央大戏院首映。

6 月，在张石川的主持下，明星公司开始筹拍有声影片《歌女红牡丹》，所费时间近 6 个月。

7 月 5 日，张石川编导的《火烧红莲寺》(第十二集)在上海中央大戏院首映。

8 月 19 日，张石川编导的《火烧红莲寺》(第十三集)在上海中央大戏院首映。

9 月 24 日，张石川编导的《火烧红莲寺》(第十四集)在上海中央大戏院首映。

12 月 5 日，张石川编导的《火烧红莲寺》(第十五集)在上海中央大戏院首映。

1931 年(41 岁)

1 月 1 日，张石川导演的《强盗孝子》在上海中央大戏院首映。

导演国产有声片之第一人张石川

(图片来源：《电影月刊》1931 年第 10 期)

2 月 6 日，张石川编导的《火烧红莲寺》(第十六集)在上海中央大戏院首映。

3 月 3 日，张石川导演、洪深编剧的中国第一部蜡盘发音有声片《歌女红牡丹》在光陆大戏院试映。3 月 11 日，明星公司在杏花楼(位于四马路)举行《歌女红牡丹》庆功会，宴请各界人士。3 月 15 日，《歌女红牡丹》在上海新光大戏院首映，当天，明星公司举行同乐大会以作庆祝，演职员工各组成员演出京剧，张石川和王献斋、胡蝶、洪深、程步高演出《玉堂春》，还和郑正秋、程步高演出了《落马湖》，甚为热闹。

3 月 22 日，张石川编导的《火烧红莲寺》(第十七集)在上海中央大戏院首映。

6 月 2 日，张石川编导的《火烧红莲寺》(第十八集)

在上海中央大戏院首映。

7月1日，洪深受张石川委派赴美国购买制作片上发音的有声电影设备。

7月15日，南京国民政府中央电影检查委员会决议禁止《火烧红莲寺》放映。

8月21日，洪深乘坐比亚士总统号船自美国返沪，携带自美国采购的有声有色摄影设备，与他一同回国的还有包括亨利·茄生在内的美国技师十余人。张石川率郑正秋、周剑云、程步高、胡蝶、夏佩珍、宣景琳等明星公司演职员工聚集新关码头迎候。邮轮抵达后，张石川与周剑云先乘坐小汽油船赴轮与洪深等晤谈，继而相偕到埠。码头上放置一架摄影机，并高悬一条“欢迎洪深先生及茄逊氏由美到沪”的横幅，前来欢迎的人员簇拥张石川、洪深等人自轮埠登陆，摄影师摇动机器记录下来。从美国聘回的技术师负责摄影、录音、洗印、剪接四个部门，张石川指派刚由复旦中学毕业的何兆璜、何兆璋、何懋刚担当录音助手，另由吴蔚云、董克毅协助摄影，以便学习使用技术。

9月10日，张石川、程步高导演、庄正平编剧的《如此天堂》在上海新光大戏院首映。

9月12日，张石川的长子张敏吾病逝，享年17岁。张敏吾曾在张石川导演的《滑稽大王游沪记》《一脚踢出去》等影片中出演角色。

张石川讲戏《生死夫妻》

（图片来源：《电影月刊》1931年第10期）

9月17日，张石川率领程步高、胡蝶、郑小秋、龚稼农、夏佩珍、萧英以及洪深和美国技师二十余人组成的外景队赴北平，拍摄《啼笑因缘》《落霞孤鹜》《自由之花》《旧时京华》的外景，为期近两个月。11月12日，张石川、胡蝶、夏佩珍、程步高、龚稼农、董天涯、董克毅等人作为外景队第二批返沪。

9月26日，张石川导演、陶然康生编剧的《生死夫妻》在上海新光影戏院首映。

1932年（42岁）

1月1日，张石川导演、陶然康生编剧的《铁血青年》在上海中央大戏院首映。

1月24日，明星公司第一部四达通片上发音有声片张石川导演、洪深编剧的《旧时京华》在卡尔登大戏院试映。5月12日，《旧时京华》在上海中央大戏院、明星大戏院同时开映，两家电影院均已改装美国西电公司有声发音机。

1月28日，日军进攻上海。“一·二八”事变后，明星公司与十九路军商议将这场战役以真人真事、实景实战重新拍摄。由张石川组织摄制组，洪深协助，在昆山乡下按照实战搭建场景，拍摄完成《上海之战》。

5月21日，明星公司第二部四达通片上发音有声片由张石川导演、朱石麟编剧的《银星幸运》在上海明星大戏院首映。

6月26日，由张石川导演、严独鹤根据张恨水同名小说改编的《啼笑因缘》（第一集）在上海南京大戏院首映。已经抢先从南京政府内政部取得《啼笑因缘》影片摄制许可执照的大华电影社顾无为向法院起诉，并请内政部下令明星公司停映《啼笑因缘》。6 月 30 日，内政部批示，上海第二特区法院令行《啼笑因缘》停映。

7 月 3 日，张石川召集全体演职人员开会，通告有关《啼笑因缘》案进展：明星公司原拟与顾无为调解说和，但双方提出条件相去悬殊，调解决裂；明星公司聘请律师研究，决定直接控告内政部赔偿损失，其根据理由"以内政部既已发给执照，为何不准放映，且发给迄今，业逾八月，未闻有禁摄之命，而于摄竣公映之后，突然下令禁映，以其法规矛盾，商人难负损失，是以决拟控告内政部，赔偿损失。"

张石川导演《啼笑因缘》时摄影

（图片来源：《电影月刊》1932 年第 14 期）

7 月 6 日，张石川导演、程小青编剧的《慈母》在上海福安大戏院首映。

7 月 14 日，应张石川、周剑云等人邀请，星公司董事长杜月笙、前淞沪警备司令杨虎、上海市长吴铁城等社会名人至明星公司摄影场，参观郑正秋导演、胡蝶主演的《自由之花》的摄制，约半小时后打道回府。

7 月 19 日晚，明星公司在公司内举行盛大宴会，以潘公展、张石川、郑正秋、周剑云的名义发出请柬，邀请宾客多为政治文化界重要人物：吴铁城、褚民谊、陈立夫、杨啸天、朱绍良、杜月笙、张啸林、金庭荪、俞鸿钧、温应星、徐佩璜、王延松、沈怡、胡醒亚、林康侯、袁履登、严独鹤、章士钊、秦联奎等数十人。

经杜月笙出面调停，明星公司与大华电影社关于《啼笑因缘》的纠纷达成和解，并呈请行政司法公署销案。9 月 16 日，明星公司委派律师在《申报》上发表《重演啼笑因缘通告》。9 月 25 日，张石川导演、严独鹤编剧的《啼笑因缘》（第二集）在上海南京大戏院首映。

8 月 7 日，日报《开麦拉》"开麦拉信箱"收到两位读者关于"介绍一个有志提拔新人才的电影学家"的来信，随后在第 103、104 期连载张石川的文章《才难（不其然乎？）》，该文原为张石川为《啼笑因缘特刊》准备的，后在 9 月出版的《电影月刊》1932 年第 16 期上复载。

9 月 22 日，张石川导演、程小青编剧的《国魂的复活》在上海中央大戏院首映。

10 月 18 日，张石川导演、严独鹤编剧的《啼笑因缘》（第三集）在上海南京大戏院首映。

10 月 21 日，张石川导演、严独鹤编剧的《啼笑因缘》（第四集）在上海北京大戏院首映。

12 月 18 日，张石川导演、严独鹤编剧的《啼笑因缘》（第五集）在上海南京大戏院公映。

12月23日，张石川导演、严独鹤编剧的《啼笑因缘》(第六集)在上海中央大戏院首映。

是年夏，在洪深建议下，由周剑云出面邀请夏衍、阿英(钱杏邨)、郑伯奇三位左翼作家担任公司的编剧顾问。夏衍等人在6月底的文委会上向瞿秋白汇报了有关情况后，得到瞿秋白的同意。不久，在明星公司召开第一次编剧会议，夏衍化名黄子布、钱杏邨化名张凤梧、郑伯奇化名席耐芳，与张石川、郑正秋、周剑云、洪深、程步高、李萍倩、徐欣夫等人正式见面和商谈。张石川对他们能来公司表示了热忱的欢迎，希望他们能坦率地为公司出谋划策，写出好的剧本，并安排他们参观公司、摄影场和拍摄现场。

1933年(43岁)

1月1日，张石川、郑正秋、周剑云等在上海《申报》上以公司的名义发表了题为《一九三三年的两大计划》的文章，第一个计划是：征求剧作，筹款，计划摄制"纵览上下五千年变迁之迹，对内可以使国人明了自己的历史，对外可以使其他民族认识中国的文化"的影片；第二个计划是：竭力从事于"生产电影化"的运动，深入到工矿企业、农舍村庄，深入生活、深入民间，专门收集各种生产部门的实际材料，加以合乎现实的故事情节，拍成影片，"以促进落后的技术之改良，与振兴国产的必然的途径"。

《残春》工作写真：坐者导演张石川，立者摄影董克毅；右为主演徐来
(图片来源：《明星月报》1933年第1卷第4期)

1月14日，张石川导演、陶耐忍编剧的《战地历险记》在上海中央大戏院首映。

2月9日，中国电影文化协会在上海成立，由电影界各方面人士投票推选出执行及候补执行委员会共三十一位，张石川与郑正秋、周剑云"明星三巨头"均位列执行委员。

2月17日，张石川在《晨报》"每日电影"副刊上发表短文《〈生路〉观后感》。《生路》于1933年2月16日在上海大戏院正式上映，这是1932年12月国民党政府与苏联恢复外交关系之后，中国观众第一次在电影院看到苏联电影。

2月21日，张石川导演的《失恋》在上海兰心大戏院、光陆大戏院同时首映。

3月，蒋介石命令南京励志社指定明星公司赴南方实地摄制有声纪录影片，除由励志社总干事黄仁霖从南昌专电约请，还派张玉荪从南京到上海亲自邀约。4月28日，正在杭州摄制《春蚕》《残春》外景的张石川接到公司的长途电话，匆忙赶回上海。

4月29日晚，在张玉荪陪同下，张石川率摄影师董克毅，音响师司徒慧敏、何兆璜、何兆璋，文牍主任王乾白一行十四人乘夜车赴南京。4月30日清晨，张石川一行抵达南京站，而后乘新宁兴轮走水路。5月2日凌晨，张石川一行抵达九江后，乘南浔线的火车抵达南昌。5月3日，张石川等人先到江西省政府摄取省政府主席熊式辉在省府大礼堂讲演的有声镜头，后到城外二十里的青云谱国民革命军北伐阵亡烈士墓，摄制了蒋介石向军队训话的两段有声镜头。5月4日，在葆灵女学摄制了宋美龄等组织的南昌各界妇女“慰劳会”和全体“慰劳会”委员在陆军第五医院慰劳伤兵的镜头。

5月5日，因蒋介石要看已拍摄的影片，熊式辉拨专机“熊号”供使用，张石川派董克毅将底片乘飞机送回上海洗印剪接。在等董克毅期间，南昌《大光报》经理龚钦禹和南昌明星影戏院经理施公俦前来拜访，张石川等人趁此考察了南昌市电影院的放映情况。晚上，应蒋介石之邀，张石川偕同黄仁霖谒见蒋介石，汇报上海的电影界情形。蒋介石说：“听说近来有许多过激分子，混入上海的影片公司，利用电影来做他们的宣传，如某某人等，是不是有这样的事情？你在上海，又是在电影界中，当然可以知道，尽可以详细地告诉我！”张石川回答：“这情形也许是存在的，但是我们没有真实的凭证，所以不敢贸然地指明谁是谁不是。”后来蒋介石又谈到电影应该怎样遵照政府的领导，政府又应该怎样协助电影去谋发展，并对明星公司建议以后发展的方针，最后对明星公司此次来赣表示谢意。往返及会面共约一小时，张石川等回到住处后，黄仁霖对张石川说：“你今天的回话，真是好极了！”

5月13日，应蒋介石要求，张石川等人到烈士墓摄制蒋介石对八十七师士兵的训话。

5月14日，张石川一行启程返沪。5月15日，在船上拍摄小孤山的风景，以作筹备中的影片《海岛孤踪》的画面。5月16日上午，抵达南京。张石川率领董克毅等三人赴孝陵卫八十七师摄制士兵的无声镜头。晚上乘夜车，17日早上回到上海。

5月1日，《明星月报》创刊号发行，张石川发表文章《传声筒里》。

5月14日，张石川导演、丁谦平（即夏衍）编剧的《脂粉市场》在上海新光大戏院首映。

5月21日，张石川和程步高联合导演、丁谦平（即夏衍）编剧的《前程》在上海中央大戏院首映。

8月11日，张石川应铁道部邀请，率公司演职员一行，拍摄“津浦”“胶济”“陇海”三条铁路沿线建设工程、名胜古迹的宣传纪录片与风光片。作为合作条件，明星公司沿路拍摄剧情片，铁道部予以协助。张石川等一行先后在济南、泰山、曲阜、青岛、华山、西安等地拍摄《泰山鸿毛》《华山艳史》《到西北去》三片外景。9月7日返沪。

10月2日，张石川导演、姚苏凤编剧的《残春》在上海新光大戏院首映。

12月中旬，张石川因糖尿病、胃病，入诺尔医院住院治疗。

1934年（44岁）

2月14日，张石川导演、秦彰编剧的《泰山鸿毛》在上海中央大戏院首映。

2月15日，明星公司女演员艾霞自杀。4月13日，以张石川为首的十六人在“宁波旅沪同乡会”发起追悼会。

5月19日，由张石川和沈西苓联合导演、王乾白编剧的《二对一》在上海新光大戏院首映。

10月，美国好莱坞女明星蓓蒂·康泼荪及丈夫访问上海，张石川陪同前往浦东东沟参观。

10月9日，张石川、李萍倩、吴村、程步高、陈铿然、郑正秋、姚苏凤、沈西苓联合导演、公司全明星出演的《女儿经》在上海新光大戏院首映。

11月28日，由张石川导演、王乾白编剧的《麦夫人》在上海新光大戏院首映。该片是明星公司第一部粤语片，此前于10月9日在香港中央戏园上映。

蓓蒂·康泼荪及丈夫与张石川在浦东东沟合影

(图片来源:《天津商报画刊》1934年第12卷第27期)

1935年(45岁)

2月3日，张石川编导的有声电影《空谷兰》在上海新光大戏院首映，直到3月24日辍映，计映48天，为《姊妹花》后之卖座最盛者。张石川在2月16日出版的《文艺电影》(第1卷第3期)上发表《重摄〈空谷兰〉的经过》一文。

《空谷兰》工作写真，左坐者为导演张石川，旁立者为摄影董克毅，右坐者为主演胡蝶、高占非，旁立者为收音何兆璜。

(图片来源:《明星半月刊》1935年第2卷第6期)

2月12日，张石川率公司同人欢送周剑云夫妇和胡蝶作为中国电影团代表携带《姊妹花》《空谷兰》《春蚕》《重婚》四部影片赴苏联参加国际电影展览会。

杜美路的房屋租期在即，3月28日，张石川决定用10万元购置斜徐路枫林桥西3幢房屋及空地22亩，建设新厂。4月，以4万元承盘亚尔培路玉成影片公司的地基并添置一座小摄影棚作临时之用，后辟为第二分厂。

5月1日，明星公司在新购置的枫林桥新址举行新厂揭幕典礼。张石川带领全体职演员三百余人进入新公司大门。

应《明星半月刊》编辑部约请，张石川写下长文《自我导演以来》，自5月15日起连载于《明星半月刊》第1卷第3、4、5、6期。

6月6日，张石川、郑正秋、程步高、李萍倩、吴村、徐欣夫、王吉亭等联合导演的《热血忠魂》在上海新光大戏院首映。

7月8日，张石川、郑正秋为首的全体员工在新关码头迎接周剑云、胡蝶等人访欧回沪。下午，由张石川、郑正秋、袁履登、董天涯在明星公司主持欢迎会，会场四周挂有“拥护努力生产之张石川、老当益壮之郑正秋、劳苦功高之周剑云”等标语。

张石川迎接周剑云、胡蝶回国，立胡蝶后者为周剑云，立周剑云后者为张石川

（图片来源：《青青电影》1935年第2卷第4期）

7月16日，郑正秋逝世。7月18日，举行公祭，潘公展主祭，张石川发表讲话，郑正秋的灵柩由张石川、周剑云、胡蝶、蔡楚生等十六人扶上灵车。张石川在《明星半月刊》“郑正秋先生追悼专号”上发表《哭正秋老哥》一文。

8月1日，张石川、周剑云、董天涯决定减薪裁员，共裁员200多人。演职人员工资分别减去15%～34%不等，并完全按影片的营业收入作为酬劳标准，同时规定后代有继承权，以此来安抚演员无后顾之忧地尽力工作。

8月17日，张石川、胡蝶发起为抗战募捐飞机的“航空游艺大会”在上海拉斐花园举行。

张石川为明星摄影场奠基破土

（图片来源：《明星半月刊》1936年第3卷第6期）

9月5日，张石川编导的《大家庭》在上海新光大戏院上映。

9月中下旬，张石川率摄制组前往山东青岛拍摄《劫后桃花》外景，正任山东大学外文系主任的洪深多次前来现场协助。

张石川与洪深在青岛

（图片来源：《天津商报画刊》1935年第15卷第31期）

10月25日，张石川与周剑云、程步高、李萍倩、徐欣夫、沈西苓、吴村、欧阳予倩、刘呐鸥、黄天始共同参加了明星公司编剧科成立后的第一次编导会议，讨论了编剧科提出的六个剧本。

11月15日，张石川电请洪深来上海商讨剧本创作和公司诸问题。

圣诞前夕，在上海游乐场“丽沃丽它”，张石川、郑正秋、周剑云、洪深、程步高、李萍倩，约请夏衍、钱杏邨、郑伯奇讨论洪深的《劫后桃花》和沈西苓的《船家女》剧本。

12月15日,明星公司举行枫林桥路总厂有声摄影场奠基典礼,张石川手持铁锹,亲自破土。

1936年(46岁)

1月22日,由张石川导演、洪深编剧的《劫后桃花》在上海金城大戏院首映。

4月,明星公司成立导演委员会,张石川任主任,程步高任副主任。

4月30日,美籍华裔电影明星黄柳霜参观明星公司枫林桥总厂及各部设施、新建摄影场,张石川、周剑云、胡蝶等陪同接待。

张石川与黄柳霜合影

(图片来源:《明星半月刊》1936年第5卷第3期)

为解决公司的财政危机,周剑云向时任江苏省政府主席陈果夫求援。在陈果夫的推荐,明星公司董事、上海商界名人袁履登的担保下,6月19日,明星公司与上海交通银行订立借款抵押契约:明星公司以枫林桥新厂地契及全部机器生财作为抵押物,从交通银行获得16万元贷款;双方约定,利息9厘,规定"第一年只还利息,第二年开始除利息外每年拔本7 000元,第三年拔本9 000元至期满时全部清偿",此外还要求明星公司将1937年2月1日起摄制的一切影片及其发行权都抵押于银行。

明星公司总经理张石川

(图片来源:《明星半月刊》1936年第5卷第1期)

获得银行贷款后,明星公司于7月1日宣布革新改组。内容主要有:分别建立公司下属的一厂、二厂,一厂以枫林桥总厂有声摄影场为基地,董天涯为厂长;二厂以亚尔培路的摄影棚为基地,应云卫为厂长;公司机构进行改组整顿,在总管理处下设制片、营业、总务三大部,又下设十三科五十四股,张石川为总经理兼任制片部长,周剑云为经理兼营业部长。7月4日,在枫林桥总厂召开公司全体员工大会,张石川发表讲话:"今天的大会,有些使我感到喜欢,同时却有些使我感到悲哀,因为明星之复兴系于今日之会,明星之覆亡,亦系于今日之

张石川导演《海棠红》时留影

(图片来源:《明星半月刊》1936年第6卷第4期)

会……”在 7 月 16 日出版的《明星半月刊》上，张石川发表《革新之话》一文。

8 月 7 日，明星公司在长沙路报本堂举行“郑正秋逝世周年公祭”，张石川代表公司敬献花圈和讲话，并在《明星半月刊》上发表《转瞬一年》的纪念文章。

9 月 5 日，由张石川导演、欧阳予倩编剧的《海棠红》在上海金城大戏院首映。

9 月 23 日，张石川导演、洪深编剧的《女权》在上海金城大戏院首映。

1937 年（47 岁）

1 月 29 日，明星公司因积欠中央影戏公司借款 48 000 元，张石川、周剑云被起诉，由律师凤昔醉代理到庭说明，要求和解，分期还清。为压缩开支，一厂与二厂合并，大批工作人员遭裁减。

2 月 11 日农历新年初一，由张石川导演的《压岁钱》在上海金城大戏院上映。这部影片是 1935 年夏衍为电通影片公司写的剧本，因该公司结业未拍成。后以洪深编剧的名义，由明星影片公司拍摄。

明星公司债务告急。3—4 月，张石川联络上曾投资摄制影片《海棠红》的老板，亦是中央公司的股东姚豫元为明星公司投资，姚豫元组织星光影业社投资 65 000 元，请明星公司代摄三部影片《社会之花》《梦里乾坤》和《古塔奇案》，影片所有权归星光影业社所有。5 月 4 日，张石川以明星公司的名义致信上海交通银行总行提出新的还款计划。明星公司的主持大权从周剑云移到张石川。

5 月 4 日，中国教育电影协会在南京召开，周剑云带队，程步高、顾兰君等人参加，张石川因拍片未去，但仍当选为监事。

5 月 23 日，上海市电影制片业同业公会成立，6 月 14 日，同业公会在蒲东大厦举行宣誓就职典礼，周剑云当选为主席，张石川等人被选为常务委员。

6 月 10 日，由张石川导演、洪深编剧的《社会之花》在上海金城大戏院首映。

7 月 7 日，上海市政府庆祝成立十周年，在市中心区体育场举行由明星、联华、艺华、新华、天一等影片公司男女演员参加演出的纪念会。明星公司表演的节目是模拟拍摄《梦里乾坤》的片场，张石川站在明星公司的移动车上，做指挥拍片状。

7 月 20 日，张石川以明星公司名义致信上海交通银行，请求继续允许为星光影业社代拍影片《四千金》《夜奔》和《母亲的秘密》。

7 月 20 日，郑正秋逝世两周年公祭在护国寺举行，张石川担任主祭并讲话：“正秋老哥对于公司与电影艺术之劳积及其个人之道德学问为同仁所仰止，追念先哲，应具同情。”

8 月 13 日，淞沪战争爆发，战火持续到 11 月 12 日，中国军队被迫撤离上海。位于华界枫林桥的明星总厂被日军占领，明星公司宣告暂停营业。张石川、周剑云等抢出了大部分重要的摄影机件，如印片机、摄影机、美国有声收音机、有声印片机、接片机，以及拍片所需的马达、暗盒、镜头、反光镜等，存放于法租界恩派亚剧院。张石川决定留在上海，把全家搬到公共租界静安寺路静安别墅 128 号。

1938 年（48 岁）

2 月 17 日，由张石川导演、王铭勋编剧的《古塔奇案》在上海金城大戏院首映。

3月25日，张石川以明星公司的名义致信上海交通银行总行，请求使用作为银行贷款质押品的摄影机件。得到答复许可后，5月26日，张石川派人会同交通银行督管员郑宗涵，逐件点查摄影机件，并移存于法租界甘世东路原天一影片公司摄影场。张石川在此租用大小两座摄影场地改组为大同摄影场，计划为一些小公司代拍影片或出租场地设备以赚钱，其间张石川替星光公司代拍《歌儿救母记》，替天声公司代拍《桃色新闻》《红花瓶》。但经营数月后，亏损甚巨。11月12日，张石川在答复上海交通银行的催款信里陈述了大同摄影场的困窘实情。

2月，张石川等明星公司同人具名向国民党政府中央电检委请求解除《火烧红莲寺》的禁令，电检委批示"姑予准映"，但须修剪；后又几经曲折，租界工部局电影处于5月复审通过。9月，《火烧红莲寺》第一集在金城大戏院上映。公映当日，张石川在金城设宴，请夏佩珍、郑小秋、萧英及新闻界叙餐。

7月14日，张石川导演、徐卓呆编剧的《母亲的秘密》在上海金城大戏院首映。

10月28日，吴村导演、张石川编剧的《桃色新闻》在上海金城大戏院首映。

12月1日，张石川编剧、导演的《歌儿救母记》在上海金城大戏院首映。

12月29日，张石川编剧、导演的《风流冤魂》在上海金城大戏院首映。

是年，张石川在徐家汇开一造纸坊，不久关张。秋，与万墨林、卞毓英等集股筹资兴建新城隍庙(位于吕宋路)，以供租界市民供奉祭拜，庙周边搭建房屋出租，创设邑庙市场。

1939年(49岁)

1月16日，张石川加盟柳中浩、柳中亮于1938年8月成立的国华公司，主持制片工作，明星公司(大同摄影场)履行专为国华公司拍戏的新合同，每部影片取三成作为酬劳。

2月14日下午，邑庙市场举行开幕典礼，张石川出席，现场人潮汹涌，发生挤压意外，张石川跌倒受伤，卧床多日。

《李三娘》导演张石川

(图片来源：《金城月刊》1939年第7期)

5月28日，张石川长女、卡德大戏院经理张敏求与张石川的内侄、亦是他赏识的录音师何兆璋在蜀腴川菜馆订婚。

6月7日，张石川导演、陈大悲编剧的《红花瓶》在上海新光大戏院首映。张石川写下文章《造就电影新人材》，推介饰演《红花瓶》女主角的新人王兰，刊载于6月7日的《新闻报》"红花瓶特刊"栏目，后复载于《青青电影》1939年第4卷第11期。

6月16日，张石川导演、李昌鉴编剧的《李三娘》在上海金城大戏院首映。

9月，张石川导演的话剧《杨贵妃》在上海辣斐大戏院上演。

10月15日，张石川、郑小秋联合导演的《小侠女》在上海金城大戏院首映。

10月19日，张石川导演、程小青和茧翁编剧的《杨乃武与小白菜》在上海新光大戏院首映。

11月24日，张石川导演、徐卓呆编剧的《七重天》在上海金城大戏院首映。

12月19日，张石川导演、徐卓呆编剧的《李阿毛与唐小姐》在上海金城大戏院首映。

1940年(50岁)

2月3日，张石川导演、程小青和茧翁编剧的《董小宛》在上海新光大戏院首映。

4月11日，张石川导演、范烟桥编剧的《乱世英雄》在上海金城大戏院首映。

6月8日，张石川和郑小秋联合导演、范烟桥编剧的《三笑》在上海金城大戏院首映。

6月1日，张石川母亲去世，9月14日在孟德兰路护国寺举行开吊，上海影界群彦毕至。

7月31日，张石川导演、程小青编剧的《孟丽君》在上海金城大戏院首映。

8月15日，张石川导演、徐卓呆编剧的《风流天子》在上海金城大戏院首映。

10月23日，张石川导演、范烟桥根据张恨水同名小说改编的《秦淮世家》在上海金城大戏院首映。此片是张石川应周剑云之邀，为其组织的金星影片公司拍摄，张石川写下导演阐述《我是怎样导演〈秦淮世家〉的》，刊载于《金星特刊》1940年第2期。

金星公司顾问张石川

(图片来源：《金星特刊》1940年第1期)

12月24日，张石川导演、范烟桥编剧的《西厢记》在上海金城大戏院首映。

1941年(51岁)

1月26日，张石川导演、李昌鉴编剧的《红杏出墙记》在上海金城大戏院首映；2月13日，续集《红杏出墙记》在上海新光大戏院首映。

2月27日，张石川、郑小秋联合导演，余坚编剧的《夫妇之道》在上海金城大戏院首映。

4月17日，国华公司为罗致新人，在金城大戏院招考演员，张石川任主考官。

4月29日，张石川导演、程小青编剧的《梅妃》在上海金城大戏院首映。

6月12日，张石川年仅六岁的幼子张敏六夭折。

7月9日，张石川导演、程小青编剧的《夜深沉》在上海金城大戏院首映。

8月15日，张石川导演、庄正平(于伶)编剧的《花溅泪》在上海金城大戏院首映。

10月1日，张石川导演、范烟桥编剧的《解语花》

张石川与爱子敏六

(图片来源：《电影周刊》1933年第24期)

在上海金城大戏院首映。

11 月 21 日，张石川和龚稼农联合导演、徐卓呆编剧的《艳尸》在上海金城大戏院首映。

1942 年(52 岁)

1 月 20 日，张石川导演、程小青编剧的《故城风云》在上海金城大戏院首映。

2 月 12 日，张石川和何兆璋联合导演、平襟亚编剧的《恼人春色》(上集)在上海金都大戏院首映；3 月 7 日，《恼人春色》(下集)在上海金都大戏院首映。

2 月 22 日，张石川导演、程小青根据张恨水同名小说改编的《金粉世家》(上集)在上海金都大戏院首映；3 月 11 日，《金粉世家》(下集)在上海国联大戏院首映。

5 月 28 日，张石川和周起联合导演、程小青编剧的《血泪鸳鸯》在上海金都大戏院首映。

1941 年 12 月 8 日，太平洋战争爆发后，日军占领“孤岛”，上海全面沦陷。4 月 10 日，在张善琨为首的新华公司主导下，上海各电影公司都合并加入“中国联合制片厂股份公司”(简称“中联”)。“中联”以股份制形式运营，日方占 26%，汪伪政府占 19%，中方各公司占 55%。张石川认 500 股，职务经历填为“明星影片公司总经理”，也在“中联”董事会之列。

7 月 1 日，“中联”举行第一次全体演职员大会，张石川作致辞。

7 月 18 日，张石川导演、程小青编剧的《燕归来》在上海金都大戏院首映。

8 月 1 日，张石川导演、方浩编剧的《白衣天使》在上海大上海大戏院首映。

10 月 9 日，“中联”出品、集十一位导演编导的集锦片《博爱》在上海大光明大戏院首映，张石川也在其中导演一个故事片段。

11 月 3 日，张石川导演、程小青编剧的《不如归》在上海新光大戏院首映。

1943 年(53 岁)

1 月，“中联”改组，实行“分厂负责生产之制度”，原“国华”摄影场改为“中联”二厂，张石川任厂长。

1 月 1 日，张石川导演、程小青编剧的《夫妇之间》在上海中光影院首映。

2 月 4 日，张石川导演、程小青编剧的《芳草碧血》在上海新光大戏院首映。

5 月，汪伪政府颁布《电影事业统筹办法》，将垄断发行的“中华”、主管制作的“中联”与放映机关上海影院公司合并，成立制片、发行、放映三位一体的“中华电影联合股份有限公司”(简称“华影”)。张石川任“华影”制片部副经理，兼第二制片厂厂长。

“中联”时期的张石川
(图片来源：《新影坛》1943 年第 4 期)

6 月 18 日，张石川导演、金铿编剧的《红颜铁血》在上海大光明大戏院首映。

9 月，张石川所写的文章《我的日本电影观》，刊载于伪满州国发行的《电影画报》1943 年第 7 卷第 10 期。

10 月 1 日，张石川导演、方浩编剧的《快乐天使》在上海大光明大戏院、南京大戏院同时首映。

1944 年(54 岁)

1 月 23 日农历腊月二八，“华影”在富民路长乐路口安凯第夜总会举办春节联欢会，副总经理张善琨致辞。张石川担任游艺活动总裁判。

3 月 18 日，张石川和吴文超联合导演、周霖编剧的《雪梅风柳》在上海沪光大戏院、大光明大戏院同时首映。

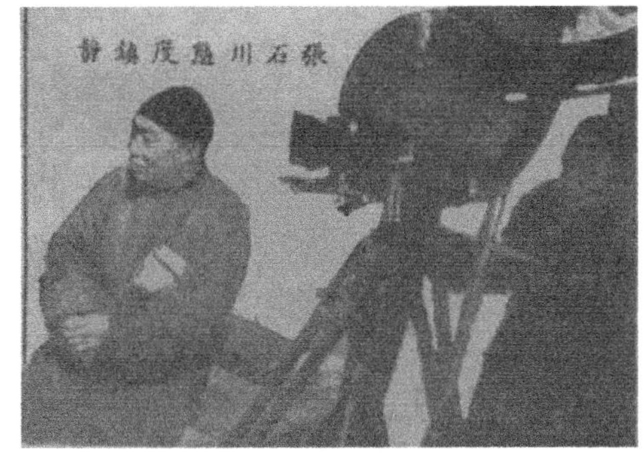

“华影”时期的张石川

(图片来源:《上海影坛》1944 年第 2 卷第 1 期)

下半年，在上海伪警察局司法处防犯科的要求下，“华影”全体明星排演话剧《回头是岸》，由张石川、徐欣夫导演，陶秦编剧，于 11 月 19 日在上海兰心大戏院公演。

年底，张善琨被日本宪兵队拘捕，经川喜多长政四处活动后获释，而后离开上海。12 月 11 日，缺乏制片经验的黄天佐接任“华影”制片部经理，向张石川求助，张石川在制片管理层提出了“包片制”，被采纳实行。

12 月 31 日，张石川导演、程小青编剧的《英雄美人》在上海大光明大戏院、国泰大戏院同时首映。

1945 年(55 岁)

3 月 28 日，“华影”出品、八位导演合作编导的《万户更新》在上海大光明大戏院、大上海大戏院同时首映，张石川也在其中导演一个片段。

4 月 17 日，张石川长女张敏求与何兆璋在宁波旅沪同乡会举行婚礼。

8 月 15 日，日本无条件投降，国民党政府接收上海，“中央电影企业股份有限公司”(“中电”)对“华影”进行了接收情理。张石川继续留在上海。

1946 年(56 岁)

1 月 4 日，上海戏剧电影协会成立，附设“检举附逆影剧人特种委员会”，以协助当局对曾留守沦陷区的附逆影剧人进行调查并公开检举。5 月 22 日，“特种委员会”举行新闻界招待会发表声明，附发全国影剧界两千余位从业者名单，并公布七条检举原则，拉开检举序幕。张石川与卜万苍、李萍倩、方沛霖、王引、朱石麟、徐欣夫、杨小仲、马徐维邦、何兆璋、屠光启、郑小秋等曾经在“中联”“华影”任职的十二位导演联名发表自白书，向政府和舆论声明自己非“附逆影人”而是“地下工作者”。8 月，上海市党部主委吴绍澍为十二导演的陈词做公开证明。

是年秋，担任大中华影业公司编导委员会主任委员的周剑云从香港致信张石川，“大中华”将以香港为制片基地，邀请张石川前往香港拍摄电影。10 月，张石川带妻子何秀君以及周璇、吕玉坤、舒适、何兆璋、何懋刚、罗从周等人一同赴港,筹拍《长相思》。

11 月 4 日,上海市高等法院检查处向张石川等三十多位曾参加“华影”的影剧人发出传讯。12 月 8 日,张石川由香港返回上海;17 日至法院报到,取保外出,后再度赴港拍片。

1947 年(57 岁)

1 月下旬,张石川从香港回上海过农历新年。2 月中旬,又返回香港拍片。

7 月,周剑云离开“大中华”,自筹资金在香港创办了建华公司。7 月底,张石川偕何兆璋、郑小秋等再度赴港,为“建华”筹拍影片《海茫茫》。其间,张石川还将电影剧本寄给夏衍,9 月 3 日,夏衍就剧本意见回信张石川。

9 月 21 日,张石川偕妻女在上海中央大戏院观看话剧《日出》。

1948 年(58 岁)

1 月,柳氏兄弟分家,柳中浩仍主持国泰影业公司,柳中亮另立大同电影公司,与国泰公司共用大木桥摄影棚。张石川受柳中亮邀请,担任“大同”的制片经理并负责厂务。1 月 6 日,“大同”正式宣告成立,办公处设于金都大戏院后楼原化妆间。张石川为“大同”集结主创,筹拍了《乱世的女性》《蝴蝶梦》《柳浪闻莺》等影片。其间,张石川虽未挂名导演,但实则承担了大量工作。如《蝴蝶梦》拍摄期间,导演舒适赴港,张石川接替导演工作,黄汉为其副导演。

5 月 3 日,张石川亲率摄制组前往杭州拍摄《蝴蝶梦》的外景。

1949 年(59 岁)

1 月 13 日,张石川和黄汉联合导演、周旭江编剧的《乱世的女性》在上海金城、金都、平安、杜美、文化五大影院同时首映。这是张石川生前导演的最后一部电影。

5 月,上海解放。在新成立的人民政府扶持下,大同公司获得了六千万元的低息贷款,得以恢复电影生产。

张石川、周曼华等与记者在大同公司摄影场

(图片来源:《青青电影》1949 年第 17 卷第 21 期)

11 月 9 日,张石川代表大同影片公司参加了上海军事管制委员会领导下的文艺处召开的私营电影制片公司座谈会。

11 月 16 日,上海电影制片厂举行了隆重的成立大会,张石川出席并作为来宾致词。

张石川坐镇大同公司摄影场,筹备《自由天地》主创剧组,并于 11 月 25 日率大批工作人员,包括导演黄汉、主演周曼华、乔奇等二十余人前往苏州木渎、天平等处摄制外景,29 日返沪。

1950 年(60 岁)

张石川迁居苏州,不久又返回上海定居,养病在家。

1953 年(63 岁)

6 月 8 日,张石川病逝于上海。

附录二　张石川所著文章(公开发表)[1]

敬告读者

中国人于影戏界所处何等地位,思之宁能无愧,使我国人得占影戏中一席地,此志当为国人所同具。明星已鉴及矣,敢不犯万难以负此责,是否能副(笔者按:负)众望,固非可以预知。第(笔者按:弟)此心当为诸君子所共谅,盖事属创举,在在不免于困苦。幸此二剧,今已告竣,其剧名,即《游沪记》与《掷果缘》是。此乃验洗验印、验光验色、验剪验接、验行动与验景饰之作,易言之,即验长短久暂、验明昧深浅、验远近缓急、验大小高低等等之尝试片。故处处惟兴趣是尚,以冀博人一粲,尚无主义之足云也。全国各埠,凡与二剧相见诸君子,对于中国新创之事业,必有乐为提倡者,倘以为不无可取,尚祈有以奖进之,如谓无当于大雅,则请曲予鉴谅。至于有主义之正剧,差幸早经编就,尤期假我以时日,俾得循序以渐进。将来中国影片,得以驰名欧美,不独影戏事业之幸,抑亦社会国家之幸也。

(原载《晨星》创刊号,1922 年)

导演与人选

导演之难,不在表演时之指挥,而在默会演者之性情,能否适合固定之角色,又须于最短时期中,使其表情以与剧中人同化,则导演之工尽矣。或曰此即人选上之手绩,然而人选之难,为导演者匪不知之。尝闻欧美导演因物色一角而费数年者,不足为奇。观众每见欧美电影,轻称其演员表情自然,能吻合剧中人之情态,不知此即演者性情,近乎所任之角,所以能曲绘其状态也。

《她的痛苦》述一维新女子,因醉心自由恋爱,误交恶少,又以骄养豪奢,濡染虚荣,致与所天分折,后幸良心谴责。自悔前愆,拯乃夫于急难。卒归和好,如杨耐梅之秀媚活泼,以饰斯维新女子,适合其身份。以此剧旨成绩言,敢谓耐梅之表情,可与剧中人同化矣。

(原载《杨耐梅画报》(她的痛苦专号),1926 年)

---

①作者注:为保持原文原样,对不符合现代用语的用法和词语未作修改。

游艺部之组织

序言

懿与盛哉！此空前之游艺会也，聚全上海名班、名社、名人、名角、名媛、名师于一会，诚足以称为破天荒之盛举，集大成之创局者矣，游艺会岂易举耶？过去之事实，常予吾人以证明曰：从来之游艺会如愿者十止（笔者按：之）一二，失望者十之八九焉，是故游艺会难办、游艺会破产，此等叹词，每晓晓于众口。此时也，而有此会也，此会也，而有此盛也，岂不难能可贵乎哉？伊谁之力有以致之，其我主任等组织之力欤？非也，所以然者，厥有五端，乃为缕述如次。

一曰，大义所在，得其善因。二曰，得其因矣，复得其所。三曰，得其所矣，复得其时。四曰，得其时矣，复得其人。五曰，得其人矣，复得其财。何谓得因？曰义勇团者，协助治安保卫地方之机关也，关系地方人民之身家生命财产，至大至切，为建筑团，本部以筹募基金，是一积极得善举也，因以人皆乐于加入，勇于任事，而愿尽义务焉，是已得其因矣。何谓得其所？会场狭小，游艺虽多，而不能容其，何以资？号召顾家宅公园，居然慨借三日，俾作会场，乃得对于各种游艺，尽量容纳，是得其所矣。何谓得时？盖各戏馆、各杂耍台、各游艺场各有其原本职业之时间，是以每次游艺会，每以游艺时间与各游艺家之职业时间相冲突，而不能广集名流，难免将极幼稚之艺员聊以充数。唯今次之会独不然。时当北平就理，人心安定之际而入，时至三之长，时间尤为不可多得。各戏馆与游艺戏场之各角及各项游艺人才各得于其，每日所隶各属，固定服务时间之外，咸来会场演唱，是已得其时矣。何谓得人？创非常之大业，必须有非常之人才，欲得非常之成绩，必先下非常之精力，今次之会有洪雁宾先生提纲挈领，以总其成。开会前之筹备工作非常周详，凭其龙马精神以为倡，于是各部各组各主任亦各相与努力，不辞劳猝，不辞奔走，以策万全。况此次各部主任悉系专门名家，人才之多，亦为前所未有，因之全上海中所有游艺各种行当，九腔十八调，形形色色无不俱全，应有尽有，百戏虽陈，名人名角，向之不能合作者，今为乐尽义务，竟破格合作矣。试就后列各表以观之，当知确乎，其人才济济，也是已得其人矣。何谓得财？得因矣，得所矣，得时矣，得人矣，如宝刀不足无以筹垫一切资财，是犹无水不足以行舟也。今顾家宅公园，其大无比。地盘愈多，布置愈费，而需用愈益浩繁，凡竹头、木料、彩绸、布匹、芦席、油漆、灯火、纸张及一切物件器皿家具等等，其数之巨大，足以惊人。今竟筹垫有人，而措置裕如，是又已得其财矣。五得具备，是以相得益彰，结果之美满，自无待蓍察，而可以前知矣。

尝闻之上海为福地，居上海者，未尝灾害及身而乞振于他处，是盖上海人与上海寓客每遇别处筹振，或公益善举，上海无役不与集会资助，为善不倦，故成福。人言虽近于迷信，未尝不可以作为劝善之一，助顾尤有进者。上海之游艺界，其勇于为善，更足以令人钦佩不置，但看每年每月上海游艺会之多，游艺界尽义务之热烈而踊跃，即足以证明上海游艺界之急公好义也，就今番之会以言之，更可加以证明矣，石川等感谢之余，复为诸君子祝福焉，是为序。

国技组主任　李景林 李夫人 锦文女士

组员　周孝芬女士　濮玉女士　吴梦月女士　高田田女士　吴夷英女士
林韡香小姐　叶慧观小姐　孙禄堂　汪鹤重　田绍仙　李书泰
郑佐平　陈徽明　陈志进　叶大密　萧格清　林笃哉　张景琪
范伊甫　任虎臣　于化行　柳印虎　朱英粹　李庆兰　林志远
李树桐　张茂胜　孟宪忠　刘长胜　刘双贵　王积义　宋长喜
林福顺　陈化臣　叶季龄　林超夏　叶梦庵　濮　伟　任潮军
吴万祥　丁德桂　武术研究社　中华体育会

京剧组主任　黄金荣

组员　金立人

票房组主任　陈景塘

组员　邵关煜　沈乃斌　朱丙昌　裘国梁　赵时刚　俞叶封

电影组主任　张石川　王元龙

组员　郑正秋　洪　深　邵醉翁　史东山　陈　天　徐碧波　李应生
张惠民　任矜苹　张长福　胡　蝶　周文珠　杨耐梅　吴素馨
徐琴芳　李旦旦　林楚楚

新剧组主任　郑正秋　邵醉翁

组员　汪优游　夏天人　袁拥翠　林雍容　谭志远　王无能　张彩霞
张大公　张四维　张铎声　张小聪　张颠颠　邵彩娥　吴一笑
姚冷欧　徐寒梅　王雪尘　赵复生

群芳组主任　林小云　高　第

组员　王　珍　露　兰　楚　楚　薛　云　萍　秋　林再云　林美云
小麟童　香　女　林娟娟　碧　情　凤　云　吴翠芳　薛　弟
宝　琴　苏　美　小宝琴　含　媚　惠　然　高美云

杂耍组主任　黄楚九　莫悟奇

组员　陆啸梧　胡寿庆　王无能　莫笑芳　董别声　科天影　王美玉
施湘云　蒋婉贞

舞狮组主任　黄　新　张　伟　冯沛然

组员　陈其芬　冯其昌　梁　庭　李　安　黄结庭　林　荣　梁子锡
佘　胜　陈锦棠　张定邦

（原载《游艺汇刊》1928年第7月期）

《歌女红牡丹》的成功不是一桩偶然的事

我是不会做文章的，而且向来也不做文章。既是这样，为什么这一回也要来凑凑热闹呢。其实自然有个缘故，就是我们这一次做成功的这部《歌女红牡丹》真是吃尽了千辛万苦。本来我们做电影事业的人，吃些苦有什么稀奇，尤其是我自己，自从把身体献给了电影事业之后，常常是连做十六七个小时工作不停，不过这一回不是我一个人吃了千辛万苦,连累着参与合作这部红牡丹的全体同志,都吃了许多苦。因为这许多同志都吃了许多苦,我虽不会做什么文章,也不能不胡乱地写些出来,替那一班吃苦的同志们诉诉苦哩。

我们同志中的那位庄正平先生,实在是我们中国电影界的忠实同志。他的学问、他的艺术,是我们绝对佩服的。他因为外国发明了有声电影,料定它们不久就要到中国来。他就早和我讨论了。我因为我们中国的电影到现在还不过是一个未满周岁的小孩子一样,怎么叫他会开口呢。当时我对那位庄同志说,只要吉人天相,我们能好好地把这个孩子养大。等他到了三岁四岁,终要开口的。庄同志听了我的那种滑稽论调,也就一笑置之。果然不多几时,外国有声电影来了,它这一来,真是其势汹汹,横冲直撞,不但把我们未成岁抱在奶妈怀里的中国电影不放在它的眼里,并且将他们自己的横行全球数十年的无声电影,也自相残杀,杀到一败涂地。那时我们的许多电影同志,虽不曾开口大呼,也个个在那里指手画脚地发起急来。于是我们也和那位庄同志日夜计划,要使那未成岁的孩子,提早开口。但这不是一件容易做得到的事。虽经我们和庄同志四处奔走,各方设法,环境上种种困难,还是没有成功。后来忽然遇到了我们向有联络的一位法国奶妈,她说可以用科学方法,能够使未成年的孩子提早开口,不过先要检验孩子的体格是否强壮,向来培养他的保姆是否相当,否则虽有科学,也无能为力。后来那法国奶妈把我们那孩子一验之后,就大为赞成,说那孩子不但体格强壮,而且培养得法。如果用科学方法,一定可以开口。那时我们非常欢喜,就同那位法国保姆合作起来了。

所谓同法国保姆合作,用科学方法使那孩子开口,自然就是我们同百代公司合作创造中国有声电影了。中国有声电影既然有了办法,我们当然就大忙特忙,开始工作。第一步入手,先要一个剧本,那有声电影的剧本,更加难编,但看外国的有声电影到中国来的这许多片子,哪一部可以撑得起与社会有益的,哪一片可以说是与人生有利的。所以我们中国第一部有声影片,不编则已,要编就非得有些主义才行。后来经许多同志讨论,结果认定编一部描写女伶生活的那种故事,还是那位庄正平同志自告奋勇,担任去编,不久他就题了戏名,就是《歌女红牡丹》。后来他又好几个连日连夜,才把剧本写好,我们就把他编好的剧本,召集了全班同志,排练起来,一连又排练了十几个连日连夜,才把那个剧本排练纯熟,剧本一纯熟,我们就赶着布景,开始拍戏了,一开始拍戏,连着又是几十个连日连夜。开拍这部《歌女红牡丹》,从开始编剧起,到全体告成止,共总做了一百几十个连日连夜的苦工。在这一百几十个连日连夜里面,我们为了制音方面,前后失败了有四次之多,到第五次才算大功告成。那四次失败的时候,我们全体同志,有时真急得要哭出来,有时真急得走投无路,真是吃了千辛万苦。我们虽然吃了些苦,后来总算把中国第一部有声电影造成功了,何必还要替同志们诉什么苦呢。不过我们还有一件难得的事,就是这一次我们摄制这部《歌女红牡丹》的全体同志,大大小小,共有一百多个。这一百多个同志,在这一连一百几十个连日连夜的工作时期中,自始至终,个个都是勇往直前,精神抖擞,其中虽经一次一次的失败,还是始终没有一点灰心,没有一个口出怨言的,仍是大家抱着百折不回的志愿,向前做去,而且个个都是一样的抱着很有把握的态度，后来才把这部起死回生的《歌女红牡丹》做成功，真所谓有志者事竟成了。不过要有这样一班同志，都是一心一意的，那真不是一件容易的事，我怎样可以不写出来，替他们去表扬表扬呢？我们明星公司有了这一班一心一意的好同志，不要说是一部《歌女红牡丹》，就是十部百部千部没有不会成功的，爱观国产电影的观众们，等着瞧吧，所以我说《歌女红牡丹》的成功不是一桩偶然的事。

还有一句补充的话，就是我写这篇东西，不过是费了不到两个钟点的工夫。因为这些事实，都在我的肚里，把它写出来是很容易的。不过我的文学太不行了，只怕不能登在那光明璀璨的特刊上去。好在我的那位正秋老哥，和这位剑云老弟，他俩都是文坛老手，就请替我修改一下，一定不会叫我这初出茅庐的作家，贻笑大方，哈哈。

正秋、剑云同声曰：石川这篇处女作，写得忠实极了，诚恳极了，一点也不用修改。

（原载《歌女红牡丹特刊》1931 年）

才难（不其然乎？）

难道电影界中真没有新的人才吗？每月——不，应该说是每天，邮差把许多有志于电影事业的人的自荐信函送到公司里来，常常给我以不少的快乐和期望。

这许多信，远至国外、近在本地，都有，信里面常是包含着极诚恳的要求和极热烈的希冀，照片上也带着各种不同的表情，有的是说情愿来做不重要的配角，也有的人自己说是极崇拜范伦铁诺而极有研究者。

自然，中国的电影界的人才是太少了，能够做主角的，寥寥不上二十个人；能够做重要的配角的，也寥寥不上一百个人；连着仅仅能做杂角的人来算，恐怕也难有一千个人吧！——对于这一点，我是常常恐怖的。我觉得，如果中国的电影事业老是由现在的几个已成名的人支撑下去而不能有新人才发现的话，那是多么危险的前途啊。

看看外国，能够做主角的，就有好几百，做配角的要上千，至于做杂角的，更不用说了。而且新进的明星又层出不穷，什么人才都不怕缺乏——在这种情形之下，我一方面是羡慕，而另一方面又自己惭愧。

所以我接到了人家的自荐信以后，除了远道的人（恐怕因为其他的关系而使大家都失望）总婉辞暂时谢绝外，近一些的，总复信去请他们来试试，但是一年以来，这结果真使我们伤心透了。在现在的明星摄影场中，还没有一个从自荐后给我们试验得满意而聘进来的人，说起来也是不幸。

后来，我们研究起来，觉得有些奇怪了。因为，在最初时候，中国的电影事业也许可以说是一种好奇心之下产生出来的，所以所有的演员可以说多半是没有受过训练也没有经验的人。但是，他们在今日的造就，却的确可以说是有些成绩了——他们都是电影艺术的天才么？我不敢相信。

中国的电影事业到现在是已经有了多少年的历史了。每一张影片，不论是中国的或是外国的总像一本教科书那样训练过不少的人。我可以相信，许多嗜好看电影的人，总对于电影的表演术有些认识的吧！那么在这样的自然的训练和认识之下为什么没有新的人才发现呢。这确是一个不可解的疑问了。因此我们又仔细地分析过，才发现了一个相似的结论。

现在的许多投函自荐者，也许不是真的爱好影艺而想来做了演员，大部分的人，恐怕还是因为生活问题而想把“电影演员”的一种职业来解决他们的生活问题，这是一个原因。

电影事业自然是比较新奇的一件事业，电影明星的头衔也着实能给一般爱好电影者以热慕，所以有一部分投函自荐者，他们的出发点不过是一时的好奇心和一时的高兴所冲动而已，并不是真的想投身于电影事业中来做一个努力的工作者啊，这是第二个原因。

从这两点来看，于是许多投函自荐者的使我们终于失望乃是必然的结果了。其实，把现在的情形来看，我们不能不说因为有声电影积极发展的关系，人才的需要真是更见急切，而另一方面，电影演员的报酬和他们的工作的环境和地位，自然也有一种和往昔大不相同的地方。所以，有志于电影艺术而一向疑怀着中国电影事业是不值得投身的人们，现正是转变过来的时候了。我们需要的是人才啊，虚位以待，盍兴乎来?

(原载《开麦拉》1932 年第 103、104 期)

《生路》观后感

早上看了《生路》，晚间又看了《红发妇》。前者涌出了坚强的群众的力，后者浮动着萎靡的空虚的爱——我才明了苏联影片的对于社会大众是负着教育的重大的使命，而美国影片的对于社会大众不过是“麻木”而已。

《生路》给予我们中国电影界的，将是一个新的典型。无疑的，中国电影界的生路是在“大众化”上，而大众化的电影，必然地要取法于苏联的影片，在此，我对于《生路》，表示着无限的爱敬。

(原载《晨报》“每日电影”副刊，1933 年 2 月 17 日)

传声筒里

回想真是一个严峻的惩罚对于自己，只要不满足自己的过去，一想到它，便处处觉得懊恼。

尤其是过去曾经使自己满足过的一切，在现在的想忆中，便成了幼稚时代吃过的粗粝的糕饼——它曾经使我快乐，而现在是不复为我爱好了。

就说我所导演的影片吧：

空谷兰时代，我不曾忘记；红莲寺时代，我也不会忘记(在过去，这些影片确曾给予观众以不少的注意，这是无可讳言的事)；啼笑因缘时代，我更不会忘记——它们曾经给我以劳忙与痛苦，但我不讳言，我是曾经无意识地努力过的。

然而，现在呢? 这过去的时代除了给我以懊恼的想忆之外，是不能再给我以些微的满足了——实在，到一个新的思想之获得，到一个新的时代之到临，这样的转变的确并不是投机而有着它的必然性的。

看我从《脂粉市场》里走上我的新的《前程》吧！——虽然，我自己还必然的不以此满足。

* * *

就我的地位而言，应该是一个 producer，在纷繁的公司的事业上，我整天的时间，除了为整个的事业的进展筹划以外，还要来做导演，实在是一件辛劳的事。但是，我所以要如此做的理由，第一，自然为了“希望由我的努力而能够促进新的人才的努力”；第二，自然为了“公司方面我所负担的责任的重大，而事实上更不容许我做一种固定的工作。”

老实说，我也许算是过渡时代的人了。在这个过渡时代中，我个人的成功与失败，实在是不足数的事。我相信，新的电影之产生，我只能负担起一个开场的工作，而完成它的使命则还要等待着继我而来者的更大的努力。

然而对于我自己，我也不会失望。假如事实容许我，有一天能够放弃其它的工作而专事于导演的话，我相信，我可以有一些更努力的贡献。

让我努力，不满足的过去未必不能成功满足的未来。

* * *

近年来，严正的电影批评鞭策着中国的电影事业渐渐地走上了光明的道路。

当我所导演的影片出映后，第二天我就得细心地读一遍人家给予我的批评。在这些批评中，我可以得到不少的益处，就像我对着镜子而发现了脸上的污点一样。

但是，我觉得，有许多批评家往往因为不了解摄影场中的实际工作而加以非事实所许可的责难，这无疑地是一种遗憾。

* * *

因为电影事业的使命之重要的渐渐为一般人所认识，所以，许多爱好电影事业的人都愿意投身到电影界中来试一试身手。

每星期，也可以说每天——总有几个人写信来要求我们容纳他进来做演员。

但是，当我们认为有事实上的可能而叫他来面试以后，就发现了两种错误：

(一)有许多人想用事业来暂时解决他的生活；

(二)有许多人只是“玩”的性质。

* * *

“剧本荒！”我常常嚷着。

外面来的剧本，颇不少，但常常是不适用。

最大的缺点，是“过分的凑巧”“过分的奇突”。

此外，我感觉到“爱情”太多了。

* * *

一九三三年，电影文化协会之成立，我怀着最大的热望。

电影在过去，也许可以说是被隔离在新文化的领域之外的；而现在的电影与新文化之结合，诚是挽救电影危机同时又是开展电影新路的基础的要求。

不过，我期待着实际的工作比期待着高超的理念还急切——我相信，“干”的效力比什么都大。电影要完成它的新时代文化的使命，非实际地硬干不可！

* * *

电影里的“群众”，常由许多临时演员来饰充，而这许多临时演员，的确是难于指挥甚而不受指挥的，带着“玩”的心情而来的，不了解电影的人们。

这一个难题不解决，则电影中的观众的场面便无法使其圆满解决。

“如何训练”是急要探讨的。

* * *

不论是导演、摄影师、布景师、演员，在中国的电影界中，技能都靠经验得来。我相信，很少有人从书本上得到过训练的。

但，现成的教科书有着——电影院里开映的影片，多少总能给予你一些技巧上的指示。

* * *

凭我看外国片的经验，我相信，我们中国影片的不如人的地方，只是在四方面：

(一)器械的不完备；

(二)经济的不充裕；

(三)剪接的不经济；

(四)一切电影从业员的不能密切合作。

* * *

就我们公司来讲：

一部摄制有声片的机器，已经花了不少钱，因为经济的限制，不能把许多其它摄制上所需要的机器都设置完备。在有声片摄制时，开麦拉是被藏在一个笨重的木箱中的，所以镜头的使用，就无法使其十分的活泼。

这固然是缺憾，但应该得到观众的谅解吧！

* * *

以后，我想每期来写些关于摄影场里的实际的情形，——工作的状况以及遭遇到的事实上无可逃避的困难——求观众更深的了解着电影工作的实况。

自然，一切的困难，我们都要来克服。但，更多的“人”才，更多的“财”，更多的“力”，和期待着精诚的合作与共同的努力。

(原载《明星月报》1933年第1卷第1期)

自我导演以来

从踏进电影界到现在，从头数一数，竟是二十开外的年头了。跟着风驰电掣的时间，这二十世纪新兴艺术的电影，也以飞跃的姿态在进步着。回想到自己最初和“电影”接近那时候的情形，真是禁不住有“三代以上”的感觉。如果我的拙笔能够生动逼真一点，将他们如实地写述出来，让读者诸君看看，真恐怕要当作是一种荒诞不经的传说了。

为了行文的便利，我这里用分段的提要式的叙述，简略地报告一下自己从事电影事业的经过吧。

一、最初的尝试

远在民国元年，我正在从事一种和电影毫无关系的事业。忽然我的两位美国朋友，叫做依什儿和萨佛的，预备在中国摄制几部影片，来和我接洽，要我帮他的忙。那时候，不但中国绝对没有制片公司，就是现在已经差不多达到最高度发展的美国电影，也还幼稚得可怜。妇孺皆知的喜剧圣手查理·卓别林氏，那时也还不过是一个只会乱跳乱蹦的小丑呢！

为了一点兴趣，一点好奇的心理，差不多为连电影都没有看过几张的我，却居然不假思索地答允下来了。因为是拍影"戏"，自然就很快地联想到中国固有的旧"戏"上去。我的朋友郑正秋先生，一切兴趣正集中在戏剧上面，每天出入剧场，每天在报上发表丽丽所剧评，并且和当时的名伶夏月珊、夏月润、潘月樵、毛韵珂、周凤文等人混得极熟。自然，这是我最好的合作者了。

第二年，亚西亚影片公司成立，影戏已经决定开拍了，演员就请了一班半职业半业余的新剧家，只有男的，女角也是男扮。我和正秋所担任的工作，商量下来，是由他指挥演员的表情动作，由我指挥摄影机地位的变动——这工作，现在最没有常识的人也知道叫做导演，但当时却还无所谓"导演"的名目。我还记得，好像一直到后来创办明星电影学校的时候，《电影杂志》编者顾肯夫将 Director 一字翻译了过来，中国电影界才有了"导演"这一名称。

我们这样莫名其妙地做着"无师自通"的导演工作，真不知闹了多少笑话。导演的技巧是做梦也没有想到过，摄影机的地位摆好了，就吩咐演员在镜头前面做戏，各种的表情和动作，连续不断地表演下去，直到二百尺一盒的胶片拍完为止(当时还没有发明四百尺和一千尺的胶片暗盒)——镜头地位是永不变动的，永远是一个"远景"。电影上的"特写"(Close Up)，好像那时葛雷菲士(David Waik Griffith)还没有发明——倘使片子拍完了而动作表情还没有告一段落，那末，续拍的时候，也就依照这动作继续做下去。

因为没有摄影记录，没有专人负责管理服装道具的缘故，更大的笑话就来了。有一次，拍一场两个仆厮在客厅里胡闹的戏，这在许多旧剧和新剧当中，原是非常流行的滑稽穿插；在拍摄的时候，效果非常美满；可是因为时间已经靠近傍晚的关系，阳光渐渐弱了，既然没有摄影场和灯光的设备，只好暂时停止工作。那两个饰仆厮的演员当中，有一个化妆得极其神妙，服装尤其引人发噱。第二天再开拍时，另一个饰仆厮的演员，觉得同伴的服装比自己的好，就悄悄地顾自己拿来穿上了。那一个见他先穿了去，也就算了，拍戏的时候，我和正秋都没有发觉。

片子拍成试映，映到两个仆厮胡闹的滑稽场面，银幕上忽然玩起魔术来：两个演员正在嬉皮笑脸，跳着闹着的时候，一霎眼，忽然两个身上的衣服，张冠李戴，比飞还快地交换了过来。大家看着都愣住了，猜不透这是什么原因；直到后来，才明白了原来是这么一回事。

这些事情，现在想起来还不觉哑然失笑。然而这正是电影事业飞入中国第一燕，也正是中国电影发达史最初的史实。

二、明星公司的创办

这以后，差不多隔了辽远的十年——民国十一年的时候，明星影片公司在萌芽中的中国影坛上，创办成立了。于是我第二次重拾起这导演的工作。

这时候，外国电影已经有了突飞猛进的成功；先前还只会翻跟斗打虎跳的查理·卓别林氏，已崭然显露了他喜剧圣手的光芒。经过了长时间的考虑，我们决定第一部摄制题为《卓别林游沪记》的滑稽短片——那时中国电影界还没摄制长片的可能，一般观众也只有欣赏滑稽短片的胃口。

有一位夏令配克影戏院的经理，叫做培尔的西人，原先是马戏场的小丑——假卓别林，这时正在我所主办的新世界游艺场中服务。他看了我十年前的"处女作"以后，一阵哈哈大笑，笑得我脸也红了起来。他说："这算得什么，真是太幼稚！"于是又自告奋勇，说愿意主演《卓别林游沪记》。当时这一部滑稽短片的主角，就这样决定了——这是我个人导演的最早作品，严格说来，也只有这才是我的"处女作"。自然这作品也真是滑稽得很的。

时间也真是隔得太长远了，现在回忆起来，有许多印象虽然还很鲜明，但许多事情，真是模糊得很了。好像此后继续导演的是《劳工之爱情》《大闹怪戏场》等片。

工作的进行，正如是月黑天昏的夜行者一样，在暗中摸索前进。作品多起来，观众多起来，自己迫切地感到技术和智能的修养的必要了；可是事实上连可供参考的书籍也很难得。凑巧，有一位美国哥伦比亚大学的电影教授格雷先生在中国旅行，他的游踪竟光临了明星公司。我非常惊喜，像在黑夜中发现了一粒星星，于是向他请教了许多技术上的问题。他很热心，送了我许多他自己关于电影学识的著作，还指示了我们摄影洗片等等的工作。当时拍电影的剧本，我们苦于没有前例可寻，便自己杜撰了一种格式；趁机会也请教了格雷先生，却出乎意料，他说好莱坞所用的剧本格式也和我们差不多。

经过了这一次，我觉得很高兴，好像浑身都加了很多的勇气。于是我接着导演了一部当时轰动社会的张欣生杀父的"实事影片"。

关于张欣生事件的影片，成绩自然也谈不到，虽然自己此时似乎已经长进了许多。值得在这里一提的：老友郑正秋先生虽然一直和我合作，帮着写剧本，撰说明等等；但他一方面仍然没有放弃他的舞台生活(此时他已经从事于舞台生活了)；这时候才重新正式和我在摄影场上工作，他在张欣生片中扮演了一个老妇人(即张欣生之母)。还有一位老同志，业已作古的郑鹧鸪先生(此时正在担任明星电影学校的教务主任)，在片中饰张欣生之父一角，演得非常出神。还有读者诸君所熟知的郑小秋君，那时他犹是垂髫之年，在片中饰张欣生之子。这一次，我就发现了这孩子的表演天才，默想：要是编一个剧本，让小秋和鹧鸪来主演，那一定可以得到很好的效果罢——后来《孤儿救祖记》的剧本的产生，便在一念之间，种了根了。

三、《孤儿救祖记》

拍完了《张欣生》，意外地得到了观众的欢迎，于是更加兴致勃勃起来。那时候，国产电影正在萌芽,它的商业市场是非常狭小的;为了开辟发行的路线,我特地和剑云俩跑到遥远的北国——天津去。天津的发行问题弄好了,剑云再带着片子暂住北平,我就由京汉铁路转道汉口。那时正秋正在汉口从事他的话戏运动。

车声辘辘,在寂寞的旅途中,我就在脑子里构思着下一个剧本的轮廓,由鹧鸪和小秋主演的。到汉口的时候,故事差不多已经构成了;我把故事讲给正秋听,征求他的意见。正秋极口称赞,说是一个很好的剧本。于是我打定主意将它开拍,片名就叫做《孤儿救祖记》。

回到上海,筹备了好一阵,《孤儿救祖记》便正式开拍。片中的女主角,是由任矜苹先生介绍来的王汉伦。王女士原是英美烟公司的女打字员,那时候,她是上海少见的摩登女郎,她的装束的新奇时髦,曾经使我们大大地对她侧目。其他的演员,如读者诸君所熟悉的周文珠女士和邵庄林君,那时还是明星电影学校的学生。王献斋君那时正在一家眼镜公司里担任着配光的职务,有一次我去买眼镜,在他替我配光的时候,彼此闲谈,他从谈话中听说我是电影界的,便热心地问我:"我可以来拍影戏吗?"我打量他的身体面貌,觉得很可以,便说:"好,有机会你来试试看。"这样,他以后就做了明星公司的基本演员,现在是中国电影界有数的艺人了。从前为许多观众所喜欢的小胖子黄君甫,他在《孤儿救祖记》饰一个傻仆,他的加入明星也是一件极有趣的事。我和他初次见面,他是拿了宁波同乡会的介绍信来的,这小胖子,这是一个天真有趣的人物!我问他:"从前做过什么事?"他愣着眼睛爽快地说:"呒啥事体。"问:"你会做什么?"他说:"随便啥事体阿拉都做。"问他的爸爸是做什么的?他高声说:"阿拉阿爹是在闸北摆猪肉摊的,过几天你们要吃蹄髈,到我那里去拿一只好了。"我知道他会杀猪,后来就设法在《孤儿救祖记》中设法穿插了一点捉猪的场面。捉猪可真是他的拿手好戏,那一场穿插,就被他拍得十分精彩(关于许多演员加入公司的来历,将在后文提及)。

这片子从开手到完成,整整拍了八个月。

那时候明星公司还没有玻璃棚的设备,内景是在海宁路锡金公所隔壁那块空地上露天摄制的,时候正当着盛夏,热度高到一百十度。我们的心的热度和天气成了个比例,天天在大毒日头底下起劲地工作着。因为剧情中的时间关系,鹧鸪还得穿上厚厚的皮衣来拍戏,有一次竟热得昏了过去。外景呢,剧中需要一座风景幽美的花园,当时就借了已故南洋烟草公司主人简照南先生的私人花园——南园来摄制。借那个地方,是费了很大的力气,挽请名人去商借才成功的。而且简氏只允许我们拍摄两天。

好吧,两天就两天,我这样想,可是结果却大谬不然。我们经验太少,工作起来又遇着许多意外的障碍,一天一天拍下去,一直拍到两个月才结束。弄得我们自己也不好意思起来——我还记得,那里面有一个王汉伦的幻想的镜头,这样电影摄影术上最初步的 Trick,我们竟屡试屡败,总共拍了十八次,才勉强完成。

假如我的办事精神还有几分好处,那就只是一股硬干的蛮劲。当我把《孤儿救祖记》导演完成的时候,大家一看,成绩还居然没有十分失败。

担任那时明星公司发行的任矜苹兄,他认为这片子是国产片中的成功作品,一时高兴得他东奔西走,忙着接洽公映的地点。在当时,上海大戏院的声誉极好,轰动一时的外国片，梨琳甘许主演的《赖婚》，就是在那里公映的。矜苹自负《孤儿救祖记》可以媲美外片，就和上海大戏院的经理曾焕堂接洽发行。他很性急，片子还没有剪接清楚，连字幕都未曾加上，就拿到上海去试映。可是扫兴！曾焕堂先生没看到一半，便不高兴起来了。他怫然叫道："笑话！这种片子也可以拿到我们这里来放映吗?"试完片回来，大家都怒形于色，觉得十分不平。我却惭愧到头也抬不起来，我好像被谁兜头浇了一盆冷水。

后来，《孤儿救祖记》是在六马路申江大戏院(即今中央大戏院)公映。公映时候，却出乎意料地为观众欢迎，舆论也一致拥护，并且因为它的卖座的特盛，竟奠定此后中国电影的发展的基础。这在当初，我是连做梦也想不到的！

四、几位艺人的来历

在这里，我想顺便说一说当时合作的几位演员的来历，和关于他们的趣事。

前文我已经提到过王献斋、王汉伦、黄君甫诸君加入明星的情形了。读者大都知道，献斋是有名的反派角色，他在银幕上是从来没有演过好人的；但他最初加入的时候，在《孤儿救祖记》中所饰的却是道地的"正派小生"。后来因为在剧中饰坏人的一个演员，拍了一半，忽然停止工作，向公司要挟借钱，而且其欲逐逐，贪得无厌。我觉得这种习气很不好，宁可牺牲一点已拍的片子，将那演员解职了；他所担任的角色，就由献斋代替。结果献斋演歹角的成绩远胜于演正派的戏，于是从此以后，他便永远做定了"反派"角色了。

黄君甫，这傻头傻脑的小胖子，当时在银幕上是极受观众欢迎的，实际上他的表演才能非常薄弱，在摄影场上，导演往往不知为他费却多少力气，还是不能如意。记得有一次，拍一个他被献斋打耳光的镜头，一种挨打后应有的痛苦表情，他怎么也演不出来；一次又一次地试演，一直试到十几次，他竟被打得嚎啕大哭，说："这碗饭不是我吃的，阿拉还是去摆肉摊便当得多！"后来，恰巧有一个场面当中，按照剧情，献斋要被黄君甫打耳光的，小胖子得到这个报复的机会，竟得意得他手舞足蹈；开拍的时候，他用足蛮力，拍的一嘴巴，打得献斋眼泪也流出来了！

在王汉伦女士以后加入明星的主要女演员是杨耐梅女士。耐梅在当时上海的交际社会中，是非常受人注意的一位，和她出入必偕的好朋友华姗，头发烫得怪样的高，说起来，几乎每一个上海人都知道她们。

明星公司最初摄制影片，耐梅、华姗便不时来参观拍戏，等到拍《玉梨魂》，耐梅已经正式加入了。她的天才比王汉伦高，而且因为私生活放诞不羁的缘故，饰演那种风流的女性特别适宜，因此一片以后，她便崭然显露了头角。在王汉伦主演《苦儿弱女》的时候，我已经预定请耐梅来担任下一部作品《诱婚》的主角了——这里还应当补充一点的，就是名摄影师董克毅君，第一次尝试摄影的"处女作"就是《诱婚》。那时明星公司的摄影师是留法专门研究电影摄影术的汪煦昌君，克毅起初不过跟着汪君学习接片、洗片等工作，可是因为用功的缘故，简直进步得惊人，他尝试摄制《诱婚》的后半部(前半部仍是汪煦昌君所摄)，便得到了美满的成功。接着拍《好哥哥》的时候，他并且在中国第一个应用了"分身摄"(一演员兼饰两角，在同时同地表演的场面)的摄影技巧。

《诱婚》以后，杨耐梅获得了她在电影界的优越的地位。

在摄影场上混着，在我的导演之下，居然已经完成了几部作品。进步虽然很少，经验却逐渐多了起来；更可喜的，是观众的热烈的同情，增加了我许多工作的勇气。接着我又导演了一部《最后之良心》——这部片子的主演者是宣景琳、王吉亭、萧养素诸君。

萧养素是湖南女子中学的学生，毕业以后，辽远地只身来到上海，向我们毛遂自荐，要求从事银幕生活。彼时影迷青年好像还没有现在这样多，我为她的热情所感动，便让她在《最后之良心》中担任了养媳妇一角。可是她有的只是单纯的对于电影的热心和信心，却没有更好的表演的天分，所以不久就脱离了电影界。如今，这曾经在银海中浮沉过一回的人，恐怕早已为观众遗忘得干净了。

同时和萧养素女士加入明星，在《最后之良心》中第一回露脸的另一女演员，却是天才卓荦、至今尤为演艺界所推崇激赏的，就是宣景琳女士了。我认得景琳，她还是个黄毛丫头，梳着两只小辫子，在新世界骑驴的时候。她的天真活泼的印象，留在我的脑子里极深，当时想了起来，她却已经音信杳然；后来听说因为生活的拨弄，她已经作了为哥儿公子们征歌侑酒的"堕溷之花"了；于是我便托王吉亭君去找她，在《最后之良心》中饰小姑。片成以后，因为成绩很好，遂由公司以二千元代为赎身，正式从事电影生活。

此外，比较著名的女演员，如张织云女士，加入明星时是已经上过镜头了的，可是她的资质却似乎不很好，虽然在银幕上面，她的演技常常能强烈地感动观众，在摄影场上工作，导演要指导她表演却实在感到吃力。我觉得，一个演员的有表演天才与否，这在导演的劳力上是大有关系的，同时，导演在这种地方的痛苦，也往往极少为观众了解！

五、人才合作法

由于时间和经验的累积，明星公司的基础已经渐臻稳固；同时合作的人才，也逐渐加多了。这时候，我们便开始了"人才合作法"的尝试，第一次是《新人的家庭》，接着是《空谷兰》(默片)。

《新人的家庭》的导演者是任矜苹君，助理导演陈寿荫君，摄影卜万苍君。演员方面除了明星公司原有的张织云女士等以外，同时又向别家公司商借了汪福庆、王云龙、张慧冲诸君来担任主角。这几位，在当时电影界是颇有地位的明星，但是开始摄影的时候，却使我大大的发生了一种"盛名之下，其实不副"的感觉，他们做戏都极随便，因此往往没有好的效果；我当时想：在工作态度的认真这一点上面说，我们实在是差堪自慰的。

这片子所花的资本，是超过了以前的纪录，尤其是摄制的时间特别长，这里我可以说三个笑话来证明：第一，《新人的家庭》摄取外景的是马勒花园，全片尚未拍成，而马勒花园却已经沧海桑田，被它的旧主人转售与日本人了。第二，是剧中所用的一辆马车，直等到马死了，马车被车主人卖去了，片子还未拍好。第三，王元龙最初拍戏所穿的一套灰色西服，等到后来补戏时，元龙早已把它赠送了他的令弟，改小了；再拿来穿时，式样不称身得令人见而喷饭，为掩饰这缺点，补拍一两个镜头，真是费尽了苦心！

接着，我决定以较大的努力来摄制《空谷兰》。

《空谷兰》原是包天笑先生所译的一部小说，为了要使剧本有更多的帮助，特地去请了包君来担任编剧。主要角色，以张织云饰纫珠，杨耐梅饰柔云，小秋饰良彦，都是恰到好处的了，却缺少一个可以饰演贵族少年的男角。彼时，上海英美烟公司还兼办着电影，由西人强生主持，他们的出品虽不受社会注意（每张字幕上都有香烟广告，极使观众刺目），但演员当中却有一个极有希望的人才，那就是朱飞。后来朱飞也从《空谷兰》起加入明星公司——朱君饰演《空谷兰》中的纪兰荪，实在是使《空谷兰》更为出色的；同时《空谷兰》一片，也就立刻造成了朱飞的优越地位。

好像那部戏也是赶着要在新年中出映的吧？在严冷的冬天，寒夜漏水，摄影场的工作却正忙得起劲。在这时候，我得到了一种经验，觉得一个导演在摄影场上，对演员非得严格一点不可；可是情感问题却也极重要，要使导演引起了演员意气的或是情感上的反感，工作就要受到影响。我遇到张、杨、朱各位演戏不认真的时候，心里不满，又不好当面加以责备，往往借题发挥，拿小秋发脾气（他那时年纪还小，而且和我关系较深，不要紧），因此却也能收到很好的效果。

《空谷兰》完成后，所得的观众的同情特别多，这以后，我们就更注意于人材的罗致。这里值得一提的有以下几位：

导演方面，在中国艺坛上知名的留美戏剧专家洪深先生，因为对于电影的兴趣很好，这时候便加入明星了。他的第一次导演的作品是《早生贵子》。我踏进电影界的最初合作者，老友正秋，也专心一致地开始从事导演工作。卜万苍君自在民新公司完成他的《玉洁冰清》后，也加入了。演员方面，与卜君同来的有龚稼农、萧英、汤杰、王梦石诸君。洪君介绍了丁子明女士，和他合作《爱情与黄金》。卜君导演《挂名的夫妻》时招考演员，发现了不久以前自杀的阮玲玉女士——她初上镜头的一天，僵得几乎手足无措，导演卜君也几乎急得要另换角色了，但她毕竟是有天才的，她在她的“处女作”完成后就“一举成名”了。这以后，继续加入了张慧冲君和毛剑佩女士——毛剑佩成功的作品是《侠凤奇缘》，她的面貌平时极难看，可是一上镜头，却是美丽动人，可惜后来终于离开了电影界，从事旧剧的舞台生活，结果而且自杀了。

同时，旧有的演员，却也发生了许多的沧桑之变。张织云、宣景琳，先后嫁人了；杨耐梅女士去而复回，此时正热衷于她放荡不羁的交际生活。后来洪深君导演《少奶奶的扇子》时，因为主演者杨耐梅和宣景琳不负责任，每天相继请假，气得洪深发誓不再导演影片。渐渐的，新造成的阮玲玉女士也有点变态起来，工作兴趣完全被个人情感淹没了，比方她今天心境高兴，到了摄影场上她就老是笑，再也演不来伤感的戏；遇到心境不好时演快乐的戏，不必说更困难了。后来在《白云塔》以后，她也终于和朱飞同时脱离了明星。但脱离以后，听说她便完全改变了这种不很好的态度了。

胡蝶女士的加入也在那时候，胡女士目前在电影界的造就，可以不必赘述了；但她最初加入的时候，演技却还幼稚得很，她有一点特长，就是诚恳耐劳，对于事业有坚强的信心；这态度正和张织云、杨耐梅诸人相反。我痛切地觉得，一个电影演员对于他

(她)的事业没有坚决的信心,是决不会成功的;把当电影演员作为达到另一种目的的手段这种观念,尤其是电影界的进步的障碍!

(原载《明星半月刊》1935 年第 1 卷 3、4、5、6 期)

重摄《空谷兰》的经过

我们时常感到产生剧本的困难,闹着剧本荒,是不可讳言的事实。因此,我们有了重摄《空谷兰》的动机。因为《空谷兰》这种剧本,可以不受时间性的制限,虽然以前已经摄制过无声的,现在不妨把它改成有声,使之大增戏剧的效果。

当然,从无声到有声,明显地有着极大的分野,最主要的是技术上的改进,以前无声的《空谷兰》,有许多精彩的场面都没法使它尽量阐发,而有声的中间却得到了充分的传达,比如剧中良彦在母像前哭诉,纫珠与兰荪夫妇的争辩,柔云在良彦病中的大声呼喊,以及宴客时的歌唱等等,都能用音响效果来完成剧情的要求,就是很好的例证。

不过我们在重摄以前,曾有过这样的决心:

(1)在剧本的改编上,绝对不能不比以前更紧张、更动人,而且要缩短而成两小时以内即可映毕。

(2)现在与从前摄制无声片时已相隔十年,在电影技术一天进步一天的现在,重摄有声的在技术上更不能不有显著的进步。

(3)有声片的表演较无声片难,所以在演员的支配上,也不能不有更优秀的演员来担任。

(4)关于摄制的一切处理,都应该比从前更有条理,更适合于现实的环境。

我们对于这几种条件有了充分的准备,一直到有了把握,才敢大胆地开拍。

的确,把无声片改为有声片,绝不是在摄影场上挂了一只麦克风而把无声片的材料一起搬上银幕就算了事的。

假使要投机取巧,把无声片的材料,藉一只"麦克风"再搬上银幕,粗制滥造的来欺骗观众,说是什么有声巨片,尽管一时也可以施行他的欺骗,但是我们的拥护国产影片的忠实观众,终有一天揭穿他的黑幕,对他产生一种不良的印象,至于我们所重摄的有声片《空谷兰》,是不是能如我们自己的希望,是不是足以表示中国电影的进步,还要请观众们不客气地批评指教哩!

(原载《文艺电影》1935 年第 1 卷 3 期)

哭正秋老哥

人生最难得的,就是"知己"。历史上有许多大英雄,大豪杰,但是知己的朋友,只有"管鲍"的那一对。正秋老哥跟我相识到现在,差不多已将近三十年,我们最初是朋友,后来又一同合作事业,再进而结为异姓弟兄,在我们三十年相交共事的过程中,经过了不少好的环境和坏的环境,也经过了许多快乐的时候和困难的时候,彼此之间,始终没有发生过一次不谅解的事情,尤其是没有一次为了自己的权利而起争执,我们虽然不是"管鲍",但我们也可以算是真正的心同志合情逾骨肉的朋友。

正秋老哥的体力比我好,我的精神比正秋老哥强,对于任何一件事情,总是利用正秋老哥的脑力和我的精神来应付,像这样的合作,一个用脑力,一个用精神,在时间上劳动上,当然有很大的不同,但我们决不以劳苦来分彼此。

再说创办明星公司,当时加入发起的,有鹧鸪老兄——他的年龄最大,差不多要大我们十多岁,剑云弟、矜苹兄等,我记得我们当时曾经以"五虎将"自居,不料共事不久,鹧鸪老兄又因病逝世,矜苹兄亦脱离明星,于是只剩下我们三个人,历经艰苦,挣扎奋斗,一直到现在,始终不灰心,总希望替中国电影打开一条出路,万想不到在这样风雨飘摇,电影市面极不景气的时候,老哥竟舍弃我们溘然而逝,而且距剑云弟回国,只有短短的一周。

我记得在剑云回国的那一天,老哥很有精神的在欢迎台上说道:"自己的身体不好,十天倒有八天睡在床上生病。"后来我也曾说过:正秋老哥的身体虽然不好,但是对于公司所尽的力量,确是非常的重大,因为我们三个人,对于公司,好像"三足鼎"似的,这次剑云弟暂时出国,这"三足鼎"缺了一足,好像失去了重心要倾斜似的,幸亏公司中的许多同志,共同维持着。"满以为剑云弟现在回来了,我们的这支鼎,以后一定是要格外的稳固,那里会料到老哥的这支足,竟永远的折断,想到我们的将来,怎不教人伤心痛哭!

在七月十四日那一天,当我知道老哥身体不适去视疾的时候,老哥还跟我谈到许多关于公司的事情,足见老哥对于我们这十几年心血脑力精神所造就的事业,是随时的关心,老哥此番不幸,在我跟剑云弟自然是感到丧失心同志合的异姓兄弟,非常的痛心;在公司方面,更是极重大的损失,即整个中国电影,亦失去典型,但我们相信现在公司中的一班同志,都是爱护明星公司的,都是爱护中国电影的,大家一定会继续努力,始终奋斗,完成老哥的志愿,以慰老哥在天之灵的。不过老哥不能看到复兴公司的计划完全实现,以及中国电影事业的发展,确实非常的遗憾。

至于此后老哥的家庭方面,以及子女的教育等,我已与剑云弟谈过,当然是我们后死者义不容辞的责任,正秋老哥! 其放心勿念!

满腹要诉说的话,简直不知道从何说起,呜呼,正秋老哥!

(原载《明星半月刊》1935 年第 2 卷 2 期)

革新之话

在一切事业都落后的中国,二十世纪的特产新兴的电影事业,自然也不会例外,因为电影所需用的一切器械、原料的供应,无不仰求于人,同时更大的缺点是专门人才的缺乏及投资家的淡视。致使中国电影事业进展上,受着绝大的阻碍。时至今日,国产电影事业,已显得岌岌可危了。唯一的证实,是仅有的几家影业公司,差不多都是负债累累。

但是,国产电影已有着近二十年的历史,艰苦奋斗的结果,是有着了一点基础,更从欧美电影观众中,争回相当的观众。因此,国产电影,是有着他的前途的。虽然或从资本的关系，人才的关系，以及环境的关系，未能按部就班地做去。

明星公司实施革新，还只是眼前的事，但这种企图，是老早的事了。我们觉得要求得中国电影事业向上发展，非取得全国影业公司整个联络，集中物力与人才，以共同的力量来奋斗不可。我们相信每个影业公司，都有发展国产电影的雄心，负有发展国产电影的责任，只以各公司的情形不同，步伐虽未能一致，然而殊途同归，要皆在同一目标下努力奋斗。明星公司此次的实行革新，当然是我们自己为电影奋斗的过程中一个改进的试验，不过这样的举动，完全根据了我们十余年服务电影事业的经验与信心而来的。例如：对工作阵线扩充，是增加生产，供应市场；确定制片方针，是提高电影艺术的水准，以期达到服务时代的任务；至于实施科学管理，是以合理的管理法来图业务发展。

最后，我们可以真诚地表示，就是明星公司实施革新，不仅是希望明星公司的前途有发展，同时也希望整个国产电影业联合起来走上康庄大道。

（原载《明星半月刊》1936年第6卷1期）

转瞬一年

正秋老哥之逝，转瞬已经一周年了。在这一年当中，的确是时常要想到这位多年共患难的老大哥，尤其是在提到或计划到关于本公司一切事物的时候，更要想到这位对于本公司有很大贡献，很大功劳，最关心，最努力的老大哥。

在去年，正秋老哥染了——我们没有料到会有危险性的疾病中，我们曾安慰他，劝他暂时不要太操心，公司的事情自有我和剑云弟来维持。在正秋老哥不幸逝世后我们又曾在悲伤哀痛之余，决心要使本公司根基巩固，逐渐发展，以完成我们老大哥在世时所未完成的愿望，来安慰我们老大哥的在天之灵。

然而一年来的事实如何？我们不愿欺人，更不愿自欺，老实说一句，实在不能满足我们自己理想中的希望。现在，我们公司正在实施革新之计划，至于这种计划的效果究竟如何？在目下刚开始的时候，当然不敢有肯定的答案，不过我相信我们对于任何事件，只要自己认定目标，辨明环境，拿出毅力，决定步骤，勇往直前地向前干，多少总该有些收获。

因此，在正秋老哥逝世的周年纪念的时候，我觉得除了惭愧之外，只有自己更加的来努力。

（原载《明星半月刊》1936年第6卷2期）

造就电影新人才

“造就电影新人才”这句话，每一个从事电影事业者奉为职志的。但是言之匪艰，行之维艰，最重要的先决条件，是人才的本身，必须有可以造就的天才与素养。所以事实上新人才虽然不断地崛起，还不能满足我们的期望，仍旧是求过于供。

八一三战事爆发，国军西撤，电影界爱国分子，也纷向内地效力。被称为中国好莱坞的上海，更有人才寥落之感。但是电影企业者一息尚存，决不肯放弃他的文化责任，还是挣扎奋斗，以维系此不断如缕之艺术战线。去年明星公司应天声公司之请，摄制《红花瓶》，当时为了剧中的主演者的选择煞费踌躇。因为要前后分饰母女二角，并且二十多年的悲欢离合不同的情事，要一一恰如其分，虽是斫轮老手，也不甚容易。

剧作者陈大悲先生，为了爱重他的心血结晶——剧本起见，也留心物色一位胜任愉快的主角。后来他介绍王兰女士到公司里来，王女士年纪只有十六岁，虽然她在话剧上有过相当的成就，但是在电影还是破题儿第一遭。我见她的声音笑貌，确乎有演艺的天才和素养，便把电影上必需具备之各种表情道白，逐一试验，所得结果，却是出乎意外的圆满，因此我加强了信力，决定要造就她，使她成功。

导演一位新人才的演艺的困难，这是谁都知道的。自始至终，我本着以往的经验，尽量地使她发挥出本能来。王女士也是十二分的努力，虽是一言一动之微，总是细心地揣摩剧情，体会个性，绝不草率和轻忽。在我固然比导演一般的电影剧为多费心力，而在王女士也是刻意求工，比一般演员来得辛苦。试映的那天，许多电影界的人物，一致称许王女士的成功，以为一鸣惊人，足以与前辈诸明星分占影坛一席地了。以为我“造就新人才”，已经如愿以偿了。

因为这一回的不虚所望格外增加我的勇气，想在电影界的园地继续发掘，希望人才辈出，为未来的影坛放一异彩。

（原载《新闻报》1939年6月7日）

我是怎样导演《秦淮世家》的

我一向极其爱好恨水作品，恰巧在金星剧本审查委员会所通过的多数古装时装片剧本中有着一部《秦淮世家》，这是恨水近作，我久蓄意搬上银幕，便在剧本审查委员会座谈会上提出，经由全体通过，于是《秦淮世家》改摄电影工作便由我担任下来，因为，这正符合金星的需要，也符合我的需要，而且，更符合当前电影界客观形势的需要：古装片充斥了“孤岛”银坛，改变制作风格的时装片之开摄与多摄，正会帮助制作方针拓展正确路向。

继着这个决定而产生的问题是剧本怎样搬上银幕。《秦淮世家》这一作品，在故事的结构上，情节的曲折上，搬上银幕之后，必能比小说更多精彩。张恨水先生原作，过去由明星公司制成影片有《啼笑因缘》《落霞孤鹜》《满江红》诸作，由于作品适合一般人的欣赏，拥有极广大的读者。恨水久居北国，作品中人物性格的刻画与对白的描写，显然带着北方气氛，虽然后来恨水南下，在石头城边从事新闻事业，著作余暑，犹复接触各种社会，作里层的观察。而恨水取材，不只一方面对资产者群恣意暴露，另方面同情一般小市民尤其是下层人物的生活隐痛，从贫富对立的生活形态中写出社会矛盾。由于深寄同情下层分子，所以在作品中特别膺惩土劣，与对恶势力的猛力进攻，这，都是抓紧读者心理而取悦读者的。虽然过去程步高见尝指出它的部分缺点，认为这种抒发固极快意，使恨水作品能从社会制度的不合理上，作为中心主题，再以小说素材通过写作技巧加以揭发，则其作品将更接近现实。这点，我是同意步高的说法。但《秦淮世家》长篇连载后一些时候，我曾和烟桥兄谈起，这一作品确为恨水近年杰作之一，其评价可以直超《啼笑因缘》《春明外史》而上。恨水现方远处内地，大后方的时代浪潮将使他生活、思想的波涛更多起伏，其进步不单由其作品表现，恐更将以战斗姿态崛然兴起于战时文坛。《秦淮世家》虽写自新生中国，由于恨水略解"孤岛"环境的复杂性，题材则是北伐以前南京歌女故事。环绕着故事周围是下层人物的生活痛苦；权门豪客，仗势凌人，掀起人间世的不平，以曲折情节充分描摹出来。金星决定摄制以后，于是约烟桥兄到我寓所，反复推敲几个昼夜，讨论关于怎样抓紧主题，扬弃素材，处理人物，划分性格，布置剧情，安排穿插，以及提炼对白这一连串当应着手的问题。感谢烟桥兄的合作，抽出他在电影界教育界服务的时间，精心完成剧本工程上的巨制。

剧本捧在手里以后，伴随而来的问题又产生了："怎样适当的与满意的分配演员?"为使更臻美满，曾是想到了："最好是能够多多获取舞台剧人的合作"。对这方面便开始做更大努力的发掘。首先使我拉紧回忆的，该是战前久经合作的夏霞。她爱舞台剧有甚于电影。这不仅是她的癖好，而是说明今天电影方面努力还不够，使比较进步的艺人，不能有更充分的发展，以至回归舞台，用戏剧来消灭她的艺术苦闷。这对电影界来说显然是种损失，同时，我素知夏霞女士在认识上很清楚。民间故事汹涌澎湃以来，她曾是毅然决然拒摄所不能同意的内容的制作，她这行动的表示，正是说明艺人于艺术的虔诚的态度，而这种态度却不能超过某种限度的。为此，我特别注意到她，并留意到她，无论在舞台与电影上都是一个多方面性格的演员。因为《秦淮世家》中二春正是一个有顽强反抗性的女性，于是便找到她，请她担任这一角色。另一剧中人物露斯，大城市中的交际花，相反地玩弄男性，对男性中心社会施以报复的一个角色，开始我颇想请蓝兰担任，由于蓝兰女士参加上海剧艺社演剧工作抽不出时间，便推荐了慕容婉儿。慕容女士过去演剧极近于此类个性，这当然不是说她是"定型"的演员，不过她特别适合饰演这一类型的人物，而更能以典型化。于是又决定了下来。

此外，不妨提说一桩事情，我时常看舞台剧。对于一般剧作，我特别偏嗜曹禺的作品，有如《雷雨》《日出》等，这不单由于剧情能感动人，而赖曹禺会提炼素材与组织观众情绪，尤其是作品的"普遍性"与"深刻化"。《原野》这一作品有着更见成功之处，中旅上演，我曾特别注意，发现饰金子的孙景璐女士正是一名有前途的演员。我便把希望丢给她，让她饰了片中的阿金。

我相当满意这一片的cast，除上述诸舞台剧人而外，在制作过程中周曼华女士的唐小春，舒适君的余亦进，周起君的王大狗，龚稼农君的杨育权，蒙纳女士的唐大娘，与来自中旅的周刍、吴景平两君，一般说都很吻合剧中人的个性与达到导演者的要求。为使剧情发展不会突出，而小说改摄电影，更不是单纯的故事搬演，小说有赖于心理描写，电影必借乎动作表情，不单组织情绪，更须组织画面，同时，在声、光、影、艺诸般艺术的综合与统一上必须注意到情调的刻画，气氛的创造，高潮的布置以及手法的表现——在上述诸点上，由于剧中出现人物较多，而这一些人物都平衡地占据相当重要位置，在发展我的意图上，曾是觉到相当困难，深感存在部分缺点的遗憾。

《秦淮世家》这一作品，虽然没有触及民族一类大问题，但生活问题、妇女问题却相当的突出。社会问题原属民族问题的一环,在理论上分析固然必须联系起来考虑与解决,但万一单独的指出,也无损于问题的基本存在。尤其,在今天"孤岛"影坛作品中,对生活问题的抓紧与提出,仍是迫切需要的。至少,有很多人是作为这样的看法。

(原载《金星特刊》1940年第2期)

三十年前上海滩:一束陈旧的断片

和电影发生关系,屈指一算,的确在三十年以上了。三十年,够长的,隔了那么些时期的旧事,回想起来,正好像在脑幕上放映一部陈年宿片,拷贝太老了,一忽儿跳格,一忽儿断片,要连接起来很不容易。没办法,我只好随便挑上一段两段的,在诸位读者眼前"重映"一次,藉博一笑吧。

中国之有电影公司,据我的记忆,是在民国元年。有两位留沪的美国人,一个叫做依什儿,一个叫做萨佛,灵机一动,忽然要在中国拍电影。他们跟我原来就认识,所以一找就找上了我。结果就创办了亚细亚电影公司——中国历史上"空前"的第一家电影公司。

我直到现在,还保存着亚细亚电影公司的两张照片——别瞧这老古董,影中人怪模怪样,背景那么简陋,服装那么好笑。它是中国电影史上最珍贵的材料。

我在当初,对电影是十足加二的门外汉。请诸位不要笑我吹牛,不但我外行,那时候的美国电影,也还幼稚得可怜,如果现在有办法弄一张好莱坞三十年前的老片子给大家看看,如果有人看了不笑歪嘴,打什么赌我都愿意。大名鼎鼎的喜剧圣手卓别林,资格的确老,那时候他已经出名了——出的什么名,说来你不信,他还不过是一个乱跳乱蹦,毫无道理的"胡闹大王"!

三十年来的电影,进步是可惊的——附带一句:除了中国。——那时候,葛雷菲士的"特写镜头"(close up)还没有发明呢。那时候,银幕上所见的情景,跟舞台上的场面是没有两样的:永远是"远景"(long shot)。

请想想这是什么光景呢?

亚细亚公司成立了一年才拍戏。演员多数是"新剧家"——演话剧的,或者说是演文明戏的。全都是男演员,没有女的。"男扮女装"不但是中国旧小说中最常见的浪漫故事,在中国的戏剧艺术(旧剧、新剧)上,也是最出色的本领。连近代科学宠儿的电影,到了中国,也"未能免俗"——亚细亚拍电影,剧中的女角,都由男人来演。

我们"发明"的拍戏的方法是这样的:正秋教演员做动作,我指挥摄影师择地位。摄影机一开,演员做戏来了:哭哭笑笑,跑跑跳跳,跟舞台上一样。直做下去,直到摄影机里的胶片完了才停止,加了胶片,然后再接着来:刚才在哪儿断,现在就从哪儿起。

做戏的是"演员",拍戏的是"摄影师",我跟正秋算什么"行子"呢?我们不知道。不过觉得拍戏工作中有这种需要,我们就这么做罢了。

那时候的中国字典上,还没有创作"导演"一词。

在拍戏过程中,记录工作情形的"场记"这"行子"是没有的,服装,道具,一切都没人管。所以银幕上常常发生这样的事——在观众看来,完全像魔术一样的:甲的衣服,一眨眼之间,倏地到了乙的身上;乙手里拿着的道具,又蓦然飞到了丙的手里。——因为拍戏的时候,他们有意无意地弄错了。

这就是三十年前的电影——中国的最初的电影。

这有点像讲笑话不是——在时间的裁判下,有多少事物不成为"笑话"呢?但愿以后有什么不是笑话,那就好了。

(原载《万象》1944 年第 4 卷第 3 期)

附录三　张石川电影存目(故事片)[①]

1913—1914 年

1.《**难夫难妻**》　导演:张石川、郑正秋　编剧:郑正秋　出品:亚细亚影戏公司、新民公司

2.《**打城隍**》(**又名**《**三贼案**》)　导演:张石川　编剧:郑正秋　出品:亚细亚影戏公司、新民公司

3.《**五福临门**》(**又名**《**风流和尚**》)　导演:张石川　编剧:郑正秋　出品:亚细亚影戏公司、新民公司

4.《**脚踏车闯祸**》(**又名**《**横冲直撞**》)　导演:张石川　编剧:郑正秋　出品:亚细亚影戏公司、新民公司

5.《**赌徒装死**》　导演:张石川　编剧:郑正秋　出品:亚细亚影戏公司、新民公司

6.《**活无常**》(**又名**《**新娘新轿遇着白无常**》)　导演:张石川　出品:亚细亚影戏公司、民鸣社

7.《**二百五白相城隍庙**》　导演:张石川　出品:亚细亚影戏公司、民鸣社

8.《**一夜不安**》　导演:张石川　出品:亚细亚影戏公司、民鸣社

9.《**杀子报**》(**又名**《**家庭血**》)　导演:张石川　出品:亚细亚影戏公司、民鸣社

10.《**新茶花**》　导演:张石川　出品:亚细亚影戏公司、民鸣社

11.《**店火失票**》(**又名**《**发横财**》)　导演:张石川　出品:亚细亚影戏公司、民鸣社

12.《**滑稽侦探**》　导演:张石川　出品:亚细亚影戏公司、民鸣社

13.《**老少易妻**》　导演:张石川　出品:亚细亚影戏公司、民鸣社

14.《**贪官荣归**》　导演:张石川　出品:亚细亚影戏公司、民鸣社

1916 年

15.《**黑籍冤魂**》　导演:张石川　出品:幻仙影片公司

---

①本附录依照影片首映的年份排列(因大量影片完成制作的时间无法确定,故按照报刊上所登载的广告或新闻所标明的首映时间排列),每部影片列出片名、导演、编剧、出品公司等。凡未注明“有声”或“配音”的影片均为“无声”。本附录内容尚未臻完善,有些影片的资料还有待以后增补、修正。

1922年

16.《滑稽大王游沪记》 导演:张石川　编剧:郑正秋　出品:明星影片公司

17.《劳工之爱情》(又名《掷果缘》) 导演:张石川　编剧:郑正秋　出品:明星影片公司

1923年

18.《大闹怪剧场》 导演:张石川　编剧:郑正秋　出品:明星影片公司

19.《张欣生》(又名《报应昭彰》) 导演:张石川　编剧:郑正秋　出品:明星影片公司

20.《孤儿救祖记》 导演:张石川　编剧:郑正秋　出品:明星影片公司

1924年

21.《苦儿弱女》 导演:张石川　编剧:郑正秋　出品:明星影片公司

22.《玉梨魂》 导演:张石川、徐琥　编剧:郑正秋　出品:明星影片公司

23.《诱婚》(又名《爱情与虚荣》) 导演:张石川　编剧:周剑云　出品:明星影片公司

1925年

24.《好哥哥》 导演:张石川　编剧:郑正秋　出品:明星影片公司

25.《最后之良心》 导演:张石川　编剧:郑正秋　出品:明星影片公司

26.《小朋友》 导演:张石川　编剧:郑正秋　出品:明星影片公司

27.《上海一妇人》 导演:张石川　编剧:郑正秋　出品:明星影片公司

28.《可怜的闺女》 导演:张石川　编剧:包天笑　出品:明星影片公司

29.《盲孤女》 导演:张石川　编剧:郑正秋　出品:明星影片公司

1926年

30—31.《空谷兰》(上下集) 导演:张石川　编剧:包天笑　出品:明星影片公司

32.《早生贵子》(又名《老伉俪》) 导演、说明:洪深　分幕:张石川　编剧:郑正秋　出品:明星影片公司

33.《多情的女伶》 导演:张石川　编剧:包天笑　出品:明星影片公司

34.《好男儿》 导演:张石川　编剧:包天笑　出品:明星影片公司

35.《四月里底蔷薇处处开》 导演、说明兼分幕:洪深　副导演:王献斋　编剧:张石川　出品:明星影片公司

36.《富人之女》 导演:张石川　编剧、说明:包天笑　出品:明星影片公司

37.《她的痛苦》 导演:张石川　编剧:包天笑　出品:明星影片公司

38.《爱情与黄金》 导演:张石川、洪深　副导演:程树仁、马徐维邦　编剧、说明:洪深　出品:明星影片公司

1927 年

39.《无名英雄》 导演:张石川 编剧:沧海后人 出品:明星影片公司

40.《为亲牺牲》 导演:张石川 编剧:殷民遗 出品:明星影片公司

41—43.《梅花落》(上、中、下集) 导演:张石川、郑正秋 编剧:包天笑 出品:明星影片公司

44.《田七郎》 导演:张石川 编剧:殷民遗 出品:明星影片公司

45.《真假千金》 导演:张石川 编剧:殷民遗 出品:明星影片公司

46.《卫女士的职业》(又名《女书记》) 导演:张石川、洪深 编剧:洪深 出品:明星影片公司

47.《侠凤奇缘》 导演:张石川 编剧、说明:郑正秋 出品:明星影片公司

48.《山东马永贞》 导演:张石川 编剧、说明:郑正秋 出品:明星影片公司

1928 年

49.《车迟国唐僧斗法》 导演:张石川 编剧、说明:郑正秋 出品:明星影片公司

50.《蔡状元建造洛阳桥》 导演:张石川 出品:明星影片公司

51.《少奶奶的扇子》 导演:洪深、张石川 编剧:洪深改编 出品:明星影片公司

52—53.《白云塔》(上下集) 导演:张石川、郑正秋 出品:明星影片公司

54.《火烧红莲寺》(第一集) 导演:张石川 编剧:郑正秋 出品:明星影片公司

55.《一脚踢出去》(又名《同学之爱》) 导演:张石川、洪深 编剧:洪深 出品:明星影片公司

56—57.《大侠复仇记》(上下集) 导演:张石川 编剧、说明:郑正秋 出品:明星影片公司

58.《女侦探》 导演:张石川 编剧、说明:郑正秋 出品:明星影片公司

59.《火烧红莲寺》(第二集) 导演、编剧:张石川 出品:明星影片公司

1929 年

60.《离婚》 导演:程步高 编剧:张石川 出品:明星影片公司

61.《忏悔》导演:张石川 出品:明星影片公司

62.《富人的生活》 导演:程步高 编剧:张石川 出品:明星影片公司

63—70.《火烧红莲寺》(三到八集) 导演、编剧:张石川 出品:明星影片公司

71.《新西游记》(第一集) 导演:张石川、程步高 出品:明星影片公司

1930 年

72—73.《新西游记》(二到三集) 导演:张石川、程步高 出品:明星影片公司

74.《黄金之路》 导演:程步高 编剧:张石川 出品:明星影片公司

75—81.《火烧红莲寺》(九到十五集) 导演、编剧:张石川 出品:明星影片公司

1931 年

82.《强盗孝子》 导演、说明：张石川　出品：明星影片公司

83.《歌女红牡丹》（蜡盘发音） 导演：张石川　助理导演：程步高　编剧：洪深　出品：明星影片公司

84—86.《火烧红莲寺》（十六到十八集）　导演、编剧：张石川　出品：明星影片公司

87.《生死夫妻》 导演：张石川　编剧：陶然康生（朱染尘）　出品：明星影片公司

88—89.《如此天堂》（前后集，蜡盘发音） 导演：张石川　助理导演：程步高　编剧：庄正平　出品：明星影片公司

1932 年

90.《铁血青年》 导演：张石川　编剧：陶然康生　助理导演：王献斋　出品：明星影片公司

91.《旧时京华》（有声） 导演：张石川　助理导演：程步高　编剧：洪深　出品：明星影片公司

92.《银星幸运》（有声） 导演：张石川　编剧：张坚　助理导演：程步高　出品：明星影片公司

93.《慈母》 导演：张石川　编剧、说明：程小青　助理导演：汤杰　出品：明星影片公司

94—99.《啼笑因缘》（一至六集，局部有声） 导演：张石川　编剧：严独鹤　出品：明星影片公司

1933 年

100.《战地历险记》 导演：张石川　编剧：陶耐忍　出品：明星影片公司

101.《失恋》（有声） 导演：张石川　出品：明星影片公司

102.《脂粉市场》（有声） 导演：张石川　编剧兼对白：丁谦平（夏衍）　出品：明星影片公司

103.《前程》 导演：张石川、程步高　编剧：丁谦平（夏衍）　出品：明星影片公司

104.《残春》 导演：张石川　编剧：姚苏凤　出品：明星影片公司

1934 年

105.《泰山鸿毛》 导演：张石川　编剧：秦彰　出品：明星影片公司

106.《二对一》（有声） 导演：张石川、沈西苓　编剧：王乾白　出品：明星影片公司

107.《女儿经》（有声） 导演：李萍倩、吴村、徐欣夫、程步高、陈铿然、郑正秋、姚苏凤、沈西苓、张石川　编剧：编剧委员会（夏衍执笔整理）　出品：明星影片公司

108.《麦夫人》（又名《美德夫人》《红船外史》，有声） 导演：张石川　编剧：王乾白　出品：明星影片公司

1935 年

109.《**空谷兰**》(**有声**)　导演:张石川　编剧:张石川　出品:明星影片公司

110.《**热血忠魂**》(**又名**《**民族魂**》《**热血英雄**》,**有声**)　导演:张石川、徐欣夫、郑正秋、吴村、程步高、沈西苓、李萍倩　编剧:明星公司编剧科　出品:明星影片公司

111.《**大家庭**》(**有声**)　导演、编剧:张石川　出品:明星影片公司

1936 年

112.《**劫后桃花**》(**有声**)　导演:张石川　编剧:洪深　出品:明星影片公司

113.《**海棠红**》(**有声**)　导演:张石川　编剧:欧阳予倩　出品:明星影片公司

114.《**女权**》(**又名**《**爱情的逃亡者**》,**有声**)　导演:张石川　编剧:洪深　出品:明星影片公司

1937 年

115.《**压岁钱**》(**有声**)　导演:张石川　编剧:夏衍(署名洪深)　出品:明星影片公司

116.《**社会之花**》(**又名**《**黑旋风**》,**有声**)　导演:张石川　编剧:洪深　出品:明星影片公司

1938 年

117.《**古塔奇案**》(**有声**)　导演:张石川　编剧:王铭勋　副导演:郑小秋　出品:明星影片公司

118.《**母亲的秘密**》(**有声**)　导演:张石川　编剧:徐卓呆　出品:明星影片公司

119.《**桃色新闻**》(**有声**)　导演:吴村　编剧:张石川　出品:天声影片公司、大同摄影场

120.《**歌儿救母记**》(**有声**)　导演:张石川　编剧:张石川　出品:星光影业社、大同摄影场

121.《**风流冤魂**》(**有声**)　导演:张石川　编剧:张石川　出品:国华影片公司

1939 年

122.《**红花瓶**》(**有声**)　导演:张石川　助理导演:郑小秋　编剧:陈大悲　出品:天声影业公司、大同摄影场

123.《**李三娘**》(**有声**)　导演:张石川　编剧:李昌鉴　出品:国华影片公司

124.《**小侠女**》(**有声**)　导演:张石川、郑小秋　出品:国华影片公司

125.《**杨乃武与小白菜**》(**有声**)　导演:张石川、郑小秋　编剧:程小青、茧翁　出品:国华影片公司

126.《**七重天**》(**有声**)　导演:张石川　编剧:徐卓呆　出品:国华影片公司

127.《**李阿毛与唐小姐**》(**有声**)　导演:张石川　编剧:徐卓呆　出品:国华影片公司

1940年

128.《董小宛》(有声)　导演:张石川、郑小秋　编剧:程小青、茧翁　出品:国华影片公司

129.《乱世英雄》(有声)　导演:张石川、郑小秋　编剧:范烟桥　出品:国华影片公司

130.《三笑》(有声)　导演:张石川、郑小秋　编剧:范烟桥　出品:国华影片公司

131.《孟丽君》(又名《华丽缘》,有声)　导演:张石川　编剧:程小青　出品:国华影片公司

132.《风流天子》(有声)　导演:张石川　编剧:徐卓呆　出品:国华影片公司

133.《秦淮世家》(有声)　导演:张石川　编剧:范烟桥　助理导演:舒湮、黄汉　出品:金星影片公司

134.《西厢记》(有声)　导演:张石川　编剧:范烟桥　出品:国华影片公司

1941年

135.《红杏出墙记》(又名《京华烟云》,有声)　导演:张石川　编剧:李昌鉴　出品:国华影片公司

136.《红杏出墙记续集》(有声)　导演:张石川　编剧:李昌鉴　出品:国华影片公司

137.《夫妇之道》(有声)　导演:张石川、郑小秋　编剧:余坚　出品:金星影片公司

138.《梅妃》(有声)　导演:张石川　编剧:程小青　出品:国华影片公司

139.《夜深沉》(有声)　导演:张石川　编剧:程小青　出品:国华影片公司

140.《花溅泪》(有声)　导演:张石川、郑小秋　编剧:庄正平　助理导演:黄汉　出品:金星影片公司

141.《解语花(有声)　导演:张石川　编剧:范烟桥　出品:国华影片公司

142.《艳尸》(又名《红女伶大血案》,有声)　导演:张石川、龚稼农　编剧:徐卓呆　出品:国华影片公司

1942年

143.《故城风云》(有声)　导演:张石川　编剧:程小青　出品:国华影片公司

144—145.《恼人春色》(上下集,有声)　导演:张石川、何兆璋　编剧:平襟亚　出品:国华影片公司

146—147.《金粉世家》(上下集,有声)　导演:张石川　编剧:程小青　出品:国华影片公司

148.《血泪鸳鸯》(有声)　导演:张石川、周起　编剧:程小青　出品:国华影片公司

149.《燕归来》(有声)　导演:张石川　编剧:程小青　出品:中华联合制片股份有限公司

150.《白衣天使》(有声)　导演:张石川　编剧:方浩　出品:中华联合制片股份有限公司

151.《不如归》(又名《生死同情》《红艳飘零记》,有声)　导演:张石川　编剧:程小青

出品：中华联合制片股份有限公司

152.《博爱》(有声) 导演、编剧：张善琨、杨小仲、马徐维邦、岳枫、徐欣夫、王引、张石川、朱石麟、李萍倩、方沛霖、卜万苍等 出品：中华联合制片股份有限公司

1943 年

153.《夫妇之间》(有声) 导演：张石川 编剧：程小青 出品：中华联合制片股份有限公司

154.《芳草碧雪》(有声) 导演：张石川 编剧：程小青 出品：中华联合制片股份有限公司

155.《红颜铁血》(有声) 导演：张石川 编剧：金铿 出品：中华电影联合股份有限公司

156.《快乐天使》(有声) 导演：张石川 编剧：方浩 出品：中华电影联合股份有限公司

1944 年

157.《雪梅风柳》(有声) 导演：张石川、吴文超 编剧：周霖 出品：中华电影联合股份有限公司

158.《英雄美人》(有声) 导演：张石川 编剧：程小青 出品：中华电影联合股份有限公司

1945 年

159.《万户更新》(有声) 导演：李萍倩、卜万苍、王引、张石川、徐欣夫、朱石麟、杨小仲、郑小秋等 出品：中华电影联合股份有限公司

1949 年

160.《乱世的女性》(有声) 导演：张石川、黄汉 编剧：周旭江 出品：大同电影公司

参考文献

[1] 罗伯特·C.艾伦、道格拉斯·戈梅里:《电影史:理论与实践》(插图修订版),李迅译,北京:世界图书出版公司,2010

[2] 艾青:《明星影片公司探析》,上海:东方出版中心,2017

[3] 艾以:《上海滩电影大王张善琨》,上海:上海人民出版社,2007

[4] 本尼迪克特·安德森:《想象的共同体——民族主义的起源与散布》,吴叡人译,上海:世纪出版集团,2003

[5] 安德烈·巴赞:《电影是什么?》,崔君衍译,北京:文化艺术出版社,2008

[6] 包天笑:《钏影楼回忆录》,香港:大华出版社,1971

[7] 包天笑:《钏影楼回忆录续编》,香港:大华出版社,1973

[8] 包天笑:《空谷兰》,上海:有正书局,1924

[9] 包亚明主编:《现代性与空间的生产》,上海:上海教育出版社,2003

[10] 瓦尔特·本雅明:《机械复制时代的艺术作品(摄影小史)》,王才勇译,南京:江苏人民出版社,2006

[11] 陈播主编:《中国左翼电影运动》,北京:中国电影出版社,1993

[12] 陈墨:《影坛旧踪》,南昌:江西教育出版社,2000

[13] 陈犀禾主编:《当代电影理论走向》,北京:文化艺术出版社,2005

[14] 程步高:《影坛忆旧》,北京:中国电影出版社,1983

[15] 程季华主编:《中国电影发展史》(第一卷)(第二卷),北京:中国电影出版社,1963

[16] 重庆市文化局电影处编:《抗日战争时期的重庆电影 1937—1945》,重庆:重庆出版社,1991

[17] 丁日初主编:《上海近代经济史》(第二卷),上海:上海人民出版社,1997

[18] 丁亚平:《电影的踪迹:中国电影文化史评》,北京:中央编译出版社,2005

[19] 丁亚平:《中国电影艺术史(1940—1949)》,北京:文化艺术出版社,2017
[20] 杜云之:《中国电影七十年》,台北:电影图书馆,1986
[21] 费正清编:《剑桥中华民国史 1912—1949(上卷)》(第一部),杨品泉等译,北京:中国社会科学出版社,1994
[22] 傅葆石:《灰色上海,1937—1945:中国文人的隐退、反抗与合作》,张霖译,上海:上海三联书店,2012
[23] 傅葆石:《双城故事——中国早期电影的文化政治》,刘辉译,北京:北京大学出版社,2008
[24] 高小健:《中国电影艺术史(1930—1939)》,北京:文化艺术出版社,2017
[25] 龚稼农:《龚稼农从影回忆录》,台北:传记文学出版社,1980
[26] 关文清:《中国银坛外史》,香港:广角镜出版社,1976
[27] 广播电影电视部电影局党史资料征集工作领导小组、中国电影艺术研究中心编:《30 年代中国电影评论文选》,北京:中国电影出版社,1993
[28] 郭海燕:《联华影业公司探析》,上海:东方出版中心,2017
[29] 尤尔根·哈贝马斯:《公共领域的结构转型》,曹卫东等译,上海:学林出版社,1999
[30] 乔安·哈洛斯、马克·贾柯维奇编:《大众电影研究》,张雅萍译,台北:远流出版社,2001
[31] 洪深:《电影术语词典》,上海:天马书店,1935
[32] 胡蝶:《欧游杂记》,上海:良友图书公司,1935
[33] 胡蝶口述、刘慧琴整理:《胡蝶回忆录》,北京:新华出版社,1987
[34] 胡平生:《抗战前十年间的上海娱乐社会(1927—1937)——以影剧为中心的探索》,台北:学生书局,2002
[35] 黄爱玲主编:《中国电影溯源》,香港:香港电影资料馆,2011
[36] 黄德泉:《中国早期电影史事考证》,北京:中国电影出版社,2012
[37] 黄仁编撰、袁丛美口述:《袁丛美从影七十年回忆录》,台北:亚太图书出版社,2002
[38] 贾磊磊:《中国武侠电影史》,北京:文化艺术出版社,2005
[39] 姜进主编:《都市文化中的现代中国》,上海:华东师范大学出版社,2007
[40] 焦雄屏:《映像中国》,上海:复旦大学出版社,2005

[41] 金丹元:《电影美学导论》,上海:复旦大学出版社,2008
[42] 金耀基:《从传统到现代》,北京:中国人民大学出版社,1999
[43] 巴里·利特曼:《大电影产业》,尹鸿、刘宏宇、肖洁译,北京:清华大学出版社,2005
[44] 李道新:《中国电影的史学建构》,北京:中国广播电视出版社,2004
[45] 李道新:《中国电影文化史 1905—2004》,北京:北京大学出版社,2005
[46] 李今:《海派小说与现代都市文化》,合肥:安徽教育出版社,2000
[47] 李欧梵:《上海摩登——一种新都市文化在中国 1930-1945》,毛尖译,上海:三联书店,2008
[48] 李少白:《影心探赜——电影历史及理论》(增订本),北京:中国电影出版社,2000
[49] 李少白:《影史榷略:电影历史及理论续集》,北京:文化艺术出版社,2003
[50] 李少白、邢祖文:《中国电影艺术史(1896-1923)》,北京:文化艺术出版社,2017
[51] 李亦中主编:《银海拾贝》,北京:北京大学出版社,2006
[52] 郦苏元、胡菊彬:《中国无声电影史》,北京:中国电影出版社,1996
[53] 林畅编著:《湮没的悲欢——"中联""华影"电影初探》,香港:中华书局,2014
[54] 林黎:《建筑在"地狱"上的"天堂"——从电影认识上海本土都市认同的形成 1937-1945》,北京:中国电影出版社,2015
[55] 林年同:《中国电影美学》,台北:允晨文化实业股份有限公司,1991
[56] 刘成汉:《电影赋比兴集》,台北:远流出版社,1992
[57] 刘青峰编:《民族主义与中国现代化》,香港:香港中文大学出版社,1994
[58] 刘思平:《张石川从影史》,北京:中国电影出版社,2000
[59] 刘小磊:《电影传奇:当电影传入中国》,上海:上海三联书店,2016
[60] 龙锦:《战前中国电影企业概况与经营模式》,北京:中国艺术研究院硕士论文,2002
[61] 鲁思:《影评忆旧》,北京:中国电影出版社,1962
[62] 陆弘石:《中国电影史 1905—1949》,北京:文化艺术出版社,2005
[63] 陆弘石主编:《中国电影:描述与阐释》,北京:中国电影出版社,2002
[64] 罗艺军主编:《中国电影理论文选》,北京:中国电影出版社,2003
[65] 马长林:《租界里的上海》,上海:上海社会科学院出版社,2003

[66] 理查德·麦特白:《好莱坞电影——1891年以来的美国电影工业发展史》,吴菁、何建平、刘辉译,北京:华夏出版社,2005
[67] 梅雯:《破碎的影像与失忆的历史——从旧派鸳蝴电影的衰落看中国知识范型的转变》,北京:中国电影出版社,2007
[68] 欧阳予倩:《电影半路出家记》,北京:中国电影出版社,1962
[69] 盘剑:《选择、互动与整合——海派文化语境中的电影及其与文学的关系》,杭州:浙江大学出版社,2006
[70] 秦喜清:《中国电影艺术史(1920—1929)》,北京:文化艺术出版社,2017
[71] 乔治·萨杜尔:《世界电影史》,北京:中国电影出版社,1982
[72] 托马斯·沙兹:《好莱坞类型电影:公式、电影制作与片场制度》,李亚梅译,台北:远流出版社,1999
[73] 上海电影史料编辑组:《上海电影史料》(第1—7辑).上海市电影局史志办公室,1992—1999
[74] 上海电影志编纂委员会编:《上海电影志》,上海:上海社会科学院出版社,1999
[75] 上海通社编:《旧上海史料汇编》(上下),北京:北京图书馆出版社,1998
[76] 上海图书馆编:《中国现代电影期刊全目书志》,上海:上海科学技术文献出版社,2009
[77] 沈芸:《中国电影产业史》,北京:中国电影出版社,2005
[78] 石川主编:《电影史学新视野》,上海:学林出版社,2003
[79] 詹姆斯·L.史密斯:《情节剧》,武文译,北京:中国戏剧出版社,1992
[80] 苏雅道:《论尽银河》,香港:博益书店,1982
[81] 谭春发:《开一代先河——中国电影之父郑正秋》,北京:国际文化出版公司,1992
[82] 克莉丝汀·汤普森、大卫·波德维尔:《世界电影史》,陈旭光、何一薇译,北京:北京大学出版社,2004
[83] 陶菊隐:《大上海的孤岛岁月》,北京:中华书局,2005
[84] 田汉:《影事追怀录》,北京:中国电影出版社,1981
[85] 王春英:《统制与合作:中日战争时期的上海商人(1937—1945)》,上海:复旦大学博士论文,2009
[86] 王德威:《想象中国的方法:历史·小说·叙事》,北京:生活·读书·新知三联书店,1998

[87] 王定九:《上海门径》,上海:中央书店,1932
[88] 王汉伦等:《感慨话当年》,北京:中国电影出版社,1984
[89] 魏斐德:《上海歹土——战时恐怖活动与城市犯罪 1937—1941》,上海:上海古籍出版社,2003
[90] 魏萍:《声色国音与性别研究:中国早期声片中的声音现代性与性别研究(1930—1937)》,北京:中国电影出版社,2017
[91] 魏绍昌编:《鸳鸯蝴蝶派研究资料》(上卷),上海:上海文艺出版社,1984
[92] 魏霄飞:《张石川电影研究》,中国艺术研究院硕士论文,2012
[93] 温迪·达比:《风景与认同:英国民族与阶级地理》,张箭飞、赵红英译,南京:译林出版社,2011
[94] 吴琼编:《凝视的快感——电影文本的精神分析》,北京:中国人民大学出版社,2005
[95] 夏衍:《懒寻旧梦录》(增补本),北京:生活·读书·新知三联书店,2000
[96] 香港中国电影学会编:《中国电影研究》,1983
[97] 忻平:《从上海发现历史——现代化进程中的上海人及其社会生活》,上海:上海人民出版社,1996
[98] 熊月之、周武编:《上海——一座现代化都市的编年史》,上海:上海书店出版社,2009 年
[99] 徐耻痕:《中国影戏大观》,上海:合作出版社,1927
[100] 许道明:《海派文学论》,上海:复旦大学出版社,1999
[101] 许纪霖:《近代中国知识分子的公共交往》,上海:上海人民出版社,2008
[102] 杨村:《中国电影卅年》,香港:香港世界出版印行,1954
[103] 杨远婴:《电影作者与文化再现——中国电影导演谱系研寻》,北京:中国电影出版社,2005
[104] 叶月瑜主编:《华语电影工业:方法与历史的新探索》,北京:北京大学出版社,2011
[105] 于丽主编:《中国电影专业史研究·电影制片、发行、放映卷》,北京:中国电影出版社,2006
[106] 曾西霸:《走入电影天地》,台北:志文出版社,1988
[107] 张华:《姚苏凤和 1930 年代中国影坛》,北京:北京大学出版社,2014
[108] 张英进:《中国现代文学与电影中的城市——空间、时间与性别构

形》,南京:江苏人民出版社,2007
[109] 张英进主编:《民国时期的上海电影与城市文化》,苏涛译,北京:北京大学出版社,2011
[110] 张真:《银幕艳史:都市文化与上海电影 1896—1937》,沙丹、赵晓兰、高丹译,上海:上海书店出版社,2011
[111] 赵士荟:《影坛钩沉》,郑州:大象出版社,1998
[112] 赵孝萱:《"鸳鸯蝴蝶派"新论》,兰州:兰州大学出版社,2004
[113] 郑健健:《新华影业公司探析》,上海:东方出版中心,2017
[114] 郑培为、刘桂清编选:《中国无声电影剧本》(上、中、下),北京:中国电影出版社,1996
[115] 钟大丰、刘小磊主编:《"重"写与重"写"——中国早期电影再认识》(上、下),北京:东方出版社,2015
[116] 钟大丰、舒晓鸣:《中国电影史》,北京:中国广播电视出版社,2004
[117] 中国第二历史档案馆编:《中华民国史档案资料汇编》(第 5 辑),南京:江苏古籍出版社,1994
[118] 中国电影家协会电影史研究部编:《中国电影家列传》(一)、(二),北京:中国电影出版社,1982
[119] 中国电影资料馆编:《陆洁日记摘存》,北京:中国电影资料馆(内部出版),1962
[120] 中国电影资料馆编:《中国无声电影》,北京:中国电影出版社,1996
[121] 中国电影资料馆编:《中国影片大典:故事片·戏曲片(1905—1930)》,北京:中国电影出版社,1996
[122] 中国电影资料馆编:《中国影片大典:故事片·戏曲片(1931—1949.9)》,北京:中国电影出版社,2006
[123] 中国话剧运动五十年史料编委会编:《中国话剧运动五十年史料集》(第一辑),北京:中国戏剧出版社,1958
[124] 中国教育电影协会:《中国电影年鉴:1934》(影印本),北京:中国广播电视出版社,2008
[125]《中国新文学大系(1927—1937)》第十七集 电影集一、二,上海:上海文艺出版社,1984
[126] 周斌:《融合中的创造——夏衍与中外文化》,上海:复旦大学出版社,2003
[127] 周斌:《夏衍传略》,上海:上海文艺出版社,1994
[128] 周承人、李以庄:《早期香港电影史 1897—1945》,香港:三联书店有

限公司,2005
[129] 周蕾:《原初的激情——视觉、性欲、民族志与中国电影》,孙绍谊译,台北:远流出版社,2001
[130] 周倩雯:《天一影片公司探析》,上海:东方出版中心,2017
[131] 周星:《中国电影艺术史》,北京:北京大学出版社,2005
[132] 周仲谋:《艺华影业公司探析》,上海:东方出版中心,2017
[133] 左桂芳、姚立群编:《童月娟——回忆录暨图文资料汇编》,台北:电影资料馆,2001
[134] 佐藤忠男:《炮声中的电影:中日电影前史》,岳远坤译,北京:世界图书出版公司,2016
[135] BAO W H. Fiery cinema: the emergence of an affective medium in China, 1915—1945[M]. Minneapolis: University of Minnesota Press, 2015.
[136] CLARK P. Chinese cinema: culture and politics since 1949[M]. New York: Cambridge University Press, 1987.
[137] CUI S Q. Women through the lens: gender and nation in a century of chinese cinema[M]. Honolulu: University of Hawii Press, 2003.
[138] DISSANAYAKE W. Melodrama and asian cinema [M]. Cambridge, New York: Cambridge University Press, 1993.
[139] GUNNING T. Film history and film analysis: the individual film in the course of time[J]. Wide Angle, 1990, 12(3).
[140] HANSEN M. Babel and babylon: spectatorship in american silent film[M]. Cambridge, MA: Harvard University Press, 1991.
[141] HARRIS N. Humbug: the art of P. T. Barnum[M]. Boston: Little, Brown and Company, 1973.
[142] HILL J, GIBSON P C. American cinema and hollywood: critical approaches[M]. London: Oxford University Press, 2000.
[143] HU J B. Projecting a nation: chinese national cinema before 1949 [M]. Hong Kong: Hong Kong University Press, 2003.
[144] HUANG X L. Shanghai filmmaking, crossing borders, connecting to the globe, 1922—1938[M]. Leiden, Boston: Brill, 2014.
[145] LINK P. Mandarin ducks and butterflies: popular fiction in early

twentieth-century chinese cities [M]. Berkeley, Los Angeles, London: University of California Press, 1981.

[146] LE GOFF J, NORA P. Constructing the past: essays in historical methodology[M]. Cambridge: Cambridge University Press, 1985.

[147] LEFEBVRE M. Landscape and film [M]. London: Routledge, 2006.

[148] LEVI P. The drowned and the saved, Trans. ROSENTHAL R [M]. New York: Vintage, 1989.

[149] MELLENCAMP P. Cinema histories/ cinema practices[M], Los Angeles: AFI, 1984

[150] SINGER B. Melodrama and Modernity: Early Sensational Cinema and Its Contexts[M]. New York: Columbia University Press, 2001.

[151] WEIS E. BELTON J. Film sound[M]. New York: Columbia University Press, 1985.

[152] WILLAMS A. Republic of images: a history of french filmmaking [M]. Cambridge, Mass: Harvard University Press, 1992.

[153]《申报》

[154]《大公报》

[155]《民国日报》

[156]《晨星》

[157]《晨报·每日电影》

[158]《民国时期电影杂志汇编》(全 167 册),北京:国家图书馆出版社

[159]《全国报刊索引——民国时期期刊全文数据库(1911—1949)》,上海图书馆

[160] 晚清民国报纸全文数据库:Late Qing and Republican-Era Chinese Newspapers, Center for Research Libraries, Global Resources Network.

索　引

M

N

O

P

Q

R

S

后 记

萌生为张石川先生写一本专书的想法，是在我完成博士论文《中国电影事业的开拓者——明星影片公司研究》之后。敲完三十多万字，并没有如释重负之感，倒是觉得意犹未尽。20世纪二三十年代中国电影界的诸多人物，曾经在我近一年闭关写作中如梦魇般缠绕，而临了，他们复杂又鲜活的生命限于书稿篇幅和公司研究视角却只能冰山一角。尤其是对明星影片公司创办人、经营者和主要导演的张石川，其从影生涯实则横跨民国历史，既是1949年之前电影作品数量最多的导演，又是多家私营电影公司的创办人、制片人、经营人，但由于种种原因研究稀少，长期以来只有刘思平先生所著的传记《张石川从影史》，从全面深入的研究来说显然是不够的，而在新的时代，如能基于新发现的材料和新的研究视野对张石川进行再发现，或亦能对中国电影史学界近年来开展的“重写电影史”工程添些砖瓦。

2010年8月进入上海交通大学工作后，在努力适应从学生向教师角色转变的过程中，我也开始重新梳理博士论文写作中积累的有关张石川的史料文献，提炼研究问题和思考研究路径，撰写课题申报书，并经过专家评审、现场答辩获得了2012年上海市“晨光学者”基金资助。高校“青椒”必须应对多样化的工作任务，不再能像博士论文写作那样专注投入，曾无数次冒出放弃的念头，所幸身边都是肯为我“打鸡血”的正能量师友，我终于在2018年春完成了22万字左右的初稿。当时恰逢国家社科基金后期资助项目的年度申报开始，在学院领导的鼓励和上海交通大学出版社的推荐下，我提交了申报书稿。没曾想，这个选题和研究内容真的得到了评审专家们的肯定，而后认真参照专家们的反馈意见，我又进行了一年多的全书修改，并完善了《张石川重要事件年表》《张石川所著文章（公开发表）》《张石川电影存目（故事片）》等附录，也最终通过了专家鉴定，获得出版机会。

本书的完成，首先感谢我的博士生导师、复旦大学周斌教授。周老师是新时期以来国内从事中国电影史研究最早一批学者，我有幸能拜读其门下、受其悉心指导，从而对早期电影研究产生浓厚兴趣，并决心扎下根来；周老师对夏衍研究进行了持续三十年的开拓挖掘，笔耕不辍，2020年又编撰完成七十余万字的《夏衍年谱》，老师对学术研究的严谨务实与持之以恒一直激励着我，也为我尝试张石川的人物志研究提供了丰富的治学经验。书稿出版前夕，老师又在百忙中抽出时间撰写序文，予以勉励，学生唯有再接再厉，不辜负老师的期望！

本书的写作过程，还要感谢复旦同门杨新宇师兄、谈洁师妹，微信群里的互相宽慰、学术分享或者野史八卦，都是治史艰辛外的宝贵红利。感谢上海交大同事苏竟元老师在台北访学期间提供了珍贵的文献信息，并时常督促处于写作倦怠期的我。感谢上海交通大学出版社提文静编辑在国家社科后期资助项目申报和最终书稿出版过程中给予的大力帮助。还要感谢马右文同学以及我的研究生王宁娜为本书的附录整理付出的辛勤劳动。

感谢家人的支持与陪伴，他们的爱是我前行的动力。

由于早期影片拷贝的大量缺失(张石川创作的故事片统计有160部，但目前能看到的影片不足10部)，本书对有关影片的理解只能更多借助于剧本、主创阐述以及影评。基于此，关于张石川导演创作的研究成果，尤其是在视听语言、影像风格等方面的阐述，还存在一定程度的局限性。此外，附录整理的《张石川重要事件年表》仍有未臻完善之处，如张石川在"孤岛"以及上海沦陷期的活动信息收集得还不够完备，还有许多事件的具体日期尚不能明确，有待日后进一步补充。

是为记。

艾青

2020年12月于上海